Gesine Lenore Schiewer
Studienbuch Emotionsforschung

Gesine Lenore Schiewer

Studienbuch Emotionsforschung

Theorien – Anwendungsfelder – Perspektiven

Die Deutsche Nationalbibliothek verzeichnet diese Publikation
in der Deutschen Nationalbibliografie;
detaillierte bibliografische Daten sind im Internet über
http://dnb.de abrufbar.

Das Werk ist in allen seinen Teilen urheberrechtlich geschützt.
Jede Verwertung ist ohne Zustimmung des Verlags unzulässig.
Das gilt insbesondere für Vervielfältigungen,
Übersetzungen, Mikroverfilmungen und die Einspeicherung in
und Verarbeitung durch elektronische Systeme.

© 2014 by WBG (Wissenschaftliche Buchgesellschaft), Darmstadt
Die Herausgabe des Werkes wurde durch
die Vereinsmitglieder der WBG ermöglicht.
Satz: Lichtsatz Michael Glaese GmbH, Hemsbach
Einbandgestaltung: schreiberVIS, Bickenbach
Einbandabbildung: Kopf des Hypnos, Bronze, 1.–2. Jh. v. Chr., London, British Museum.
© akg-images/ Erich Lessing.
Printed in Germany

Besuchen Sie uns im Internet: www.wbg-wissenverbindet.de

ISBN 978-3-534-26494-0

Elektronisch sind folgende Ausgaben erhältlich:
eBook (PDF): 978-3-534-73881-6
eBook (epub): 978-3-534-73882-3

Inhalt

Einleitung 7
I. Emotionsforschung und *Affective Sciences*: Emotionsbegriffe und
   -theorien. 12
   1. Emotionsforschung und ihre Geschichte 12
   2. Emotionsbegriffe und -theorien im disziplinären Überblick . . 13
      2.1 Psychologische Ansätze 13
      2.2 Philosophische und anthropologische Ansätze 22
      2.3 Neuro- und Kognitionswissenschaftliche Ansätze,
          Emotionale Intelligenz 29
      2.4 Semiotische Ansätze 41
      2.5 Linguistische Ansätze 44
      2.6 Kultur- und Literaturwissenschaftliche Ansätze 60
      2.7 Soziologische Ansätze 69
      2.8 Religionswissenschaftliche Ansätze 72
II. Emotion und Kommunikation. 78
   1. Verbale, para- und nonverbale Emotionskommunikation . . . 82
   2. Emotionen in Sprachpragmatik, Rhetorik und Stilistik 84
   3. Emotionswortschatz und Emotionssemantik,
      ‚Verletzende Worte' und Gender 85
   4. Emotionscodierung und verbales Verhalten 90
      4.1 Ausdruck und Thematisierung in der Emotionsmanifestation 91
      4.2 *Hot emotion* und das Zeichen als Symptom 92
      4.3 *Cold emotion* und das Zeichen als Symbol 99
   5. Emotion, Textsorten und kommunikative Gattungen 102
   6. Zu den Methoden der Untersuchung des emotionalen Gehalts
      von Äußerungen und Texten: Qualitative Inhaltsanalyse und
      affektive Sprachinhaltsanalyse 105
III. Emotion, Multilingualität und interkulturelle Kommunikation . . 107
   1. Emotions- und Mehrsprachigkeitsforschung 107
   2. Emotion und interkulturelle Kommunikationsforschung . . . 109
   3. Emotionen im ‚Dialog der Kulturen' 111
      3.1 Der ‚Dialog der Kulturen' in der Kritik 111
      3.2 Anthropologische Ausgangspunkte interkultureller
          Kommunikation 113
IV. Emotion in Literatur, Bildender Kunst und Musik 118
   1. Emotionen und ihre poetischen Konzepte – Affektpoetik . . . 119
   2. Emotionale Kreativität 120
   3. Emotionen und Stimmung in Produktion und Rezeption von
      Kunstwerken 121

4. Lesen, Sehen, Hören und Emotionen 127
5. Emotionen und Kunst- und Literaturmarkt 129

V. Emotion und Medien 130
1. Emotionen – Alte und neue Medien 130
2. Medienkommunikation 130
3. Emotionen und Mediennutzung 135

VI. Emotion, Computertechnik und Robotik 137
1. Künstliche Intelligenz und *Human Computing* 138
2. Emotionale Intelligenz, künstliche Emotionen und *Affective Computing* 140
3. *Affective Dialogue Systems* 145

VII. Emotion und Ökonomie 148
1. Wirtschaft, Markt und Moral 148
2. Emotionen und Wirtschaftsordnungen 153
3. Emotionen in der Perspektive von Management und Unternehmenskommunikation 156
4. Emotionen, Wohlstand und Konsumentenkultur 162

VIII. Emotionen und Recht 164
1. Emotionen in Rechtstraditionen und Rechtsfindung 164
2. Glaubwürdigkeit in forensischer Zeugenbefragung und Justiz . 167

IX. Emotion, Politik und Diplomatie 171
1. Handlungsfelder der Politik und der internationalen Politik, Diplomatie und Verhandlungstechnik 171
2. Politische Bildung 175
3. Macht und Machtinszenierung, Konflikt und Konfliktkommunikation, Gewalt 178
4. Politische Sprache, Kommunikation und Diskurse 181
5. Emotion und Konflikt aus der Perspektive des Übersetzens, Dolmetschens und der Translationswissenschaft 183

X. Angewandte Perspektiven von Emotionspsychologie und emotionsbezogener Beraterliteratur 186
1. Von Werbung bis Beziehungsthemen 186

XI. Pädagogisch-didaktische und methodisch-praktische Dimensionen in Bildung, Unterricht und medizinisch-therapeutischer Gesprächsführung 188
1. Emotion und Kognition in Bildung, Unterricht und Pädagogik . 188
2. Gesprächsführung in Medizin, Psychologie und Therapie . . . 189

Literaturverzeichnis 192

Stichwortregister 208

Namenregister 212

Einleitung

Das vorliegende Studienbuch ist für Studierende ebenso wie für interdisziplinär interessierte Forscherinnen und Forscher konzipiert und richtet sich auch an ein breiteres Lesepublikum. Es bietet eine Einführung in diesen hochaktuellen Wissensbereich und präsentiert die gegenwärtige Emotionsforschung in ihren disziplinübergreifenden theoretischen Grundlegungen, einschließlich der vielfältigen praxisbezogenen Anwendungsfelder. Berücksichtigt wird ein Spektrum an Schwerpunktsetzungen in diesem Forschungsfeld, das generell mit besonderer Intensität im internationalen angloamerikanischen Sprachraum abgedeckt wird, aber unter anderem auch im deutschen Sprachraum gut vertreten ist. Neben einem möglichst breit angelegten theoretischen Überblick werden im vorliegenden Band Akzente im Bereich kommunikations-, sprach-, literatur- und kulturwissenschaftlich orientierter Emotionsforschung gesetzt. Ein weiterer Schwerpunkt liegt auf der zunehmend auch in solche Disziplinen einbezogenen Auseinandersetzung mit der Emotionsthematik, die diesen Bereich lange Zeit ausgeklammert haben; dazu gehören u.a. die Informationstechnik, Ökonomie und Politikwissenschaft.

Zugleich zeichnet sich die Erforschung von Emotionen durch eine lange Geschichte aus, die mindestens bis auf die griechische Philosophie zurückzuführen ist. Obwohl es in den verschiedenen Epochen immer wieder Phasen besonderen Interesses an der Emotionsthematik mit einer Intensivierung der Forschungsbemühungen und -ergebnisse gab, sind die letzten Jahrzehnte seit etwa den 1970er Jahren durch einen in dieser fachübergreifenden Konzentration womöglich in der gesamten Geschichte der Untersuchung von Emotionen bislang singulären Höhepunkt gekennzeichnet. So breit gefächerte Disziplinen wie die Soziologie, Psychologie, Anthropologie, Sprachwissenschaft, Ethologie, Kognitionswissenschaften, Kultur- und Literaturwissenschaften, Politik- und Rechtswissenschaften, Ökonomie, Informationstechnologie, Künstliche Intelligenz-Forschung und andere mehr widmen sich mit derzeit stetig wachsender Intensität sowohl disziplinären als auch inter- und transdisziplinären Fragen der Emotionsforschung.

Mit diesem Band wird ein Überblick über diese Entwicklungen vorgelegt, die in den aktuellen Schwerpunktsetzungen der internationalen Forschung und unter Bezugnahme auf das Verständnis erhellende historische Dimensionen des Nachdenkens über Emotionen dargestellt werden. Dabei geht es zum einen um ein vorläufiges bilanzierendes Zusammenfassen vorliegender Ansätze und Ergebnisse, die aufgrund der disziplinären Vielfalt, welche die gegenwärtige Emotionsforschung ausmacht, für Studierende aber auch Forscherinnen und Forscher oft nur schwer zu überblicken sind. Zum anderen werden spezifische und in die Zukunft weisende Konzepte, Aufgaben und Ergebnisse der Emotionsforschung akzentuiert. Insofern versteht sich dieses Studienbuch auch als Anregung für die Formulierung und Fortentwicklung disziplinübergreifender Forschungsfragen. Ein weiteres Anliegen besteht nicht zuletzt darin, die Rolle einer ganzen Reihe von Disziplinen in einem allzu häufig, wenngleich nur bedingt zutreffend, als v. a. psychologische Thematik wahrgenommenen Feld kenntlich zu machen.

Der Aufbau des Bandes orientiert sich an dem im deutschsprachigen Raum bestehenden Bedarf nach einem Studienbuch, das disziplinübergreifend in die theoretischen und anwendungsbezogenen Ausrichtungen der Emotionsforschung einführt.

Einleitend wird ein prägnanter Überblick über das große Feld der parallel geführten Emotionsbegriffe und Emotionstheorien einschließlich historischer Dimensionen der Theoriebildung, so weit sie für das Verständnis aktueller Ansätze relevant sind, vermittelt. Mit diesem Aufriss des betreffenden Spektrums an Theorien wird der Band der heterogenen Forschungslage gerecht. Damit geht eine Einführung in disziplinübergreifende Fragestellungen und Themenkomplexe der Begriffs- und Theoriebildung einher.

An die begrifflichen und theoretischen Grundlagen der Emotionsforschung schließen sich zehn zentrale Themen- und Anwendungsfelder der Thematik an, denen jeweils ein eigenes Kapitel gewidmet ist. Sie werden im Folgenden einleitend Punkt für Punkt in ihren zentralen Akzentsetzungen skizziert. Querverweise, die in diesem Band die Darstellung der verschiedenen begrifflich-theoretischen Konzepte immer wieder mit den anderen Kapiteln vernetzen, erleichtern den Leserinnen und Lesern die Zusammenführung der konzeptuellen Grundlagen mit den verschiedenen Themen- und Anwendungsfeldern der Emotionsforschung und möchten Impulse für fruchtbares Weiterdenken geben.

- Ein bedeutendes Gebiet der Emotionsforschung besteht von der Antike bis zur Gegenwart im Bereich der Kommunikation. Ein angemessenes Verständnis der Dimensionen und Wechselwirkungen von Emotionen, Emotionsausdruck und -deutung in der *Face-to-face*-Interaktion ebenso wie in der schriftlichen und mündlichen medial vermittelten Kommunikation stellt einen bedeutenden Schlüssel für den Zugang zu dem umfassenden Themenkomplex der Emotionsforschung dar. Das entsprechende Kapitel steht deswegen am Anfang der zehn themen- und anwendungsbezogenen Kapitel. Die unterschiedlichen semiotischen Formen, die im Emotionsausdruck und in der Emotionskommunikation Verwendung finden, bieten sich für einen Einstieg in die Thematik an. So stellt z. B. die Vermittlung von subjektiv wahrgenommenen Gefühlen eine wesentliche Aufgabe von Sprache dar und findet auf hochdifferenzierte Weise statt: Die Bandbreite reicht von unter Umständen kaum wahrnehmbaren prosodischen Veränderungen über die explizite Benennung von Freude, Wut oder Trauer bis zum unkontrollierten Gefühlsausbruch.
- An die Thematik von ‚Emotion und Kommunikation' schließt sich harmonisch der Komplex von ‚Mehrsprachigkeit und interkultureller Kommunikation' mit der Berücksichtigung verschiedener Sprach- und Kulturräume an. In Abhängigkeit von den jeweils zugrunde gelegten entweder primär universalistischen oder relativistischen Emotionskonzepten – eine Polarität, die zu den charakteristischen Merkmalen der Forschungslandschaft dieses Gebietes gehört, – kommt es hier zu unterschiedlichen Forschungspositionen und differenten praktischen Implikationen. Virulent ist in die-

sem Rahmen u. a. die in interkulturell-soziologischer ebenso wie internnational-politischer Hinsicht bedeutende Thematik des Dialogs der Kulturen und des Umgangs mit Konfliktsituationen.
- Ebenso wie die Fülle an alltagssprachlichen emotiv-expressiven Funktionsebenen leisten die literarisch-poetischen Formen der Sprachverwendung sowie die unterschiedlichen Dimensionen und Wirkungen von Emotionalität in den verschiedenen Künsten äußerst differenzierte sowohl explizite als auch implizite Thematisierungen, Ausdrucks-, Wirkungs- und Funktionsweisen des Emotionalen. Zu den zahlreichen Gebieten im Feld der Emotionsforschung, die in den letzten Jahren in den Kultur-, Sprach- und Literaturwissenschaften unter anderem im Zuge der Erforschung kognitiv-mentaler und zerebraler Prozesse großes Interesse finden, gehört die Untersuchung von Kreativität. Weitere Forschungsfelder beziehen sich auf den Aspekt der Stimmung, auf die Rezeptionsprozesse mit dem Lesen, Hören und Sehen und nicht zuletzt auf Emotionen im Zusammenhang von Kunstmärkten.
- Ebenfalls dynamisch verläuft die Emotionsforschung im Bereich der alten und neuen Medien. Hier gibt es – nach wie vor relevante – klassische Fragestellungen wie solche nach der emotionalisierenden Wirkung, z. B. von Spiel-, aber etwa auch von Dokumentarfilmen. Insbesondere im Hinblick auf neue Medien werden Fragen u. a. nach den Komplexen von ‚Medienkommunikation' und ‚Emotion und Mediennutzung' durchaus auch neu akzentuiert.
- Einen besonderen Schwerpunkt der Emotionsforschung machen Entwicklungen in einem Feld aus, das nach verbreiteter Auffassung diesem Untersuchungsgebiet diametral entgegenzustehen scheint: Es handelt sich um die seit einigen Dekaden intensiv betriebene Forschung in den Bereichen der Künstlichen Intelligenz (KI) und Robotik mit einem Schwerpunkt auf menschenähnlich gestalteten Robotern, den so genannten Androiden oder *Human Robots*. Nunmehr wird davon ausgegangen, dass Emotionen für Planungs-, Organisations- und Entscheidungsprozesse aller Art von zentraler Bedeutung sind. Die Anwendungsmöglichkeiten werden als vielfältig erachtet: Die Zielsetzungen reichen von der Realisierung von Computern, die Emotionen „verstehen" und „ausdrücken" können, bis zu solchen Computern, die Emotionen „besitzen" beziehungsweise durch Emotionen „gesteuert" werden. Weitere Ziele der Emotionsforschung in diesem Bereich beziehen sich z. B. auf Fragen des Erfolgs von Benutzerschnittstellen mit Konversationsagenten, auf die Mitteilbarkeit von Emotionen in computervermittelter Kommunikation (CMC) einschließlich der nonverbalen Kommunikation etwa mithilfe von Avataren, auf Fragen der Induzierbarkeit von Stimmungslagen über das *World Wide Web*, auf den Einfluss von Emotionen auf computerunterstütztes Lernen, auf die Zusammenhänge von Emotion, Motivation und *Screen*-Design, auf Emotionen und *Interface*-Konzepte u. a. m. Insgesamt zeigt sich am Beispiel dieser Forschungs- und Praxisfelder von Künstlicher Intelligenz und Robotik, dass Emotionen und Rationalität, Emotions- und Kognitionsforschung eng miteinander verbunden sein können. Darüber hinaus werden hier herkömmliche Disziplingrenzen insbesondere zwischen technischen Richtungen und pragmalinguistischen, didaktischen sowie kulturwissenschaftlichen Fragestellun-

gen überschritten und z. T. in Frage gestellt. Hinzuweisen ist auch auf Perspektiven von Forschung und Anwendung im Bereich des ‚(Multilingual) Semantic web' und des so genannten ‚Internets der Dinge' (*Cyber-physical-systems* und *Cyber-physical-socio-systems*).
- Berücksichtigung finden Emotionen auch in Ökonomie und Volkswirtschaftslehre. Dabei wird u. a. hervorgehoben, dass das gesamte wirtschaftliche Verhalten von Emotionen mitgeprägt sein kann. Dies kann sich ebenso auf die Wettbewerbstüchtigkeit wie auf die Kooperationsfähigkeit beziehen; das heißt mit anderen Worten sowohl auf Aspekte wie die Aggressivität in der Erzielung unternehmerischen Profits als auch auf solche Aspekte wie eine u. U. strategisch gebotene Kooperationshaltung von wirtschaftlich Handelnden. Dabei werden Emotionen, die wie z. B. Hass, Egoismus, Machttrieb und Gier den Wettbewerb eher begünstigen, von anderen unterschieden, die wie Altruismus, Unterwerfung, Bescheidenheit, Mitleid respektive Empathie eher gegenteilige Wirkung auf den Wettbewerb haben können. Weitere Fragen betreffen die gesellschaftliche Stellung von Emotionen in Wirtschaftsordnungen, von Emotionen in der Perspektive von Management und Unternehmenskommunikation ebenso wie Zusammenhänge von Emotionen und Konsumentenkultur.
- Die Emotionsforschung im Rahmen der Rechtswissenschaften verdient Berücksichtigung, gerade weil sich hier durchaus weiterer Forschungsbedarf abzeichnet. Hervorzuheben sind dabei auch historische Dimensionen, wie z. B. des Naturrechts, ausgewählter Aspekte der Ethik, der Moral einschließlich der Moraltheologie, des Rechtsempfindens bis hin zu Diskussionen im Zusammenhang der Menschenrechte. Exemplarisch kann das ebenfalls hochrelevante Feld von Interviewtechniken und Glaubwürdigkeit im Rahmen polizeilicher und juristischer Zeugenbefragungen, etwa im Zusammenhang der Befragung von Kindern, von Missbrauchs- und Vergewaltigungsopfern, hervorgehoben werden.
- Ein weites Feld umfasst die Emotionsforschung im Bereich von Politik, Diplomatie und Fragen der Macht. Nicht nur der gesamte Komplex agonaler Rhetorik ist zu nennen, sondern auch Kommunikationsformen der Diplomatie und des Gesichtwahrens, der Mediation und von Konflikten auf nationalen und internationalen Ebenen. Ferner können Strategien der List und der (vermeintlichen) Uneigennützigkeit eine Rolle spielen. Einzubeziehen ist hier auch das große Thema der Gewaltforschung einschließlich der Untersuchung sprachlich-kommunikativer Gewalt sowie vor allem angloamerikanisch geprägter Auffassungen von ‚hate speech'.
- Abschließend empfehlen sich zwei allerdings aus Gründen des Umfangs kurz zu haltende Kapitel, in denen wichtige angewandte Praxisperspektiven skizziert werden, die gleichwohl auch wissenschaftliche Relevanz aufweisen. Dazu gehören u. a. die Werbepsychologie und Werberhetorik einschließlich der Stimmschulung mit der Zielsetzung einer emotionalen Höreradressierung, weiterhin Eventmanagement und Tourismus und nicht zuletzt die überbordende Beraterliteratur zu ausgewählten emotionsrelevanten Themen.
- Weitere Forschungs- und Anwendungsfelder betreffen schließlich pädagogisch-didaktische und methodisch-praktische Aspekte. Reizvolle Themen beziehen sich im Rahmen dieses Studienbuchs auf Emotionen in Lern- und

Unterrichtskontexten, auf Fragen der Gesprächsführung in medizinisch-psychologischen und therapeutischen Umfeldern.

Insgesamt wird mit dem vorgestellten Spektrum an Theorien, Anwendungsfeldern und Perspektiven in dieser kompakt konzipierten Einführung ein Überblick über das breite Feld der aktuellen Emotionsforschung vermittelt, die disziplinübergreifend zunehmend in Sachfelder wie Ökonomie, Recht, Politik sowie (Informations-)technik und Technologie hineinwirkt. Dieser Überblick möchte auch der weiteren Formulierung von Detailfragen disziplinär verankerter Emotionsforschung Impulse verleihen. Das Literaturverzeichnis mit einschlägigen Forschungsarbeiten erlaubt einen Einstieg in die vertiefende Auseinandersetzung mit der Thematik. Das Namen- und das Stichwortregister erleichtern die Orientierung.

An dieser Stelle ist für die große Unterstützung beim Korrekturlesen und bei der Erstellung des Literaturverzeichnisses Gabriele Ziegler und Jamie Hermann (beide U Bayreuth) sowie Tobias Akira Schickhaus und Nura Aljawad (beide LMU München) sehr herzlich zu danken.

I. Emotionsforschung und *Affective Sciences*: Emotionsbegriffe und -theorien

1. Emotionsforschung und ihre Geschichte

Eine Weltgeschichte der Emotionsforschung?

Die Geschichte der Emotionsforschung gehört zu den bedeutsamsten Strängen des Nachdenkens des Menschen über sich selbst. Auch wenn in der europäischen Kulturgeschichte die griechische ‚Logos-Kodierung' einen dominanten Platz einnimmt, wird die Fokussierung des Logos durch die – manchmal komplementär ergänzende, manchmal in Opposition stehende, manchmal in den Hintergrund tretende, gelegentlich auch in den Vordergrund gerückte – Auseinandersetzung mit Emotionen in hohem Maß begleitet, bestätigt, hinterfragt, bekämpft oder austariert (vgl. zur Logos-Kodierung Vietta 2005).

Wie viel von der Geschichte der Emotionsforschung tatsächlich bekannt ist, ist trotzdem eher vorsichtig einzuschätzen. Während einerseits die Traditionen zumindest des westlichen Denkens seit der Antike recht gut untersucht sind, wären andererseits gewiss viele Fragen zu klären, wenn es etwa um die internationale Erforschung von weltweit in der Geschichte anzutreffenden Ansätzen der Untersuchung von Emotionen einschließlich betreffender sprach- und kulturübergeifender Austauschprozesse geht. Eine Weltgeschichte der Emotionsforschung wäre von großem Interesse; ob sie je geschrieben werden wird?

Dimensionen einer Geschichte der Emotionsforschung

Umso dringlicher ist es, Orientierungen darüber zu erhalten, wie es möglich ist, sich in dem großen Feld der historisch ebenso wie der interdisziplinär äußerst vielfältigen Dimensionen der Emotionsforschung sicher zu bewegen, wie große Linien gezogen und wie sinnvolle Fragen auch im Ausgang von spezifischen Interessenlagen entwickelt werden können.

Dies erfordert breit angelegte Kenntnisse der Emotionsforschung in Geschichte und Gegenwart sowie einen klaren Blick für Optionen möglicher Schwerpunktsetzungen. Dies ist nicht zu vergessen, selbst wenn wie in der Untersuchung von Emotionen in jüngerer Zeit mit der Hirn- und Kognitionsforschung ein neuer, sehr einflussreicher Zugang entstanden ist, der der Emotionsthematik ganz ohne Frage viele bislang verschlossene Türen geöffnet hat.

Interdisziplinarität der Emotionsforschung

Das impliziert die Öffnung des jeweils eigenen Blicks über enge Disziplingrenzen hinaus. Die Geschichte des Nachdenkens über Emotionen seit der abendländischen Antike ist über weite Strecken stark geprägt von Zugängen der Philosophie, der Rhetorik, der Ästhetik und Poetik, der Anthropologie. Seit dem 18. Jahrhundert treten allmählich zunehmend Ansätze der sich als Disziplin ausbildenden Psychologie, seit dem 19. Jahrhundert der sich nun formierenden Soziologie hinzu, um nur einige markante Linien aufzuzeigen. An der Wende vom 20. zum 21. Jahrhundert erhält die Neuro- und Kognitionswissenschaft herausragende Bedeutung. Vor diesem Hintergrund ist es empfehlenswert, die Vielfalt möglicher Ansätze, Methoden, Fragestellung und vorliegender Ergebnisse im Blick zu haben, auch wenn eigene Interessen- und Forschungsschwerpunkte zu setzen sind.

Wichtig ist ein angemessenes Bewusstsein im Umgang mit terminologischen Differenzierungen. Der Begriff ‚Emotionsforschung' wird im vorliegenden Studienbuch als ein neutraler und sowohl in historischer als auch disziplinärer Hinsicht übergreifender Begriff verwendet. Der Begriff *Affective Sciences* ist mit dem *National Center of Competence in Research „Affective Sciences – Emotions in Individual Behaviour and Social Processes"* (NCCR Affective Sciences) zu verbinden; es wurde vom *Schweizerischen Nationalfond* (SNSF) gegründet und ist an der Universität Genf (*Swiss Center for Affective Sciences*) angesiedelt. Ein wichtiges Charakteristikum sind hier breit angelegte interdisziplinäre Zugänge. *[Terminologie]*

Insgesamt ist die Terminologie im Bereich der Emotionsforschung stark differenziert, was kaum überraschen kann angesichts der Unterschiedlichkeit disziplinärer und theoretischer Ansätze. Im Folgenden wird in dieses Feld eingeführt.

2. Emotionsbegriffe und -theorien im disziplinären Überblick

Bei diesem Aufriss ausgewählter Emotionsbegriffe und -theorien kann keine Vollständigkeit angestrebt werden, da es sich um ein komplexes und dynamisch sich fortentwickelndes Gebiet handelt. Zwei Kriterien sind für die Auswahl der hier präsentierten Ansätze leitend: Einerseits geht es darum, in der Geschichte der Emotionsforschung besonders wirkungsmächtige Konzepte zu berücksichtigen, die bis in die Gegenwart hinein bedeutsam sind, und andererseits eine in disziplinärer Hinsicht möglichst breit gefächerte Übersicht zu bieten. *[Auswahlkriterien für die präsentierten Ansätze]*

Hervorzuheben ist ferner, dass der Emotionsbegriff auch in Disziplinen wie der Philosophie, der Psychologie und weiteren kontinuierlich diskutiert wird. Das Begriffsfeld von Emotion, Gefühl, Stimmung, Affekt, Pathos etc. ist als solches variabel und Präferenzen und Definitionen bleiben im Fluss. Dies sollte keineswegs als Zeichen einer Schwäche der Forschung verstanden werden, sondern vielmehr als Charakteristikum innovativen und offenen Nachdenkens. Dabei wird der Begriff der ‚Emotion' in der gegenwärtigen Forschung in der Regel als übergeordneter Terminus behandelt. Dieser Gepflogenheit wird auch in diesem Studienbuch Rechnung getragen. *[Theorieentwicklung]*

2.1 Psychologische Ansätze

Auch wenn Emotionen in der Psychologie des 20. Jahrhunderts über weite Strecken kein zentrales Forschungsanliegen darstellten, sind sie gleichwohl Gegenstand eines breit aufgefächerten Untersuchungsgebiets mit ganz unterschiedlichen Fragestellungen, theoretischen Grundlegungen, Methoden etc. Sowohl im deutschsprachigen als auch im englischsprachigen Raum liegen groß angelegte und auch kleinere Publikationen vor, in denen die Forschungslage vorgestellt wird (für Übersichtsdarstellungen vgl. z. B.

Davidson/Scherer/Goldsmith ²2009; Evans/Cruse 2004; Frijda 1986; Galliker 2012; Goozen/Poll/Sergeant 1994; Izard ⁴1999; Lewis/Haviland-Jones/Feldman Barrett ³2010; Niedenthal/Krauth-Gruber/Ric 2006; Otto/Euler/Mandl 2000; Rost ²2005; Schmidt-Atzert/Peper/Stemmler ²2014).

2.1.1 Evolutionstheoretische, ethologische und ausdruckstheoretische Ansätze

Ansätze in evolutionstheoretischer Orientierung fragen insbesondere danach, warum

1. das Phänomen der Emotionen überhaupt in der Phylogenese, d. h. der Stammesgeschichte des Menschen, entstehen konnte,
2. zu welchem Zweck es sich herausbildete und
3. welchen Reproduktionsvorteil es erbrachte.

Mögliche Funktionen von Emotionen

Mit dem Nachdenken über die stammesgeschichtliche Herausbildung wird vielfach die Frage nach der Funktion von Emotionen verbunden. In diesem Zusammenhang finden auch physiologische und psychologische Aspekte des Emotionalen Beachtung sowie die ontogenetische, d. h. individualgeschichtlich bedingte, Entstehung emotionaler Prozesse. Dieser Aspekt erklärt sich vor dem Hintergrund der in dieser Richtung vertretenen Auffassung, dass Emotionen in der Regel durch kognitive Einschätzungen von Ereignissen oder Sachverhalten verursacht werden (vgl. hierzu und zum Folgenden Euler 2000 und Meyer, Schützwohl & Reisenzein 2003, 37–42, hier v. a. 41).

Charles Darwin

Der enge Konnex von Evolutionstheorie, Ethologie und Ausdruckstheorie ist wesentlich durch eine bis heute für die Emotionsforschung überaus wirksame Schrift begründet. Dies ist Charles Darwins (1809–1882) Buch „The Expression of Emotions in Man and Animals", das in erster Ausgabe aus dem Jahr 1872 stammt. Der deutsche Titel lautet "Der Ausdruck der Gemütsbewegungen beim Menschen und den Tieren"; im Jahr 2000 erschien die als vollständig und Darwins Willen entsprechend erachtete dritte Fassung des englischsprachigen Originals in deutschsprachiger Übersetzung (Darwin 2000[1872]).

Evolutionstheorie und Emotionsforschung

Diese Schrift steht vor dem Hintergrund der Evolutionslehre Charles Darwins. Gleichzeitig ist sie ein Schritt zur disziplinären Ausbildung der Ethologie als einer vergleichenden wissenschaftlichen Verhaltenskunde. Der Grund dafür, dass das Verhalten von Menschen und Tieren Gegenstand wissenschaftlicher Untersuchung wurde, besteht in Darwins Annahme, dass „nicht nur körperliche, sondern auch psychologische Merkmale von Organismen der natürlichen Selektion unterliegen können" (Meyer, Schützwohl & Reisenzein 2003, 27). Dem liegt die Annahme zugrunde, dass die Disposition zu bestimmten emotionalen Prozessen die so genannte *Fitness* und damit die Selektion begünstigt. Insofern erfolgt mit dieser Grundausrichtung der Ethologie eine Konzentration auf artspezifische und damit genetisch bestimmte Aspekte, hier also Verhaltensweisen.

Ethologie

Ebenso wie von Darwins Ansatz selbst sind auch von der Ethologie des zwanzigsten Jahrhunderts Impulse für die Untersuchung des emotionalen Ausdrucksverhaltens von Tieren und, im Bereich der Humanethologie, von

Menschen ausgegangen. Was das menschliche Ausdrucksverhalten betrifft, so sind Untersuchungen von paraverbalen Phänomenen des stimmlichen Emotionsausdrucks und vor allem der Mimik hervorzuheben. Dem entspricht, dass einer der weltweit bekanntesten Mimikforscher der Gegenwart, Paul Ekman, die erwähnte Schrift von Charles Darwin in der dritten Fassung 1998 herausgegeben hat.

In den verschiedenen Ausdruckstheorien konvergieren wiederum die langen Traditionen der Auseinandersetzung mit den Formen der Expression, die in der abendländischen Theoriebildung ebenfalls bis auf die Antike zurückgehen. Dabei spielt die Beschreibung der Rede als Ausdruck von Affekten durch Worte eine wichtige Rolle (vgl. hierzu den Artikel „Ausdruck" im Historischen Wörterbuch der Philosophie [HWbPh], 653–662, hier besonders Abschnitt I von Giorgio Tonelli, 653).

Ausdruckstheorie

Zu den relevanten Disziplinen dieser Traditionen gehören die Rhetorik einschließlich der Stilistik, die Poetik und die Philosophie. Aber auch die Musik und die Darstellende Kunst werden unter dem Aspekt des Affektausdrucks beschrieben, so dass Bezüge zur Auseinandersetzung mit Fragen der Ästhetik bestehen. Zu einem Höhepunkt der Reflexion von Ausdrucksphänomenen kam es im 18. Jahrhundert mit Akzentuierungen in England, Frankreich und Deutschland.

Im Zuge des 19. Jahrhunderts wurde, u. a. aufgrund des Beitrags von Darwin, ein naturwissenschaftlicher Ausdrucksbegriff formuliert. Hier ist z. B. der französische Physiologe Guillaume-Benjamin Duchenne (1806–1875) zu nennen, der u. a. die Gesichtsmuskulatur und insbesondere den Jochbeinmuskel oder ‚Muskel der Freude' (‚Musculus zygomaticus major') mit den entsprechenden Aktivitäten beim Lächeln untersuchte. Bis heute wird das so genannte ‚echte Lächeln' als ‚Duchenne-Lächeln' bezeichnet und vom ‚unechten Lächeln' (ohne Beteiligung der Augenmuskulatur) unterschieden.

‚Echtes Lächeln' und ‚Duchenne-Lächeln'

Eine für die Emotionsforschung relevante andere Ausrichtung erhält die Entwicklung der Ausdruckstheorien mit der Psychologie Wilhelm Wundts (1832–1920). Begründet wird mit ihr eine zweite dominante und nach wie vor parallel zum Konzept der so genannten Basisemotionen verlaufende Richtung, die der dimensionalen Ansätze. Während die erste mit der Akzentuierung der Basisemotionen für ein universelles Paradigma der Emotionsforschung impulsgebend ist, nehmen die dimensionalen Ansätze diese Rolle für das relativistische Paradigma ein.

Wilhelm Wundt

Im Folgenden wird zunächst die erste Richtung der Theoriebildung mit den Grundlagen der Basisemotionen dargestellt und im Anschluss die zweite der dimensionalen Ansätze.

Die Ausrichtungen der Evolutionstheorie, der Ethologie und der Ausdruckstheorie aggregieren in der erwähnten Schrift Charles Darwins. Über einige Annahmen zu ethologischen Grundlagen des stimmlichen Emotionsausdrucks hat Darwin seinerseits sich schon in Auseinandersetzung mit Herbert Spencers (1820–1903) „Principles of Psychology", 1870–72 erschienen, informiert; hier wird der phonetisch beobachtbare Niederschlag von Emotionen bereits präzise durch den Muskeltonus der Stimmorgane erklärt und in weit ausgreifender Argumentation der Bogen vom Tier über den Menschen im alltäglichen Leben bis hin zum künstlerischen Ausdruck gespannt (Spencer 1886, 621 f. und 627):

Herbert Spencers Untersuchung von Stimme und Emotion

Wenn dies die gegebenen Verhältnisse sind, wie sie mit Nothwendigkeit aus dem Aufbau des Nerven- und Muskelsystems hervorgehen, so müssen sie auch mit der Zeit dergestalt sich abändern und weiter entwickeln, wie es der Selbsterhaltung förderlich ist. Daraus erklärt sich z. B. das Knurren. Bei solchen Geschöpfen, wie etwa der Hund, welche sich oft gegen Angehörige der eigenen Art zu vertheidigen haben, braucht man nur die unwillkürliche Neigung vorauszusetzen, mit der wachsenden Erregung einen Ton von sich zu geben, um einzusehen, dass ein Individuum, bei welchem die Nervenentladungen dergestalt die Stimmmuskeln beeinflussten, dass der Kehlkopf einen Ton von ungewöhnlicher Tiefe ausstiess, und welches dadurch bei einem sich annähernden Hunde dieselbe Association hervorrufen konnte, wie sie in der Erfahrung zwischen dem Hören eines tiefen Tones und dem Zerzaustwerden durch einen wüthenden Gegner sich ausgebildet hat – dass ein solches Thier dem sich annähernden Hunde grossen Schrecken einjagen wird […].

Zu gleicher Zeit können auch die Stimmorgane in ähnliche Weise afficirt sein: der sich die Waage haltende Antagonismus ihrer Muskeln braucht nur in geringem Maasse gestört zu werden, um die Stimme erzittern zu machen. Daraus erklärt sich denn diese gemeinsame Eigenthümlichkeit der Leidenschaften, welche einen höheren Grad der Lebhaftigkeit erreichen. Wuth ebenso wohl wie lebhafte Furcht verursachte ein Erzittern des Körpers – und unter dem Einflusse beider Leidenschaften werden die Stimmorgane gleich den Händen oft unsicher. Wir kennen ein Zittern vor grosser Sorge und vor gespannter Erwartung und die Stimme kann unsicher werden aus lebhafter Freude oder vermöge einer starken Welle zarter Empfindung. Daher jede dramatische Ausdrucksfähigkeit des Vibrato oder Tremolando beim Singen – ein Ausdrucksmittel, das freilich die Sänger sehr leicht mit übermässiger Häufigkeit anzuwenden geneigt sind.

Linguistik der paraverbalen Dimension

In der zweiten Hälfte des 20. Jahrhunderts werden dann in der Linguistik Fragen des sprachlich-emotionalen Verhaltens einschließlich der paraverbalen Dimension untersucht; genannt werden können u. a. die linguistische Ethologie, die Gesprächslinguistik und die interaktionale Linguistik.

Mimikforschung

Neben dem stimmlichen Ausdruck findet bereits bei Darwin die Mimik als Reflex von emotionalen Prozessen im Gesicht bzw. in Kontraktionen der Gesichtsmuskulatur Aufmerksamkeit. Dies ist auch einer der Bereiche, in denen Darwin die Emotionsforschung bis in die Gegenwart hinein mitgeprägt hat. Darwin behandelt hauptsächlich drei Aspekte des menschlichen Gesichtsausdrucks (vgl. Euler 2000, 46):

- Fragen seiner Universalität
- Fragen seiner Gemeinsamkeiten mit dem Emotionsausdruck bei Tieren
- Fragen seiner aktualgenetischen Entstehungsprinzipien

Der Psychologe Harald A. Euler betont bezüglich der Elizitation, d. h. der Hervorrufung von Emotionen, dass sie, wie oben erwähnt, nach Darwins Auffassung durch kognitive Einschätzungen ausgelöst werden; ihrerseits sollen kognitive Einschätzungen dann den Emotionsausdruck im Bereich der

Mimik, Gestik, des Tonfalls, physiologischer Veränderungen etc. verursachen (vgl. Euler 2000, 46).

Das dabei von Darwin vertretene universalistisch angelegte Grundprinzip steht paradigmatisch für eine der grundlegenden Orientierungsrichtungen der Emotionsforschung. So geht er davon aus, dass der Emotionsausdruck „durch die ganze Welt mit merkwürdiger Gleichförmigkeit" erfolge (vgl. Euler 2000, 46). Zumindest der Gesichtsausdruck einer kleineren Zahl von Emotionen soll dieser Auffassung zufolge nicht nur innerhalb einer Kultur- und Sprachgemeinschaft, sondern universell in gleicher Weise zuverlässig entschlüsselt werden können. Manche Emotionsausdrücke entstünden so früh in der Kindheit, dass sie nicht erlernt oder nachgeahmt sein könnten, was durch Beobachtungen an blindgeborenen Kindern bestätigt werde. Vielmehr müsse z. B. das endogene Lächeln offenkundig erblich bedingt sein, da es schon bei gerade erst geborenen Kindern zu beobachten sei (vgl. Holodynski, 90 f.).

Universalistische Grundannahme

Der Emotionsausdruck hat nach Darwin weiterhin sowohl eine organismische als auch eine kommunikative Funktion. Den weit geöffneten Augen, bei Überraschung etwa, wird zumindest ursprünglich die Funktion zugeschrieben, die Informationsaufnahme zu fördern, dem geöffneten Mund diejenige, die Atmung zu erleichtern. In diesem Zusammenhang wird in der Forschung auf Darwins Bezugnahme auf die Lamarcksche Erklärung der Vererbung erworbener Eigenschaften hingewiesen, der zufolge Darwin Ausdrucksbewegungen als Rudimente oder Ableitungen von zweckmäßigen Bewegungen betrachtete.

Eine kommunikative Funktion spricht Darwin dem Gefühlsausdruck insofern zu, als durch ihn Gefühle und die damit verbundenen Gedanken, Absichten und Wünsche den Artgenossen mitgeteilt würden, er also helfe, das Zusammenleben zu regeln, und somit zum Überleben und zur Fortpflanzung beitrage.

Kommunikative Funktion des Gefühlsausdrucks

Einer der jahrzehntelangen Verfechter der emotionstheoretischen Annahmen Darwins ist der bereits erwähnte Herausgeber Paul Ekman mit seiner neuro-kulturellen Theorie des mimischen Ausdrucks von Emotionen. Der Ansicht Paul Ekmans zufolge ist von der Geltung der These Darwins von der Universalität des Gesichtsausdrucks auszugehen (vgl. Ekman & Salisch 1988). Eine begrenzte Anzahl von so genannten Basisemotionen – deren angenommene Zahl zwischen circa fünf und neun schwankt und die vielfach u. a. Freude, Ärger, Traurigkeit, Ekel, Furcht und Überraschung umfassen – sei aufgrund ihres Reproduktionsvorteils evolutionär entstanden und kulturübergreifend-universell durch jeweils spezifische subjektive Gefühle, physiologische Merkmale und mimischen Ausdruck gekennzeichnet. Der biologisch angelegte entsprechende Gesichtsausdruck werde durch die aktivierte Emotion unwillkürlich angeregt, könne aber willentlich kontrolliert, also verstärkt, abgeschwächt, neutralisiert oder maskiert werden. Diese Kontrolle soll nach erlernten individuellen bzw. kulturspezifischen Darstellungsregeln (*Display rules*) erfolgen.

Paul Ekman

Paul Ekman beschreibt jedoch auch Phänomene gestellter und übernommener Mimik. Beispielsweise verweist er auf eine Form der „affektierten Skepsis", die er in Hollywoodfilmen der dreißiger Jahre des 20. Jahrhunderts bei „hübschen und kultivierten Frauen" zum Ausdruck „ihres vornehmen

Zweifels" beobachtet hat. Damals hätten sich Jugendliche bemüht, die entsprechende Bewegung der Augenbrauen nachzuahmen und jeden bewundert, der es konnte. Ekman betont, dass er diese Bewegung nur selten in natürlichen Situationen beobachtet habe (vgl. Ekman 1988, 96).

Basisemotionen

Die Grundannahme einer recht kleinen Zahl von Basisemotionen, auf die sich die Forschung dann konzentriert, ist folgenreich: In den Hintergrund treten damit in der Regel die Untersuchung eines deutlich größeren Spektrums unterschiedlicher Emotionen und ihres Ausdrucks sowie die Erforschung ihrer kulturellen Varianzen, abgesehen von den gerade erwähnten *Display rules*, von denen angenommen wird, dass sie den „eigentlichen" Ausdruck überformen können.

Zurschaustellung von Emotionen

Andere Überlegungen zu den von Darwin vertretenen Grundannahmen stammen von Alan Fridlund aus dem Jahr 1994 bzw. von Robert E. Kraut und Robert E. Johnston, die schon 1979 die Frage nach dem Zusammenhang von Emotionen und ihrem Ausdruck aufgriffen und der ihrer Ansicht zufolge keineswegs zwingend als Eins-zu-Eins-Verhältnis betrachtet werden könne. Fridlund kritisiert Darwins Annahme eines reflexiven, automatischen Gesichtsausdrucks, der andere Individuen über die innere Befindlichkeit informiere und nur sekundär durch gelernte Ausdruckskonventionen modifiziert werde. Eine solche Sicht (*Emotions view*) berücksichtige unzureichend die interaktionalen oder kommunikativen Entstehungsbedingungen und Funktionen des mimischen Ausdrucks. Die Mimik wird Fridlund und Kraut und Johnson zufolge von Zurschaustellungen (*Displays*) beeinflusst, deren Entstehung als ein Prozess der Koevolution von Sender und Empfänger zu verstehen sei. Zurschaustellungen seien mit der Herstellung einer Balance von Signalisierung und Vigilanz, Gegensignalisierung und Gegenvigilanz verbunden, die in Analogie zu natürlichen Ökosystemen zu verstehen sei. Soziale Aspekte sind dieser Sicht zufolge an der Entstehung und Formalisierung von Schaustellungen originär beteiligt. Dieser Theorie zufolge gibt es also nicht die Annahme grundlegender Emotionen oder fundamentaler Ausdrucksformen. Die speziellen Schaustellungen evolvierten vielmehr im Kontext von spezifischen Selektionsbedingungen und koevolvierten mit der Responsivität von Empfängern, ohne zwingende Bezüge zu Gefühlszuständen aufzuweisen. Sie sollen kontextspezifischen sozialen Motiven zum Zwecke inklusiver Fitness, d.h. der Herstellung von Sozialität, dienen (vgl. hierzu Meyer, Schützwohl & Reisenzein 2003, 80–92).

Nonverbale Kommunikation

Die Mimikforschung genießt auch in der Gegenwart große Aufmerksamkeit. So ist sie ein herausragendes Forschungsfeld im Bereich der menschenähnlichen Robotik, in der so genannte Androiden entwickelt werden. Ferner ist die Untersuchung der Schnittstellen von Mimik und Emotion seit etwa den siebziger Jahren des vergangenen Jahrhunderts ein Feld der „Nonverbalen Kommunikationsforschung" geworden, in der u.a. das Blickverhalten, die Gestik und die Körperhaltung (*Body posture*) untersucht werden.

Die nonverbale Kommunikation insgesamt stößt in der Regel auf großes Interesse und weckt Neugier auch z.B. in anwendungsorientierten und alltagspsychologischen Bereichen, wie etwa (mehr oder weniger nützlichen) Rhetoriktrainings, Leitfäden für (wie gehofft wird) erfolgreiches Verhalten in Bewerbungsgesprächen und dergleichen mehr. Allzu oft kommen dabei jedoch gar zu simplifizierende Deutungsmuster zum Einsatz; auch ein immer wieder aufgelegter und viel berücksichtigter Band wie der von Michael Argyle zu „Körpersprache & Kommunikation. Nonverbaler Ausdruck und soziale Interaktion" ist hier zumindest streckenweise nicht auszunehmen (Argyle [8]2002, vgl. auch Espenschied 1985). In diesem Bereich ist also eine angemessene Skepsis im Umgang mit solcher populär ausgerichteten Literatur vielfach zu empfehlen (vgl. auch das Kapitel zu „Emotion und Kommunikation" im vorliegenden Studienbuch).

Denn es kommt im Emotionsausdruck das gesamte Spektrum vom spontan-unbewussten Verhalten bis zum intentional gesteuerten Handeln zum Tragen; dies wird in wohl allen theoretischen Orientierungen berücksichtigt. Andernfalls wäre nämlich von einem strikten ‚psycho-physischen Parallelismus' auszugehen; diese Annahme, die bis mindestens auf das 17. Jahrhundert mit der „Monadologie" von Gottfried Wilhelm Leibniz (1646–1716) zurückzuführen ist und noch im 19. Jahrhundert eine wichtige Rolle in philosophischen und psychologischen Reflexionen spielte, war noch für Wilhelm Wundt leitend; spätestens mit der Kritik Karl Bühlers (1879–1963) in seinem Band „Krise der Psychologie" (1927) wurde der psycho-physische Parallelismus profund in Frage gestellt. Wenn aber, wie noch bei Wilhelm Wundt hypostasiert, „Ausdrucksbewegungen" eben nicht grundsätzlich als korrelative Symptome von „Seelenzuständen" aufzufassen sind, können Interpretationen folglich immer mit Fehldeutungen behaftet sein (vgl. Wundt 1900, 85; vgl. hierzu und zur Ausdruckstheorie Wilhelm Wundts sowie ihrer Rezeption in der Sprach- und Kommunikationstheorie Karl Bühlers, der 1933 eine eigene Monographie zur Ausdruckstheorie publiziert hat, die Studie „Bühler und Wundt" von Gerold Ungeheuer 1990). Dies gerät bei allzu populär angelegten Beschreibungen der „Körpersprache" immer wieder in Vergessenheit und kann zu oberflächlichen Erklärungsmustern verleiten.

Mit dem Hinweis auf Wilhelm Wundt ist an dieser Stelle nun bereits auf die Grundlagen der zweiten oben erwähnten Richtung der Theoriebildung im Bereich des Emotionsausdrucks übergeleitet, die im jetzt Folgenden skizziert werden soll.

Dimensionale Ansätze

Und zwar entwickelt Wundt v. a. im ersten Band seiner berühmten in zehn Bänden in den Jahren von 1900 bis 1920 erschienenen „Völkerpsychologie" die Grundlagen seiner Ausdruckstheorie. Neben der Annahme des ‚psycho-physischen Parallelismus', die zumindest in ihrer strikten Variante, wie erwähnt, aus heutiger Sicht kaum noch überzeugen kann, ist diese Ausdruckstheorie durch ein weiteres Merkmal gekennzeichnet: Das Dreidimensionsschema der Gefühle mit den Dimensionen „Erregung – Hemmung", „Lust – Unlust" und „Spannung – Lösung". Das Schema Wundts mit den drei Koordinaten eröffnet einen wesentlich neuen Aspekt, nämlich die Auffassung von Emotionen, die in beliebiger Graduierung und Variation kontinuierlich sowohl auf den Koordinaten selbst (wenn „die Gefühle von relativ einfacher Beschaffenheit" sind) als auch in den Ebenen, die durch die Koordinaten begrenzt und damit gewissermaßen räumlich, abgebildet werden. Hand in Hand geht damit die Annahme, dass es zur Mischung verschiedener und sogar entgegengesetzter Emotionen während eines Zustands der Emotionalisierung kommen kann; dies ist individualpsychologisch etwa wahrnehmbar als Zustand widerstreitender Gefühlslagen. Die Annahme einiger Grundemotionen, die Wundt durchaus berücksichtigt

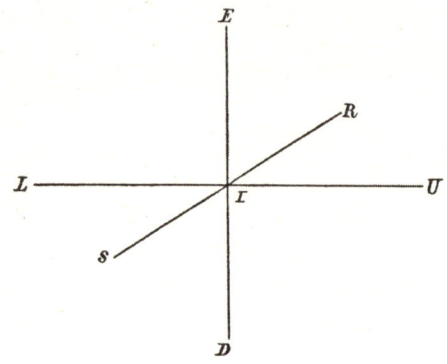

Abb. 1: Schema der Gefühle mit den Dimensionen der Lust und Unlust, der erregenden und hemmenden (deprimierenden) und spannenden und lösenden (resolvierenden) Gefühle.
Vgl.: Wundt 1900, 38.

und als „einfache Gefühle" bezeichnet, wird hier also ergänzt um die von komplexen oder gemischten Emotionen (vgl. Wundt 1900, 47).

Dieser den dimensionalen Ansätzen gemeinsame Grundgedanke wurde später fortentwickelt, was zum Entwurf komplexerer und zum Teil geometrisch anspruchsvoller Schemata führte. Dabei wurden sowohl die zugrunde zu legenden Dimensionen als auch verschiedene graphisch-geometrische Darstellungsformen diskutiert und variiert. Besondere Bekanntheit hat die kegelförmige Illustration von Robert Plutchik erlangt, in der drei zentrale Aspekte fokussiert werden: a) die Intensität von Emotionen auf einer vertikalen Dimension, b) die Ähnlichkeit von Emotionen auf einer kreisförmigen Dimension, c) die Polarität oder Entgegengesetztheit von Emotionen auf den gegenüberliegenden Seiten der kreisförmigen Dimension.

Interessant sind u.a. die Beziehungen, die Plutchik zwischen seinem Modell und Überlegungen zur Sprache herstellt. Er betont, dass auch Basisemotionen nicht durch ein einzelnes Wort wie „Freude" oder „Angst" angemessen zu erfassen seien. Vielmehr handle es sich um hypothetische Dimensionen. Wie schon Wundt geht Plutchik von der Existenz gemischter Emotionen aus, die seiner Ansicht nach zur Kennzeichnung von Persönlichkeitsmerkmalen geeignet seien (vgl. Plutchik 1993, 57).

2.1.2 Entwicklungspsychologische Ansätze

Kindliche Emotionsentwicklung

Die kindliche Emotionsentwicklung ist ein Thema, das schon bei Charles Darwin in den Fokus einer gewissen Aufmerksamkeit rückte. Wenngleich die Untersuchung des kindlichen Emotionsausdrucks vergleichsweise fast so etwas wie eine Konstante der Emotionsforschung im 20. Jahrhundert darstellt, bleiben auch zu Beginn des 21. Jahrhunderts viele Fragen offen (vgl. für einen historisch fundierten Überblick Kopp & Neufeld [2]2009, 347–374; vgl. auch Bischof-Köhler 2000, 165–176).

Die Theoriebildung verlief in diesem Bereich geraume Zeit v.a. reduktionistisch, indem sich viele Ansätze Manfred Holodynski zufolge auf die Analyse von Teilaspekten der Phänomenvielfalt beschränkten, so z.B. auf die Beschreibung der Reihenfolge, in der einzelne Emotionsformen auftreten (vgl. Holodynski 2006, 4; vgl. z.B. Janke 2002 für eine Untersuchung des Emotionswissens von Kindern im Grundschulalter).

Holodynski hat demgegenüber einen umfassenden Theorieentwurf vorgelegt, in dem er zu beantworten sucht, wie Kinder im Laufe ihrer Ontogenese ihre Emotionen entwickeln und zu regulieren lernen (vgl. Holodynski 2006, 166). Er konzentriert sich auf den prototypischen Entwicklungsverlauf im Zuge der Ontogenese und nennt die Entwicklungsaufgaben einzelner Phasen, die ein Kind in seiner emotionalen Entwicklung meistern sollte. Auch beschreibt er Entwicklungsmechanismen, die im Interaktionsprozess zwischen Kind und Mitmenschen die Entwicklung seiner Emotionen und der Emotionsregulation vorantreiben (vgl. Holodynski 2006, 166f.). Dazu gehören (vgl. Holodynski 2006, 167f.):

i) Vorläuferemotionen von Neugeborenen
ii) die Entstehung zeichenvermittelter Regulationsebenen im Säuglings- und Kindesalter
iii) die Entstehung der intrapersonalen Regulation im Kleinkind- und Vorschulalter
iv) die Internalisierung der psychischen Regulationsmittel ab dem 6. Lebensjahr

2.1.3 Psychoanalytische Ansätze

Während in der Psychoanalyse dem Emotionsbegriff selbst wenig Aufmerksamkeit geschenkt wurde, da hier im Anschluss an Sigmund Freud (1856–1939) der Begriff des ‚Triebs' favorisiert wurde, hat sie nichtsdestoweniger zur Emotionsforschung beigetragen (vgl. Kruse 2000, 64). Kruse betont: „Der wichtigste Beitrag der Psychoanalyse zur Erforschung der Emotionalität dürfte darin bestehen, dass sie in ihrem psychotherapeutischen Ansatz als Erste das Sprechen über Gefühle als eine Methode sozialer Hilfe professionalisiert hat." (Kruse 2000, 64; vgl. auch den Hinweis auf Carl R. Rogers im abschließenden Kapitel des vorliegenden Studienbuches).

Sprechen über Gefühle

Zu den Säulen der Theoriebildung gehört die psychoanalytische Entwicklungstheorie emotionaler Ontogenese (vgl. Kruse 2000, 68). An der Schnittstelle von Entwicklungspsychologie und psychoanalytisch informierter Theoriebildung arbeiten in jüngerer Zeit z. B. Peter Fonagy und Kollegen, so wie die Erforschung der sozialen Entwicklung im Säuglingsalter insgesamt zu den besonders einflussreichen Gebieten der empirischen Wissenschaft zählt (vgl. Fonagy, Gergely, Jurist & Target 2004, 469).

Impulsgebend waren psychoanalytisch informierte Untersuchungen schließlich für die Einzelemotionsforschung.

2.1.4 Einzelemotionsorientierte Ansätze

Die Untersuchung einzelner Emotionen wie Liebe, Schuld, Scham, Ärger, Wut, Eifersucht und dergleichen wird u. a. mit dem Denken von Silvan Solomon Tomkins (1911–1991) und der Psychoanalyse verbunden; sie steht zudem in der Tradition des Konzepts der Basisemotionen (vgl. Kruse 2000, 71). Nach wie vor spielt sie in vielen Bereichen der Emotionsforschung eine wichtige Rolle. Verbreitet ist sie u. a. in der emotionsbezogenen Kommunika-

Zu spezifischen Emotionen wie Angst und Liebe

tionsforschung mit Blick auf die Untersuchung des interaktionsrelevanten Ausdrucks sowie betreffender Emotionsregeln (vgl. z. B. Andersen & Guerrero 1998).

Für den deutschsprachigen Raum können z. B. die psychologische Überblicksdarstellung von Wolfgang Rost (^{2}2005) und die sozialpsychologische Studie zur Liebe von Erich Fromm (1956), die familientherapeutische Untersuchung von Thomas Hülshoff (^{3}2006) und die linguistische Arbeit von Monika Schwarz-Friesel (2007) genannt werden.

Rost geht es dabei um eine Ausdifferenzierung von Liebe unter dem Aspekt von Partnerschaft, Fromms viel gelesene und zitierte Studie ist von gesellschaftskritischen Impulsen geleitet. Hülshoff setzt sich mit den von ihm berücksichtigten Emotionen wie Angst, Furcht, Panik, Freude, Wohlbefinden, Lust, Sucht und anderen in einem breit angelegten Zugang auseinander. Er unterscheidet dabei zwei Arten von Fragestellungen (vgl. Hülshoff ^{3}2006, 16 f.):

- Proximate Fragestellungen nach dem „Wie" des Zustandekommens von Gefühlen.
- Ultimate Fragestellungen nach dem „Warum" des emotionalen Verhaltens und Erlebens im Kontext des Individuums, das sich in seiner Lebenswelt behaupten muss und kann.

Beide bezieht Hülshoff u. a. auf das Zustandekommen von Ärger, Aggression oder anderen Gefühlen, z. B. im familiären Kontext: Welchen Sinn haben etwa sich häufig wiederholende Wutanfälle eines Familienmitglieds? Solche Fragen werden von Hülshoff mit dem Ansatz systemischer Familientherapie untersucht (vgl. Hülshoff ^{3}2006, 17).

Schwarz-Friesel geht als Linguistin von der sprachlichen Repräsentation von Gefühlen aus: „Wenn wir über spezifische Gefühle wie Angst oder Liebe sprechen, kodieren wir Gefühlszustände mittels verbaler Ausdrucksrepräsentationen und vermitteln somit das intern Gefühlte als extern wahrnehmbar für Andere" (Schwarz-Friesel 2007, 361). Diese Grundannahme fundiert Schwarz-Friesel mit exemplarischen Analysen textueller Manifestationen ausgewählter Basisemotionen. Dies ist ein Vorgehen, das insbesondere mit Blick auf interkulturelle Dimensionen vertieft werden könnte.

2.2 Philosophische und anthropologische Ansätze

Große Namen der Emotionsforschung seit der Antike

Die philosophische Auseinandersetzung mit Emotionen, wenn auch nicht immer unter diesem Begriff, wird als die wohl intensivste und kontinuierlichste Tradition zu betrachten sein. Große Namen gibt es hier in – zumindest vergleichsweise – großer Zahl: Dazu gehören Philosophen der Antike wie Empedokles (um 495–um 435 v. Chr.), Hippokrates (um 460–um 370 v. Chr.), Sokrates (469–399 v. Chr.), Platon (428–347 v. Chr.), Aristoteles (384–322 v. Chr.), die Stoiker Seneca (4 v. Chr.–65 n. Chr.) und Chrysippus (279–206 v. Chr.), weiterhin Plotin (205–270 n. Chr.) und andere mehr (vgl. hierzu Harbsmeier & Möckel 2009; für einen großen Überblick von der Antike bis zum 20. Jahrhundert vgl. Landweer & Renz 2012; knappere Darstellungen im Überblick finden sich in: Wassmann 2002 und Hastedt 2005;

für den angloamerikanischen Sprachraum können Oatley 2004 genannt werden und sowie zwei fundierte Übersichtsbände, die schon in den neunziger Jahren des letzten Jahrhunderts erschienen sind: Jenkins, Oatley & Stein 1998 und Oatley & Jenkins 1996). Auch im Mittelalter wird das Thema aufgegriffen, etwa bei Thomas von Aquin (1225–1274). Selbst zur Zeit der Begründung des frühneuzeitlichen Rationalismus im 17. Jahrhundert bleibt die Auseinandersetzung mit der Domäne des Emotionalen wichtig, insbesondere bei René Descartes (1596–1650).

Über Jahrhunderte kreiste die Reflexion um Fragen wie die danach, was Emotionen sind, und die nach einer möglichen Zweckmäßigkeit oder „Quelle echter Weisheit" bzw. nach eventuellen Störpotentialen von Gefühlen bezüglich des vernunftgesteuerten Denkens und Handelns (vgl. für einen konzisen Überblick Wassmann 2002, 15ff., hier 15). Die Frage nach dem Menschen als einem *animal rationale* kann in diesem Zusammenhang als ein Leitthema betrachtet werden. Schon in Aristoteles' „Rhetorik" werden dabei die Aspekte der Sprache und Kommunikation einbezogen. Spätestens bei Descartes erhält ein für die weitere Diskussion im 18. Jahrhundert relevant werdender Baustein markante Aufmerksamkeit: Die sinnlich-materielle Körperlichkeit des Menschen, die dann im Hinblick auf die Relation zu Verstand und Vernunft unter dem Begriff des „Leib-Seele-Problems" diskutiert wurde. Aufs Engste ist damit im Laufe des 18. Jahrhunderts die Ausbildung historisch orientierter Denkweisen und historischer Sprachbetrachtung verbunden; für diese Entwicklung spielen die Ästhetik Alexander Gottlieb Baumgartens (1714–1762) und poetologische Konzepte literarischer Sprache – Johann Jakob Bodmer (1698–1783) und für die Zeit um 1800 können Jean Paul (1763–1825) genannt werden – eine wichtige Rolle (vgl. Campe 1990; vgl. Schiewer 1996 und Schiewer 2009d).

Der Mensch als rationales und emotionales Wesen

Es handelt sich um die Entwicklung eines semiotischen Wissensbegriffs, der bis zu seinen ersten Grundlagen im Denken Descartes' zurückverfolgt und in seiner allmählichen Ausformulierung insbesondere durch Leibniz (1646–1716), Étienne Bonnot de Condillac (1714–1780), Johann Heinrich Lambert (1728–1777) und Johann Gottfried Herder (1744–1803) nachvollzogen werden kann (vgl. hierzu und zum Folgenden Schiewer 2005). Das Ergebnis dieser Entwicklung war die Ausformulierung einer Sprachtheorie auf der Basis anthropologischer und psychologischer Grundannahmen, die unter Berücksichtigung der Körperlichkeit und der „Empfindsamkeit" des Menschen – wie die entsprechende literarische Epoche um die Mitte des 18. Jahrhunderts bezeichnet wird – eine Erklärung sowohl der Genese als auch der Kapazität menschlichen Erkennens anstrebte.

Semiotik und Sprachtheorie

Die grundlegende Problematik kreiste im 17. Jahrhundert um die Rolle von Zeichen für das Denken und wurde vor dem Hintergrund der Frage des Verhältnisses von Materie und Geist bzw. Leib und Seele ausgesagt. Descartes vertrat die auch in seinen zuerst 1641 erschienenen „Meditationes de prima philosophia" formulierte Annahme eines substantiellen Unterschiedes zwischen Seele und Körper und damit der Unabhängigkeit des Intellekts vom Zeichen, das erst nachträglich den Ideen vor allem zu Kommunikationszwecken zugeordnet werde (vgl. Descartes 1993, 129ff.).

Descartes' Auffassung von Seele und Körper

Aufwertung des Zeichens durch Leibniz

Ulrich Ricken hat darauf hingewiesen, dass Leibniz im Unterschied zu Descartes dem Zeichen eine unabdingbare Funktion für das Denken zugesteht (Ricken 1990, 29f.).

Während bei Descartes das Zeichen gewissermaßen ein Hilfsmittel zweiter Ordnung darstellt, nämlich eine Unterstützung des Gedächtnisses, weist Leibniz' Entwurf dem Zeichen eine konstitutive Rolle zu: Descartes betrachtet den Intellekt als rein abstraktives Vermögen zur Erkenntnis von Intelligibilien, das auf zweiter Stufe durch bestimmte Funktionen des Zeichens ergänzt werde, welche sich ausschließlich auf den Bereich der Sensibilien bezögen (vgl. Gäbe 1972, 74f. und 80ff.). Leibniz hingegen verknüpft das Zeichen mit den Denkprozessen, so dass das natürlichsprachliche Wort eine Aufwertung in seiner prinzipiellen Bedeutung für die menschlichen Erkenntnisprozesse erfährt und Einlass findet in den Bereich der sogenannten ‚oberen Erkenntnisvermögen'. Jedoch bleibt die Aufgabe beschränkt auf die Funktion der Aktualisierung komplexer Vorstellungen und seine Wertschätzung gelangt im Vergleich mit der reinen Begriffsoperation nicht über die einer zweitrangigen Erkenntnisform hinaus; die höchste Erkenntnisform kommt Leibniz zufolge ohne Zeichenverwendung aus und könne aufgrund der in der Monadenkonzeption Leibniz' angelegten ‚prästabilierten Harmonie' Geltung beanspruchen.

Sinnesempfindungen und Sprache bei Condillac

Wenig später werden von dem französischen Philosophen Étienne Bonnot de Condillac anders angelegte epistemologische Grundannahmen entwickelt: Während Leibniz' Erkenntnis noch als reine Begriffsanalyse auffasst, erfordert Condillac zufolge die Methode der Analyse eine Rückführung auch abstraktester Begriffe auf die Sinnesempfindungen des Menschen: Jede Erkenntnis und damit das Denken insgesamt basiere letztlich auf Sinnesempfindungen. Dem entspricht Condillacs Sicht der Sprache mit der Ausbildung zunehmend abstrakter sprachlicher Ausdrucksmöglichkeiten in einem historischen Prozess: Die erste Stufe einer natürlichen Sprache werde durch die sogenannte „langage d'action" ausgemacht, d.h. durch natürliche Gesten und Mimik des Menschen. Die Fortentwicklung einer Sprache und der Ausbau ihres Zeicheninventariums erfolgten durch die schrittweise Herstellung analogischer Ähnlichkeitsbeziehungen. Eine „langue bien faite" wie beispielsweise die Algebra zeichne sich daher durch ein Höchstmaß konsequenter Analogien aus, aufgrund derer ein Gegenstand in angemessener Weise betrachtet werden könne. Der Status des menschlichen Erkennens erfährt damit bei Condillac nochmals eine Aufwertung, so dass die Auffassung anthropologischer Bedingtheit von Wissen zentral wird. Damit verbunden ist die Anerkennung der Bedeutung der Sinnlichkeit für den Erkenntnisprozess, welche den Ursprung jeder abstrakten Idee darstellen soll (vgl. hierzu Schiewer 2005).

Anthropologische Grundlegung durch Lambert und Herder

In Johann Heinrich Lamberts Reflexion der Notwendigkeit und Leistung von Zeichen für das menschliche Denken gewinnen, neben einem Baumgartenschen Substrat, solche psychologischen Ansätze des 18. Jahrhunderts zentrale Bedeutung, in denen die Sinnlichkeit des Menschen berücksichtigt wird. Da ‚klare Begriffe' Lambert zufolge von konkreten Wahrnehmungen abhängen, ist die willkürliche Vergegenwärtigung solcher Begriffe nur mittels der Verwendung von Sprachzeichen möglich, welche gewissermaßen als Ersatz für Empfindungseindrücke fungieren. Diese für den angloamerikanischen Sprachraum können Oatley 2004 genannt werden und sowie zwei fundierte Übersichtsbände, die schon in den neunziger Jahren des letzten Jahrhunderts erschienen sind: Jenkins, Oatley & Stein 1998 und Oatley & Jenkins 1996). Auch im Mittelalter wird das Thema aufgegriffen, etwa bei Thomas von Aquin (1225–1274). Selbst zur Zeit der Begründung des frühneuzeitlichen Rationalismus im 17. Jahrhundert bleibt die Auseinandersetzung mit der Domäne des Emotionalen wichtig, insbesondere bei René Descartes (1596–1650).

Über Jahrhunderte kreist die Reflexion um Fragen wie die danach, was Emotionen sind, und die nach einer möglichen Zweckmäßigkeit oder „Quelle echter Weisheit" bzw. nach eventuellen Störpotenzialen von Gefühlen bezüglich des vernunftgesteuerten Denkens und Handelns (vgl. für einen konzisen Überblick Wassmann 2002, 15ff., hier 15). Die Frage nach dem Menschen als einem *animal rationale* kann in diesem Zusammenhang als ein Leitthema betrachtet werden. Schon in Aristoteles' „Rhetorik" werden dabei die Aspekte der Sprache und Kommunikation einbezogen. Spätestens bei Descartes erhält ein für die weitere Diskussion im 18. Jahrhundert relevant werdender Baustein markante Aufmerksamkeit: Die sinnlich-materielle Körperlichkeit des Menschen, die dann im Hinblick auf die Relation zu Verstand und Vernunft unter dem Begriff des „Leib-Seele-Problems" diskutiert wurde. Aufs Engste ist damit im Laufe des 18. Jahrhunderts die Ausbildung historisch orientierter Denkweisen und historischer Sprachbetrachtung verbunden; für diese Entwicklung spielen die Ästhetik Alexander Gottlieb Baumgartens (1714–1762) und poetologische Konzepte literarischer Sprache – Johann Jakob Bodmer (1698–1783) und für die Zeit um 1800 können Jean Paul (1763–1825) genannt werden – eine wichtige Rolle (vgl. Campe 1990; vgl. Schiewer 1996 und Schiewer 2009d).

Der Mensch als rationales und emotionales Wesen

Es handelt sich um die Entwicklung eines semiotischen Wissensbegriffs, der bis zu seinen ersten Grundlagen im Denken Descartes' zurückverfolgt und in seiner allmählichen Ausformulierung insbesondere durch Leibniz (1646–1716), Étienne Bonnot de Condillac (1714–1780), Johann Heinrich Lambert (1728–1777) und Johann Gottfried Herder (1744–1803) nachvollzogen werden kann (vgl. hierzu und zum Folgenden Schiewer 2005). Das Ergebnis dieser Entwicklung war die Ausformulierung einer Sprachtheorie auf der Basis anthropologischer und psychologischer Grundannahmen, die unter Berücksichtigung der Körperlichkeit und der „Empfindsamkeit" des Menschen – wie die entsprechende literarische Epoche um die Mitte des 18. Jahrhunderts bezeichnet wird – eine Erklärung sowohl der Genese als auch der Kapazität menschlichen Erkennens anstrebte.

Semiotik und Sprachtheorie

Die grundlegende Problematik kreiste im 17. Jahrhundert um die Rolle von Zeichen für das Denken und wurde vor dem Hintergrund der Frage des Verhältnisses von Materie und Geist bzw. Leib und Seele ausagiert. Descartes vertrat die auch in seinen zuerst 1641 erschienenen „Meditationes de prima philosophia" formulierte Annahme eines substantiellen Unterschiedes zwischen Seele und Körper und damit der Unabhängigkeit des Intellekts vom Zeichen, das erst nachträglich den Ideen vor allem zu Kommunikationszwecken zugeordnet werde (vgl. Descartes 1993, 129ff.).

Descartes' Auffassung von Seele und Körper

Ulrich Ricken hat darauf hingewiesen, dass Leibniz im Unterschied zu Descartes dem Zeichen eine unabdingbare Funktion für das Denken zugesteht (Ricken 1990, 29f.).

Aufwertung des Zeichens durch Leibniz

Während bei Descartes das Zeichen gewissermaßen ein Hilfsmittel zweiter Ordnung darstellt, nämlich eine Unterstützung des Gedächtnisses, weist Leibniz' Entwurf dem Zeichen eine konstitutive Rolle zu: Descartes betrachtet den Intellekt als rein abstraktives Vermögen zur Erkenntnis von Intelligibilien, das auf zweiter Stufe durch bestimmte Funktionen des Zeichens ergänzt werde, welche sich ausschließlich auf den Bereich der Sensibilien bezögen (vgl. Gäbe 1972, 74f. und 80ff.). Leibniz hingegen verknüpft das Zeichen mit den Denkprozessen, so dass das natürlichsprachliche Wort eine Aufwertung in seiner prinzipiellen Bedeutung für die menschlichen Erkenntnisprozesse erfährt und Einlass findet in den Bereich der sogenannten ‚oberen Erkenntnisvermögen'. Jedoch bleibt die Aufgabe beschränkt auf die Funktion der Aktualisierung komplexer Vorstellungen und seine Wertschätzung gelangt im Vergleich mit der reinen Begriffsoperation nicht über die einer zweitrangigen Erkenntnisform hinaus; die höchste Erkenntnisform kommt Leibniz zufolge ohne Zeichenverwendung aus und könne aufgrund der in der Monadenkonzeption Leibniz' angelegten ‚prästabilierten Harmonie' Geltung beanspruchen.

Sinnesempfindungen und Sprache bei Condillac

Wenig später werden von dem französischen Philosophen Étienne Bonnot de Condillac anders angelegte epistemologische Grundannahmen entwickelt: Während Leibniz' Erkenntnis noch als reine Begriffsanalyse auffasst, erfordert Condillac zufolge die Methode der Analyse eine Rückführung auch abstraktester Begriffe auf die Sinnesempfindungen des Menschen: Jede Erkenntnis und damit das Denken insgesamt basiere letztlich auf Sinnesempfindungen. Dem entspricht Condillacs Sicht der Sprache mit der Ausbildung zunehmend abstrakter sprachlicher Ausdrucksmöglichkeiten in einem historischen Prozess: Die erste Stufe einer natürlichen Sprache werde durch die sogenannte „langage d'action" ausgemacht, d. h. durch natürliche Gesten und Mimik des Menschen. Die Fortentwicklung einer Sprache und der Ausbau ihres Zeicheninventariums erfolgten durch die schrittweise Herstellung analogischer Ähnlichkeitsbeziehungen. Eine „langue bien faite" wie beispielsweise die Algebra zeichne sich daher durch ein Höchstmaß konsequenter Analogien aus, aufgrund derer ein Gegenstand in angemessener Weise betrachtet werden könne. Der Status des menschlichen Erkennens erfährt damit bei Condillac nochmals eine Aufwertung, so dass die Auffassung anthropologischer Bedingtheit von Wissen zentral wird. Damit verbunden ist die Anerkennung der Bedeutung der Sinnlichkeit für den Erkenntnisprozess, welche den Ursprung jeder abstrakten Idee darstellen soll (vgl. hierzu Schiewer 2005).

Anthropologische Grundlegung durch Lambert und Herder

In Johann Heinrich Lamberts Reflexion der Notwendigkeit und Leistung von Zeichen für das menschliche Denken gewinnen, neben einem Baumgartenschen Substrat, solche psychologischen Ansätze des 18. Jahrhunderts zentrale Bedeutung, in denen die Sinnlichkeit des Menschen berücksichtigt wird. Da ‚klare Begriffe' Lambert zufolge von konkreten Wahrnehmungen abhängen, ist die willkürliche Vergegenwärtigung solcher Begriffe nur mittels der Verwendung von Sprachzeichen möglich, welche gewissermaßen als Ersatz für Empfindungseindrücke fungieren. Diese

Sicht basiert ihrerseits auf der Annahme Lamberts, dass grundsätzlich in der sogenannten ‚Körperwelt' und der ‚Intellectualwelt' analoge Verhältnisse herrschen, da jeder Verstandesoperation körperlich-sinnliche Gegebenheiten korrespondieren. Die körperliche Sinnesempfindung könne daher durch das materielle Zeichen ersetzt werden, welches somit für die Ausbildung der intellektuellen Fähigkeiten des Menschen grundlegende Bedeutung erhält.

Die von Lambert vertretene, sowohl rationalistische als auch empiristisch-sensualistische Komponenten einbeziehende Sicht wissenschaftlicher Erkenntnisprozesse, in der die Rolle natürlicher Sprache aufgrund einer phylogenetischen Sicht der Entwicklung der Verstandes- und Vernunfttätigkeit betont wird, macht Lamberts Werk zu einer wichtigen Quelle für die anthropologische Grundlegung des Erkennens durch Herder. Tatsächlich fundiert Herder noch 1799 die „Metakritik zur Kritik der reinen Vernunft" in wesentlichen Aspekten auf Lamberts philosophischen Arbeiten und begründet in Bezugnahme auf dessen Konzept sowie in Auseinandersetzung mit Leibniz die von ihm gegen Kant vertretene Annahme eines Zusammenwirkens von Sinnlichkeit, Verstand und Vernunft. Herder basiert in diesem Werk die gesamte Erkenntnistheorie auf einen semiotischen Wissensbegriff, in dem Sinneswahrnehmung, Verstand, Vernunft und die Verwendung von Zeichen, insbesondere die menschliche Sprachbildung, integriert werden (Herder 1881, 41).

Damit findet sich im Werk Herders am Ende des 18. Jahrhunderts die Kulmination einer psychologisch begründeten und semiotisch abgestützten Anthropologie. Denken und Erkennen werden mit der als geschichtlich bedingt gesehenen Sprache konstitutiv als historisch betrachtet, womit Herders Denken von einer Differenzierung und Relativierung der Einschätzung menschlicher Kulturprodukte geprägt wird.

Die hier in großen Zügen skizzierte Theorieentwicklung des 17. und 18. Jahrhunderts mit einer zunehmenden Fundierung menschlicher Erkenntnis auf Aspekte der Sinnlichkeit und natürlicher Sprache sind gewissermaßen der Türöffner für eine konsequente Aufwertung auch der Emotionalität. Diese wird hier mit der sinnlichen Wahrnehmung und der Körperlichkeit des Menschen eng verbunden und zunächst als „Gegenspieler" der Rationalität, später als „Mitspieler" gesehen.

Hier knüpfen im 20. Jahrhundert Vertreter der philosophischen Anthropologie an, womit diese Grundlegungen in der anthropologisch orientierten Emotions- und Ausdrucksforschung der Gegenwart aufmerksam zur Kenntnis genommen werden. So betont Norbert Meuter in der Druckfassung seiner Habilitationsschrift „Anthropologie des Ausdrucks. Die Expressivität des Menschen zwischen Natur und Kultur" (Meuter 2006, 25):

Anthropologische Emotionsforschung im 20. Jahrhundert

> Es geht mir in erster Linie um den leiblichen Ausdruck oder, um es genauer zu sagen, um den vorsprachlichen körpergebundenen Ausdruck grundlegender Emotionen. Gefühle wie Freude, Trauer, Scham, Zorn, Überraschung, Ekel und einige andere werden, jedenfalls in der Regel, von körperlichen Ausdrucksformen begleitet. Manchmal ist unser ganzer Körper daran beteiligt, diese Gefühle auszudrücken, vor allem zeigen sie sich je-

doch im Gesicht und seinen komplexen mimischen Ausdrucksmöglichkeiten.

Meuter positioniert dann die Thematik in der oben skizzierten philosophischen Traditionslinie (Meuter 2006, 25 f.):

> Das philosphisch Interessante am leiblichen Ausdruck ist zunächst einmal sein antidualistisches Potential; z. B. unterläuft er die cartesianische Differenz von Leib und Seele bzw. Innen und Außen. […] Der leibliche Ausdruck unterläuft aber nicht nur die cartesianische Innen/Außen-Differenz, sondern in bestimmter Weise auch die Differenz von Natur und Kultur. […] Auch das menschliche Kleinkind erfasst in seiner Wahrnehmung zunächst Formen des leiblichen Ausdrucks; es regiert z. B. unterschiedlich auf ein freundliches oder unfreundliches Gesicht oder auf eine abweisende oder ansprechende Stimme. Hier ist der Ausdruck noch ganz Teil eines natürlichen Verhaltens. Auf der anderen Seite wird der leibliche Ausdruck aber auch zum Ausgangspunkt von kulturellen Formungs- und Symbolisierungsprozessen. Im Verlauf unserer Individualentwicklung lernen wir, unseren natürlichen Ausdruck gemäß kulturellen Regeln zu kontrollieren und bewusst einzusetzen. […] Damit gehen viele kulturelle Unterschiede in der Einstellung und Bewertung von emotional relevanten Erlebnissen einher. […] Im leiblichen Ausdruck verschränken sich mithin die natürliche und die kulturelle Existenz des Menschen. Es handelt sich zwar um ein komplexes, aber dennoch um ein einheitliches Phänomen, welche eine Breite besitzt, die von den geistig-kulturellen bis hin zu den körperlich-organischen Aspekten des Menschseins reicht und insofern diese „Gegensätze" überbrückt bzw. umgreift. Der leibliche Ausdruck ist, wenn man so will, dasjenige Phänomen, aus dem heraus sich die Differenz von Natur und Kultur erst zu entwickeln beginnt.

Philosophische Anthropologie Im Zuge seiner Auseinandersetzung mit Vertretern der philosophischen Anthropologie des 20. Jahrhunderts wie Arnold Gehlen (1904–1976), Helmuth Plessner (1892–1985), Max Scheler (1874–1928) und durchaus auch Ernst Cassirer (1874–1945) erarbeitet Meuter eine Unterscheidung von fünf Formen oder Aspekten von Expressivität, die im Folgenden jeweils mit einer Kurzbeschreibung versehen werden (vgl. für eine ausführliche Beschreibung Meuter 2006, 32 f.):

1. Primäre Expressivität: Hierbei handelt es sich um die grundlegende Form des leiblichen Ausdrucks. Insofern kann man hier auch von „*natürlichem Ausdruck*" sprechen.
2. Praktische Expressivität: Im Sinne der praktischen Expressivität besitzt der leibliche Ausdruck eine soziale bzw. kommunikative Funktion.
3. Mimetische Expressivität: Ausdrucksformen sind prägnant und bieten von sich aus gewisse Anreize, auf sie mimetisch zu reagieren. So unbedeutend dieses Phänomen zunächst erscheint: In der mimetischen Expressivität liegt, wie sich zeigen wird, einer der wichtigsten Faktoren für den Übergang von der natürlichen zur kulturellen Existenz des Menschen.

4. Symbolische Expressivität: Die kulturelle Existenz des Menschen kann dann mit dem beschrieben werden, was ich die symbolische Expressivität nennen möchte. In gewisser Weise ist sie als eine Fortführung der mimetischen Expressivität zu verstehen, wobei jedoch ein emergentes Weltverhältnis entsteht. Das vielleicht wichtigste Ergebnis der symbolischen Expressivität ist die Sprache.
5. Moralische Expressivität: Unsere Selbst- und Weltverhältnisse besitzen auch in moralischer Hinsicht ihren Ursprung und bleibenden Bezugspunkt in der primären Expressivität. Wie schon angedeutet, ist dabei das Phänomen der Empathie von entscheidender Bedeutung. Im leiblichen Ausdruck erschließt sich uns die Welt empathisch, d. h. aus der Sicht eines anderen. Dessen Zustand und Situation werden emotional erfahren und zum Ausgangspunkt eines antwortenden, responsiven Verhaltens.

Inwiefern Expressivität als „Motor" der Kultur theoretisch fundiert zu erklären ist, entwickelt Meuter u. a. im Ausgang von Helmuth Plessner.

Und zwar könne Plessner zufolge der Mensch mit der Organisationsform der so genannten ‚exzentrischen Positionalität' nicht wie der tierische Organismus auf mehr oder weniger festgelegte Verhaltensmuster zurückgreifen. Vielmehr müsse er sich in seinen Kulturleistungen die Stabilität der eigenen Existenz zuallererst erarbeiten: „der Mensch muß tun, um zu leben" (Plessner 1981, 395, zitiert nach Meuter 2006, 119). Dabei handle es sich um einen Prozess, der permanent aufrechterhalten werden müsse. Der Mensch müsse sich ständig in sich verändernden Umgebungen und unter variablen Verhältnissen neu „positionieren". Die jeweils erreichte Stabilität der Existenz, die mit Prozessen der Kulturalität verbunden sei, und die Bewältigung der Kontingenzerfahrung seien stets gefährdet und müssten stets von neuem errungen werden. Hierin bestehe die „historische Dynamik des menschlichen Lebens". Meuter betont vor dem Hintergrund seiner Plessner-Rezeption, dass die menschliche Expressivität deshalb zum „Motor" dieser historischen Dynamik des Kulturprozesses werde, weil sie den Ansatzpunkt für eine Differenz zur Verfügung stelle, die einen Antriebscharakter besitze (vgl. Meuter 2006, 119 f.):

Expressivität und ‚exzentrische Positionalität'

> Es handelt sich um die Differenz zwischen einem gelungenen oder adäquaten oder einem misslungenen oder inadäquaten Ausdruck. […] Bei einem adäquaten Ausdruck entsprechen sich Inhalt und Form, bei einem inadäquaten nicht. Da bereits die Differenz von Ausdrucksinhalt und Ausdrucksform vom tierischen Organismus nicht erlebt bzw. nicht verhaltensrelevant wird, da dieser seine (primäre oder praktische) Expressivität lediglich vollzieht, stellt sich auch die daran anschließende Frage der Adäquatheit oder Inadäquatheit eines Ausdrucks nicht: *das Tier macht keine Kontingenzerfahrungen*. Sobald die Expressivität jedoch selbst zum Ausdrucksmedium wird, liegen mindestens zwei Möglichkeiten vor: ein Ausdruck kann gelingen oder mißlingen.

An dieser Stelle können diese Überlegungen nicht weiter vertieft werden. Zu betonen ist aber, dass sie ebenso wie die von Max Scheler, Arnold Gehlen und dem in diesem Zusammenhang ebenfalls häufig genannten Ernst Cassirer für die Anliegen der Emotionsforschung anregend sind.

Aktuelle philosophische Emotionsforschung

Hier ist ferner ein kursorischer Blick auf aktuelle Beiträge der philosophischen Emotionsforschung zu werfen, die im angloamerikanischen ebenso wie im deutschsprachigen Raum erfreulich gut vertreten sind. Dementsprechend verfügbar und leicht zugänglich sind auch verschiedene Überblicksdarstellungen.

Zunächst einige Hinweise zur Forschungslage selbst. Die Situation präsentiert sich so, dass die seit der Antike umkreiste Frage – wie sie oben v. a. mit Blick auf die Diskussionen im 17. und 18. Jahrhundert skizziert wurde – auch in der Gegenwart fortgeführt wird; es geht dabei um das Feld emotionaler Kognitionen bzw. um philosophische Perspektiven kognitionswissenschaftlich orientierter Ansätze (vgl. das Kapitel I.2.3 in diesem Band). Einen fundierten Überblick bietet ein von Sabine A. Döring herausgegebener Band, in dem Texte einer Reihe maßgeblicher Klassiker v. a. aus dem angloamerikanischsprachigen Raum in deutscher Übersetzung versammelt sind (Döring ^{3}2013). Am Rande sei hier darauf aufmerksam gemacht, dass Sabine A. Döring sich mit einer Arbeit über Robert Musil promoviert hat und nach wie vor ihr Interesse für Musil pflegt: Denn Musil ist ein literarischer Autor, der sich mit theoretischen Konzepten des „Gefühls", insbesondere gestalttheoretischer Provenienz, intensiv befasst hat und dies in bis heute sehr lehrreicher Weise sowohl für sein essayistisches als auch literarisches Schreiben fruchtbar gemacht hat (vgl. Döring 1999 und Döring ^{3}2013, 15 f.; Schiewer 2004).

Döring betont einleitend, dass v. a. die Wiederentdeckung des evaluativ-repräsentationalen Inhalts der emotionalen Gefühle – d. h., dass sie Korrektheitsbedingungen unterliegen – für ihre Renaissance in der Gegenwartsphilosophie verantwortlich sei. Döring macht diesen Punkt anschaulich:

> Indem beispielsweise Furcht eine Schlange als gefährlich repräsentiert, kann die Repräsentation korrekt oder inkorrekt sein und dementsprechend die Emotion angemessen oder unangemessen. Das heißt natürlich nicht, dass der repräsentationale Inhalt einer Emotion auch tatsächlich korrekt ist. In dem Beispiel könnte die Furcht etwa eine harmlose Blindschleiche als gefährlich fehlrepräsentieren. Gleichwohl impliziert die Auszeichnung von Emotionen als Trägern repräsentationalen Inhalts, daß der Inhalt einer Emotion unter geeigneten Bedingungen korrekt und das Subjekt dementsprechend berechtigt sein könnte, auf ihn zu bauen. Das wiederum bedeutet, daß Emotionen ihrem Subjekt möglicherweise Wissen über die Welt vermitteln können (Döring ^{3}2013, 17).

Vor diesem Hintergrund eröffnen sich Perspektiven der Emotionsforschung für „die Theorie der Werte und damit zugleich für die Ethik und Ästhetik sowie die Theorie der Person" (Döring ^{3}2013, 17). Dieser Horizont wird von den präsentierten namhaften Philosophinnen und Philosophen unterschiedlich und kontrovers akzentuiert. Dazu gehören Namen wie: Aaron Ben-Ze'ev, John Deigh, Ronald de Sousa, Peter Goldie, Patricia Greenspan, Bennett Helm, Karen Jones, Martha Nussbaum, David Pugmire, Robert C. Roberts, Amélie Rorty, Robert Solomon, Jan Slaby, Holmer Steinfath,

Michael Stocker, Christine Tappolet, Gabriele Taylor, David Wiggins, Vernard Williams, Richard Wollheim (vgl. Döring ³2013, 17 und insgesamt Döring ³2013; ebenfalls findet sich ein Überblick z. B. in der schmaleren, aber ebenfalls übersichtlich und ansprechend gestalteten Monographie von Deonna/Teroni 2012).

Grundsätzlich ähnlich orientiert sind auch die Überlegungen zu Fragen affektiver Intentionalität. Hierbei geht es darum, Emotionen in ihrem Welt- und Selbstbezug als ‚Erfahrungen von etwas' zu untersuchen (vgl. Slaby, Stephan & Walter 2011, 9 ff.). Ein Aspekt bezieht sich dabei darauf, dass Emotionen uns nicht nur zeigen, was für uns bedeutsam ist – ob wir z. B. etwas als wünschenswert empfinden –, sondern zugleich evident machen, wie es um uns steht. Emotionale Intentionalität ist den Autoren zufolge deswegen „sowohl eine Angelegenheit äußeren Erlebens als auch eine wichtige Dimension von Selbstbewusstsein, möglicherweise von Selbsterkenntnis" (Slaby, Stephan & Walter 2011, 17).

Einen anderen Akzent setzt schließlich Christiane Voss, wenn sie „Verknüpfungen zwischen den einzelnen Komponenten von Emotionen" thematisiert (Voss 2004, 184). Dabei konzentriert sie sich auf so genannte sekundäre oder komplexe Emotionen wie Eifersucht, Verliebtheit, Neid und dergleichen und sucht mit dem Begriff der Narration zu beschreiben, inwiefern Menschen eine kontrollierte Syntheseleistung erbringen, die es erlaube, „den multikomponentalen Emotionen einen eindeutigen Sinn [zu] entnehmen, wenn wir sie uns oder anderen zuschreiben" (Voss 2004, 185; vgl. auch Voss 2004, 221).

2.3 Neuro- und Kognitionswissenschaftliche Ansätze, Emotionale Intelligenz

Als in jüngerer Zeit wohl wirkungsmächtigste Entwicklungen der Emotionsforschung sind neuro- und kognitionswissenschaftlichen Orientierungen hervorzuheben. Die betreffenden Forschungsergebnisse werden interdisziplinär breit rezipiert und haben maßgeblich zu einem erheblichen Schub in der Untersuchung von Emotionen in einer ganzen Reihe von Disziplinen beigetragen (vgl. für einen Überblick z. B. Stephan & Walter 2003). Im Rahmen des im vorliegenden Studienbuchs gegebenen Raums werden wichtige Eckdaten dieses komplexen Feldes skizziert.

Aktuelle Entwicklungen der Emotionsforschung

Zu den impulsgebenden und auch in der breiteren Öffentlichkeit wahrgenommenen Autoren gehören die Neurologen Antonio R. Damasio (1944) und Joseph Ledoux (1949) sowie der Psychologie Daniel Goleman (1946); Goleman steht v. a. für den Begriff ‚Emotionale Intelligenz'. Für den deutschsprachigen Raum können u. a. der Neurophysiologe Wolf Singer (1943) und der Biologe und Hirnforscher Gerhard Roth (1942) genannt werden. Auch für die Begründung der *Affective Sciences* sind u. a. mit Richard J. Davidson (1951) neurowissenschaftliche Orientierungen maßgeblich.

Emotionale Intelligenz

Wie schon einer der Begründer der Neuropsychologie, Alexander R. Lurija (1902–1977), hat Damasio Hirnläsionen und neurologische Beeinträchtigungen in der Empfindungsfähigkeit betreffender Patienten untersucht. Er unterscheidet u. a. zwischen primären Gefühlen, d. h. von Geburt an präorganisierten Gefühlen, und sekundären Gefühlen, d. h. der komplexen individuellen Gefühlswelt eines erwachsenen Menschen (vgl. Damasio ^{6}2001, 178ff.). Ledoux konzentriert sich u.a. auf Fragen danach, „wie das Gehirn emotional erregende Stimuli entdeckt und darauf reagiert, wie emotionales Lernen vor sich geht und emotionale Erinnerungen geformt werden und wie unsere bewussten emotionalen Empfindungen aus unbewussten Prozessen hervorgehen" (Ledoux ^{2}2003, 9). Daniel Goleman schließlich nimmt einen in philosophischen Kontexten seit der Antike diskutierten Faden wieder auf; er akzentuiert die Dichotomie von Emotionalität und Rationalität nun jedoch vor dem Hintergrund der Hirnforschung. Zur emotionalen Intelligenz „gehören Fähigkeiten wie die, sich selbst zu motivieren und auch bei Enttäuschungen weiterzumachen; Impulse zu unterdrücken und Gratifikationen hinauszuschieben; die eigenen Stimmungen zu regulieren und zu verhindern, dass Trübsal einem die Denkfähigkeit raubt; sich in andere hineinzuversetzen und zu hoffen" (Goleman 1996, 54f.).

Vielfalt der Fragestellungen

Diese Grundlegungen werden am Beispiel vielfältiger Fragestellungen und Akzentuierungen vertieft. An Schnittstellen von Kognitionsforschung, neurowissenschaftlicher Affekt- und Kognitionswissenschaft, Sozial- und Evolutionspsychologie arbeitend, hat z.B. der Psychologe und Linguist Steven Pinker eine groß angelegte Untersuchung zur Gewaltentwicklung im Laufe der Menschheitsgeschichte vorgelegt, in der er die These zu belegen sucht, dass diese Entwicklung ein insgesamt rückläufiger Prozess sei (vgl. Pinker 2011).

Kognition und Emotion

Der Begriff der ‚Kognition' kann, in einem engen Sinn verstanden, als ein selbständiger Bereich der psychischen Ausstattung des Menschen begriffen werden. Demgegenüber werden weiten Auffassungen des Kognitionsbegriffs zufolge Kognition und Emotion als integrative Komponenten betrachtet. Diese zweite Auffassung macht sich der gegenwärtig wohl bedeutendste Typus von Emotionstheorien zu eigen, die als kognitive Emotionstheorien bezeichnet werden.

Hier werden kognitive Aspekte fokussiert, die im Zusammenhang der Elizitation und des Verlaufs von Emotionen eine Rolle spielen. Physiologische Prozesse, subjektive Empfindungen (,Gefühlsqualia'), Ausdrucksphänomene, soziale und kulturelle Facetten werden bei kognitiven Emotionstheorien entweder in zweiter Linie oder gar nicht berücksichtigt. Die Entstehung von Emotionen wird als Folge bestimmter Kognitionen und ihrer Bewertung gesehen, so dass die Untersuchung der Auslösung von Emotionen durch kognitive Gegebenheiten zentral ist. Zum Beispiel kann die subjektive Bewertung eines Ereignisses, das als hinderlich für die Erreichung eigener Ziele erachtet wird, zu Ärger oder Angst führen.

Mit der Berücksichtigung der Frage nach der Relation von Kognition und Emotion fügen sich diese Ansätze in Traditionen ein, die in der abendländischen Philosophie und Anthropologie seit der Antike stets eine wichtige Rolle gespielt haben. Hierauf weisen auch Rainer Reisenzein, Wulf-Uwe Meyer und Achim Schützwohl im dritten Band ihrer „Einführung in die Emotionspsychologie" hin, der ausgewählten kognitiven Emotionstheorien gewidmet ist (vgl. Reisenzein, Meyer & Schützwohl 2003, 12). Sie setzen in ihrem Aufriss bei dem Ansatz von Alexius Meinong (1853–1920) an, um „den Kontakt zwischen den heutigen kognitiven Emotionstheorien und der [...] älteren kognitiven Tradition in der Emotionspsychologie wiederher[zu]stellen. Wie sich zeigen wird, ist Meinongs Theorie der Emotionen zwar alt, aber keineswegs veraltet; denn sie nimmt zentrale Annahmen der neueren kognitiven Einschätzungstheorien vorweg" (Reisenzein, Meyer & Schützwohl 2003, 13). Zutreffend weisen sie hier auch auf die Rolle des wissenschaftlichen Lehrers Meinongs, Franz Brentano (1838–1917), hin (vgl. Reisenzein, Meyer & Schützwohl 2003, 19f.). Darüber hinaus sind diese Linien jedoch einerseits bis mindestens auf das 18. Jahrhundert zurückzuführen und andererseits bis in die Gegenwart fortzuschreiben (vgl. zum folgenden Absatz Schiewer 2004, 22ff.). Zu den Schülern Franz Brentanos – der u.a. mit der psychologischen Grundlegung bei John Stuart Mill (1806–1873) bestens vertraut war – gehören neben Alexius Meinong (1853–1920) Edmund Husserl (1859–1938) und Carl Stumpf (1848–1936), seinerseits Doktorvater von Robert Musil (1880–1942). Zu der Brentano-Schule zählen damit die frühen Vertreter gestalttheoretischer Konzeptionen, welche um 1900 eine theoretische Begründung der Annahme einer Verbindung von Sinnlichkeit und Verstand – bzw. von Emotion und Kognition – formulierten. Die entsprechenden gestalttheoretischen Überlegungen und deren erkenntnistheoretische Grundlagen waren Musil aufgrund seines Studiums bei Stumpf bekannt und können als Basis seiner theoretischen Reflexionen einer Sprache des „Nicht-Ratioïden" dargestellt werden.

Der Initialbegriff der gestalttheoretischen Richtung, der Begriff der ‚Gestaltqualität', kann in seinen historischen Wurzeln auch auf die Annahme einer ‚psychischen Chemie' zurückgeführt werden, und zwar bis auf David Hartleys (1705–1757) Werk „Conjecturae quaedam de motu, sensus et idearum generatione" aus dem Jahr 1746. Der Begriff der ‚Gestaltqualität' wird u.a. in John Stuart Mills „System der deduktiven und induktiven Logik" ausgebildet (vgl. hierzu die problemgeschichtliche Studie von Ismail Amin 1973, besonders 76ff.). In diesem Zusammenhang sind auch die völkerpsychologischen und psychologischen Ansätze Wilhelm Wundts (1832–1920), Ernst Machs (1838–1916) und Christian von Ehrenfels' (1859–1932) zu berücksichtigen sowie die Sprachtheorie und hier wiederum insbesondere die ‚Zweifelderlehre' Karl Bühlers (1879–1963). Bühler hat mit größter Wahrscheinlichkeit in den Jahren 1904 bis 1906 ebenfalls bei Carl Stumpf in Berlin studiert. Die von Carl Stumpf geleistete theoretische Vermittlung von Sinnlichkeit und Verstand ist damit auch Basis der Vermittlung von Anschauung und Begriff, die in Karl Bühlers Sprachtheorie begründet wird durch die Verknüpfung von ‚Zeig-' und ‚Symbolfeld' und auf deren Grund sich Bühler zufolge insbesondere das kreative Potential der Sprache entfalten kann. Auf diese Weise erhält die Annahme des Zusammenwirkens von Sinnlichkeit und Verstand eine grundlegende Bedeutung, insbesondere für die sprachtheoretische Reflexion sprachlicher Kreativität (vgl. Bühler 1978 [1927], XIf. und 13ff.). Darüber hinaus kommt Karl Bühler auch eine Schlüsselrolle zu in der Ausbildung der gestalttheoretisch fundierten Denkpsychologie Otto Selz' (1881–1943), die dann in der zweiten Hälfte des zwanzigsten Jahrhundert im Rahmen der Künstlichen Intelligenz-Forschung von Herbert A. Simon (1916–2001) grundlegende Bedeutung erhalten hat. Und hier schließt sich ein Kreis: Ansätze der Künstlichen Intelligenz, die unter anderem in der Informatik und Robotik für die so genannten ‚Agentensysteme' maßgeblich sind, werden vielfach mit Überlegungen zum *Affective Computing* verbunden, die

‚Gestaltqualität'

ihrerseits an kognitive Emotionstheorien anschließen und sie auch fortentwickeln. Schließlich sei erwähnt, dass Herbert A. Simons bedeutende Schrift „Die Wissenschaften vom Künstlichen" von dem österreichischen Schriftsteller Oswald Wiener (1935) in das Deutsche übersetzt wurde, der sie mit seinen eigenen Überlegungen zu Erkenntnistheorie und Poetik verbindet.

Kognitive Emotionstheorien

Auch in der Gegenwart wird in philosophischen und (kognitions-)psychologischen Kontexten weiterhin über die Zusammenhänge von Kognition und Emotion nachgedacht (vgl. für einen aktuellen Aufriss z. B. Döring ³2013, Teil II, 141–223).

Eine übersichtliche Darstellung kognitiver Emotionstheorien findet sich im deutschsprachigen Raum u. a. in dem von Jürgen H. Otto und anderen herausgegebenem Handbuch zur „Emotionspsychologie". Der aktuellen Bedeutung dieser Richtung wird dabei Rechnung getragen, indem den Strömungen der kognitionstheoretischen Ansätze im allgemeinen und den attributionstheoretischen und den einschätzungstheoretischen Ansätzen jeweils eigene Kapitel gewidmet werden (vgl. Otto, Euler & Mandl 2000, 95–138).

„The Cognitive Structure of Emotions"

Wie sehen solche Theorien prinzipiell aus? Zu den bedeutendsten Ansätzen dieser Richtung gehört der von Andrew Ortony, Gerald L. Clore und Allan Collins, die schon 1988 ihren bis heute viel zitierten Band „The Cognitive Structure of Emotions" publizierten. Sie unterscheiden Emotionen danach, ob sich die zugrunde liegenden Kognitionen auf Ereignisse, Handlungen oder Objekte beziehen (vgl. Ortony, Clore & Collins 1988, besonders 19). Sie gehen davon aus, dass zunächst ein Ereignis, eine Handlung oder ein Objekt kognitiv repräsentiert wird. Im nächsten Schritt kommt es zur Bewertung:

- im Fall von Ereignissen, ob man zufrieden oder unzufrieden ist (*pleased* oder *displeased*),
- im Fall von Handlungen, ob man sie akzeptiert oder ablehnt (*approving* oder *disapproving*) und
- im Fall von Objekten, ob sie gemocht oder nicht gemocht werden (*liking* oder *disliking*).

Erst in Abhängigkeit hiervon entsteht eine bestimmte Emotion aus einer der genannten drei Hauptgruppen, wie aus folgendem Schema [Abb. 2] hervorgeht.

Variabilität kognitiver Einschätzungen

Wie andere Vertreter kognitiver Emotionskonzepte akzentuieren Ortony, Clore und Collins die Variabilität kognitiver Einschätzungsprozesse: Es wird von der Annahme ausgegangen, dass nicht Situationen als solche spezifische Emotionen auslösen. In diesen Ansätzen wird vielmehr akzentuiert, dass Menschen durchaus unterschiedlich vor dem Hintergrund ihrer individuellen Präferenzen und subjektiven Wertungen auf dieselben Gegebenheiten reagieren können (vgl. für eine etwas ausführlichere Darstellung dieses Aspektes des Ansatzes von Ortony, Clore und Collins im Hinblick auf seine Relevanz für literaturwissenschaftliche Fragestellungen: Schiewer 2009). Ein klassisches Beispiel ist das Fußballspiel, das seitens der einen Mannschaft und ihrer Anhänger in aller Regel ganz andere Reaktionen auslöst als seitens der anderen, je nachdem welche das betreffende Spiel gewinnt und welche es verliert.

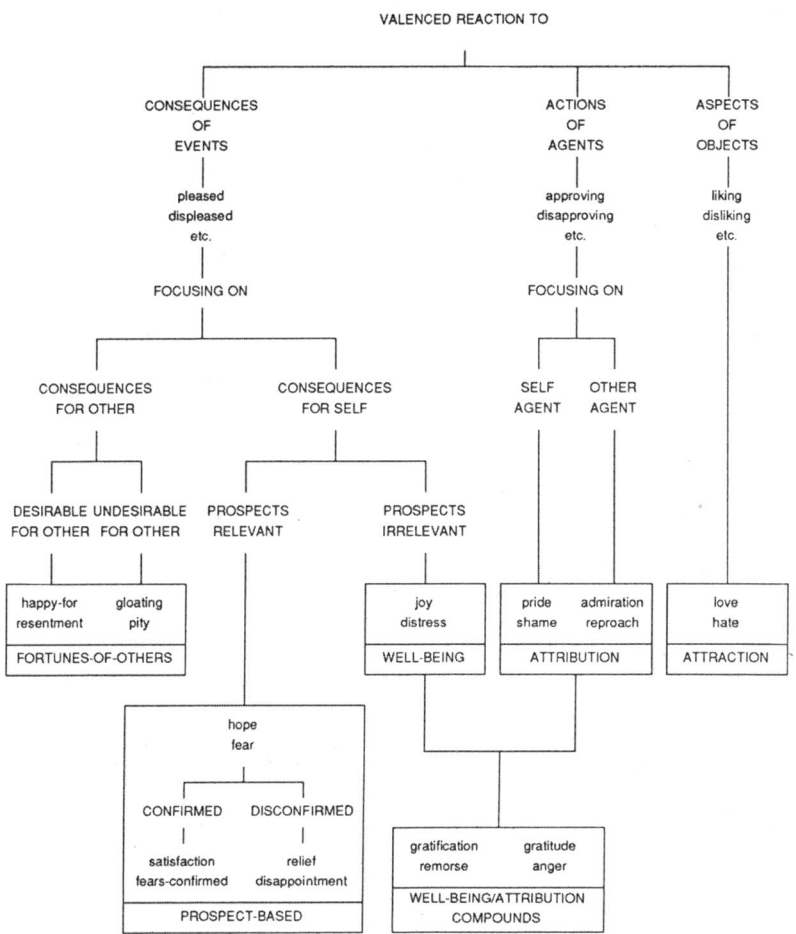

Abb. 2: Strukturschema der Emotionstypen. Aus: Ortony, Clore & Collins 1988, 19.

Im Rahmen des hier nur knapp zu skizzierenden theoretischen Hintergrunds wird die Funktion von Emotionen darin gesehen, „Kognitive Organisation"

1. die emotionsinduzierende Situation sowie
2. die jeweilige Beurteilung und mit einer entsprechenden Reaktion nicht zuletzt auch
3. die Emotion selbst bewältigen zu können (*Coping*).

Gleichwohl wird nicht vernachlässigt, dass es durchaus vorkommt, dass Menschen von ihren eigenen emotionalen Reaktionen überfordert bzw. unter Umständen nicht in der Lage sind, mit bestimmten Situationen und den betreffenden Emotionen umzugehen. Ortony, Clore und Collins betrachten vor allem die Unerwartetheit eines Ereignisses, oder genauer gesagt, die subjektive Einschätzung eines Ereignisses als unerwartet – ganz „Kognitive Desorganisation" unabhängig davon, ob es die Elizitation positiv-angenehmer oder negativ-unangenehmer Emotionen mit sich bringt – als Kriterium, das zur kognitiven Desorganisation (*Cognitive disorganization*) führen kann.

Angepasste Reaktionen

Dennoch steht im Zentrum kognitiver Emotionstheorien die Frage, inwiefern Emotionen eine den Umständen *angepasste* Reaktion auf die emotionsauslösende Situation ermöglichen. Dies ist auch der Grund dafür, dass sie in der Künstlichen Intelligenz, IT-Forschung und Robotik großen Anklang finden. Denn hier entstehen so genannte ‚kognitive Systeme', die sich auf die Steuerung von Handlungen in veränderlichen Umgebungen beziehen. Die entsprechenden „intelligenten" Programme werden als ‚Agenten' bezeichnet, womit in der Regel solche Programme gemeint sind, denen eine gewisse Eigenständigkeit bei der Ausführung von Aufträgen zugeschrieben wird (vgl. hierzu den Abschnitt ‚Emotion, Computertechnik und Robotik' in diesem Band).

Einschätzungstheoretisch akzentuiert ist der ebenfalls viel beachtete Ansatz von Klaus R. Scherer und weiteren Forscherinnen und Forschern u. a. aus dem Umfeld des *Affective Sciences*-Netzwerks (vgl. auch ‚The National Center of Competence in Research „Affective Sciences – Emotions in Individual Behaviour and Social Processes" (NCCR Affective Sciences), online unter: http://www.affective-sciences.org/frontpage). Auch für diesen Ansatz ist die Grundannahme zentral (Brosch, Scherer, Grandjean et al. 2013, 1):

Affective Sciences

[…] that emotion and cognition are closely intertwined. Cognitive processing is needed to elicit emotional responses. At the same time, emotional responses modulate and guide cognition to enable adaptive responses to the environment. Emotion determines how we perceive our world, organise our memory, and all important decisions.

Wahrnehmung, Aufmerksamkeit, Erinnerung, Entscheidung

In diesem 2013 publizierten Beitrag findet sich ein Überblick über aktuelle theoretische Zugänge und Forschungskonzepte im Bereich der *Affective Sciences*. Im Aufriss wird dargestellt, wie in psychologischen Ansätzen das Zusammenspiel von kognitiven und emotionalen Prozessen gefasst wird. In einem zweiten Schritt geht es hier darum, wie Emotionen die Wahrnehmung, Aufmerksamkeit, Erinnerung und Entscheidungsprozesse beeinflussen können. Dieser Beitrag soll im Folgenden exemplarisch etwas ausführlicher vorgestellt werden, da hier auf eine Reihe wichtiger Argumente der einschätzungstheoretischen Richtung (*Appraisal Theories*) Bezug genommen wird.

Einleitend wird auch in dieser Aufsatzpublikation nicht versäumt, auf philosophische Traditionen zu verweisen: Platon (428/427 v. Chr.–348/347 v. Chr.), Descartes (1596–1650) und David Hume (1711–1776) werden als Meilensteine genannt und implizit werden die großen Debatten des 18. Jahrhunderts zur Frage nach der Rolle von Rationalität und Sinnlichkeit für das menschliche Erkenntnisvermögen in Erinnerung gerufen: „The functioning of the human mind has often been characterised as a battle between opposing forces: reason, rational and deliberate, versus emotion, impulsive and irrational." (Brosch/Scherer/Grandjean et al. 2013, 1). Auch der geläufige Topos von Emotionen als einem Störfaktor bezüglich der kognitiven Funktionen des Menschen wird gestreift, um auch ihm zu begegnen: „Cognitive functions – such as perception, attention, memory, or decision-making –

have been investigated without taking into account emotion, which was considered as interference that is counterproductive for the correct functioning of the cognitive system." (Brosch, Scherer, Grandjean et al. 2013, 1). U. a. nehmen die Autoren hier auf Untersuchungen Bezug, die im Rahmen der Hirnforschung vorgenommen wurden:

> After a long time of neglect, the last two decades have seen an enormous increase in research on emotion, highlighting the importance of emotional processes for a successful functioning of the human mind. For example, neuro-psychological studies have shown that patients with emotional dysfunctions due to brain lesions can be highly impaired in everyday decision-making and social interactions. Neuroimaging studies have demonstrated how brain regions previously thought to be purely „emotional" (e.g., amygdala) or „cognitive" (e.g., frontal cortex) closely interact to make complex behaviour possible.

Tatsächlich bestehen – neben den genannten Bezügen zu philosophischen Denktraditionen – wichtige Schnittstellen zwischen kognitiven Emotionstheorien und neurophysiologischen und -psychologischen Forschungsrichtungen der Gegenwart.

Grundlagen der Neurophysiologie und -psychologie

Für die Neuropsychologie ist die Forschung „im Grenzbezirk von Seele und Gehirn" von Anfang an konstitutiv. Aus diesem Grund ist an dieser Stelle ein etwas ausführlicherer Hinweis auf entsprechende Grundlagen geboten. Aufgrund der betreffenden Schwerpunktsetzung „im Grenzbezirk von Seele und Gehirn" geht einer der Begründer der kulturhistorischen Schule der sowjetischen Psychologie und der Neuropsychologie, Alexander Romanowitsch Lurija (1902$^{greg.}$–1977), von zwei Grundorientierungen in der Wissenschaft aus: Einer klassischen und einer romantischen. Seine eigene Haltung beschreibt er als zugleich klassisch *und* romantisch. Dies ist in der Natur seines Forschungsfeldes begründet: Denn die Neuropsychologie beschäftigt sich mit den höheren kortikalen Funktionen und den kognitiven Tätigkeiten des Menschen; sie wurzelt daher sowohl im Biologischen als auch im Sozialen, in der Natur und der Kultur. Der Lurija-Forscher Wolfgang Jantzen spricht deswegen von der Entwicklung einer kulturhistorischen Humanwissenschaft durch Lurija (vgl. Lurija 2002).

Kurzer Exkurs: Neuropsychologie Alexander R. Lurijas

Lurija hielt es für erforderlich, das Erklärende mit dem Beschreibenden zu verbinden, um das Individuum in seinen organischen Funktionen und seiner kulturell-geschichtlichen und damit auch emotionalen Verhaftung begreifen zu können. Fallgeschichten werden zu „biologischen Biographien" ausgearbeitet, um die Persönlichkeitsentwicklung von Individuen nachvollziehbar zu machen. In „Der Mann, dessen Welt in Scherben ging" (Lurija 1991[1971]) beschreibt er einen Mann, der im Zweiten Weltkrieg von einem Granatsplitter getroffen und dessen Scheitel der linken Hirnhemisphäre zum Teil zerstört wurde, wodurch es zu einem ungeheuren Gedächtnisverlust kam (Lurija 1993, 188 und 190 f.):

> Bei unserem ersten Gespräch […] bat ich ihn, einen Text zu lesen: „Nein, was ist das? ... ich weiß nicht ... ich verstehe nicht, was das ist ... Nein, was ist das? Er versuchte, sich das Blatt näher anzusehen, hielt es vor sein linkes

Auge, bewegte sich dann weiter zur Seite und untersuchte befremdet jeden Buchstaben. „Nein ... ich kann es nicht!" Danach bat ich ihn, seinen Namen [...] aufzuschreiben. Er versuchte es, nahm ungeschickt einen Bleistift, zuerst mit dem falschen Ende, tastete nach dem Papier. Doch er konnte keinen einzigen Buchstaben schreiben. Er war bestürzt, weil ihm plötzlich bewußt wurde, daß er Analphabet geworden war.

Ich beobachtete diesen Kranken mehr als drei Jahrzehnte lang. [...] Um ihn zu porträtieren, benutze ich Auszüge aus seinem Tagebuch. Ich wollte zeigen, wie eine solche Verletzung empfunden wird. Aber das Buch enthält auch [...] Passagen, in denen ich die psychische Struktur der Beeinträchtigungen erläutere und ihren Bezug zur Hirnverletzung untersuche. Dieses Buch zeichnet also nicht nur das Porträt eines realen Menschen, sondern ist auch der Versuch, die Neuropsychologie zum besseren Verständnis [...] psychologischer Fakten zu nutzen.

Für Lurija darf die Erforschung des menschlichen Lebens nicht ausschließlich theoretisch erfolgen, sondern muss auch bestimmte Einzelverläufe analysieren; daher wendet er sich auch gegen einen rein formalen statistischen Ansatz und befürwortet qualitative Untersuchungen. Der amerikanische Neuropsychologe Oliver Sacks (1933) sieht gerade hierin die herausragende Leistung Lurijas: „Wirklich einzigartig jedoch werden sie [die Fallbeschreibungen Lurias, G.L.S.] durch ihren Stil, die Verknüpfung von exakter Analyse mit einer zutiefst persönlichen Einfühlung." (Sacks in der Einführung zu Lurija 1991, 11). Die erzählend-beschreibende Schilderung sowie die wissenschaftliche Abbildung eines individuellen Lebens sind zentraler Aspekt dieser wissenschaftlichen Konzeption und ihrer sprachlichen Darstellung (vgl. Lurija 1993, 20 und Schiewer 2009c).

Jüngere Ansätze der Neuroforschung

Diese in Alexander R. Lurijas wissenschaftlichem Nachdenken angelegten Brückenschläge zwischen Emotionalität und Fragen der angemessenen Darstellungsformen zwischen sachlicher Rationalität und erzählender Einfühlung finden sich in der Neuropsychologie und Kognitionsforschung der Gegenwart insofern wieder, als hier dem Thema menschlicher Kreativität und künstlerischer Produktivität Aufmerksamkeit geschenkt wird.

Ebenfalls einschätzungstheoretisch orientiert und unter Akzentuierung sozial-konstruktivistischer Denkrichtungen forscht in diesem Feld der US-amerikanische Psychologe James R. Averill; sein Ansatz wird im vorliegenden Studienbuch unter IV. 2. ‚Emotionale Kreativität' behandelt.

Kurzer Exkurs: Kognitionswissen der Kunst

Neurobiologisch ausgerichtet sind dabei beispielsweise die Untersuchungen des deutschstämmigen Neurophysiologen Wolf Singer (1943), der u. a. von 1981–2011 Direktor am Max-Planck-Institut für Hirnforschung in Frankfurt am Main war und zahlreiche Ehrungen und Auszeichnungen, darunter das Bundesverdienstkreuz erster Klasse, erhalten hat. In seinen 2002 unter dem Titel „Der Beobachter im Gehirn" publizierten „Essays zur Hirnforschung" hat Singer eine ausführliche Erklärung der Emergenz kreativer Prozesse und von Kunst als Ergebnis und Gegenstand kognitiver Prozesse vorgelegt. Es ist angebracht, hieraus einige Abschnitte etwas ausführlicher wiederzugeben, da nur im wörtlichen Zitat die neurobiologische und kognitionswissenschaftliche Fundierung der Argumentation – ein Punkt, auf den

Brosch et al. wie oben hervorgehoben rekurrieren – nachvollziehbar wird. Zunächst zur Emergenz kreativer Prozesse, die Singer so erklärt (Singer 2002, 220):

> Wie oben dargelegt, verfügen komplizierte Gehirne, insbesondere das des Menschen, über die Fähigkeit, Vorgänge, die in ihnen selbst ablaufen, zum Gegenstand kognitiver Prozesse zu machen. Auf diese Weise kann eine praktisch unbegrenzte Sequenz von iterativen Reflexionen eingeleitet werden. Zwischen- und Endergebnisse solch reflexiver kognitiver Prozesse können externalisiert und anderen Gehirnen wiederum als Gegenstand für deren kognitive Prozesse verfügbar gemacht werden. Diese Möglichkeit, das Ergebnis kognitiver Prozesse anderen Hirnen mitzuteilen, erfährt beim Menschen aufgrund seiner erweiterten Fähigkeiten zur symbolischen Repräsentation bereits abstrakt kodierter Beziehungen eine explosionsartige Vermehrung der Zahl und Art möglicher Inhaltsträger.

Kunst als Ergebnis und Gegenstand kognitiver Prozesse stellt Singer hieran anschließend so dar (Singer 2002, 221–223):

> Ein Teil der externalisierten Inhaltsträger reflexiver Prozesse wird von uns als Kunst bezeichnet. [...] Unabhängiges Attribut dessen, was wir mit künstlerischer Leistung bezeichnen, scheint mir [...], daß über einen reflexiven Prozeß neue Bezüge entdeckt und diese durch symbolische Kodierung verdichtet werden. Hierdurch werden neue Wirklichkeiten erzeugt. [...] Diese Merkmale charakterisieren gleichermaßen wissenschaftliches und philosophisches Vorgehen und treffen natürlich auch für eine Reihe ganz alltäglicher Aktivitäten zu. Vor jeder wissenschaftlichen, philosophischen oder sonstwie gearteten alltäglichen Erkenntnis liegt ein Schöpfungsakt, der in seinem Wesen von künstlerischer Reflexion kaum verschieden sein dürfte. [...] Wo also liegt die ökologische Nische des Künstlers, falls es sie überhaupt gibt. Ich vermute, ohne daß ich dies näher begründen kann, daß das, was Kreativität im einen Fall zur künstlerischen Handlung und im anderen Fall zur wissenschaftlichen oder philosophischen Betätigung werden läßt, im Gegenstand des reflexiven Prozesses und im Inhaltsträger des sekundären kommunikativen Akts begründet liegt. Wahrscheinlich gibt es jedoch auch auf diesen Bereichen fließende Übergänge und keine sauberen Grenzen zwischen Kunst, Wissenschaft und Philosophie.
>
> Der Gegenstand künstlerischer Reflexionen ist vielleicht in höherem Maße als dies in den anderen Disziplinen der Fall ist, bereits die verarbeitete und symbolische Repräsentation unserer Erfahrungen: Entitäten, die erst durch Reflexion entstehen und die Popper als zur Welt 3 gehörig bezeichnen würde. [...] Der Künstler scheint sich ferner seine Gegenstände jeweils dort zu suchen, wo der reflexive Prozeß zu Ergebnissen führt, die mit den in Wissenschaft und Philosophie üblichen Kommunikationsarten, also mit rationalen Sprachen, nicht – noch nicht oder niemals – darzustellen sind. [...] Künstlerische Betätigung grenzt sich also ab von anderen schöpferischen Aktivitäten einmal in der Wahl des Gegenstandes und dann,

zwangsläufig, in der Wahl des Vehikels zur Externalisierung der geschöpften Erkenntnis.

Appraisal Theories Ausgehend von den Grundlegungen der *Appraisal Theories* im Bereich von kognitiven und emotionalen Prozessen konzentrieren sich schließlich Brosch et al. in ihrer Einschätzungstheorie auf den Bewertungsprozess (*Evaluation process*), der der Elizitation von Emotionen zugrunde liegt (vgl. Brosch/Scherer/Grandjean et al. 2013, 2). Die Autoren nennen dies Emotionskomponentenprozessmodell (*Component Process Model of Emotion*).

Component Process Model of Emotion Das *Component Process Model of Emotion* umfasst vier zentrale Informationsarten, die erforderlich sind, um angemessen auf ein besonders hervortretendes (salientes) Ereignis zu reagieren (vgl. Brosch/Scherer/Grandjean et al. 2013, 2):

1. Relevance: How relevant is this for me? Does it directly affect me or my social reference group?
(Relevanz: Wie relevant ist das Ereignis für mich? Betrifft es mich direkt oder meine soziale Bezugsgruppe?)
Über die Relevanz eines Ereignisses wird in Abhängigkeit von folgenden unten im Schema aufgeführten Aspekten [Abb. 3] entschieden:
- seiner (individuellen und subjektiven) Neuigkeit (*Novelty*) hinsichtlich der Aspekte der Plötzlichkeit (*Suddenness*), der Vertrautheit (*Familiarity*) und Vorhersagbarkeit (*Predictability*)
- seiner intrinsischen Annehmlichkeit (*Intrinsic Pleasantness*) und
- seiner zielführenden Bedeutung (*Goal relevance*)

2. Implications: What are the implications or consequences of this event and how do these affect my well-being and my immediate or long-term goals?
(Implikationen: Welches sind die Implikationen oder Folgen dieses Ereignisses und inwiefern betreffen sie mein Wohlbefinden und meine unmittelbaren oder langfristigen Ziele?)
Die Implikationen oder Folgen eines Ereignisses werden im Hinblick auf folgende, auch unten im Schema aufgeführte, Aspekte bewertet:
- Der Ursachenzuschreibung (*Causality* bzw. *Causal attribution*) bezüglich des verursachenden Handelnden (*agent*) und seiner Motive oder Absichten (*motive*); z. B. wird ein Studierender ein schlechtes Ergebnis in einer Abschlussprüfung anders beurteilen in Abhängigkeit davon, ob er nicht gut vorbereitet war oder annimmt, dass er ungerecht beurteilt wurde (vgl. Scherer 2001, 96).
- Ergebniswahrscheinlichkeit (*Outcome probability*), deren Bedeutung darin besteht, dass in der *Appraisal theory* nicht das Ereignis selbst fokussiert wird, sondern die angenommenen Folgen für das Individuum, da sie es sind, die die Emotionen auslösen; im Fall eines schlechten Prüfungsergebnisses können z. B. die beruflichen Chancen als ungünstig eingeschätzt werden, wodurch es etwa zu spezifischen Ängsten kommen kann.
- Der Abweichung von den Erwartungen (*Discrepancy from expectation*), die sich darauf beziehen kann, dass z. B. die durch ein Ereignis geschaffene Situation mit den individuellen Erwartungen konsistent oder diskre-

pant ist; dies könnte z. B. der Fall sein, wenn ein Proband trotz des schlechten Abschneidens belohnt wird oder rasch eine attraktive Stelle findet.
- Der Förderlichkeit bzw. Hinderlichkeit bezüglich eigener Ziele oder Bedürfnisse (*Goal/need conduciveness*); eine gute Note etwa kann mehr oder weniger förderlich sein, z. B. in Abhängigkeit davon, ob sie endnotenrelevant ist oder nicht, oder eine schlechte Note kann mehr oder weniger hinderlich sein in Abhängigkeit davon, ob sie einfach oder mehrfach gewichtet wird.
- Der Dringlichkeit (*Urgency*) einer Reaktion auf ein Ereignis; sie hängt wiederum davon ab, ob als besonders wichtig erachtete Ziele des Individuums unmittelbar bedroht erscheinen oder nicht.
3. Coping potential: How well can I cope with or adjust to these consequences?
(Bewältigungspotential: Wie gut kann ich die Implikationen oder Folgen dieses Ereignisses bewältigen oder mich an sie anpassen?)
Das Bewältigungspotential wird wiederum in Abhängigkeit von einigen Faktoren bewertet:
- Die Kontrollierbarkeit (*Control*) spielt insofern eine Rolle, als entscheidend ist, inwieweit ein Ereignis oder seine Folgen beeinflusst oder kontrolliert werden können; geringe Kontrolle hätte z. B. ein Studierender bezüglich der Prüfungsergebnisse, wenn sie generell in einem Losverfahren entschieden würden.
- Dem Aspekt der Macht (*Power*) kommt Bedeutung zu, wenn Kontrolle generell möglich ist; dann geht es darum, in welchem Maß ein Individuum über die erforderlichen Ressourcen verfügt, um diese Kontrollmöglichkeit zu ergreifen und auszuüben.
- Die Anpassungsfähigkeit (*Adjustment*) ist insofern relevant als Menschen in sehr unterschiedlicher Weise mit den Folgen von Ereignissen leben können; eine Rolle kann hierbei auch spielen, inwieweit man davon ausgeht, dass Kontrollierbarkeit und Macht im betreffenden Fall überhaupt gegeben sind, da hier z. B. die Frage der Eigenverantwortlichkeit berührt ist.
4. Normative significance: What is the significance of this event with respect to my self-concept and to social norms and values?
(Normative Bedeutung: Worin besteht die Bedeutung des Ereignisses hinsichtlich meines Selbstbildes sowie sozialer Normen und Werte?)
Auch die Einschätzung von normativer Bedeutung hängt mit einigen Faktoren zusammen:
- Hier geht es um Fragen interner Standards (*Internal standards compatibility*), z. B. inwieweit ein Ereignis oder eine Handlung vom eigenen Selbstbild abweicht; Studierende, die sich für ausgezeichnet halten, werden mit einer schlechten Note anders umgehen als solche, die sich sowieso für leistungsschwach halten.
- Aber auch Fragen externer Standards (*External standards compatibility*) sind relevant, da soziale Gruppen z. B. auf Ereignisse oder Handlungen in spezifischer Weise zu reagieren pflegen; selbst gute Abschlussnoten können unter Umständen vom Umfeld negativ gewertet werden, wenn sie z. B. mit Strebertum verbunden werden.

Das Ergebnis der individuellen und subjektiven Einschätzung aufgrund dieser vier Kriterien (Relevanz, Implikationen, Bewältigungspotential, normative Bedeutung) bestimmt dann die Reaktionsmuster. Sie umfassen ihrerseits:

- physiologische Reaktionen (*autonomic physiology* oder *physiological reactions*)
- Handlungslatenzen bzw. Handlungsvorbereitungen (*action tendencies* oder *preparations*)
- motorische Ausdrucksformen (*motor expression*) und
- subjektive Empfindungen (*subjective Feeling*)

Wie im Modell dargestellt, gehen die Autoren davon aus, dass der Relevanz-, Implikations-, Bewältigungs- und normative Bedeutungs*check* zu Reaktionen bzw. Veränderungen der emotionalen Komponenten (Physiologie, Handlung, Motorik, Empfindung) führen kann, die dann wiederum mit den kognitiven Funktionen interagieren können: „The model thus allows a detailed consideration of the effects of emotional processes on attention, memory, ond other cognitive processes." (vgl. Brosch, Scherer, Grandjean et al. 2013, 2). Sie sind im oberen Teil des Schemas, d.h. oberhalb der vier Einschätzungskriterien *Relevance, Implication, Coping* und *Normative Significance,* aufgeführt und betreffen die Wirkungen der Einschätzungsprozesse und ihrer emotionalen Komponenten im Bereich der Physiologie etc. auf kognitive Prozesse, welche wiederum die Bereiche der Aufmerksamkeit (*Attention*), Erinnerung (*Memory*), Motivation (*Motivation*), Argumentation (*Reasoning*) und des Selbst (*Self*) betreffen.

Das Modell zeigt, so die Autoren, die intensiven Austauschprozesse von Emotion und Kognition, „as the computation of the different appraisal criteria requires the contribution of many cognitive processes for the comparison of stimulus features to stored affective schemata, memory representations, expectations and motivational urges" (Brosch, Scherer, Grandjean et al. 2013, 2).

Die folgende schematische Übersicht des *Component Process Model of Emotion* ist aus dem Beitrag von Brosch et al. (2013) übernommen. Ähnlich ist sie auch schon in früheren Publikationen von Klaus R. Scherer zu finden, so z.B. in Scherer (2001), wo Scherer noch die Bezeichnung *Stimulus Evaluation Checks* verwendete.

In ihren abschließenden Bemerkungen betonen die Autoren die herausragende Rolle von Emotionen für die Komplexität menschlichen Verhaltens, die Weltwahrnehmung, das Erinnerungsvermögen und die Entscheidungsprozesse des Menschen. Auch wenn Emotionen unter Umständen in die Irre führen können, wird hier die Auffassung vertreten: „However, when functioning normally, emotion should be considered as useful guide far from being irrational, that helps us navigate our complex environment." (Brosch/Scherer/Grandjean 2013, 2). Darüber hinaus hob Klaus R. Scherer schon 2001 die Vorteile dieses Modells für empirische Untersuchungen hervor, die ihrerseits die theoretische Modellbildung befruchteten (Scherer 2001, 119): „I submit that this constant interchange between data and theory is a good sign for the health of our field and justifies hope that we will soon better under-

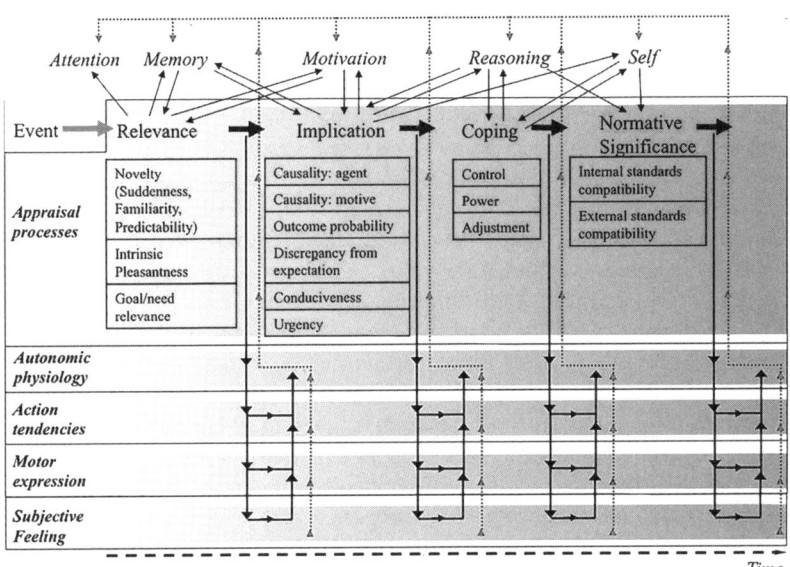

Abb. 3: Das *Component Process Model* nach Brosch, Scherer und Grandjean.
Aus: Brosch, Scherer, Grandjean et al. 2013, 2.

stand the elicitation and differentiation of emotion." Damit gehört dieser Ansatz – wie insgesamt die kognitiven Emotionstheorien – zu den über Jahre sorgsam fortentwickelten Konzepten mit einem zumindest nach derzeitigem Forschungsstand großen Erklärungsanspruch und vielfältigen auch interdisziplinären Perspektiven und Anwendungsfeldern.

2.4 Semiotische Ansätze

Ein kursorischer Blick auf die Theorieentwicklung der Semiotik im 20. Jahrhundert macht deutlich, inwiefern und warum sich insbesondere die linguistische Sprachforschung dieser Epoche über weite Strecken gerade *nicht* für emotionsbezogene Fragestellungen interessiert hat: Der von Ferdinand de Saussure (1857–1913) geprägte Zeichenbegriff akzentuiert das konventionell abgesicherte denotative Verhältnis von Form (*signifiant*) und Inhalt (*signifié*) sowie die paradigmatischen und syntagmatischen Relationen des Sprachzeichens unter dem Gesichtspunkt des Sprachsystems (*langue*). Für die Emotionssemiotik wesentliche Dimensionen, insbesondere der konkrete Sprachgebrauch (*parole*), treten dabei in den Hintergrund. Dies betrifft die mündliche und die schriftliche Kommunikation, einschließlich betreffender Zwischenformen von Mündlichkeit und Schriftlichkeit, mit ihrer semantischen Komplexität, die nicht nur *denotative*, sondern auch *konnotative* Bedeutungen umfasst (vgl. Kapitel II.4 ‚Emotionscodierung und verbales Verhalten' im vorliegenden Band, in dem Grundlagen einer Emotionssemiotik durchgespielt werden). – Auch das Wechselspiel mit anderen emotionsrelevanten Dimensionen wie den para- und non-verbalen Ebenen wird hier ausgeklammert (vgl. aber für einen Überblick zu emotionsbezogenen Ansät-

Semiotik im 20. Jahrhundert

zen im 20. Jahrhundert an Schnittstellen von Semiotik und Linguistik: Konstantinidou 1997).

Nonverbale Kommunikation und Semiotik

Jedoch umfasst das Spektrum der semiotisch relevanten und beschreibbaren Ebenen vielfältige Kanäle, Medien und Codes, die in der Emotionssemiotik in der Regel zusammenspielen. Die semiotisch orientierten Dimensionen der nonverbalen Kommunikation lenken den Blick im Rahmen der Emotionsforschung auf die Multimodalität und intersemiotischen Relationen (*Multichannel semiosis*), die zur Subtilität und Vieldeutigkeit, aber auch zur Ausdrucksstärke und Intensität emotionaler Prozesse beitragen (vgl. Jewitt 2009). Hier wird an die kommunikativ bedeutsamen Unterscheidungen der verbalen, para-verbalen und non-verbalen semiotischen Ebenen angeknüpft.

Über solche Bezugnahmen auf semiotische Grundlagen hinaus, die primär in begrifflicher Hinsicht erfolgen, sind auch komplexe konzeptionelle Entwicklungen der Emotionsforschung mit Ansätzen der Semiotik verbunden.

Zur Geschichte der Emotionssemiotik

Eine Geschichte semiotischer Emotionstheorien bzw. emotionsrelevanter Semiotik wäre erst noch zu schreiben und sie würde sich u. a. mit der Geschichte philosophischer Emotionsforschung zum Teil überlagern. Verwiesen sei hier nur auf einige wenige Meilensteine dieser Entwicklungslinien: Maßgebliche Bedeutung kommt der Sprach- und Erkenntnistheorie des 17. und 18. Jahrhunderts zu mit der Wiederaufnahme des Begriffs ‚Semiotik' durch den englischen Philosophen John Locke am Ende des 17. Jahrhunderts und der großen „Semiotik oder Lehre von der Bezeichnung der Gedanken und Dinge", dem dritten Teil des 1764 publizierten Hauptwerks „Neues Organon oder Gedanken über die Erforschung und Bezeichnung des Wahren und dessen Unterscheidung vom Irrthum und Schein" von Johann Heinrich Lambert, in der die Berücksichtigung der sinnlichen Wahrnehmung eine komplexe Rolle spielt. Um 1900 kommt es mit der Phänomenologie Edmund Husserls zu einer frühen Bündelung von im Zuge des 19. Jahrhunderts entwickelten gestalttheoretischen Grundlagen, die u. a. impulsgebend auf die Sprach- und Zeichentheorie Karl Bühlers und die Semiotik von Algirdas J. Greimas gewirkt haben, um nur zwei zu nennen (vgl. hierzu Schiewer 2004 und Hénault 2002, 591 und 609).

Jüngere Ansätze im Aufriss

Für die jüngere Zeit seit dem späten 19. Jahrhundert bis zur Gegenwart können einige Semiotiker hervorgehoben werden, die sich mit Aspekten einer Emotionssemiotik befasst haben. Dazu gehören:

- Charles Sanders Peirce (1839–1914), der üblicherweise nicht mit einer Emotionssemiotik in Verbindung gebracht wird, hat gleichwohl „une théorie de l'emotion qui est cohérente, complète et stimulante" – eine kohärente, vollständige und anregende Emotionstheorie – verfasst. Es handelt sich dabei um einen kognitivistischen Ansatz. Im Ausgang von Peirce' Konzept der Interpretanten werden Emotionen als Zeichen aufgefasst und der triadischen Zeichenkonzeption entsprechend unter drei theoretischen Teilaspekten beleuchtet: Emotionen als *unmittelbare* Hypothesen, als *dynamische* Affekte und als *finale* Normen (vgl. Savan 2002, 682 und auch für das Folgende Savan 2002). Die Untersuchung der Anschlussfähigkeit und möglichen Bereicherung jüngerer kognitiver Emotionstheorien verdiente eine umfängliche Studie, die in der Forschung noch zu leisten ist.

- Charles Bally (1865–1947), der als Ferdinand de Saussure-Schüler und Mitherausgeber von dessen Vorlesungen mit Saussures Impulsen für eine Semiologie bestens vertraut war, in seinen eigenen Schriften aber der ‚Expressivité linguistique' und der ‚langage affectif ou expressif', d. h. der sprachlich-affektiven Expressivität, Raum gegeben hat (vgl. Bally 1935, 113 ff. und 118 ff.; vgl. für eine konzise Zusammenfassung und knappe Einordnung Konstantinidou 1997, 4 ff.). Eng verbunden sind diese Überlegungen mit der Stilistik Charles Ballys.
- Ernst Cassirers (1874–1945) Arbeiten zur „Philosophie der symbolischen Formen" wurden semiotisch interpretiert und sind theoretisch u. a. im Hinblick auf aktuelle Ansätze einer kulturwissenschaftlich interessierten Linguistik bedeutsam; Cassirer verstand sich selbst v. a. als Philosoph.
- Karl Bühler (1879–1963) mit seiner „Ausdruckstheorie" aus dem Jahr 1933 und seinem ‚Organon-Modell', das eine emotive oder expressive Sprachfunktion umfasst, welches im Kapitel II.4. im vorliegenden Studienbuch einer Systematisierung zugrunde gelegt wird.
- Roman Ossipowitsch Jakobson (1896–1982) mit der Differenzierung der emotiven Sprachfunktion im Anschluss an Karl Bühler in seinem berühmten Funktionenmodell der Sprache. Mit der Berücksichtigung der poetischen Sprachfunktion wird hier zudem eine Brücke zwischen Emotionsforschung und Literaturwissenschaft vorbereitet.
- Roland Barthes (1915–1980) mit seinen „Fragments d'un discours amoureux", 1977, die so etwas wie eine kleine Enzyklopädie der Sprache der Liebe darstellen.
- Walter A. Koch hat einen von ihm in erster Auflage 1989 herausgegebenen Sammelband unter dem Begriff einer „Semiotics of Emotion" publiziert (Koch 2002[1989] und Wilk 2005; vgl. auch Wilk 2004). In Kochs Sammelband werden Beiträge unterschiedlicher theoretischer Provenienz und breit angelegten thematischen Zuschnitts präsentiert, so dass hier kein spezifisches Konzept einer „Semiotics of Emotion" vorgestellt wird. Jedoch markiert er, dass Ende der achtziger Jahre des vergangenen Jahrhunderts in semiotischem Umfeld aufmerksam registriert wurde, dass Emotionen zu einem wichtigen und auch semiotisch relevanten Thema geworden sind, nachdem lange Zeit das Feld des Kognitiven akzentuiert wurde – dies gilt im Übrigen auch für die frühe strukturalistisch geprägte semiotische Phase von Algirdas Julien Greimas.
- Insbesondere ist die letzte Arbeit von Algirdas Julien Greimas (1917–1992) zu erwähnen, die er 1992 gemeinsam mit Jacques Fontanille (1948) publiziert hat, eine „Sémiotique des passions. Des états de choses aux états d'âme". Greimas' Ansatz soll hier etwas ausführlicher dargestellt werden, da er zu den jüngeren Entwicklungen gehört und zudem besondere Ausarbeitung erfahren hat. Eingebettet ist diese Semiotik der Leidenschaften in das große Semiotikprojekt Greimas', die narrative Textsemiotik. Greimas' Interesse für das Thema der ‚passions' erklärt der Greimas-Forscher Taeh-Hwan Kim mit dem Hinweis darauf, dass in den früheren Phasen der narrativen Semiotik Aspekte des Figurencharakters und psychologischer Vorgänge wenig berücksichtigt wurden; ein Punkt, der auch von der Kritik moniert wurde: „Hier unterziehen Greimas und Fontanille Begriffe wie ‚Eifersucht' und ‚Geiz' einer sorgfältigen semantischen und syntaktischen Ana-

lyse und rekonstruieren die narrativen Abläufe, die in ihnen impliziert sind […]." (Vgl. hierzu und dem Folgenden Kim 2002, 142 ff.; in dieser Monographie wird Greimas' letztem Buch und den ‚passions' Raum gegeben, vgl. v. a. 142–174). Nunmehr gehe es darum, narrative Dimensionen zu berücksichtigen, die sich nicht auf die Logik der Handlung reduzieren ließen, und zu zeigen, wie emotionale Aspekte ursprüngliche Handlungspläne der Protagonisten und narrative Abläufe beeinflussen und irritieren können – dies sehr zu Recht, denn literarische Texte fokussieren oftmals gerade das nicht eindimensional Rationale menschlichen Agierens (vgl. Kim 2002, 144 f.).

Im Zentrum steht dabei ein Ansatz, der als mentalistisch bezeichnet werden kann und sich auf die Frage nach der Entstehung und dem Abklingen propositionaler Einstellungen wie dem *Wollen* konzentriert, das etwa das Begehren eines Objekts induziert. Es geht v. a. also um mentale Dispositionen wie die, überhaupt irgendetwas zu wollen, und noch nicht zwingend darum, was jeweils gewollt wird und dass etwas getan wird – Rachegelüste z. B. müssen nicht zwingend zur Tat führen (vgl. Kim 2002, 143 und 147 ff.); Greimas spricht hierbei von ‚Protensivität'. Jacques Fontanille erklärt, dass im Lauf der 80er Jahre des 20. Jahrhunderts kognitive, psychologische und mentalistische Ansätze eine Art von Rehabilitierung erfuhren, was dazu beigetragen habe, dass Greimas seine narrative Semiotik, die schon eine so genannte modale und aspektuelle Grammatik umfasste, um eine Semiotik der Emotionen und Leidenschaften bereichert habe (vgl. Fontanille 2002, 601 und Nöth [2]2000, 118 f.). Besondere Aufmerksamkeit verdient dabei, dass Greimas vor dem Hintergrund seiner narrativen Semiotik prozessuale Momente des Emotionalen und damit den Verlauf von Emotionen in der Zeit mit an- und abschwellenden Phasen akzentuiert.

- Schließlich entstanden auch seit Beginn des 21. Jahrhunderts Arbeiten zur Emotionssemiotik. Darunter sind die von Nicole M. Wilk zu nennen, etwa eine Aufsatzpublikation unter dem Titel „Semiotik der Gefühle" aus dem Jahr 2005 im Rahmen eines dem Thema „Emotionen" gewidmeten Heftes der *Zeitschrift für Literaturwissenschaft und Linguistik* (LiLi) (Koch 2002[1989] und Wilk 2005; vgl. auch Wilk 2004). Wilk akzentuiert dabei den spezifischen Aspekt des Verstehens, wobei sie in Orientierung an psychoanalytischen Konzepten Anregungen für eine „Integration der Affekte in eine linguistisch-semiotische Theorie des Verstehens" entwickelt (vgl. hierzu auch die Kapitel I.2.5, II. und III. im vorliegenden Studienbuch).

2.5 Linguistische Ansätze

Während der Themenkomplex ‚Sprache und Emotion' ein interdisziplinäres Forschungsfeld darstellt, das ausnahmslos alle in diesem Studienbuch berücksichtigten Disziplinen und Fragestellungen betrifft und darüber hinaus gewiss auch noch weitere, geht es in diesem Kapitel um explizit linguistische Orientierungen im Bereich der Emotionsforschung.

Forschungslage ‚Sprache und Emotion'

Auch hier ist eine merkwürdige *Décalage* festzustellen: Obwohl der menschliche Emotionsausdruck und die menschliche Emotionskommunikation in hohem Maße durch Sprache bestimmt sind und historisch gesehen auch Prozesse der Ausdifferenzierung, Verfeinerung, Sublimierung und dergleichen durchlaufen, handelt es sich in der Linguistik um so etwas wie ein eher randständiges Forschungsgebiet. Im deutschsprachigen Raum liegen nach wie vor nicht viele einschlägige Monographien zum Thema vor. Von einem systematisch bearbeiteten Komplex mit klar definierten Forschungsaufgaben, entwickelter Methodik, greifbaren Ergebnissen, Perspektiven und sprachwissenschaftlich informierten Anwendungsfeldern kann hier bislang kaum die Rede sein und auch etwa in der angloamerikanischen linguistischen Forschung ist die Situation nicht als definitiv anders zu beurteilen.

Warum das so ist? Es wurden verschiedentlich Erklärungsversuche unternommen und sie ähneln sich in der Regel (vgl. z. B. Schwarz-Friesel 2007, 7 ff.; Konstantinidou 1997, Jahr 2000, Fiehler 1990). Dabei ist es üblich, auf die linguistischen Forschungstraditionen im 20. Jahrhundert zu rekurrieren, die methodisch eher an empirisch-szientifischen Denkweisen orientiert und insofern, wie man meinte, mit emotionsbezogenen Fragestellungen nicht gut vereinbar seien.

Im Folgenden soll es nun nicht darum gehen, einen Überblick über die bislang noch etwas karg anmutende Forschungslandschaft zu geben. Vielmehr ist dies der Ort, um einige grundlegende Überlegungen zu möglichen Ansätzen einer linguistisch verankerten Theoriebildung vorzunehmen. Es geht um die Frage, wie linguistische Diskussionen emotionstheoretischer Grundlegungen exemplarisch aussehen können. Es wird sich zeigen, dass ein spezifisches emotionstheoretisches Paradigma, das des dimensionalen Ansatzes (vgl. Kapitel I.2.1), sich nahezu unbemerkt bereits als so etwas wie ein „unterschwelliges Fundament" einer ganzen Reihe linguistischer Zugänge zur Emotionsthematik etabliert hat. Dies soll im Folgenden gezeigt und – soweit im Rahmen dieses Studienbuches möglich – weitergedacht werden.

Emotionslinguistische Grundlegungen

Es bietet sich an dieser Stelle an, mit einem literarischen Zitat zu beginnen (Shaw 2000, 43): „Does it occur to you, Higgins, that the girl has some feelings?" Mit dieser Frage wird der Sprachforscher Henry Higgins konfrontiert – und zwar in Bernard Shaws Komödie *Pygmalion* aus dem Jahr 1913 respektive dem Musical *My Fair Lady*. Higgins antwortet kühl: „Oh no, I don't think so. Not any feelings that we need bother about. Have you, Eliza?" Die Bereitschaft, die Gefühle seines Gegenübers zu respektieren, knüpft er nämlich daran, ob sie standardsprachlich korrekt und differenziert artikuliert werden, wozu die Blumenverkäuferin Eliza Doolittle zu diesem Zeitpunkt nicht in der Lage ist. Wenn eigene Emotionen im Spiel sind, kommt allerdings Higgins selbst nicht ohne sprachliche Grobheiten aus.

Nun – das ist literarische Fiktion. Wie aber verhält es sich mit dem realen Emotionsausdruck und der entsprechenden linguistischen Theoriebildung und Forschung?

Es ist zunächst zu fragen, auf welche linguistischen Ebenen sich die unterschiedlichen Formen des Emotionsausdrucks und ihrer Untersuchung beziehen können. Geht es beispielsweise um:

Linguistische Ebenen des Emotionsausdrucks

- Einzelne Wörter – und wie verhält es sich dann mit ironischen Verwendungsweisen, die oftmals auf dem Weg der Intonation signalisiert werden?
- Bestimmte Morpheme wie etwa das Diminutivsuffix „chen", die – z. B. in „Mäus*chen*" – ebenfalls Emotionalität bzw. emotional gefärbte Haltungen

- z. B. in „Atomreaktor*chen*" – signalisieren und natürlich auch auslösen können?
- Bestimmte Satztypen wie z. B. Exklamativsätze? Und wie verhält es sich dann etwa mit Satzabbrüchen, zu denen es vielfach gerade im Zustand der Aufregung kommt?
- Wie sieht es aus mit dem Bereich des Konnotativen und dem weiten Feld der Registerwahl und Rhetorik?

Grundsätzlich wird der Emotionsausdruck praktisch sämtliche linguistischen Ebenen der Sprache auf mehr oder weniger subtile Weise tangieren können. Eine Untersuchung wäre unter Einbeziehung der betreffenden Teildisziplinen der Linguistik wie der (suprasegmentalen) phonetischen Prosodieforschung, der Lexikologie, Grammatik, Semantik, der Pragmatik mit der Text- und Gesprächslinguistik und selbstverständlich auch der Kommunikationstheorie vorzunehmen.

Dimensionale Ansätze in der Emotionslinguistik

Es ist daher kein Zufall, dass in der linguistischen Emotionsforschung – trotz der für die Teildisziplinen jeweils spezifischen Gegenstände, Forschungsinteressen und Methoden – über die Teildisziplinen hinweg spezifische Konstanten festzustellen sind: Nicht allein in deutschsprachigen Untersuchungen, sondern auch in der angloamerikanischen Forschung ist ein spezifisches Emotionsmodell omnipräsent, und dies ist der Ansatz von Wilhelm Wundt.

Während der andere bedeutende Exponent des 19. Jahrhunderts, Charles Darwin, und aktuelle Nachfolger von einer kleinen Zahl klar unterschiedener Basisemotionen wie Angst, Wut, Freude und Ekel mit ganz spezifischen eindeutigen Ausdrucksformen ausgehen, führt Wundt den oben vorgestellten dimensionalen Ansatz ein: Die praktisch unendliche Vielfalt der Emotionen lässt sich, so Wundt, auf einige Dimensionen reduzieren. Dabei haben alle Emotionen dann eine bestimmte Ausprägung, so dass sie sich durch eine graduelle Abstufung auszeichnen.

- Bei der ersten Dimension, die die beiden Pole *Lust* und *Unlust* umfasst, spricht man heute von (emotionaler) Valenz.
- Bei der zweiten Dimension mit den Polen *Erregung* und *Beruhigung* wird heute von *Aktivierung* gesprochen.
- Bei der dritten Dimension mit den Extrempunkten *Spannung* und *Lösung* geht es um die zeitliche Aufeinanderfolge von Eindrücken wie bei den prototypische Beispielen Erwartung (Spannung) und erfüllte Erwartung (Lösung). Wundt bezieht sich zum Beispiel auf Höreindrücke wie rhythmische Strukturen (vgl. Wundt, Völkerpsychologie I, Die Sprache, 41 f.). Diese Dimension wird inzwischen sehr *vielfältig ausgedeutet*. Z. B. wird sie auf Fragen der *Stärke* (potency), der *Dominanz* oder der *Kontrollierbarkeit* bezogen. Aspekte des Annäherungs- und Vermeidungsverhaltens können eine Rolle spielen oder auch solche der Selbstsicherheit und der Unsicherheit, die sich in einer Äußerung spiegeln können.

Überblick dimensionale Ansätze und Emotionslinguistik

Welche Rolle kommt diesem dimensionalen Ansatz nun in der aktuellen linguistischen Emotionsforschung zu? Dies ist hier im Überblick aufzuzeigen:

I. Zu beginnen ist mit dem Bereich der Phonetik bzw. Prosodie und hier ist auch ein Blick auf das Stimmtraining zu werfen. 2002 diskutiert Roland Kehrein in seiner Untersuchung von ‚Prosodie und Emotion', ob von dem kategorialen Modell der Basisemotionen nach Darwin auszugehen sei oder aber von einem Dimensionsmodell im Sinne Wundts. Er optiert für Wundts Modell, denn: „Prosodische Informationen bilden keine *eineindeutigen* Ausdrucksmuster einzelner Emotionen, sondern tragen Bedeutungsanteile auf den emotionsrelevanten Dimensionen." (Kehrein 2002, 134). Dies korrespondiert mit der Kernaussage der Untersuchung Kehreins, dass keine zuverlässig eindeutige prosodische Markierung von Emotionen wie Freude oder Ärger festzustellen sei. Kehrein macht deutlich, dass vornehmlich zwei Dimensionen relevant sind: Dies sind die *Aktivierung* mit dem Tonhöhenverlauf und der Lautstärke und die *Dominanz* mit den Polen stark – schwach, die Kehrein auf das Sprechtempo bezieht:

<small>Phonetik, Prosodie</small>

- *Ruhige* bzw. *passive* und/oder *schwache* Emotionen (wie Langeweile, Gleichgültigkeit, Traurigkeit, Niedergeschlagenheit, Kummer, Betrübnis) zeigen insgesamt mehr oder weniger *niedrigere* Grundfrequenz-(Tonhöhenverlauf) und Intensitätswerte (Lautstärke) [Aktivierung] bei tendenziell *langsamem* Sprechtempo [Dominanz].
- *Erregte* bzw. *aktive* und *starke* Emotionen (wie einerseits Wut und andererseits Freude, Sicherheit) haben entgegengesetzte Parameterausprägungen [mehr oder weniger *hohe* Grundfrequenz- und Intensitätswerte und tendenziell *schnelles* Sprechtempo].
- Die emotionalen Bedeutungsanteile *positiv* und *negativ* werden durch die herangezogenen fünf akustischen Parameter (F_0-level, F_0-range, F_0-variation, Intensität, Tempo) nicht unterschieden, denn Wut und Freude zeigen identische Parameterkonstellationen.

Dimension	F_0-level	F_0-range	F_0-variation	Intensität	Tempo
AKTIVIERUNG					
erregt	hoch	groß	hoch	hoch	schnell
ruhig	niedrig	0	mittel	0	0
DOMINANZ					
stark	hoch	groß	hoch	hoch	(schnell)
schwach	niedrig	0	mittel	steil abfallend	langsam (durch lange Pausen)

Tab. 1: Korrelationen zwischen emotionsrelevanten semantischen Basisdimensionen und ausgewählten akustischen Parametern. Aus: Kehrein 2002, 139 [korrigiert].

Wut und Freude im Vergleich präsentieren sich Kehrein zufolge so:

Emotion	F_0-level	F_0-range	F_0-variation	Intensität	Tempo
Wut	hoch	groß	hoch	hoch	(schnell)
Freude	(hoch)	(groß)	(hoch)	hoch	(schnell)

Tab. 2: Korrelationen zwischen der Wahrnehmung diskreter Emotionen und ausgewählten akustischen Parametern. Aus: Kehrein 2002, 137.

Da also keine eindeutigen Ausdrucksformen existieren, betont Kehrein, dass Emotionen anhand einer ganzheitlichen Wahrnehmung des komplexen Ausdrucksverhaltens in einer bestimmten Situation identifiziert werden. Prosodische Aspekte spielen zusammen mit der Wortwahl, mit syntaktischen Strukturen, Text- und Gesprächsstrategien, Mimik und Gestik. Damit rückt die Untersuchung der weiteren Sprachebenen in den Blick.

Lexikologie

II. Lexikologische Emotionsforschung (vgl. Kehrein 2002, 112; vgl. Scherer & Wallbott 1979, 311). Auch hier wird auf den dimensionalen Ansatz rekurriert: Er gilt für die Darstellung affektiver und konnotativer Bedeutungsaspekte im Bereich des Gefühlswortschatzes als besonders geeignet (vgl. Caffi & Janney 1994, 338). Schon in den fünfziger Jahren haben Charles Osgood, George Suci und Percy Tannenbaum die Idee aufgegriffen. Sie konnten die Hauptachsen der *evaluation, potency* und *activity* [Valenz/Wertung – Potenz/Stärke – Aktivierung] in der Beschreibung semantischer Emotionswerte bestätigen. Osgood und seine Gruppe gingen dabei von der zunächst schlichten Beobachtung aus, dass emotionale Zustände nicht statisch sind, sondern mit einer eigenen Dynamik verlaufen – dass Menschen Gefühle also nicht einfach an- und ausschalten.

1969 hat Joel R. Davitz in dem, trotz einiger Kritik, immer wieder zitierten Band „The Language of Emotion" in seiner Untersuchung der Frage: „What does a person mean when he says someone is happy or angry or sad?" ebenfalls das Dimensionsmodell erfolgreich angewendet. Umfangreiche Befragungen von Muttersprachlern zu einer Liste von 50 Emotionswörtern wurden einer Strukturanalyse emotionaler Bedeutung zugrunde gelegt. Es ergaben sich für Davitz vier Dimensionen, die er in Auswertung der seinerzeit vorliegenden Forschungsliteratur ausführlich diskutiert. In knapper Zusammenfassung werden sie hier als exemplarisch auch für die nachfolgende Forschung in diesem Bereich präsentiert:

a) *Activation*: In summary, then, activation has been mentioned by almost all writers in this sample who have been concerned with identifying dimensions of emotion. It can hardly be considered astonishing, therefore, to discover in the present research that people describe their emotional experiences in terms of three related clusters – Hypoactivation, Activation, and Hyperactivation – nor does it seem particularly creative to suggest that these clusters each represent a range of reported experience along an overall dimension of ACTIVATION. The findings are obviously consistent with previous speculations (Davitz 1969, 129).

b) *Relatedness*: In summary, among the writers sampled, Arnold, Block, Nowlis and Nowlis, Schlosberg, and perhaps also Duffy and Schachter (depending upon one's interpretation of their views), the individual's relation to the environment has been recognized as an important dimension of emotional reactions. Although the literature does not reveal as much consensus in dealing with this dimension as it does in considering ACTIVATION, the present findings represent a reasonable extension of preceding work, supplementing earlier concepts of *Moving Away* and *Moving Toward* the environment with a third aspect of relatedness – *Moving Against* the environment. In view of the clear-cut meaning of the large numer of emotional words relevant to hostility, this third aspect of relatedness seems an obvious and necessary extension of the simpler bipolar classification proposed by previous writers (Davitz 1969, 131).
Bernd Tischer hat diesen letzten Punkt in einer ebenfalls inzwischen älteren, aber nach wie vor lesenswerten Monographie in weiterentwickelter Form dargestellt: Er unterscheidet nach „weg von Dir", „hin zu Dir" einerseits und „weg von mir", „hin zu mir" andererseits. Davitz' „moving away" entspricht Tischers „weg von Dir", Davitz' „moving toward" Tischers „hin zu Dir" und Davitz' „moving against" entspricht Tischers „weg von mir" (vgl. Tischer 1993, 27).

c) *Hedonic Tone*: Thus, from a variety of points of view, HEDONIC TONE has been recognized as a principal aspect of emotion – and probably one doesn't need a great deal of reaearch to appreciate that emotions vary along a dimension of pleasantness-unpleasantness or HEDONIC TONE. [...] Like the other dimensions in this structuring of emotional meaning, a tripolar conceptualization rather than the bipolar dimensions commonly suggested in the past seems to be most appropriate in organizing the data. Both the Tension and Discomfort clusters are defined by „unpleasant" items, but they do not always occur together in the definitions of emotional states (Davitz 1969, 133).

d) *Competence*: Thus, for both Cannon and Sartre, workig from vastly different perspectives, emotion in one way or another is a means of achieving competence [...] in relation to the world. [...] From my own point of view, I would suggest that the range of feelings related to efficacy can be described in terms of the three clusters obtained in the present analysis – *Inadequacy, Enhancement,* and *Incompetence: Dissatisfaction* – and I prefer the designation of COMPETENCE to efficacy in labeling the overall dimension (Davitz 1969, 134f.).

James A. Russell hat in seinem bekannten „Circumflex model of affect" schon 1980 die Angemessenheit des Dimensionsmodells in seinen Studien mehrfach bekräftigt. Im Ausgang von acht Emotionswörtern, die er unter Zugrundelegung von zwei Dimensionen räumlich darstellt [Abb. 4], konnten beispielsweise aufgrund von Befragungen 20 weitere räumlich zugeordnet werden [Abb. 5].

Circumflex model of affect

1992 hat Karin Tritt einer Wortfeldanalyse von 1141 deutschen Emotionswörtern ebenfalls diese Konzeption zugrunde gelegt. Sie arbeitet mit den Aspekten ‚positiv' und ‚angenehm' gegenüber ‚negativ' und ‚unange-

50 | I. Emotionsforschung und *Affective Sciences*

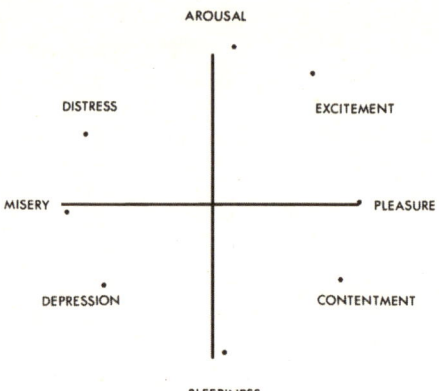

Abb. 4: Das *Circumflex model of affect* mit 8 Emotionswörtern in Kreisanordnung nach Russel. Aus: Russel 1980, 1164.

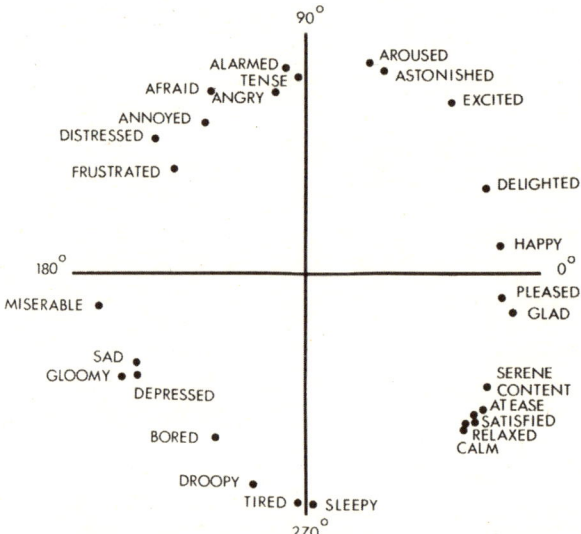

Abb. 5: Das *Circumflex model of affect* mit 28 Emotionswörtern in Skalierung nach Russel. Aus: Russel 1980, 1167.

nehm'. Die Begriffe wurden danach eingeschätzt, ob sie sich auf ein Gefühl beziehen, das beim eigenen unmittelbaren Erleben

a) positiv und angenehm ist,
b) negativ und unangenehm ist,
c) sowohl positiv als auch negativ sein kann oder nicht mit den beiden Gegensatzpaaren zu charakterisieren ist.

Grammatik   III. Grammatische Emotionsforschung

Auch allein durch spezifische syntaktische Strukturen können emotionale Bedeutungsaspekte zum Ausdruck kommen. Norbert Fries betont: „Die Bedeutung jeder sprachlichen Äußerung weist eine *emotionale*

Komponente auf. Sie [...] kann durch *bestimmte grammatische* Faktoren codiert werden." (Vgl. Fries 1995, 140).
Fries nennt folgende typische Beispiele:

I. „Wie groß Peter geworden ist!"
II. „Eine Lokalrunde für alle!"
III. „Etwas leiser!"
IV. „In den Keller damit!"
V. „Aufgestanden!"

Er akzentuiert, dass diese Sätze nicht adäquat zu erfassen sind, wenn man sie als elliptisch bezeichnet. Die Beschreibung der grammatisch determinierten emotionalen Bedeutungsaspekte gründet Fries vielmehr auf zwei Dimensionen:

- positiver/negativer Affekt ($EM_\pm$)
- Intensität des Affekts (EM_{INT})

($EM_\pm$) bezeichnet dabei einen *positiven* bzw. *negativen Affekt*, der von einem Individuum gegenüber einem Objekt oder einem Sachverhalt eingenommen wird und der konzeptuell z.B. zwischen den Polen unangenehm und angenehm schwankt.

(EM_{INT}) bezeichnet die *Intensität des betreffenden Affektes*, der von einem Individuum als Erregungszustand in Bezug auf ein Objekt oder einen Sachverhalt erlebt wird.

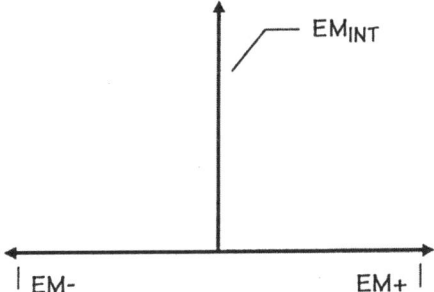

Abb. 6: Dimensionen von Emotionen: ($EM_\pm$) und (EM_{INT}). Aus: Fries 1995, 155.

Fries betont, dass man sich diese Aspekte emotionaler Bedeutung als auf Skalen dimensioniert vorzustellen habe, wobei ($EM_\pm$) eine *Plus-Minus-Skala* darstellt und (EM_{INT}) eine Skala, welche den Erregungszustand von nicht-intensiv bis intensiv betrifft.
Emotionen als Teil der Äußerungsbedeutung stellen, so Fries, ein Zweier-Tupel mit den genannten Werten dar.

I. „Wie groß Peter geworden ist!" Ausdruck einer affektiven Erregung des Sprechers, wobei er den in der Proposition denotierten Sachverhalt für seine Erregung verantwortlich macht.

II. „Eine Lokalrunde für alle!" Ausdruck eines beliebig intensiven positiven Affektes, eines Begehrens

	III. „Etwas leiser!"	Ausdruck eines beliebig intensiven negativen Affektes, eines Begehrens
	IV. „In den Keller damit!"	Ausdruck eines beliebig intensiven negativen Affektes, eines Begehrens
	V. „Aufgestanden!"	Ausdruck eines beliebig intensiven negativen Affektes, eines Begehrens oder einer Erregung

Auch Fries macht deutlich, dass es bei der Interpretation emotionaler Ausdrucksphänomene auf das Zusammenspiel der grammatischen Ebene mit weiteren Komponenten ankomme. Diese seien dann ebenfalls hinsichtlich eines *positiven* oder *negativen* Affekts sowie seiner *Intensität* zu beurteilen.

Pragmatik und Kommunikationstheorie

IV. Pragmatische und kommunikationstheoretische Emotionsforschung

Die Fundierung einer explizit pragmatischen Ausrichtung emotionaler Kommunikation ist das Anliegen der Autoren Claudia Caffi und Richard W. Janney. Sie interessieren sich für die Schnittstelle von Sprache, Mensch und Gefühl im Ausgang von folgenden Beobachtungen:

1. Wir alle können Gefühle ausdrücken, die wir haben,
2. wir können Gefühle haben, die wir nicht ausdrücken,
3. wir können Gefühle ausdrücken, die wir nicht haben,
   von denen wir aber annehmen, dass unser Gesprächspartner erwartet, dass wir sie zeigen oder haben sollten, respektive die in einer besonderen Situation als angemessen empfunden (*Emotionsregeln*) werden.

Die Autoren beziehen sich hier auf eine in der Emotionsforschung und insbesondere der Ausdrucksforschung geläufige Terminologie. Man spricht von:

- DISPLAY RULES: Ausdruckskontrolle allgemein.
- EMOTIONSREGELN: Sie kodifizieren, welches Gefühl in bestimmten Situationstypen angemessen und sozial erwartbar ist.
- KODIERUNGSREGELN: Dies sind Konventionen, die festlegen, welche Verhaltensweise als Manifestation einer Emotion gelten.
- KORRESPONDENZREGELN: Sie kodifizieren, welche Emotionsmanifestationen bei jemandem erwartbar/angemessen sind, in Korrespondenz zur Emotionalität des betreffenden Interaktionspartners.

Diese Terminologie bezieht sich darauf, dass Menschen Gefühle also mehr oder weniger willentlich ausdrücken können, um den zwischenmenschlichen Erfordernissen unterschiedlicher Kommunikationssituationen gerecht zu werden.

Emotive Kommunikation

Caffi und Janney verfolgen dabei das Anliegen, eine einheitliche Konzeption der Pragmatik ‚emotiver Kommunikation' zu entwickeln. Der hier verwendete Begriff der ‚emotiven Kommunikation' geht auf Anton Martys Schrift „Untersuchungen zur Grundlegung der allgemeinen Grammatik und Sprachphilosophie" aus dem Jahr 1908 zurück. Im Ausgang von einer knappen, aber höchst informativen Skizze der Geschichte der Erforschung von Sprache und Emotion – genannt werden bei Caffi und Janney neben der Rhetorik Aristoteles', die Sprachphilosophie Anton Martys, die linguistische Stilistik Charles Ballys sowie der Prager Funktionalismus – entwickeln sie ihre weiterführenden Überlegungen.

Mit der Verwendung des Begriffs der ‚emotiven Kommunikation' heben sie hervor, dass emotionale Informationen sehr wohl dazu dienen können, den Partner intentional und strategisch gezielt zu beeinflussen. Die ‚emotive Kommunikation' wird daher weniger als innerpsychologisches und vielmehr als ein interpersonales und soziales Phänomen betrachtet. Insofern geht es hier eher um die Appellfunktion im Sinn Karl Bühlers, respektive um dramatische Rollenperformanz und rhetorische Persuasion, die darauf abzielt, affektive Reaktionen zu bewirken, als um den Emotionsausdruck. Auf diese Weise wird die Pragmatik des sprachlichen Handelns berücksichtigt.

Nicht unerwähnt bleiben darf hier, dass die Adaption des dimensionalen Modells an die Untersuchung der auf den Hörer hin orientierten pragmatischen Aspekte des Emotionsausdrucks in gewisser Weise den Grundannahmen Wundts widerspricht. Der dimensionale Ansatz Wundts wird insofern isoliert ohne Einbindung in dessen Gesamtanlage rezipiert. Hierauf hat jüngst Alexander Kochinka aufmerksam gemacht und er schließt: „Wundt gehört gelesen." (Kochinka 2004, 212). Tatsächlich ist zu betonen, dass Wilhelm Wundt mit seinem dimensionalen Ansatz Grundlagen entwickelt hat, die – wie in diesem Abschnitt des vorliegenden Studienbuchs gezeigt wird – im Hinblick auf die weiteren Aufgaben in der Fortentwicklung linguistischer Emotionsforschung relevant bleiben.

Auf die allerdings „individualistische" Grundanlage bei Wundt hat Karl Bühler 1933 in einem seiner heute weniger bekannten Werke, der „Ausdruckstheorie", in kritischer Absicht hingewiesen. Bühler betont, dass die Grundanlage bei Wundt „solipsistisch" und „individualistisch" sei. Das Individuum Mensch werde „als ein in sich abgeschlossenes, wissenschaftlich isolierbares System betrachtet". Das zentrale Gebiet des Ausdrucks seien die Blutzirkulation und die Atmung, welche die Impulse für alle Formen des Ausdrucks darstellten. Damit schreite Wundt bei der Analyse des Ausdrucks von innen nach außen fort; das Äußere spiegelt gewissermaßen das Innere des Menschen (vgl. Bühler 1933, 131–133). Bühler ist jedoch der Ansicht: „Es entgeht ihm [Wundt], […] dass die psychische Atmosphäre sozusagen in jeder Situation sozialen Kontaktes und sozialen Geschehens […] an ein subtiles (oder manchmal auch recht grobklotziges) Spiel wechselseitigen Ansprechens und Antwortens […] der Kontaktpartner gebunden ist." (Bühler 1933, 136). Bühler ging es hingegen schon damals darum, den Menschen als ein handelndes Wesen wahrzunehmen, dessen Ausdrucksbewegungen in Mimik, Gestik und Sprache „von den Anforderungen des praktischen Verhaltens her begriffen werden müssen" (Bühler 1933, 148). Er betont (Bühler 1933, 149): „Das Schlüsselwort der Wundtschen Theorie hieß Erlebnis, das Schlüsselwort des modernen Modells heißt Handlung (Aktion)."

Entscheidend ist für Bühler, dass der Mensch sein Inneres nicht einfach nach außen spiegelt, sondern sein Verhalten im Hinblick darauf ausge-

Kurzer Exkurs: Wundt und Bühler

richtet ist, dass er sich mit dem Gegenüber verständigen und meist auch verstehen möchte. Während bei Wundt individuelle Lust oder Unlust, Erregung oder Beruhigung, Spannung oder Lösung mit den entsprechenden Ausdrucksformen im Zentrum stehen, fragt Bühler danach, welchen Einfluss der Zwang zur gegenseitigen Verständigung nicht nur auf den Ausdruck von Emotionen, sondern auch auf deren Eindruck hat, d. h. auf die Wahrnehmung und Deutung seitens des Rezipienten. Er verwirft damit die Grundlage für das Denken Wundts, nämlich die Annahme des ‚psycho-physischen Parallelismus'. Stattdessen geht Bühler von einem kybernetischen Begriff der wechselseitigen Steuerung aus und erneuert diesen Begriff selbst dann auch noch in seinem letzten Buch „Das Gestaltprinzip im Leben der Menschen und der Tiere" aus dem Jahr 1960.

Bühler bringt insofern einen Aspekt ein, der ergänzende Perspektiven im Feld der linguistischen Emotionsforschung eröffnet. Dazu gehören soziologische Dimensionen, kulturelle Aspekte und interkulturelle Fragen.

Wenngleich die Fruchtbarkeit des Modells unschwer zu erkennen ist, wäre eine profunde Auseinandersetzung mit komplexen Ansätzen wie denen von Wundt und Bühler äußerst vielversprechend im Hinblick auf die weiteren Perspektiven linguistischer Emotionsforschung. Hiermit liegen zwei Konzeptionen vor, die jeweils weit reichende Konsequenzen hinsichtlich der kommunikationstheoretischen Grundannahmen nach sich ziehen. Dies soll hier in wenigen Strichen und in bewusster Zuspitzung der Positionen skizziert werden.

Wundts Ansatz ist stellvertretend für ein Konzept zu betrachten, in dem das Individuum mit seinem emotionalen Erleben und dem Emotionsausdruck akzentuiert wird, und Bühlers Ansatz als eines, in dem die Gegenseitigkeit der Steuerung bei gleichzeitiger Infragestellung der Einheit von Innen und Außen hervorgehoben wird. Am Beispiel der ontogenetischen Emotionsentwicklung zeigt sich, dass beide Konzepte relevant sind: Das schreiende Kind bringt seine Missempfindungen ungebrochen zum Ausdruck und delegiert auf diese Weise die Handlungsregulation an die Bezugsperson. Der erwachsene Mensch ist hingegen zur Emotions- und Verhaltensregulation und sogar zur strategischen Täuschung des Gegenübers in der Lage, um seine Ziele zu erreichen. Seltener als beim Kleinkind, aber gelegentlich doch, kommt es allerdings auch beim Erwachsenen vor, dass er seinen Gefühlen unmittelbaren Ausdruck verleihen kann oder muss (vgl. hierzu Holodynski 2006).

Die Klärung der Bedeutung ‚emotiver Kommunikation' erfolgt im Folgenden wiederum unter Bezugnahme auf den dimensionalen Ansatz Wundts.

Psychologische und linguistische Kategorien

Caffi und Janney zeigen in einer Übersicht Varianten der jeweils als grundlegend angesetzten Dimensionen (vgl. Caffi/Janney 1994, 339). Dabei bestätigen auch diese beiden Autoren die prinzipielle Bedeutung des dimensionalen Konzepts und illustrieren die Beziehungen zwischen den psychologischen und linguistischen Kategorien.

Was ihrer Ansicht nach erforderlich ist, sind weitere linguistische Spezifikationen. Dabei haben sie drei Punkte im Blick:

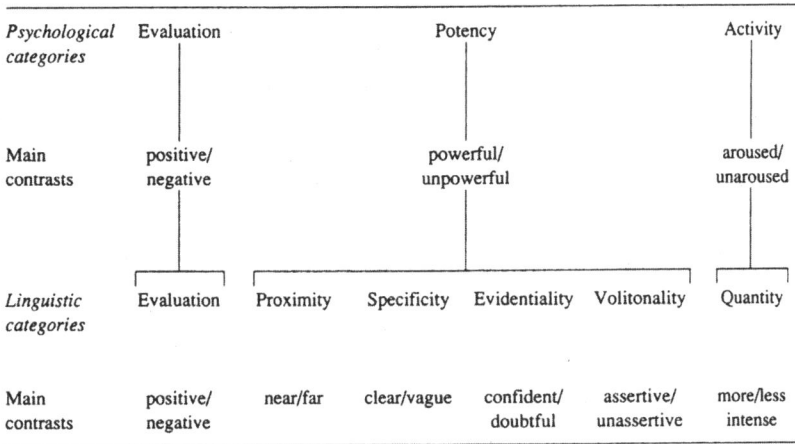

Abb. 7: Emotive Kategorien und Kontraste. Aus: Caffi/Janney 1994, 359.

- Zunächst halten sie eine Klärung für erforderlich, wie emotiv signifikante Kontraste als solche im textuellen Zusammenhang zu erkennen sind.
- Zweitens müssten emotive Kategorien wie positiv/negativ, mehr/weniger etc. mit konkreten linguistischen Wahlmöglichkeiten und sprachlichen Formen in Verbindung gebracht werden.
- Drittens müsste der Zusammenhang zwischen spezifischen sprachlich-emotiven Ausdrucksformen und den betreffenden Zwecken und Zielen untersucht werden.

Caffi und Janney machen darauf aufmerksam, dass im Bereich der Pragmatik eine ganze Reihe konkurrierender Kategorien existieren, welche sich auf das grundlegende Paradigma der von Wundt eingeführten drei Basisdimensionen beziehen (vgl. Caffi/Janney 1994, 339). Während etwa hinsichtlich der Bezugnahme auf die Dimensionen der Valenz (positiv/negativ) und der Aktivierung (Erregung/Beruhigung) relativ große Übereinstimmung bestehe, gebe es jedoch im Hinblick auf die der Spannung/Lösung (die vielfach als ‚Kraft' gefasst wird) eine Reihe von Varianten (vgl. Caffi/Janney, 344). Ausführlich diskutieren sie auch Fragen konkreter sprachlich-stilistischer Entscheidungen. Graduelle Abstufungen positiver Bewertungen können sich z. B. in der Wahl morphologischer Indikatoren spiegeln: „This one's good" – „This one's better" – „This one's best" (vgl. Caffi/Janney 1994, 355). Es kann also festgehalten werden, dass das Dimensionsmodell auch hier breite Akzeptanz findet [Tab. 3].

V. Aktuelle sprachwissenschaftlich relevante Perspektiven des dimensionalen Modells

Aktuelle Perspektiven

Zunächst ist hier die Frage partikulärer und integrativer Ansätze insofern zu berücksichtigen, als jede der Dimensionen Wundts Anschlussmöglichkeiten bietet, die bislang Gegenstand gesonderter Untersuchungsfelder sind. Und zwar:

Token feature	Emotive category	'Less' ←--------------------------------→ 'More'		
Morphological choices	Evaluation (positive)	[context: buying a watermelon] This one's good	This one's better	This one's best
Lexical substitutions	Evaluation (negative)	[context: describing a politician] He's conservative	He's reactionary	He's fascistic
Terms of address	Proximity (social)	[context: introducing someone] I'd like you to meet Dr. Jones	I'd like you to meet Robert Jones	I'd like you to meet Bob
Choices of determiners	Proximity (spatial)	[context: commenting on a proposal] The idea is interesting	That idea is interesting	This idea is interesting
Choices of verb tense/aspect	Proximity (temporal)	[context: asking someone who has just visited an ill acquaintance about the condition of the acquaintance] How did she feel?	How does she feel?	How is she feeling?
Choices of pronouns	Specificity	[context: asking for help in a group] Can anyone help me?	Can someone help me?	Can you help me? [said to a specific person]
Choices of modal verbs	Modality (confidence)	[context: responding to a request for an opinion] I hope it will turn out well	I think it will turn out well	I know it will turn out well
Choices of agent/ object status	Volitionality (self-assertiveness)	[context: suggesting it's time to leave] Do you think it's time to leave?	Should we leave now?	I want to leave now
Sound duration	Quantity	[context: commenting on a new dress] It's nice	It's ni:ce	It's ni::ce
Prosodic stress	Quantity	[context: calling the dog] come	come	COME!
Lexical repetition	Quantity	[context: replying to a repeated request] OK, I'll do it	OK OK, I'll do it	OK OK OK, I'll do it!

Tab. 3: Sprachlich-stilistische Wahlen. Aus: Caffi/Janney 1994, 355.

Bewertung

1. Wundt bringt mit der Dimension von Lust und Unlust einen Aspekt der positiven oder negativen Bewertung ein, der in den gegenwärtig prädominanten kognitiven Emotionstheorien hochbedeutsam ist: Hier wird die Auffassung vertreten, dass Emotionen durch kognitive Wertungen ausgelöst werden. Die Beschreibung der entsprechenden Bewertungskriterien und -prozeduren stellt dabei eine Herausforderung dar, die in der gegenwärtigen Emotionstheoriebildung, u. a. in der Künstlichen Intelligenz-Forschung, diskutiert wird (vgl. Kapitel I.2.3 ‚Neuro- und kognitionswissenschaftliche Ansätze, Emotionale Intelligenz' und VI. ‚Emotion, Computertechnik und Robotik'). Dieses Kon-

zept ist auch in der aktuellen linguistischen Emotionsforschung aus guten Gründen zentral (vgl. z. B. Fiehler 1990 und Jahr 2000).
Beispielsweise kann eine negative Situationsbewertung, z. B. die Verletzung berechtigter Erwartungen und die Schädigung der eigenen Person, zur Elizitation der Emotion Ärger führen (vgl. Gessner 2004, 128 ff.). Dies kann wiederum zu spezifischen Sprechakten (illokutionäre Akte) disponieren, wie z. B. schimpfen, sich beschweren oder klagen.

2. Das Feld der Physis ist – bei Wundt in der Dimension von Erregung und Beruhigung repräsentiert – ein Aspekt, der gegenwärtig in den Neurowissenschaften und der Hirnforschung auch hinsichtlich der Zusammenhänge von Sprache und Emotion erforscht wird (vgl. Kapitel I.2.3 in diesem Band). *Physis*

3. Wundts Ansatz wird der Tatsache gerecht, dass Emotionen nicht statisch sind, sondern dynamisch. Freude, Ärger, Wut etc. schwellen an und ab. Damit öffnet Wundt den Blick für den Verlauf von Dialogen und den Spannungsboden schriftlicher Texte. Diesen Aspekt hat Reinhard Fiehler 1990 in seiner bis heute grundlegenden Studie hervorgehoben (vgl. Fiehler 1990, 45, 57). Auch in Bereichen wie z. B. der Entwicklung von Androiden mit der Fähigkeit des Emotionsausdrucks wird dieser Gesichtspunkt betont. Die natürliche und intuitive Kommunikation mit Computern wird hier als Ziel erachtet. *Dynamik*

In ausdrücklichem Anschluss an Wundts Dimensionsgedanken hat die „Künstliche Intelligenz Gruppe der Universität Bielefeld" auf dieser Basis einen virtuellen Androiden entwickelt. Auch im Zusammenhang des *Affective Computing* finden dimensionale Überlegungen Beachtung (vgl. Gökçay 2011, 56–74; vgl. auch das betreffende Kapitel im vorliegenden Studienbuch unten).

Die Vertreter der „Künstlichen Intelligenz Gruppe der Universität Bielefeld" gehen von folgender Grundannahme aus (Becker, Kopp & Wachsmuth 2004, 154 f.; vgl. VI.3. ,*Affective dialogue systems*' im vorliegenden Band): „Based on original ideas of Wundt [...] the communication of affect can be seen as having three major dimensions of connotative meaning: pleasure, arousal, and dominance [d. h. Lust, Erregung, Dominanz. GLS]."

Das beobachtbare Verhalten des Androiden MAX – d. h. seine simulierte Atmungsintensität, seine Augenschlagfrequenz und die Tonhöhe seines Sprachausdrucks – wird in Abhängigkeit von diesen drei Dimensionen konzipiert.

Insbesondere im Hinblick auf die Emotionsdynamik und das Abklingen von Emotionen wird der dimensionale Ansatz als vielversprechend erachtet.

Konkret sieht das so aus, dass der Android MAX, wenn er gekränkt wird, zunächst sprachlich äußert, dass er nun ärgerlich werde, und in einem zweiten Schritt, bei wachsender Intensität seines Ärgers, sich beleidigt vom Display zurückzieht. Die Dauer seiner Abwesenheit – seines Schmollens – hängt dann davon ab, ob er weiterhin beleidigt oder durch Schmeicheleien besänftigt wird. Dies soll ihn zu einem möglichst glaubwürdigen Gesprächspartner machen [Abb. 8 & 9].

Abb. 8 & 9: MAX ist verärgert und zieht sich vom Display zurück. Aus: Becker/Kopp/Wachsmuth 2004, 163.

Zusammenfassend kann dies festgehalten werden: Mit der Berücksichtigung der drei Kategorien

a) der *Bewertung*,
b) des *Physischen* und
c) der *zeitlichen Dynamik*

stützt Wundt seinen Emotionsbegriff breit ab. Dies ist bemerkenswert, wenn man bedenkt, dass es bis heute eine Reihe konkurrierender Ansätze gibt, in denen eine einzige Facette, wie z. B. die der kognitiven Bewertung, im Zentrum steht.

Desiderat eines integrativen Modells

Die von Klaus Scherer formulierte Forderung nach einem integrativen Modell, das den tatsächlichen Gegebenheiten vermutlich am nächsten käme, stellt gegenwärtig noch immer ein Desiderat dar. In dem Dimensionsentwurf Wundts ist es jedoch der Idee nach schon angelegt.

Für die linguistische Emotionsforschung ist ein Modell, das verschiedene Komponenten wie kognitive und physiologische Aspekte, motorische und sprachliche Ausdrucksprozesse, möglichst auch soziale und kulturelle Aspekte einbezieht, von besonderem Interesse. Denn hier müssen ja sowohl kognitiv gefilterte Reaktionen als auch die unmittelbar-spontanen, sowohl solche des individuellen als auch des sozialen Emotionsausdrucks, adäquat erfasst werden. Prosodische Merkmale z. B. weisen natürlich eine besondere Nähe zur Physiologie und damit zum Teil zu nicht willentlich steuerbaren Reaktionen auf – auch hier kann etwa vor dem Hintergrund einer Stimmschulung jedoch gezielt moduliert werden.

Linguistische Emotionstheorie und dimensionale Ansätze

Funktion und Leistung linguistischer Emotionstheorie sind so gesehen im Kern bei Wundt angelegt. Denn es kann aus der großen Präsenz des Dimensionsmodells (und seiner Varianten) in der linguistischen Emotionsforschung geschlossen werden, dass graduelle Abstufungen offenkundig auf allen angesprochenen Ebenen greifen.

Die relativ geringe Anzahl an Dimensionen, die sich dabei herauskristallisiert hat, lässt jedoch erkennen, dass es sich kaum um eine erschöpfende

Beschreibung der betreffenden Phänomene handeln kann. Angestrebt wird in den Darstellungen des prosodischen, lexikalischen, syntaktischen und pragmatisch-kommunikativen Emotionsausdrucks vielmehr eine Ordnung der Vielfalt an Ausdrucksformen. Dabei wird eine Reduktion auf das jeweils Typische der Phänomene vorgenommen. Dieses Vorgehen hat schon Wundt selbst gerechtfertigt. Denn im „Grundriss der Psychologie" betont Wundt, dass die Bezeichnungen der Gefühle so allgemein seien, dass jede eine größere Anzahl von Gefühlen umfasse. Er spricht von der Armut der Sprache an spezifischen Gefühlsbezeichnungen im Vergleich mit dem Gefühlsreichtum des Menschen (vgl. Wundt 1901[1896], 99 f.). Die sprachlichen Ausdrucksmöglichkeiten – und dem ist wohl zuzustimmen – seien im Bereich des Lexikons gegenüber dem Gefühlsreichtum des Menschen prinzipiell defizitär; dies trifft im Übrigen ähnlich z. B. auf den Bereich der physiologischen Geschmackswahrnehmungen und organoleptische Eigenschaften zu.

Vergleichbar macht Roland Kehrein, wie oben gezeigt, für die Prosodie deutlich, dass keine eindeutigen Ausdrucksweisen existieren. Vielmehr ist im allgemeinen von einer Uneindeutigkeit des Ausdrucks auszugehen. Diese typisierende Funktion des Sprachausdrucks ist es, die in dem Dimensionsmodell erfasst wird. Und wenngleich das Zusammenspiel der sprachlichen Ebenen von der Prosodie bis hin zur Textgestaltung und den Gesprächsstrategien vielfältige Ausdrucksmöglichkeiten ergibt, so sind diese aufgrund der graduellen Abstufungsmöglichkeiten selten eindeutig. Sogar in sich widersprüchliche Ausdrucksphänomene sind ohne Weiteres anzutreffen: Prosodie und Inhalt z. B. können einander durchaus widersprechen.

Im Hinblick auf den Emotionsausdruck ist der Tendenz nach somit von einem semantischen Überschuss respektive einem Feld semantischer Vagheit oder auch – dies ist ein verwandter Terminus – des ‚impliziten Wissens' (vgl. Pinkal 1980/81) auszugehen. Damit besteht die potentielle Gefahr des Missverstehens und des Scheiterns von Kommunikation:

- Der Sprecher muss sich um einen möglichst adäquaten Ausdruck bemühen, ohne von einer Erfolgsgarantie ausgehen zu können.
- Der Hörer muss sich um die Deutung der Äußerung im Hinblick auf ihren emotiven Aussagewert bemühen. Dabei kann es auch zu Fehldeutungen kommen.
- Auch die Wirkung von Emotionsäußerungen auf den Rezipienten bekommt einen Aspekt der Unwägbarkeit.

Zugleich stellt der große Gefühlsreichtum des Menschen einen wesentlichen Impuls dar für sprachliche Veränderungen und die Suche nach immer wieder neuen Ausdrucksmöglichkeiten. Beide Aspekte – sowohl die vielfältige Differenzierung sprachlichen Emotionsausdrucks als auch die diachrone Perspektive seiner Veränderlichkeit – werden in dem Konzept des „impliziten" oder auch „nicht-expliziten Wissens" erfasst. In einer umfassenden Studie im Auftrag des Bundesministeriums für Bildung und Forschung BMBF wurde seine Bedeutung für eine Reihe von Disziplinen, u. a. der Computerlinguistik und der IT-Forschung, ausgelotet und bestätigt (vgl. Radermacher et al. 2001).

In der linguistischen Emotionsforschung ist, wie in diesem Abschnitt gezeigt werden konnte, eine erhebliche Kontinuität gegeben. Die von Wundt formulierten Grundlagen der Emotionsforschung weisen damit für die Emotionslinguistik durchaus aktuelle Anschlussperspektiven auf.

2.6 Kultur- und Literaturwissenschaftliche Ansätze

Emotional Turn

Das Spektrum möglicher Fragestellungen und methodischer Vorgehensweisen an den Schnittstellen von Emotionsforschung und Kulturwissenschaften ist groß und befindet sich in dynamischer Entwicklung, so dass es nicht abschließend umrissen werden kann. Außer Frage steht, dass die literatur- und kulturwissenschaftliche Emotionsforschung in jüngerer Zeit erheblichen Aufschwung genommen hat. Gesprochen wird u.a. von einem möglichen ‚Emotional Turn' (vgl. Anz 2006) und an der FU Berlin wurde von 2007 bis 2014 das interdisziplinär angelegte Forschungsfeld „Languages of Emotion" mit Mitteln der Exzellenzinitiative gefördert.

Exemplarische Themenfelder

Zu den generellen Feldern gehören grundlegende Reflexionen wie die Auseinandersetzung mit seitens kulturwissenschaftlicher Positionen der Gegenwart weitgehend unstrittigen Grundannahmen, etwa der des Konstruktivismus (vgl. Reddy 2008). Andere Wege eröffnet z.B. die Untersuchung der Zusammenhänge von Fühlen und Denken bei Prozessen des Erinnerns und Vergessens, die ihrerseits zu den kulturwissenschaftlichen Standardthemen der letzten Jahrzehnte zählen. Es wird etwa über eine Ethnogeschichtsschreibung der Emotionen nachgedacht, wie insgesamt der Komplex von Ethnologie und Kulturwissenschaft mit zahlreichen Problemstellungen im Bereich emotionsbezogener Forschung zu verbinden ist (vgl. Harkin 2008). Ferner sind praktisch alle kulturwissenschaftlichen Themen mit emotionsbezogenen Fragen zu korrelieren. So lässt sich etwa das Konzept des *Spatial Turn* oder der *Urban Studies* auf die Emotionsforschung beziehen, z.B. wenn es um die emotionale Aufladung der Verbundenheit mit dem eigenen Wohnviertel oder ganzen Städten geht; Letzteres z.B. mit Blick auf ökonomische und touristische Interessen. Anregend für die Entwicklung relevanter Themenkomplexe ist in diesem Bereich der 2008 von Monica Greco und Paul Stenner herausgegebene Band (vgl. Greco & Stenner 2008; für einen kurzen Abriss einiger Aspekte vgl. z.B. Hammer-Tugendhat & Lutter 2010, 7–14 und Benthien et al. 2000, 7–20; vgl. hierzu insbesondere auch ‚Emotion, Multilingualität und interkulturelle Kommunikation', ‚Emotion in Literatur, Bildender Kunst und Musik' und ‚Emotion und Medien' in diesem Band).

Paradoxie der Forschungslage

Zunächst ist jedoch auf eine paradox anmutende Situation der aktuellen Forschungslage im Bereich von Emotionen hinzuweisen: Eine herausragende Rolle nehmen gerade diejenigen Disziplinen ein, die im 20. Jahrhundert naturwissenschaftlich-exakte und empirische Methoden verfolgen, allen voran die Kognitions- und Neurowissenschaften und die Psychologie, wenngleich sich auch diese erst seit einigen Jahrzehnten zunehmend dem Emotionsthema widmet (was aus der fachfremden Außenperspektive ebenfalls erstaunen mag). Disziplinen, die zumindest seit geraumer Zeit und in bestimmtem Zuschnitt vielfach den Kulturwissenschaften zugerechnet werden, wie Ethologie, Literaturwissenschaft, Anthropologie, Geschichtswissenschaft etc., und von denen zu vermuten wäre, dass sie zu Fragen, die das Emotionale betreffen, einen unmittelbaren Zugang hätten, bilden eher die Nachhut im Bereich der Untersuchung von Emotionen und der mit ihnen verbundenen Prozesse.

Wenn nun die Emotionsforschung nicht in disparate Einzelansätze zersplittern, sondern bei aller Unterschiedlichkeit möglicher Fragestellungen und aller Breite der denkbaren methodischen Vorgehensweisen transdisziplinären Problemstellungen zugänglich sein bzw. werden soll, dann stellt sich die Frage nach möglichen Schnittstellen in dem großen Bereich relevanter Disziplinen und Theorien. Nur wenn in diesem Punkt Klarheit besteht, können kultur-, geistes- und sozialwissenschaftliche Zugänge der Emotionsforschung einerseits und solche der Natur-, Informations- und exakten Wissenschaften andererseits wechselseitig fruchtbar gemacht werden, was der Relevanz wissenschaftlicher Untersuchung von Emotionen insgesamt, u. a. im Hinblick auf ihre konkreten gesellschaftlichen Anwendungsdimensionen, nur zugute kommen kann.

Zur Forschungsagenda

Ein wichtiges Feld gegenwärtiger und zukünftiger Forschung umkreist deswegen die Frage, welche der Emotionstheorien, von denen in diesem Band in einem ausgewählten Überblick einige der historisch wirkmächtigsten und aktuell bedeutendsten vorgestellt werden, interessante und fruchtbare Anknüpfungspunkte für kultur- und literaturwissenschaftliche Zugänge zur Emotionsforschung bieten. Kognitiven Emotionstheorien kommt hohe Priorität zu, u. a. da diese Theorien gegenwärtig eine besonders dynamische Entwicklung aufweisen. Hinzu kommt, dass sie der Gegebenheit Rechnung tragen, dass Sprache dem Menschen die Möglichkeit eröffnet, Emotionen sowohl spontan-unwillkürlich als auch kontrolliert-willkürlich selbst zu äußern und bei anderen wahrzunehmen bzw. zu deuten. Die Relevanz kognitiver Emotionstheorien für die Kultur- und Literaturwissenschaften wird deswegen im Folgenden exemplarisch durchgespielt (vgl. zum Folgenden Schiewer 2009).

Kognitive Emotionstheorien – Kultur- und Literaturwissenschaften

Eine Diskussion der Frage, ob auch in Kultur- und Literaturwissenschaft auf kognitive Emotionstheorien rekurriert werden kann, wurde bislang nicht konsequent aufgenommen. So weist Jens Eder in einem allgemeinen Plädoyer für die Berücksichtigung der Kognitionswissenschaften in der Narratologie *en passant* darauf hin, dass auch die Frage der Emotionen in diesem Zusammenhang Aufmerksamkeit finden könne, ja er vermutet, dass die Emotionsthematik im kognitiven Umfeld genauer zu erklären sei als je zuvor (vgl. Eder 2003, 284). Reuven Tsur geht von dem für kognitive Emotionstheorien grundlegenden weiten Kognitionskonzept aus und akzentuiert in seinem Begriff der *Cognitive poetics* die Frage, wie in literarischen Texten Sprache als einem seiner Auffassung nach prinzipiell logischen Instrument (*Logical tool*) die Fähigkeit verliehen werden könne, „diffuse emotional qualities" auszudrücken, zu übermitteln und zu evozieren. Hierbei bezieht sich Tsur u. a. auf die Grundannahmen kognitiver Emotionstheorien (vgl. Tsur 2006, 1 f.).

Anders hat die Literaturwissenschaftlerin Simone Winko dahingehend argumentiert, dass ein enger Kognitionsbegriff zu favorisieren sei, demzufolge Kognition und Emotion als zwei eigenständige Bereiche der menschlichen Psyche und des menschlichen Verhaltens aufzufassen seien (vgl.

Winko 2003). Der Kognitionsbegriff wird hier auf Denkoperationen bezogen; Emotionen werden demgegenüber als evolutionsbiologisch frühere Verhaltensweisen betrachtet, denen das Primat zuzusprechen sei. Damit klammert Winko letztlich kognitiv orientierte Emotionstheorien aus dem Horizont der Literaturwissenschaft aus. Dabei ist ihr Anliegen, Emotionen unter sowohl (neuro-)physiologischen als auch mentalen Aspekten betrachten zu wollen, berechtigt. Der Schluss, dass eine Konzeption zweckmäßig sei, der zufolge Emotionen als emergente Eigenschaften des physischen Systems aufgefasst werden, legt jedoch eine Favorisierung von Theorien nahe, welche Emotionen auf viszeraler Grundlage erklären. Die Akzentuierung der physischen Basis bringt aber eine Folgeproblematik mit sich, die schon in der Theorie von Ortony, Clore und Collins und – noch forcierter – in aktuellen Entwicklungen der kognitiven Emotionstheoriebildung herausgearbeitet wird.

So hat Wolfgang Gessner einen von ihm als konsequent bezeichneten kognitiven Ansatz der Emotionsanalyse vorgestellt (vgl. Gessner 2004). Hier wird davon ausgegangen, dass die Entstehung kognitiv gesteuerter Emotionen radikal subjektabhängig sei. Damit rückt der Akteur als Individuum mit seiner persönlichen Wahl der jeweiligen Perspektive, mit seiner subjektiven Situationseinschätzung und selbstverständlich auch seinen Irrtümern und Fehleinschätzungen sowohl der Situation als auch seiner eigenen *Coping*-Kapazitäten ins Zentrum. Grundlegend ist für diesen Ansatz folgende Abgrenzung: Kognitive Emotionen werden unterschieden von nichtkognitiven Gefühlen, welche direkt, d. h. nicht durch die Bewertung von Kognitionen, sondern durch angeborene Auslösemechanismen (wie z. B. beim Ekel) sowie von physiologischen Zuständen, erzeugt werden, deren subjektives Erleben emotional gefärbt sein kann (wie z. B. beim so genannten Nachdurst).

Es ist ihre Unausweichlichkeit, welche beide – sowohl nichtkognitive Gefühlswahrnehmungen wie Ekel als auch mit emotionalen Aspekten verbundene physiologische Zustände – als Kandidaten für kognitive Emotionen nicht in Frage kommen lässt. Denn erst die Ausgrenzung dieses Unausweichlichen erlaubt es überhaupt, individuelle, variable und relative Formen emotionsgesteuerten Handelns zu erklären. Es geht mit anderen Worten bei kognitiven Emotionstheorien insbesondere um die analytische Beschreibung von individuell und subjektiv bedingten unterschiedlichen emotionalen Reaktionen auf dasselbe Ereignis. Für die Ausbildung solcher Reaktionsvariablen spielt unter anderem die ontogenetische Emotionsentwicklung eine wichtige Rolle (vgl. Holodynski 2006).

Damit rückt die Frage ins Zentrum, wie die Subjektivität emotionaler Reaktionen theoretisch zu fassen ist. Dies ist eine Frage, die für die Theoriebildung im Bereich von Emotionen von großem Gewicht ist und für die Lösungsvorschläge insbesondere in disziplinären Umfeldern entwickelt werden können, die wie die Kultur- und Literaturwissenschaften der Berücksichtigung menschlicher Subjektivität und Individualität Raum geben.

Zur grundsätzlichen Erklärung variabler Deutungen gleicher Situationen, Gegebenheiten oder Ereignisse kann auf eine Anregung von Alexander Kochinka verwiesen werden. Auf gestalttheoretische Grundlegungen Bezug nehmend schlägt Kochinka vor, die Entstehung von Emotionen analog zur

Gestaltbildung zu begreifen. Die emotionale Gestaltbildung ist seiner Auffassung nach mit Erzählungen verbunden: Emotionen können die Folge längerer Abwägungen bzw. eben der Ausbildung einer Geschichte sein. Die Bedeutung eines einzelnen Geschehnisses ergibt sich erst durch seine Einbettung in ein übergeordnetes Ganzes und kann sich in Abhängigkeit von diesem auch ändern. Beispielsweise kann ein großzügiges Geschenk als Ausdruck besonderer Zuneigung aufgefasst werden oder aber auch als Zeichen eines schlechten Gewissens auf der Seite des Gebenden. In Abhängigkeit von der jeweiligen Einschätzung seitens des Beschenkten ist die Auslösung ganz unterschiedlicher emotionaler Reaktionen und sogar nachträglicher Umdeutungen der Motivlage seitens des Schenkenden denkbar. Die Entstehung komplexer Emotionen kann so analog zur Herstellung einer Erzählung erklärt werden (Kochinka 2004, 273 ff.). Ähnlich spricht Christiane Voss von der narrativen Einheit von Emotionen (vgl. Voss 2004, 184–188).

Der Genfer Emotionsforscher und -psychologe Klaus R. Scherer war unter den ersten, die eine Spezifikation des individuellen kognitiven Bewertungsprozesses (*Stimulus Evaluation Checks* bzw. *Component Process Model of Emotion*) anstrebten, welcher unter Umständen zur Emotionseliziation führen kann. Dabei wird auch berücksichtigt, dass die Faktoren und damit der gesamte *Stimulus Evaluation Check* im Rahmen des *Component Process Model of Emotion* immer durch individuelle Unterschiede, transitorische Motivationszustände und Stimmungen, kulturelle Werte, Gruppendruck usw. beeinflusst werden können (vgl. Voss 2004, 184–188 und die konzise Darstellung des Modells in Kapitel I.2.3 im vorliegenden Studienbuch).

Gessner geht in der Modellierung von Subjektivität in gewisser Weise noch weiter: Er nimmt die Existenz einer so genannten ‚Sprache des Geistes' an, die in der Lage sein soll, das komplexe kognitive Inventar der Emotionsanalyse und damit die Subjektivität des Einschätzungsprozesses zu repräsentieren. Abgebildet wird sie in einer ‚kontrollierten Terminologie'; diese umfasst (vgl. Gessner 2004, 88–123 und Gessner, Schiewer & Ringenbach 2009):

1. Logische Operatoren
2. Modale Operatoren
3. Folgerungsoperatoren
4. Propositionale Einstellungen
5. Repräsentationale Kategorien
6. Performative Kategorien
7. Personenindikatoren
8. Temporalindikatoren

Auf dieser Grundlage sollen einfache propositionale Einstellungen und mentale Zustände wie Wünsche, Intentionen und Annahmen analytisch zu erfassen sein, aber auch komplexe mentale Gegebenheiten, wie z.B. Annahmen über konkrete Situationsveränderungen in der realen Welt. Auf intersubjektiver Ebene seien auf diese Weise Annahmen über die mentalen Zustände einer anderen Person, wie veränderliche Auffassungen über die Absichten eines Gegenübers, angemessen zu beschreiben (vgl. Gessner, Schiewer & Ringenbach 2009).

Ob die von Wolfgang Gessner genannten Kategorien notwendig und hinreichend sind, müsste sich erst noch erweisen; aus kultur- und literaturwissenschaftlicher Sicht kann dieser Vorstoß in das Gebiet mentalistischer Verhaltenserklärung interessant sein, und zwar v. a. im Hinblick auf eine narratologische Analyse:

1. der emotionalen Aspekte von Leserreaktionen,
2. literarischer Figuren und ihrer Charakterisierung sowie
3. des Komplexes von Emotion, Verhalten, Kommunikation und Interaktion auf Figurenebene.

Kognitive Emotionstheorien und Narratologie

Es kann festgehalten werden, dass kognitive Emotionstheorien, die dem Anspruch auf Erklärungsadäquatheit bezüglich der Individualität emotionaler Reaktionen genügen, wichtige Schnittstellen zu den Kultur- und Literaturwissenschaften erkennen lassen. Konkrete Perspektiven und Anschlussstellen bietet insbesondere die Narratologie.

Im Rahmen der kognitiven Narratologie ist dabei eine gewisse Konzentration auf Prozesse der Textrezeption zu beobachten. Hierzu gehört die Frage nach der Ausbildung von mentalen Modellen literarischer Figuren seitens des Lesers. Ein zweites wichtiges Feld besteht in der Untersuchung der literarischen Figuren der erzählten Welt mit ihren dargestellten Handlungen. Weiterhin findet die Perspektivenstruktur narrativer Texte mit dem gesamten Wirklichkeitsmodell einer literarischen Figur und gegebenenfalls des Erzählers Berücksichtigung (vgl. schon Ryan 1991 und Zerweck 2002). Diese Schwerpunktfelder der kognitiven Narratologie verlangen ohne Frage eine Bereicherung um die Dimension des Emotionalen.

Das bedeutet im ersten Fall die Einbeziehung der leserseitigen emotionalen Prozesse, die im Zuge der Textrezeption ablaufen und hierbei bestimmend sein können. Ein in diesem Zusammenhang durchaus maßgeblicher Rekurs auf die in der Künstlichen Intelligenz-Forschung entwickelte *frame*-Theorie wäre um eine detaillierte Analyse derjenigen Prozesse, welche bei dem Leser zur Elizitation emotionaler Reaktionen führen, zu ergänzen (vgl. Fludernik 2003, Alfes 1995 sowie Hielscher 1996 und die Anregungen in Eder 2005, 117 ff.).

Anzusetzen ist bei den kognitiven Konstruktionen des Lesers, die er im Rezeptionsprozess vornimmt. In diese Konstruktionen fließen individuelle Vorannahmen, implizite Persönlichkeitsmodelle, momentane Präferenzen und sonstige kognitive Strukturen des Lesers ein. Wenn es gelingt, die relevanten Kriterien zu sondieren, welche diesem Einschätzungs- oder *Appraisal*-Prozess des Lesers zugrunde liegen, können emotionale Reaktionen auf einen Text mit den dargestellten Figuren, Handlungen, Situationsbeschreibungen etc. genauer erklärt werden. Kategorien, wie die von Klaus R. Scherer genannten der Relevanzeinschätzung, des eigenen *Coping*-Potentials, möglicherweise auch des Selbstverständnisses des Lesers, liegen hier nahe und berühren sich eng mit dem, was man als Leserinteresse und -motivation bezeichnen kann. Gessners Anspruch, ein Darstellungsmittel für beliebige mentale Zustände vorzustellen, zielt ab auf die Entwicklung eines verfeinerten Analyseinstrumentariums, welches entsprechende intrasubjektive mentale Zustände erfassen können soll (vgl. Gessner 2004, 106 ff.).

Das zweite Feld der Schwerpunktsetzungen kognitiver Narratologie bezieht sich auf die Textebene mit dem Plot. Hier spielen Fragen des Handlungsverlaufs einschließlich der fiktiven Handlungsentscheidungen der Figuren eine zentrale Rolle. Besondere Bedeutung kommt den unter Umständen konfligierenden Plänen der dargestellten Figuren zu sowie ihren Bemühungen, die Umgebung ihren Annahmen, Wünschen und Absichten entsprechend zu beeinflussen. In der Beschreibung der Figuren mit ihren Gestalt- und Persönlichkeitseigenschaften, ihren Charaktermerkmalen sowie ihrer Entwicklung im Verlauf der erzählten Geschichte wurde bisher vor allem auf kognitive *Frames* zurückgegriffen (vgl. Eder 2003). Es sind aber auch andere analytische Instrumente denkbar, die nicht wie *Frames* und *Scripts* generell von Üblichkeiten ausgehen.

Es zeichnet sich nämlich ab, dass ein theoretisch vertieftes Verständnis emotionaler Prozesse insofern zur Klärung der Nachvollziehbarkeit der dargestellten Akteure in erheblicher Weise beitragen kann, als es erlaubt, die subjektive Disposition fiktiver Figuren im Detail aufzuschlüsseln. Denn emotionale Figurenreaktionen lassen nicht nur auf allgemeine Charakterzüge der Figur schließen, sondern sie verweisen auch auf so genannte ‚topische' (generelle) und ‚fokale' (situativ-momentane) Einstellungen des literarischen Protagonisten sowie seine unterschwellig dargestellten Zielvorstellungen. Auch hier ist die Berücksichtigung von Klaus R. Scherer und Wolfgang Gessner beschriebener Kategorien und Alexander Kochinkas Hinweis auf die Rolle von Erzählungen für die Entstehung von Emotionen viel versprechend, da dem präzise gefassten Wissen über Emotionen eine erhebliche Rolle für das gesamte Verstehen erzählender Texte zukommt. In besonderem Maß gilt dies auch für interkulturelle literarische Texte, in denen sprachliche und kulturelle Differenzen auch bezüglich der Emotionalität vielfach eine wichtige Rolle erhalten.

Von besonderem Interesse ist dabei, dass auch Ortony, Clore und Collins ihrerseits *passim* literarische Emotionsdarstellungen unter dem Gesichtspunkt einer möglichen kognitiven Desorganisation berücksichtigen. Damit dokumentieren sie, dass auch die Theorieentwicklung im Bereich kognitiver Emotionstheorien von der Auseinandersetzung mit literarischen Texten und dem literarischen Erzählen profitieren kann. Und zwar gehen sie davon aus, dass eine aus der Perspektive des Protagonisten als nicht wünschenswert dargestellte Situation im Leser eine Vorstellung von dem subjektiven emotionalen Zustand der fiktiven Figur erzeugt (vgl. auch die Präzisierungen in: Lehnert & Vine 1987).

Literarische Perspektiven der Theoriebildung

> The writer describes a situation that readers recognize as being important to a character in the sense that it has important implications with respect to the goals, standards, or attitudes that the character is known or assumed to have. Then, the character is portrayed as correctly or incorrectly construing the situation as good or bad relative to these goals or standards or attitudes, and typically is described as having, or is assumed to have, a valenced (i.e., a positive or negative) reaction to the situation. Finally, the construal together with the reaction usually results in some sort of change in the character's judgment or behavior (Ortony, Clore & Collins 1988, 3).

Die exakte Funktionsweise des Sprachlichen, die dem Leser aufgrund der Beschreibung der Situationseinschätzungen des fiktiven Protagonisten erlaubt, auf die emotionale Lage der literarischen Figur zu schließen, kann hier nicht im Einzelnen entwickelt werden. Es ist aber darauf hinzuweisen, dass sich die Lage in der Sprachwissenschaft im Hinblick auf eine Orientierung an kognitiven Emotionstheorien durchaus anders als in der Kultur- und Literaturwissenschaft präsentiert: In der Emotionslinguistik spielen gerade kognitive Ansätze eine herausragende Rolle. Emotionen und ihrem sprachlichen Ausdruck wird eine wertende Funktion zugesprochen, die sich auf die kommunizierte Information bezieht (vgl. für einen linguistisch orientierten Überblick Schiewer 2008 und für die Anwendung dieser Hintergründe auf literarische Textanalysen Schiewer 2007).

Der bereits angedeutete Aspekt einer wechselseitigen Befruchtung verschiedener mit Emotionsthemen befasster Disziplinen und des Beitrags von Kultur- und Literaturwissenschaften zur Fortentwicklung ‚kognitiver Emotionstheorien' soll im Folgenden noch vertieft werden.

Adaptives Bewältigungspotential von Emotionen

Aktuelle Theorien akzentuieren den adaptiven Aspekt von Emotionen und ihr Bewältigungspotential bezüglich emotionsauslösender Situationen. Anders wurde früher eher der gegenteilige Aspekt der durch Emotionen hervorgerufenen Formen der Desorganisation betont. Heute wird vermutet, dass z. B. die mit Trauer einhergehende Passivität insofern angemessen sein kann, als das auslösende Ereignis, etwa ein Todesfall, unveränderlich ist. Generell wird davon ausgegangen, dass die kognitive Einschätzung sowohl der Situation als auch des eigenen Vermögens, mit ihr umzugehen, entscheidend ist. Auf diese Weise werden Emotionen elizitiert, die den individuellen momentanen Gegebenheiten entsprechen (vgl. Roseman & Smith 2001, 8).

Allerdings ist die Angemessenheit der Reaktion ja keineswegs immer gegeben. Angst etwa kann zur Blockade führen, obwohl eine Handlung erforderlich wäre. Viele Menschen suchen therapeutische Hilfe, um mit von ihnen als problematisch empfundenen Emotionen wie Angstzuständen oder Panikattacken zurechtzukommen. Auch scheinen Emotionen gelegentlich irrational oder schwer zu kontrollieren; unter diesen Aspekten werden sie oft auch in literarischen Texten eingebracht. Alle Theorien, in denen davon ausgegangen wird, dass Emotionen den Absichten und Zielen der betreffenden Person entsprechen, weisen hier ein Problem respektive einen nicht abgedeckten, unerklärten Phänomenbereich auf.

Mit der Akzentuierung der Subjektivität von Bewertungen und der Variabilität emotionaler Reaktionen und anschließender Handlungsdispositionen rückt gerade diese Perspektive in den Blick: Keineswegs sind emotionale Reaktionen immer vernünftig. Es geht also um das große Feld des, verglichen mit üblichen Normen, unangepassten und abweichenden Verhaltens. Die Funktionalität für die emotional agierende Person steht oftmals in Kontrast zu dem für das soziale Umfeld noch zu Tolerierende (vgl. auch Voss 2004, 183). Es bleibt somit eine wichtige Frage, ob in der Theoriebildung davon auszugehen ist, dass Emotionen zumindest in der Regel optimal angepasste menschliche Handlungsentscheidungen induzieren.

Im Hinblick auf diese Frage hat schon die österreichischstämmige Psychologin Magda Arnold (1903–2002) in für die kognitiven Emotionstheorien wegweisenden Schriften darauf insistiert, dass Einschätzungen eine intuitive

Form von kognitiver Bewertung seien. Spätere Ansätze gehen davon aus, dass sowohl bewusste kognitive Prozesse komplexer Art beteiligt sein können als auch eher einfache und unbewusste Abläufe. Beide können gelegentlich auch in Widerspruch geraten oder aber durch unbewusste Motivlagen und konfligierende Ziele beeinflusst werden. Dann führen sie zu Emotionen, die unvernünftig oder irrational scheinen, und zu Stress (vgl. Roseman & Smith 2001, 8f.). Auf diese Phänomene konzentriert sich unter anderem der Kognitionspsychologe Jerome Bruner (1915), einer der „Gründungsväter" dieser heute besonders wichtigen psychologischen Richtung, in seiner Definition des Narrativen (Bruner 1997, 58):

> Beobachten wir, daß ein Mensch etwas glaubt oder wünscht oder tut, ohne den Zustand der Welt angemessen zu berücksichtigen, daß er also eine wirklich sinnlose Handlung ausführt, dann wird dieser Mensch aus alltagspsychologischer Sicht als geisteskrank eingestuft, es sei denn, der betreffende Akteur kann narrativ als Gefangener einer entschuldbaren Zwangssituation oder als Opfer zerstörerischer Umstände rekonstruiert werden. Im praktischen Leben mag ein weit ausgreifendes Gerichtsverfahren notwendig sein, im Reich der Phantasie ein ganzer Roman, damit eine derartige Rekonstruktion gelingen kann.

Abweichungen vom Üblichen und Alltäglichen erklärt Bruner durch individuelle intentionale Zustände und betont die besondere Bedeutung literarischer Texte, wenn es darum geht, solche Zustände nachvollziehbar zu machen (Bruner 1997, 68–72). Die Verengung der durch informationstechnologische Vorgaben beeinflussten, entproblematisierenden Theoriebildung mit der Fokussierung auf möglichst optimal angepasste Emotionen findet im Zugriff auf literarische Texte ohne Frage ihre Grenzen. In wohl allen Literaturen findet sich ein unerschöpflicher Darstellungspool emotionaler Turbulenzen. Ohne den literarischen Text im Hinblick auf eine theoretische Zubringerrolle zu funktionalisieren, kommt seinem analytischen Potential größte Bedeutung für die weitergehende Klärung emotionsauslösender *Appraisal*-Prozesse zu. Dies besonders, da hier Dimensionen emotionaler Ontogenese einfließen können, ja vielfach auch soziale und kulturelle Faktoren in den Blick gerückt werden, für die sich kognitive Emotionstheorien ebenfalls allmählich öffnen (vgl. Holodynski 2006 und Scherer, Schnorr & Johnstone 2001). Literarische Erzählungen konkretisieren, inwiefern die Emotionstheoriebildung sowohl das oft konfliktreiche Zusammenspiel bewusster und unbewusster individueller Einschätzungsfacetten als auch soziale, normative, ethische und zeitabhängige Perspektiven der Emotionssteuerung umfassen muss. Gerade zur Klärung solcher komplexen Prozesse der Emotionsauslösung können Erzählungen in besonderer Weise beitragen.

Abweichungen vom Alltäglichen

Dies kann exemplarisch illustriert werden: Man nimmt z.B. den „Faust" zur Hand in der Hoffnung, hier ein geeignetes Beispiel für eine komplexe Emotionsauslösung zu finden, und blättert zunächst in suchender Unruhe darin herum, weil man noch nicht sicher ist, mit diesem Text die richtige Wahl getroffen zu haben. Dann stößt man auf eine wohlbekannte, bisher aber vielleicht nicht mit spezifischer Aufmerksamkeit wahrgenommene Passage und es stellt sich möglicherweise eine vergnügliche Stimmung ein;

Beispiel ‚Sprache des Geistes'

denn man gewinnt den Eindruck, sein gesuchtes Beispiel gefunden zu haben. Es erscheint also, in allgemeinen Begriffen des *Stimulus evaluation checks* gesprochen, den eigenen Zielen zu entsprechen. In knapper, vorläufiger Skizze handelt es sich hier, in Gessners ‚Sprache des Geistes' ausgedrückt, zunächst um den ‚Wunsch' (d.h. eine propositionale Einstellung voluntativen Charakters), dass eine ‚Gegebenheit der Außenwelt' (repräsentationale Kategorie) eintreten möge, verbunden mit dem introspektiv zugänglichen ‚psychischen Zustand' (ebenfalls repräsentationale Kategorie) der Unruhe. In den nachfolgenden Suchvorgang als solches sind allerdings Elemente impliziten Wissens involviert, die sehr schwierig zu analysieren sind. Die Einschätzung spezifischer Textpassagen als geeignet kann in dieser Terminologie wiederum als propositionale Einstellung und zwar konkret als eine positive Wertung dieser Passagen im Hinblick auf den gegebenen Zweck erfasst werden.

Textbeispiel „Faust" — Und nun zu dem Textbeispiel selbst: In „Faust I, Strasse" setzt Faust unmittelbar nach der ersten Begegnung mit Gretchen sogar gegen die Warnung und den vermeintlichen Widerstand Mephistoteles', ihm bei der Verführung behilflich sein zu wollen, seine Wünsche energisch durch (vgl. Goethe 1994, 112–114). Die emotionale Lage erlaubt ihm hier eine erfolgreiche Verhaltensstrategie. In der späteren Episode „Trüber Tag. Feld" reagiert Faust äußerst erregt und erreicht schließlich wiederum Mephistopheles' Unterstützung, nun bei einem Rettungsversuch (vgl. Goethe 1994, 188–190). Emotionstheoretisch gesehen ermöglicht es in beiden Fällen sein jeweiliger emotionaler Zustand Faust die flexible Anpassung seines Verhaltens vor dem Hintergrund momentaner mentaler Zielorientierungen. So weit lässt sich also sagen, dass kognitive Emotionstheorien hier durchaus angemessene Erklärungen erlauben.

Nun ist es ja aber so, dass Faust mit dem weiteren Verlauf der von ihm initiierten und seinen mentalen Zuständen zunächst gemäßen Handlungen keineswegs glücklich wird. Das Ergebnis aller zunächst den subjektiven Zielen angepassten Entscheidungen erweist sich später als unerwünscht: Faust versinkt in Jammer und nur die „Gnade der Natur senkt den Unglücksmann […] in einen Heilschlaf, der ihn vergessen macht und gesunden läßt, […]." (Goethe 1994, 203 und 396.)

Solche Differenzen zwischen der erfolgreichen Anpassung an kurzfristige Ziele einerseits und langfristigen Gegebenheiten andererseits wurden bislang nicht in den Fokus kognitiver Emotionstheorien gerückt. Die außerordentliche Komplexität der Zusammenhänge dieser Differenz von Kurz- und Langfristigkeit macht der literarische Text mehr als deutlich, so dass sein Impulscharakter für eine entsprechende Theoriebildung kaum in Frage stehen kann. Darüber hinaus verhandeln im „Prolog im Himmel" Mephisto und Gott das Schicksal Fausts (Goethe 1994, 27):

„Was wettet ihr? Den sollt ihr noch verlieren,
Wenn ihr mir die Erlaubnis gebt
Ihn meine Straße sacht zu führen!"
Der Herr darauf:
„So lang' er auf der Erde lebt,

So lange sei dir's nicht verboten.
Es irrt der Mensch so lang' er strebt."

Albrecht Schöne zitiert in seinem Kommentar zu dieser Textstelle aus einem Brief Goethes vom 15. September 1804 an Eichstätt, in dem Goethe auf das *Lukas-Evangelium* 15,7 Bezug nimmt. Er schreibt,

> [...] daß das, was man mit Recht ein falsches Streben nennen kann, für das Individuum ein ganz unentbehrlicher Umweg zum Ziele sei. Jede Rückkehr vom Irrtum bildet mächtig den Menschen im Einzelnen und Ganzen aus, so daß man wohl begreifen kann, wie dem Herzensforscher ein reuiger Sünder lieber sein kann, als neunundneunzig Gerechte. (Goethe 1994a, 174. Im *Lukas-Evangelium* 15,7 heißt es: „Ich sage euch: So wird auch Freude im Himmel sein über einen Sünder, der Buße tut, mehr als über neunundneunzig Gerechte, die der Buße nicht bedürfen.")

Der göttliche „Herzensforscher" weiß nicht nur, dass das Ausprobieren verschiedener Wege mit dem Leben des Menschen unabdingbar verbunden ist und dass dieses suchende Probieren mit tiefen Empfindungen wie Sündigkeit und Reue einhergehen kann, sondern das Irren wird in der „Klassischen Walpurgisnacht. Peneus" in „Faust II" sogar als Bedingung menschlichen Verstandes akzentuiert (Goethe 1994, 312). Der Irrtum ist nicht nur ein unentbehrlicher Umweg des Individuums, sondern auch des „Menschen im Ganzen", d.h. der Gemeinschaft oder Gesellschaft. Von der individuell zu erringenden Erkenntnis können kollektive Entwicklungen profitieren. Demgegenüber gilt bislang für kognitive Emotionstheorien: „Appraisals are considered to reflect the meaning of an event for the individual and its implications for his or her personal well-being and are thus located outside the realm of the social environment [...]." (Manstead/Fischer 2001, 221). Auch hier eröffnet der literarische Text also Perspektiven, die in der Emotionstheoriebildung in Zukunft noch zu berücksichtigen sein werden.

Anhand dieser Hinweise zeichnet sich ab, dass die Kultur- und Literaturwissenschaften einen Beitrag zur interdisziplinären Diskussion von Kognition und Emotion leisten können und ein impulsgebendes Potential für die interdisziplinäre Emotionsforschung aufweisen, die inzwischen auch in den Horizont der Aufmerksamkeit exakter Wissenschaft gerückt ist.

2.7 Soziologische Ansätze

An dieser Stelle ist darauf aufmerksam zu machen, dass Emotionen oder Gefühle keineswegs nur durch individualpsychologische Komponenten ausgemacht werden, obwohl es diese sind, die zumindest in gegenwärtigen westlichen Perspektiven oft primär wahrgenommen werden. Gleichwohl spielen gesellschaftliche Faktoren – und damit die entsprechende Fachdisziplin der Soziologie – für emotionale Prozesse, auch des Individuums, und den Umgang mit ihnen, auf allen Ebenen eine bedeutende Rolle. Dies kann sich auf die soziologische Mikroebene beziehen, z.B. der Familie, auf die Mesoebene etwa in institutionellen und betrieblichen Umfeldern oder auch auf die gesamtgesellschaftliche und sogar Einzelgesellschaften übergreifende Makroebene. So setzen gesellschaftliche Normen Maßstäbe beispiels-

Gesellschaft und Emotion

weise für die Bewertung des Ausagierens von Emotionen etwa in Trauersituationen und -ritualen oder aber für die von emotionaler Neutralität, wie sie vielfach als „Coolness" in Spielfilmdialogen mit spezifischen Auffassungen dessen, was z. B. unter einem „Actionhelden" zu verstehen ist, gepflegt wird.

Zur Geschichte der Emotionssoziologie

Generell hat trotz einiger früher Impulse seitens der so genannten Gründungsväter der Soziologie um 1900 wie Georg Simmel, Max Weber und Émile Durkheim (vgl. zur Fachgeschichte der Emotionssoziologie Flam 2002, 16 ff.) auch in der Soziologie die Untersuchung von emotionsbezogenen Fragestellungen relativ spät begonnen. Sie gehört aber zu den Disziplinen, in denen auch im deutschsprachigen Raum inzwischen eine ganze Reihe von Publikationen vorliegt und in denen die Thematik gut aufgearbeitet und fortentwickelt wird (vgl. z. B. Gerhards 1988; vgl. Flam 2002; vgl. die von Konstanze Senge und Rainer Schützeichel herausgegebene Anthologie mit „Hauptwerken der Emotionssoziologie", Senge & Schützeichel 2013; vgl. zur interdisziplinären Emotionsforschung aus soziologischer Perspektive, Schützeichel 2006; vgl. zur emotionssoziologischen Fundierung von Formen sozialer Ordnung und ihres Wandels, Schnabel & Schützeichel 2012 und Scheve 2009). Dabei wird auch den Traditionen Aufmerksamkeit gewidmet; so z. B. mit dem Projekt „Die Affekte der Forscher", das unter der Leitung von Katja Liebal, Oliver Lubrich und Thomas Stodulka aus dem Forschungszentrum „Languages of Emotions" an der FU Berlin hervorgegangen ist. Dies ist eine Thematik, die in Max Webers Denken unter dem Stichwort der ‚Leidenschaft des Wissenschaftlers' eine Rolle spielt (vgl. Flam 2002, 44 ff.).

Emotionssoziologie im angloamerikanischen Raum

Weiterhin sind im angloamerikanischen Raum gut informierte und impulsgebende Arbeiten erschienen. Hier werden der Emotionssoziologie ebenfalls breite Horizonte erschlossen mit soziologisch akzentuierten interdisziplinären Fragekomplexen, die viele der im vorliegenden Studienbuch behandelten Felder berühren (vgl. Greco & Stenner 2008):

1. Emotionen, Geschichte und Zivilisation
2. Emotionen und Kultur
3. Emotionen und Gesellschaft
4. Emotionen, Selbst und Identität
5. Emotionen, Raum und Ort
6. Emotionen und Gesundheit
7. Emotionen in Arbeitswelt und Organisationen
8. Emotionen, Ökonomie und Konsumkultur
9. Emotionen und Medien
10. Emotionen und Politik
11. Emotionen und Recht
12. Mitgefühl, Hass und Terror

Sozialkonstruktivismus

Zu den paradigmenbildenden theoretischen Orientierungen gehört in der Emotionssoziologie der Konstruktivismus. Der britische Philosoph und Psychologe Rom Harré (eigentlich Horace Romano Harré, 1927) hat sich für einen sozialkonstruktivistischen Ansatz in der Emotionsforschung, den er mit relativistischen Grundannahmen begründet, stark gemacht (vgl. Harré 1986, 12).

Dabei ist die soziologisch orientierte Theoriebildung der Emotionsforschung eng mit einer anthropologisch grundlegenden und für die Ausbildung und Aufrechterhaltung menschlicher Sozialität entscheidenden Frage verbunden, nämlich, wie Gemeinschaftshandlungen kommunikativ koordiniert werden können (vgl. für einen Überblick Schützeichel 2006; vgl. auch Schiewer 2008). Norbert Elias zufolge kann das gesamte äußere Verhalten des Menschen – z.B. mit Körperhaltung, Gebärden, Kleidung, Gesichtsausdruck, kurz dem umfassenden Feld des Para- und Nonverbalen ebenso wie des Verbalen – zum Zeichensystem werden, mit dessen Hilfe sich Individuen im Zuge historischer Verfeinerungsprozesse der Ausdruckscodierungen immer differenzierter darzustellen und innere Stimmungslagen nach außen kundzutun vermögen. Zugleich werde es für den Einzelnen zunehmend wichtig, den Anderen genau beobachten und „lesen" bzw. decodierend angemessen deuten zu können, um von dessen sichtbaren Äußerungsformen auf mögliche innere Motive, Gefühls- und Seelenzustände zu schließen und das eigene Verhalten und Handeln darauf abzustimmen.

Emotionsforschung und Sozialität

Das bedeutet Thomas Alkemeyer zufolge, dass mit wachsender Komplexität der sozialen Beziehungen dem Individuum sowohl neue Kompetenzen der Fremddeutung als auch der Selbstdarstellung durch Sprache, Mimik, Gestik, Haltung, Kleidung etc. abverlangt werden, welche ihrerseits jedoch erlernt werden müssen. Gleichzeitig mit der Ausdifferenzierung und Komplexitätssteigerung der gesellschaftlichen Strukturen erfolge eine Verfeinerung der individuellen Ausdrucks-, Darstellungs- und Deutungsfähigkeiten ebenso wie des emotionalen und psychischen Innenlebens der Subjekte. Bei diesem wechselwirksamen Prozess von Gesellschaftsstruktur, emotionalpsychischer Individualentwicklung und Semiosen handele es sich um Aspekte einer Figuration, die sich gegenseitig beeinflussten (vgl. Alkemeyer 2003, 2808).

Verfeinerung von Emotionsausdruck und Emotionsdeutung

Mit diesem Prozess zunehmender Verfeinerung und Differenzierung von Emotionen sowie der Möglichkeit ihrer gegenseitigen Mitteilung werde weiterhin, wie Norbert Elias (1897–1990) betont, das friedfertige Zusammenleben in einer komplexen Gesellschaft überhaupt erst denkbar. Emotionen bestimmt auch Elias dabei nicht als bloßen Gefühlsausdruck, sondern als Komplex aus einer physiologischen Komponente, einer Verhaltenskomponente und einer Gefühlskomponente, dem er eine besondere Bedeutung für die menschliche Interaktion und Vergesellschaftung zuschreibt (vgl. Alkemeyer 2003, 2810).

Die skizzierte Entwicklung impliziert jedoch auch eine andere Tendenz: Die sublimierten Mitteilungsformen von Emotionen bringen sowohl eine Zunahme der Verständigungsmöglichkeiten und des Verständnisses füreinander mit sich als auch – dies ist die Kehrseite – der Möglichkeiten gegenseitiger Beobachtung und Kontrolle sowie unter Umständen sogar der echten Unterdrückung, nämlich wenn entsprechende Machtstrukturen und -verhältnisse bestehen (vgl. Elias 1978, 106). Norbert Elias verweist damit über die Affektsublimierung vermittels Mitteilung hinausgehend sowohl auf die verständigungssichernde Perspektive als auch die Aspekte der Kontrolle, Machtausübung und Unterdrückung von Einzelnen oder Gruppen. Mit Elias' prinzipiell wertfrei angelegter Konzeption ergeben sich somit sowohl positive Möglichkeiten der Kommunikationsoptimierung als auch solche der Korruption (vgl. die Diskussion dieses Ansatzes im Zusammenhang mit Fragen eines interkulturellen Dialogs der Kulturen in: Schiewer 2006).

2.8 Religionswissenschaftliche Ansätze

Emotionen – Religion und Religionswissenschaft

Am Schluss dieses Überblicks über ausgewählte Ansätze im Bereich der Emotionstheorien geht es um das Feld der Religionen, des Theologischen und der Religionswissenschaft. Die Auseinandersetzung mit Emotionen ist seit der Antike eng verbunden mit religiösen Fragen nach dem Emotionalen ebenso wie mit der Reflexion des Verhältnisses von Kognition und Emotion; damit ergibt sich weiterhin der unmittelbare Bezug zur gesamten abendländischen Geschichte des philosophischen Nachdenkens über Emotionen, Gefühle, Affekte usw. (vgl. hierzu und zum Folgenden Corrigan 2008, 3; vgl. zur philosophischen und kognitionswissenschaftlichen Auseinandersetzung mit ‚Kognition und Emotion' die entsprechenden Kapitel in diesem Teil des vorliegenden Studienbuches; insgesamt stellt „The Oxford Handbook of Religion and Emotion" ein wichtiges Kompendium für den Themenkomplex von ‚Religion und Emotion' dar). So hat Augustinus' (354–430) Sicht von Emotionen die Entwicklung der christlichen Theologie zutiefst geprägt; in der Forschung wird von einer empirischen Psychologie des Fühlens bei Augustinus gesprochen (vgl. Corrigan 2008, 4). Mit der Spezialisierung und zunehmenden Ausdifferenzierung der Emotionsforschung v. a. im Laufe des 20. Jahrhunderts wurde im Rahmen der entsprechenden Theoriebildung auch danach gefragt, wie die Existenz religiöser Gefühle mit den betreffenden Emotionstheorien erklärt werden kann.

Christliches Denken – abendländische Emotionsforschung

Hier werden die im engeren Sinn religiösen und theologischen bzw. religionswissenschaftlichen Formen von Emotionstheorie sowie die Zusammenhänge des christlichen Denkens mit der abendländischen Tradition der Emotionsforschung exemplarisch akzentuiert. Denn diese Perspektive wird in der aktuellen Emotionsforschung bislang weniger berücksichtigt, obwohl sie selbstverständlich von großer Bedeutung ist. Um die Art des betreffenden Interesses an Emotionen und ihrer Erforschung angemessen reflektieren zu können, ist ein Verständnis des spätestens im Mittelalter wirksam werdenden christlichen Hintergrundes unerlässlich. Es geht an dieser Stelle also in methodischer Hinsicht darum, in einem wissenssoziologisch orientierten Schritt sich vielfach unterschwellig bleibender Einflüsse zu versichern. Dass eine vergleichende religionswissenschaftliche Untersuchung der Sicht von Emotionen etwa im Buddhismus, dem Islam, dem Hinduismus, den japanischen Religionen, dem Judentum etc. außerordentlich aufschlussreich ist, liegt auf der Hand; hierfür sei auf das erwähnte von John Corrigan herausgegebene Handbuch verwiesen.

Grundsätzlich gilt, dass die Reflexion von Emotionen eine erhebliche Rolle im theologischen Denken wie auch in anderen Religionen gespielt hat und nach wie vor spielt (vgl. hierzu und zum Folgenden Corrigan 2008, 5 ff.). Davon ist auch die jeweils historisch, kulturell und gesellschaftlich beeinflusste Sicht von Emotionen insgesamt geprägt ebenso wie die jeweilige Auffassung von Emotionen als hochrelevantem Aspekt des kollektiven Zusammenhalts, aber auch der individuelle Umgang mit Emotionen im religiös bestimmten Alltagsleben und im Rahmen religiöser Praxen. Dazu gehören u. a. Auffassungen, Normen und Tabus mit Bezug auf Liebe, Erotik, Sexualität und Ehe, auf geschlechts- bzw. gendertypische Erwartungshaltungen. Weiterhin können spezifische emotionale Zustände religiös aufgeladen sein, wie z. B. Ekstase, Hoffnung, Melancholie, Duldung und Ablehnung oder Feindschaft gegenüber religiös Andersgläubigen, Ungläubigen, Häretikern etc. (vgl. hierzu „Part III Emotional States" in: Corrigan 2008).

Für die Geschichte des abendländischen und des christlichen Denkens wird generell das Charakteristikum des dualistischen Denkens akzentuiert; die Traditionslinie wird, in groben Zügen, von vorchristlichen Denkern wie Platon (427–347 v. Chr.) und Aristoteles (384–322 v. Chr.) über mittelalterliche Denker wie Thomas von Aquin (1225–1274) bis zu René Descartes (1596–1650) im 17. Jahrhundert, David Hume (1711–1776) und Immanuel Kant (1724–1804) im 18. Jahrhundert und Edmund Husserl (1859–1938) im 19. und 20. Jahrhundert markiert (vgl. hierzu und zum Folgenden Corrigan 2008, 114 ff.). Grundsätzlich und allgemein geht es bei der Frage des Dualismus um die Auffassung einer generellen Unterscheidung von Körper und Geist, wobei in der Regel das Körperliche mit der Sensitivität bzw. dem „niederen" Emotionalen verbunden wird und der Geist mit der „höheren" Rationalität des Menschen. Alle Bereiche des Rationalen, zu denen etwa die Disziplinen der Philosophie, Ethik etc. gerechnet werden, werden diesem Denken zufolge ausschließlich mit Rationalität verbunden. Als damit einhergehend werden Tendenzen im christlichen Glauben wie die zur Geringschätzung von Körperlichkeit und menschlicher Emotionalität, zur Enthaltsamkeit und körperlichen Geißelung erklärt.

Der Literaturwissenschaftler Silvio Vietta hat ähnlich diesen Aspekt als zentrales Charakteristikum der gesamten europäischen Kulturwissenschaft herausgestellt. Seiner Sicht zufolge prägen zwei Hauptströmungen die abendländische Kultur (Vietta 2005, 9):

> Zum einen die so genannte *Logos-Kodierung*, die mit der griechischen Philosophie-Wissenschaft begann und sich heute in einer globalen Sziento-Technologie fortsetzt. Zum anderen die christliche *Pistis (Glaubens)-Kodierung*, die sich vielfach schon in der Antike mit dem Logos verbunden hat und eine eigene, vom Logos durchdrungene Form europäischer Religiosität hervorbrachte. Das Wechselspiel und die *Durchdringung von Religion* und *Vernunft* prägt somit die europäische Religiosität.

Andrew Tallon weist vor dem Hintergrund des von ihm akzentuierten Dualismus der christlichen Theologie auf die starke emotionstheoretische Richtung der kognitiven Emotionstheorien hin, die die Grundannahme des Dualismus in der Sache, wenn auch nicht explizit problematisieren, und fragt danach, wie sich die moderne christliche Theologie hierzu stelle:

Dualismus im Spiegel aktueller Emotionstheorie

> We might [...] conclude that scientific advance constitutes a direct challenge to formal Christian notions of experience divided into two parts, the head and the heart. [...] Scientific investigation, and especially neuroscience, suggest that emotion is absolutely necessary for successful practical and ethical decisions, refuting the idea that an emotionless robot would

be a perfect saint, devoid of unruly passions and lustful desires (Tallon 2008, 121f.).

Natürlich kann diese Frage an dieser Stelle weder diskutiert noch beantwortet werden, da dies in theologischer Fachreflexion erfolgen muss, aber sie pointiert markant die Auseinandersetzung christlicher Tradition mit wissenschaftlicher Emotionsforschung der Gegenwart.

Symbole, Metaphern, nonverbale Kommunikation

Von erheblicher Bedeutung sind ferner Symbole wie z.B. das Herz in der Bibel und im Christentum (bzw. das Dionysische) sowie religiös geprägte Sprache mit entsprechenden emotionalen Implikationen z.B. im Zusammenhang von Sünde, Schuld und Sühne, mit Metaphern und spezifischen Textsorten wie u.a. dem Gebet und dem Kirchenlied (vgl. Høystad & Zuber 2006, 59–85 und Corrigan 2008, 111ff.). Dasselbe gilt auch für religiös bzw. liturgisch-rituell bestimmte Formen der para- und nonverbalen Kommunikation, der Körperhaltung und -bewegung in religiösen Kontexten.

Emotionale religiöse Sprach- und Kommunikationsformen

Ein konzentrierter Überblick über linguistische Untersuchungen und Forschungsschwerpunkte im Bereich von religiöser Sprache und Kommunikation verdeutlicht exemplarisch die generellen Dimensionen der Bedeutung des Religiösen für die Entwicklung des Deutschen:

Sprachgeschichtliche, rhetorisch-stilistische, soziolinguistische, kommunikativ-pragmatische, ethnomethodologisch und diskursanalytisch relevante Aspekte des Deutschen, wie wohl aller religiös mitgeprägten Sprachen, sind folglich auch von religiösen Sprach- und Kommunikationsformen des Emotionalen beeinflusst. Dies ist ein Feld, in dem nach wie vor erheblicher Forschungsbedarf besteht. Außer Frage steht, dass dabei eine grundsätzliche Schwierigkeit darin besteht, Sprach- und Kommunikationsformen des Emotionalen von anderen Formen wie solchen des Alltags, der Sach-, Fach-, und Wissenschaftssprachen abzugrenzen [Tab. 4].

An dieser Stelle können daher nur einige große Linien gezogen und ausgewählte Akzente innerhalb dieses wichtigen Gebiets der Sprach- und Kommunikationswissenschaft gesetzt werden; Ansätze der Religionssoziologie, der Theologie, Religionswissenschaften und damit verbundener Forschungsfelder, wie z.B. der religionsgeschichtlichen Traumdeutung, können im Rahmen dieses Studienbuches nicht ebenfalls berücksichtigt werden (vgl. zu dem Komplex von religiöser Sprache und religionsgeschichtlicher Traumdeutung Halbfas 2012, 31–45).

Ein hochinteressantes Feld religiöser Kommunikation und sprachlicher Pragmatik liegt an den Schnittstellen von gesprochener Sprache, Stimmlichkeit, Ritual, Performanz und Theater: „Ob ein Gottesdienst von den Teilnehmenden als stimmig, berührend und schön oder als peinlich und verstaubt erlebt wird, hängt nicht nur an der kognitiven, informationsvermittelnden sprachlichen Dimension, sondern auch wesentlich an der stimmlichen und klanglichen sowie der energetisch-dynamischen Gestaltung desselben." (Plüss & Bieler 2009, 181). Die linguistische Erforschung ritueller Kommunikation u.a. mit der Untersuchung von Kult und Gottesdienst als Sonderform institutionell geregelter Kommunikation hat hierfür wesentliche Impulse gegeben (vgl. den als Klassiker zu bezeichnenden Band von Paul 1990).

Das im französischen Original 2002 erschienene Buch des Soziologen Bruno Latour über religiöse Rede wurde in der Kritik eher verhalten aufge-

Sprachgeschichte HSK 2.1 Werner Besch u. a. (²1998)	– Deutsche Sprache und Kirchengeschichte (v. a. Ausbildung der hochdt.en Kirchensprache mit der Übernahme des christl.-lat. Wortschatzes in die Nationalsprachen des frühen MA) – Geschichte deutschsprachiger Bibelübersetzungen [⇒ Translationswissenschaft u. a. Radegundis Stolze, Hermeneutik und Translation (2003)] – Die Rolle Luthers für die deutsche Sprachgeschichte
Rhetorik / Stilistik Intern. Handbuch 2 Ulla Fix u. a. (2009)	– Rhetorik und Stilistik in der Theologie – Rhetorisch-stilistische Eigenschaften der Sprache von Religion und Kirche
Soziolinguistik Religiöse Sprache Manfred Kaempfert (1983) **Sprache und Religion** Uwe Gerber/Rudolf Hoberg (2009) Schiewer (2012a)	– Varietäten religiöser Sprache (Gebet, Predigt, Gesang, Mythos, Dogma, Symbol etc.) – Philologisch-hermeneutische und textlinguistische Erschließung religiöser Texte – Textsortenvergleich in verschiedenen Religionen – Säkularisierung des christlichen Wortschatzes [August Langen] – Quasi-religiöse Sprache in der Politik und am Beispiel des Nationalsozialismus / Religiöse Sprache in profanen Kontexten (Heidrun Kämper) – Religiöse Sprache in der Literatur
Kommunikation und sprachliches Handeln (Pragmatik) **Religion als kommunikative Praxis** Konrad Ehlich (1997) **Religion als Kommunikation** Hartmann Tyrell u. a. (1998) **Religiöse Kommunikation** Hartmann Tyrell (2002)	– Kommunikative Aspekte von Religion (Verstummen, Opfer, Offenbarung etc.) – Interaktion in institutionellen Zusammenhängen (Funktionale Pragmatik) – Sprechakte in religiöser Sprache – Geschichte religiöser Kommunikationsformen – Religion als Kommunikation im Ausgang von Niklas Luhmanns Soziologie – Religion als Interaktion und soziokulturelle Evolution (Systemtheorie)
Ethnomethodologie **Rituelle Kommunikation** Ingwer Paul (1990)	– Religiöse Rituale – Kommunikation im Gottesdienst
Diskursanalyse **Religion, Language, and Power** Nile Green/Mary Searle-Chatterjee (2008)	– Politische Implikationen der Verwendung des Begriffs ‚Religion' – Macht und religiöse Sprache im Ausgang von Michel Foucaults Anregungen – Asymmetrische Diskursstrukturen u. a. im Ausgang vom Postkolonialismus

Tab. 4: Forschungsüberblick religiöse Sprache und Kommunikation.

nommen. Unabhängig davon, wie man es im Einzelnen beurteilen möchte, ist sein Vergleich religiöser Sprache mit der Liebeserklärung unter Rekurs auf die Sprechakttheorie bzw. das Sprachspiel anregend. Seine Überlegungen zum Unterschied zwischen informationsbezogener „Doppelklick-Kommunikation" der Ratio einerseits und religiöser Sprache bzw. der der Liebenden andererseits knüpfen indirekt an die oben angesprochene Thematik des Dualismus an (vgl. Latour 2011[2002]).

In eine andere, ebenfalls aktuelle und gesellschaftlich bedeutsame Richtung gehen Ansätze, die nach Formen religiöser oder para-religiöser Sprache im Alltag der Gegenwart und an neuen Kommunikationsorten fragen. Emotionale Aspekte können auch hier die verschiedenen kommunikativen Ebenen betreffen, die im vorliegenden Band im Abschnitt zu ‚Emotion und Kommunikation' dargestellt werden (Esterbauer et al. 2008, 9; in ähnlicher Richtung hat auch schon Konrad Ehlich geforscht, vgl. Ehlich 1997):

> Eine besondere Form religiöser oder para-religiöser Sprache sind kurze Texte, die meist appellativen Charakter besitzen und/oder als Parolen Öffentlichkeit erlangen. Aufrufe, Graffiti, Transparente, Manifeste, Stoßgebete, liturgische Ausrufe, Liedtexte, Gedichte, Sprüche, Formeln in Todesanzeigen, appellative bildende Kunst, verkürzte Kommunikationsformen in modernen Medien usw. repräsentieren häufig Orte, an denen nicht bloß eine spezifische religiöse Rhetorik, sondern auch eine charakteristische religiöse Semantik mit entsprechender Pragmatik entstehen.

In höchstem Maße betrifft dies z. B. Phänomene wie den Karikaturenstreit, das „Mit Worten bewegen durch überzeugende Versionen von Welt" (vgl. Portmann-Tselikas 2008) und Appelle verschiedener Art.

Religion, Dialog und Emotion

Schließlich ist in diesem Zusammenhang ein Themengebiet hervorzuheben, dem in der Gegenwart – und womöglich noch zunehmend in den kommenden Jahrzehnten – große Relevanz zukommt. Es geht um:

- interreligiösen Dialog
- Toleranz-Dialog
- friedens- und konfliktwissenschaftliche Aspekte
- *Intercultural humanities*

Auch diese komplexe Thematik kann hier nur in wenigen groben Strichen umrissen werden: Mit Bezug auf die Emotionsfrage geht es im Kern darum, ob – ähnlich wie im Zusammenhang des Dialogs der Kulturen und der interkulturellen Kommunikation – von Dialogkonzepten ausgegangen wird, die Sachlichkeit, Nüchternheit, Vernunft und Affektkontrolle apostrophieren, oder ob Konzepte präferiert werden, die der Emotionalität einen irgendwie gearteten Stellenwert einräumen (vgl. für die erste Orientierung z. B. Senghaas 2004 und Swidler 2008 [1984]).

Ohne dass es an dieser Stelle Aufgabe sein kann, Für und Wider der unterschiedlichen Richtungen zu erörtern, ist hier v. a. die zweite Ausrichtung zu beleuchten. Raimon Panikkar etwa berücksichtigt in den von ihm formulierten „Spielregeln der religiösen Begegnung" in einer Hinsicht das emotionale Moment: Ihm zufolge handelt es sich bei einer religiösen Begegnung um eine „in Glaube, Hoffnung und Liebe". Denn beim interreligiösen Dialog ist dies eine entscheidende Voraussetzung, anders als in einer konsensorientierten Kommunikationssituation, wie sie insbesondere von Jürgen Habermas akzentuiert wird: „Bei A mit dem Bekenntnis zu X und B mit dem Bekenntnis zu Y handelt es sich nur um einander entgegengesetzte Situationen, die dennoch miteinander kommunizieren und die gemeinsame Auseinandersetzung fortsetzen können." (Panikkar 2008[1978], 199). Liebe ist Panikkar zufolge der entscheidende Impulsgeber dafür, die Nähe zu den Mitmenschen zu suchen und in ihnen entdecken zu wollen, was einem selbst fehlt: „Natürlich will echte Liebe nicht um jeden Preis als Sieger aus der Begegnung hervorgehen. Sie sehnt sich nach der gemeinsamen Erkenntnis der Wahrheit, ohne die Unterschiede einfach wegzuwischen oder auch nur die Verschiedenheit der Melodien in der einen und einzigen polyphonen Symphonie zu dämpfen." (Panikkar 2008[1978], 200).

Weiter geht der Theologe Hans Jochen Margull, wenn er die Verwundbarkeit ins Zentrum seiner Überlegungen zum interreligiösen Dialog stellt, die überaus bemerkenswert sind. Verwundet werde der universale Anspruch und die universale Intention der Theologie des christlichen Theologen, der in einen Dialog eintrete (vgl. Margull 2008[1974], 175). Dialoge, so Margull weiter, seien an den Wunden der Menschheitsgeschichte entstanden, mit diesen Wunden, zur Verbindung der Wunden und zur Verhinderung weiterer Wunden (vgl. Margull 2008[1974], 179). Darüber hinaus legt Margull den Finger auf die Wunde geläufiger Dialogkonzepte, wenn er deutlich macht, dass das Ethos, den anderen so zu verstehen, wie er sich selbst verstehe, äußerst problematisch sei und darauf hinweist, dass seine Erfahrung gezeigt habe, dass eine universal akzeptierbare Grundlage z.B. für ein gemeinsames Verständnis von Spiritualität nicht möglich sei, ja sogar die Möglichkeit jeglicher interreligiösen Gemeinsamkeit fraglich sei (vgl. Margull 2008, 184 und 186; dies ist ein Punkt, der auch im Dialogkonzept von Jürgen Habermas problematisch ist; vgl. hierzu Schiewer 2009b).

Schließlich ist ein weiterer thematischer Zugang zu erwähnen, der Religion und Sprache mit diskursiven Aspekten der Macht verbindet und maßgeblich von den Anregungen Michel Foucaults und der postkolonialen Theoriebildung beeinflusst ist. Religiöse Sprache und Formen ihrer rhetorischen Verwendung werden hier mit der Intention hinterfragt, maskierte Ideologien aufzudecken: „[…] the transcendental and universalist character of religious discourse needs to be understood as the rhetorical corollary of struggles for authority, whether conceived as obedience or truth." (Green & Searle-Chatterjee 2008, 11 f.). Die Formen sprachlicher Konstruktion von Selbst, Eigenem und Anderem werden dabei hervorgehoben und unter Rekurs auf Ansätze des interaktionalen Konstruktivismus beleuchtet (vgl. Green & Searle-Chatterjee 2008, 13 f.).

Religion, Sprache und Macht

II. Emotion und Kommunikation

Grundlegende Fragen der Emotionsforschung beziehen sich von der Antike bis zur Gegenwart auf den großen Bereich des zeichenvermittelten Austauschs unter Menschen bzw. der menschlichen Kommunikation. Dementsprechend wird auch schon seit Jahrhunderten, ja, Jahrtausenden über die betreffenden Phänomene nachgedacht und wie praktisch immer ist bei langen Forschungsverläufen der begrifflich-theoretische Zuschnitt sowohl mit einer gewissen Konstanz behaftet als auch Veränderungen unterworfen: Zu den eher konstanten Konzepten gehört hier die Einbeziehung des Gebiets der Rhetorik, während zu den durchaus vielfältiger Variation unterworfenen Konzepten die Kommunikationsforschung selbst zu rechnen ist. Um die im vorliegenden Studienbuch vorgenommenen Schwerpunktsetzungen deutlich zu machen, sind an dieser Stelle einige Vorbemerkungen angebracht.

Begriff, Forschungsgeschichte und -spektrum

Wie etwa im entsprechenden Artikel im „Historischen Wörterbuch der Philosophie" ausgewiesen, hat das lateinische Wort ‚communicatio' seit der Antike „ein weites Bedeutungsfeld im Umkreis von Mitteilung, Gewährung, Verbindung, Austausch, Verkehr, Umgang, Gemeinschaft" (Sternschulte 1976, 893). In der neueren Philosophie wird von ‚Kommunikation' v. a. seit dem 19. Jahrhundert gesprochen und inzwischen wurde die Kommunikationsforschung Gegenstand verschiedener Disziplinen, z. B. der Sprachwissenschaft, Medienwissenschaft, Soziologie, Psychologie, Theologie und Informationstechnik (vgl. Sternschulte 1976, 894 f.; vgl. für eine informative und konzise Aufarbeitung des semantischen Spektrums des ‚Kommunikations'-Begriffs auch Nothdurft 2007). Damit ergeben sich höchst unterschiedliche Fragestellungen.

In diesem Kapitel des vorliegenden Studienbuchs liegen die Schwerpunkte im Bereich emotionsbezogenener linguistisch und pragmatisch relevanter Erforschung zeichenförmiger menschlicher Interaktion. Weitere Facetten des Kommunikationsbegriffs fließen in andere Kapitel des Studienbuchs ein, so z. B. die Kapitel zu ‚Emotion, Multilingualität und interkulturelle Kommunikation', zu ‚Emotion und Medien', ‚Emotion, Computertechnik und Robotik', ‚Emotion, Politik und Diplomatie' etc.

Kommunikationstheorien

Kommunikationswissenschaftliche Orientierungen im Bereich sozial-, publikations- und medienwissenschaftlicher, journalistischer und linguistisch-pragmatischer Richtungen umfassen ein weites Spektrum an theoretischen Grundlegungen, Fragestellungen, methodischen Vorgehensweisen, Zielsetzungen und Anwendungsfeldern (vgl. z. B. Burkart [4]2002; Burkart & Hömberg [6]2012; Schützeichel 2004; Pürer 2003). Damit sind potentielle oder tatsächliche Anschlussstellen zwischen Kommunikations- und Emotionsforschung höchst unterschiedlich verteilt. Zumindest explizit werden Aspekte der Emotionalität in dem breit rezipierten publikations- und kommunikationswissenschaftlichen Ansatz von Roland Burkart nicht berücksichtigt; in der Sache besteht jedoch eine ganze Reihe möglicher Schnittstellen, so z. B. im Zusammenhang der Fragen nach Kommunikation und menschlicher Existenz (vgl. Burkart ⁴2002, 127 ff.). Auch Ansätze im Bereich von Public Relations, Werbung, Medienpädagogik und Kommunikationspolitik ließen zumindest prinzipiell emotionsbezogene Fragen zu (vgl. Burkart & Hömberg ⁶2012; vgl. Bryant, Roskos-Ewoldsen & Cantor 2003; für entsprechende Perspektiven im Bereich von Medien- und Politikwissenschaft sei auch auf die entsprechenden Kapitel im vorliegenden Studienbuch verwiesen). Ebenfalls in der Regel nicht ausgearbeitet, aber mehr oder weniger implizit als zu füllende Leerstelle bestehen Schnittstellen zwischen Emotionsthemen und

- aktuellen soziologischen Kommunikationstheorien, wie z. B. Pierre Bourdieus Ökonomie des sprachlichen Tauschs,
- historischen Konzepten, wie z. B. Wilhelm von Humboldts sprachtheoretischen Grundauffassungen, sowie
- geläufigen dreistelligen semiotischen Konzepten (vgl. Schützeichel 2004 und ‚Semiotische Ansätze' im vorliegenden Band).

Im nun Folgenden geht es um solche Fragen im Feld von ‚Emotion und Kommunikation', die das gesamte sowohl bewusst intentionale als auch zumindest teilweise nicht bewusste, d. h. verhaltensbezogene (und damit nicht unmittelbar intentionale), Spektrum umfassen mit Aspekten wie diesen:

Zentrale Fragen von ‚Emotion und Kommunikation'

- Interaktions- und kommunikationsrelevante Formen des emittentenseitigen Ausdrucks von Emotionen
- Manifestationsformen von Emotionalität in mündlichen und schriftlichen Texten in inhaltlicher und/oder formaler Hinsicht
- Rezipientenseitige Wahrnehmungen und Deutungen von Emotionalität auf Seiten des Emittenten und/oder rezipientenseitige Wahrnehmung von inhaltlicher und/oder formaler Emotionalität auf der Textebene
- Prozessierung von Emotionen im Verlauf einer Kommunikationssituation, so dass gegebenenfalls eine im Zuge des Kommunikationsprozesses sich einstellende Emotionalisierung des Rezipienten bzw. des Emittenten einzubeziehen ist (vgl. zu Manifestation, Deutung und Prozessierung von Emotionen in der Kommunikation Fiehler 1990).

Zu berücksichtigen sind generell:

Mediale Formen emotionaler Kommunikation

- Einerseits alle Formen der sowohl mündlichen *Face-to-face* Kommunikation als auch der medial vermittelten mündlichen Kommunikation, wie z. B. Telefongespräche ebenso wie
- andererseits die verschiedenen Formen und Gattungen schriftlicher Kommunikation.
- Ebenfalls sind hierbei alle Zwischenformen von Mündlichkeit und Schriftlichkeit einzubeziehen, wie sie u. a. in den kommunikativen Gattungen der Neuen Medien anzutreffen sind, wie z. B. Chats.

Ein wichtiger Aspekt im Bereich von ‚Emotion und Kommunikation' besteht in den prozessualen Aspekten und Wechselwirkungen emotionsgeprägten Austauschs. Denn der Komplex von ‚Sprache und Emotion' impliziert, dass

Kommunikation und emotionale Ansteckung

Kommunikationspartner in der Lage sind, die Emotionen ihres Gegenübers zu erkennen und – mehr oder weniger entsprechend – darauf zu reagieren. Hier ist auf typische Eskalationsdynamiken mit der Emotionalisierung der beteiligten Partner und ihrer ‚emotionalen Ansteckung', z. B. in den Formen der mündlichen und schriftlichen Streitkommunikation, aber auch in vielen anderen, wenn nicht nahezu allen Kommunikationssituationen, hinzuweisen. Die ‚angeregte Unterhaltung' oder das ‚gute Gespräch' etwa sind ohne die wechselseitige positive Emotionalisierung undenkbar.

Emotionssemiotik

Im emittentenseitigen Emotionsausdruck und der gesamten Emotionskommunikation spielen schließlich unterschiedliche semiotische Dimensionen der betreffenden Zeichenprozesse eine Rolle. So findet etwa der sprachliche Ausdruck von Emotionen auf hochdifferenzierte Weise statt: Das Spektrum reicht von unter Umständen kaum wahrnehmbaren prosodisch-stimmlichen Veränderungen über die explizite Kundgabe und Benennung von Freude, Wut, Trauer und anderen Emotionen bis zum unkontrollierten Gefühlsausbruch, bei dem es beispielsweise zu Beschimpfungen und Beleidigungen des Gegenübers kommen kann (vgl. Kapitel I.2.4 ‚Semiotische Ansätze' und Kapitel III. im vorliegenden Studienbuch).

‚Emotion und Kommunikation' als Schlüssel

Hervorzuheben ist, dass der Bereich von ‚Emotion und Kommunikation' einen entscheidenden Schlüssel für jeden Zugang zu dem umfassenden Komplex der Auseinandersetzung mit Fragen des Emotionalen darstellt. Denn sämtliche Themenbereiche und Anwendungsfelder der Emotionsforschung – sei es die fachlich-wissenschaftliche oder von anderen Interessen geleitete Auseinandersetzung mit Emotionen in Literatur, Bildender Kunst und Musik oder mit irgendeinem anderen der in diesem Studienbuch behandelten Felder – gründen letztlich selbstverständlich auf Sprachverwendung und Kommunikation und werden von ihnen beeinflusst.

Was die disziplinäre Zuordnung der Untersuchung emotionsbezogener Kommunikationsprozesse betrifft, so hat es sich seit der Antike bis heute immer um verschiedene Disziplinen gehandelt, die die Zuständigkeit für Fragestellungen im Bereich von ‚Emotion und Kommunikation' wahrgenommen haben. Durch zwar nicht ununterbrochene, aber insgesamt herausragende Kontinuität zeichnet sich dabei die Rhetorik einschließlich ihres Einflusses auf die literarische Poetik und Dramentheorie aus, insbesondere die der Tragödie. Weiterhin ist auch in einem – wie hier – kursorischen Blick auf die Geschichte des abendländischen Nachdenkens über dieses Thema auf die Philosophie, Anthropologie, Ethologie, Psychologie und seit einigen Jahrzehnten Kognitionswissenschaften zu verweisen. Erst in jüngerer Zeit allerdings hat auch in der Linguistik die Emotionsforschung an Bedeutung gewonnen; dies nach wie vor mehr im angloamerikanischen als im deutschsprachigen und weiteren europäischen Raum, weswegen oft von ‚Language and emotion' gesprochen wird.

Relevante Disziplinen

Als Desiderat ist eine vergleichend und historisch angelegte Kommunikationswissenschaft hervorzuheben. Zu ihren Aufgaben würde es gehören, kulturelle und sprachliche Variablen des Komplexes von Emotion und Kommunikation theoretisch und praktisch zu erfassen und für Fragen der interkulturellen Kommunikation fruchtbar zu machen (vgl. hierzu ‚Emotion, Multilingualität und interkulturelle Kommunikation' in diesem Band).

Dass ausgerechnet in der Sprach- und Kommunikationswissenschaft die Emotionsthematik nur zögerlich aufgegriffen wurde, wird in der Regel durch Hinweise darauf erklärt, dass Sprache in diesen Disziplinen lange Zeit und in hohem Maße auf ihre rationalen und informationsvermittelnden Funktionen reduziert wurde (vgl. Fiehler 1990, 26 und Konstantinidou 1997, 11–15). Sowohl Fiehler als auch Konstantinidou lassen in ihren entsprechenden Ausführungen richtig erkennen, dass sich in dieser Reduktion sowohl wissenschaftssoziologische als auch anthropologische Grundhaltungen widerspiegeln, die im 20. Jahrhundert und bis in die unmittelbare Gegenwart vorherrschen. Im Hintergrund stehen hierbei auch epistemologische Fragen nach dem Verhältnis von Sprache und Erkenntnis, die besonders für die Philosophie des 18. Jahrhunderts eine erhebliche Rolle gespielt haben.

Für den deutschsprachigen Raum sind aus dem Bereich der linguistisch-kommunikationswissenschaftlichen Emotionsforschung einige Monographien besonders zu erwähnen, die wohl als Meilensteine der deutschsprachigen Emotionssprachforschung bezeichnet werden dürfen: Hierzu gehören die maßstabsetzende Untersuchung von Reinhard Fiehler aus dem Jahr 1990, die Studie von Silke Jahr zu Emotionen und Emotionsstrukturen in Sachtexten aus dem Jahr 2000 und der 2007 erschienene Band von Monika Schwarz-Friesel zu Sprache und Emotion.

Meilensteine der Forschungslage im deutschsprachigen Raum

Die englisch-amerikanischsprachige Forschungslage unterscheidet sich im Bereich der Emotionskommunikation und Emotionslinguistik markant. Hier erscheinen seit einer Reihe von Jahrzehnten in vergleichsweise regelmäßiger Folge Monographien und Sammelbände zum Thema, die oft auch Brücken zwischen Psychologie und Kommunikationswissenschaft bzw. Linguistik schlagen; auch in der Emotionstheoriebildung und in umfangreichen Handbüchern zur Emotionsforschung finden sich in der Regel erhellende Beiträge (vgl. z.B. Davitz 1969, Clynes 1980, Buck 1984, Niemeier & Dirven 1997, Andersen & Guerrero 1998, Oatley & Johnson-Laird 1998, Planalp 1999, Fussel 2002, Bruyant et al. 2003, Wilce 2009).

Im Folgenden werden einige der maßgeblichen Zugänge zum Komplex von ‚Emotion und Kommunikation' erläutert. Bedeutende Aspekte von Emotionalität in kommunikativen Zusammenhängen betreffen:

- Semiotische Dimensionen der Emotionskommunikation
- Wortwahl, verbale Ausdrucksweisen und Emotionswortschatz in Einzelsprachen wie dem Deutschen
- Grundlagen des Sprachgebrauchs und der Sprachverwendung
- Verbales Verhalten und die Rolle von Emotionalität in Mündlichkeit und Gespräch
- Emotionsbezogene schriftliche Textsorten oder kommunikative Gattungen
- Spezifische mündliche Interaktionstypen und kommunikative Gattungen
- Fragen der Methodik

Diese Aspekte werden im Folgenden berücksichtigt.

1. Verbale, para- und nonverbale Emotionskommunikation

Besondere Aufmerksamkeit erhalten gerade in der angloamerikanischen Forschung im Bereich von ‚Emotion und Kommunikation' Fragen,

- danach, wie Emotionen kommuniziert werden,
- wie verbale und nonverbale emotionale Nachrichten integriert werden (vgl. Planalp/Knie 2002)
- sowie nach den Signalen (*Cues to emotion*) (vgl. Planalp 1999, 43 ff.; vgl. Planalp 1998)

Cues Mit den verschiedenen Signalen (*Cues*) sind unterschiedliche semiotische Kanäle (*Channel*) verbunden. Sally Planalp nennt folgende Signaltypen (Planalp 1999, 44 ff.):

- Gesichtssignale (*Facial Cues*)
- Vokale Signale (*Vocal Cues*)
- Physiologische Signale (*Physiological Cues*)
- Gesten und Körperbewegungen (*Gestures and Body Movements*)
- Handlungssignale (*Action Cues*)
- Verbale Signale (*Verbal cues*)

Gestenforschung Hier ergeben sich zahlreiche Bezugnahmen auf die jeweilige Spezialforschung in den Bereichen der Mimik, Phonetik und Phonologie, der Medizin, der in jüngerer Zeit deutlich intensivierten Untersuchung von Gesten sowie der nonverbalen Kommunikation bzw. der – eher populär so bezeichneten – Körpersprache. In diesen Bereichen werden z. T. seit Jahrzehnten einschlägige Arbeiten vorgelegt (vgl. für die nonverbale Kommunikation z. B. die trotz z. T. berechtigter Kritik seinerzeit impulsgebenden Ansätze von Argyle [9]2005[1975] und Birdwhistell 1970). Besondere Intensivierung hat die internationale Gestenforschung z. B. mit der Gründung der von dem Gestenforscher Adam Kendon herausgegebenen Zeitschrift „Gesture" im Jahr 2001 erfahren.

Zusammenspiel von Signalen Zu den großen Herausforderungen gehört die Untersuchung des unter Umständen auch widersprüchlichen Zusammenspiels verschiedener Signale, wie z. B. die von gesprochener Äußerung und Blickverhalten, von Gesten und Handlungssignalen, wie z. B. bei Ärger eine Tür zuzuschlagen, zu essen oder zu trinken etc. (Planalp & Knie 2002, 55):

> Everyone knows that verbal and nonverbal cues fit together into integrated messages like interlocking pieces of a puzzle, but nobody really knows how. It is one of the most fundamental and intriguing questions about social interaction, and at the same time it is one of the most intractable. Nowhere is this more apparent than in the study of messages of emotion. We know that emotion is expressed or communicated through words, faces, voices, and bodies, usually in rich combinations, but we know very little about how those cues work in concert or in conflict.

Zu den einführenden Beobachtungen der beiden Autorinnen gehören:

- Die Annahme, dass der Emotionsausdruck im Bereich einer Signalebene den im Bereich einer anderen erleichtern kann: z. B. kann Gestik die Verbalisierung unterstützen.
- Die Annahme, dass die Blockade einer Dimension die Intensivierung des Ausdrucks im Bereich einer anderen mit sich bringen kann.
- Die Annahme, dass häufig von der Konsistenz des Ausdrucks in verschiedenen Signaldimensionen auszugehen ist.
- Die Annahme, dass bei inkonsistentem Ausdruck von einer nicht eindeutigen Emotion auszugehen ist.

Zu Recht problematisieren sie jedoch simplifizierende Auffassungen, wie z. B. die unzutreffende Annahme, dass es so etwas wie einen fixen Prozentschlüssel gebe, der die Gewichtung von verbalen und nonverbalen Anteilen zuverlässig benenne. Stattdessen berücksichtigen sie drei so genannte „Logiken", die der Expression, der Konvention und der Rhetorik:

Drei „Logiken"

- Expression steht für einen unmittelbaren *hot emotion*-Ausdruck
- Konvention für einen erwartbaren und als angemessen wahrgenommenen Ausdruck
- Rhetorik für einen unter Umständen am Adressaten orientierten und strategisch modellierten Ausdruck

Die Einbeziehung der rhetorischen Orientierung (*Rhetorical Emotional Communication*) begründen sie auch forschungsmethodisch (Planalp & Knie 2002, 70):

> Pursuing research from the rhetorical model is a kind of retreat in the sense that it leads researchers back to the level of detailed, case-by-case description and interpretation of *in situ* verbal and nonverbal message complexes. But in another sense, it is an emancipation from restrictive methods and research contexts and an invitation to study a wide range of public and private messages that have significant emotional and social impact.

Ein vorläufiges, gleichwohl aufschlussreiches Ergebnis ihrer Untersuchung differenziert bezüglich der drei Logiken und der Berücksichtigung individueller Formen von Emotionalität und Ausdruck (Planalp & Knie 2002, 73):

> Let's say, for example, that an „expressive" sender focuses on nonverbal cues, a „conventional" sender on verbal cues, and a „rhetorical" sender on verbal/nonverbal combinations. If an „expressive" encoder sends a nonverbal emotional message to a „conventional" decoder relying on verbal cues, the message may not only be lost, but it may lead to misunderstanding, even conflict. Thus, individual cue bias and reliance on a specific message design logic adds even greater complexity and challenge to the situation, not only for the researcher, but for the interaction participants themselves.

Problem der Deutung von Einzelgesten

Führt man sich dies vor Augen, leuchtet ein, warum die oftmals in populärer Ratgeberliteratur anzutreffenden Deutungsempfehlungen von Einzelgesten und isoliert beschriebenen Körperhaltungen wenig hilfreich, wenn nicht sogar irreführend, und in dieser Form auch nicht als wissenschaftlich angemessen fundiert zu betrachten sind.

Hingewiesen sei hier schließlich noch auf eine weitere auszubauende Schnittstelle: Gewiss noch vertieft werden können die Bezüge zur jüngeren Forschung im Bereich der Multimodalität, einem Feld, in dem bislang nur *en passant* auf die Fruchtbarkeit der *Appraisal Theories* für dieses Untersuchungsinteresse verwiesen wird (vgl. Jewitt 2009, 281f., 293 und 332). Ein früher Ansatz eines multimodalen Konzepts wird im nun folgenden Kapitel 4. vorgestellt, der erstaunlicherweise bei Planalp & Knie keine Berücksichtigung findet.

2. Emotionen in Sprachpragmatik, Rhetorik und Stilistik

Unter dem Begriff der ‚Pragmatik' wird in der Linguistik das Feld des Sprachhandelns zusammengefasst. Generell gilt, dass sprachliche Handlungen bzw. die Verwendung von Sprache in konkreten Sprachgebrauchssituationen häufig, wenn nicht latent immer, mit Emotionen verbunden sind. Insbesondere Sprachhandlungen, wie z.B. Vorwurf-Rechtfertigungs-Sequenzen sowie Sprechakte etwa des Drohens, der Disziplinierung und der Expressivität, können – und werden in aller Regel – auf der konkreten Sprachäußerungsebene ebenso wie in illokutionärer Hinsicht und als perlokutionäre Effekte mit Emotionen verbunden sein (vgl. Fiehler 1990, 94ff.). Bei Beschimpfungen, Beleidigungen und dergleichen stehen emotionale Aspekte meist sogar im Vordergrund. Nicht zuletzt kann auch Schweigen emotionale Prozesse manifestieren, ebenso wie es sie auch hervorrufen kann, so z.B. wenn Fragen nicht beantwortet werden.

Integrativer Ansatz von Arndt & Janney

Einen ausgearbeiteten integrativen Ansatz haben Horst Arndt und Richard Wayne Janney 1987 vorgelegt. Obwohl er damit nicht mehr als neu zu bezeichnen ist, hat er angesichts der oben in diesem Abschnitt erläuterten Feststellung von Planalp und Knie nichts an Relevanz eingebüßt. In pragmatischer Ausrichtung haben Arndt und Janney ein Konzept vorgestellt, in dem verbale, prosodische und kinesische Aspekte – Wahlen (*Choices*) – systematisch zusammengeführt werden (vgl. Arndt & Janney 1987). Axel Hübler erläutert diesen Begriff in seiner Darstellung des Ansatzes: „Bei Arndt und Janney geht es um die Wahl zwischen Varianten mit mehr oder weniger gleichem propositionalen/inhaltlichen Gehalt. Das Wahlpotential ist also nicht in inhaltlichen, sondern in stilistischen Termini beschreibbar [...]." (Hübler 2001, 229). Die Autoren sprechen insgesamt von einer ‚InterGrammar' und gehen von zwei Grundorientierungen aus (vgl. Arndt & Janney 1987, 3):

- Einer Verhaltensorientierung, der zufolge Sprechen als eine menschliche Aktivität verstanden wird, die den ganzen Körper einschließt und nicht nur den Teil des Körpers, der unmittelbar mit der Sprachproduktion befasst ist.

- Einer pragmatischen Orientierung, der zufolge Sprechen als zielgerichtete menschliche Handlung verstanden wird, die die Gesprächspartner in dynamischen kommunikativen Kontexten betrachtet und nicht nur isolierte Sprecher berücksichtigt.

Ausgangspunkt ist diese Annahme: „The production of words, stresses, intonations, glances, facial expressions and so on during speech are not discrete activities but aspects of an ongoing stream of behavior." (Arndt & Janney 1987, 4). Als spezifischer Relevanzbereich wird die emotive Kommunikation (*emotive communication*) ausgemacht: „[...] the communication of relatively transitory feelings, attitudes and other affective states" (Arndt & Janney 1987, 5). Emotive Kommunikation ist der zentrale Gegenstand der ‚InterGrammar' und es geht darum, „how transitory feelings about partners and topics are signaled and interpreted during conversation." (Arndt & Janney 1987, 394). Denn emotive Kommunikation wird hier als unverzichtbarer Aspekt für das Aufrechterhalten überhaupt jeder interpersonalen Interaktion gesehen (Arndt & Janney 1987, 394):

<blockquote>
In English speech (and all other natural speech), the production and coordination of emotional signals is an ongoing, systematic, multimodal activity running parallel to the production and coordination of cognitive and conative signals. Of great importance to maintaining the interpersonal basis for conversation are signals of confidence/insecurity, positive/negative affect, and involvement/uninvolvement.
</blockquote>

Emotive Kommunikation

Wenn die Autoren mit dem Spektrum jeweils möglicher Wahloptionen stilistische Merkmale wie *Informal style*, *Neutral style* und *Formal style* fokussieren, dann schlagen sie mit ihrem Ansatz eine Brücke zu den Traditionen der Rhetorik und Stilistik, die seit der Antike bis zur Gegenwart wesentliche Referenzgrößen für die sprachlich-kommunikative Gestaltung adressaten-, situations- und gegenstandsgerecht emotionalisierender Rede sind. Auch über den Ansatz von Arndt und Janney hinaus bieten Rhetorik und Stilistik in ihrer vollen Breite maßgebliche Instrumente für die gezielte Gestaltung von Emotionalität im Zusammenhang von schriftlicher und mündlicher Sprache. Der US-amerikanische Literaturwissenschaftler Stanley Fish spricht von *Affective stylistics* und fokussiert dabei die affektiven Leserreaktionen auf stilistische Facetten eines literarischen Textes (vgl. Fish 1980).

Wahlen

Für Details des nach wie vor interessanten und reflektierten Ansatzes der pragmatischen ‚InterGrammar' ist auf das prägnante Referat von Axel Hübler (Hübler 2001, 228–257) und natürlich den Band Arndt und Janney zu verweisen.

3. Emotionswortschatz und Emotionssemantik, ‚Verletzende Worte' und Gender

Eine wichtige Kategorie sprachlicher Kommunikation von Emotionalität repräsentieren die Emotions- oder Gefühlswörter. Eingangs ist hier auf eine Dimension der Thematik hinzuweisen, die sich auf die sprachhistorische

Ausbildung des betreffenden Emotionswortschatzes bezieht. Für den betreffenden Wortschatz im Deutschen hat das achtzehnte Jahrhundert u. a. aufgrund gesellschaftlicher, philosophischer und literarischer Kontexte einen ausgeprägten Schub mit sich gebracht (vgl. z. B. Habermas 1990[1962]; Blackall 1966; Jäger 1988). In der literarischen Epochenbezeichnung der ‚Empfindsamkeit' wird das Moment der Emotionalität in seiner historischen Bedeutung greifbar.

In soziologischer Perspektive wurden dabei zwei komplementäre Aspekte akzentuiert: Während es auf der einen Seite zu einer Differenzierung und Verfeinerung der Kommunikation kommt, darf auf der anderen Seite nicht außer Acht gelassen werden, dass sich zugleich verstärkte Möglichkeiten gegenseitiger sozialer Kontrolle und womöglich sogar der Machtausübung ausbilden können (vgl. Elias 1990).

Emotionswortschatz

Der Emotionswortschatz im engeren Sinn bezieht sich dabei auf lexikalische Ausdrucksmöglichkeiten und Bildungen wie sie z. B. in Grimms Wörterbuch mit Belegen etwa aus Goethes Werken zu finden sind („liebekrank", „liebelispelnd", „Liebreizung", „Liebschaft" u. a.).

Interjektionen

Im weiteren Sinn können dazu beispielsweise Interjektionen gehören, die schon in der Antike unter dem Aspekt des Affektausdrucks diskutiert wurden (vgl. Ehlich 1986, 20; Reisigl 1999).

Denotation und Konnotation

Im Hinblick auf die Ebene der Wortsemantik sind bezüglich emotionsbezogener Bedeutungsfacetten neben denotativen Aspekten wie im Bereich des eigentlichen Emotionswortschatzes die konnotativen Aspekte zu nennen, die geläufigen Definitionen des ‚Konnotations'-Begriffs zufolge u. a. emotionale Aspekte betreffen können.

Integrale Emotionssemantik

Deutlich weiter geht ein Ansatz, der schon auf die achtziger Jahre des letzten Jahrhunderts zurückgeht und es verdiente, erneut Beachtung und kritische Reflexion zu finden. Bronislava Volek verortet sich dabei mit der Widmung für Vilém Mathesius in der Tradition der Prager Schule, wenngleich sie den syntaktischen Ansatz der Prager Schule im Bereich der Emotivität (*Emotivity*) als zu kurz greifend kritisiert (vgl. Volek 1987, 1). Ihr geht es um einen funktional basierten integralen semantischen Beschreibungsansatz für Sprache und Kommunikation (*Integral description of language and communication*): „It shows that emotivity permeates virtually all linguistic communication, suggests some methods of description of emotive signs in systematic terms, and argues that emotivity in language constitutes a system in its own right." (Volek 1987, 3). Besondere Berücksichtigung finden mit Blick auf das Russische abgeleitete Substantive mit emotiver Bedeutung und Diminutiva, wenngleich Volek betont, dass alle linguistischen Ebenen einzuschließen sind (vgl. Volek 1987, 249).

Sprache, Macht und Gewalt

Emotionalität ist wohl ohne jede Frage ein zentrales Charakteristikum im Zusammenhang der Ausübung von Macht und Gewalt. Die Gewalt gegenüber Menschen kann dabei mit der Verwendung von Sprache in einem gemeinsamen Fixpunkt zur Deckung kommen: Dies ist die Unterdrückung respektive die konkrete oder verbale Verletzung (vgl. für einen Überblick zur Untersuchung ‚verletzender Worte': Hermann/Krämer/Kuch 2007; vgl. zu diesem Abschnitt auch Schiewer 2008b). Gewaltkonzeptionen müssen daher auch hinsichtlich der Dimensionen des Sprachlichen reflektiert werden, selbst wenn prinzipiell Gewalt und sprachliche Kommunikation gelegentlich sehr wohl auch Antagonismen darstellen können. Strukturen sprachlicher Macht und Gewalt stellen in der Linguistik und insbesondere auch in der Erforschung dessen, was als geschlechtsspezifisches Sprach- und Gesprächsverhalten betrachtet wird, ein Themenfeld dar, das unter vielfältigen Fragestellungen erforscht wird.

Ob die Ausübung von Macht oder, in der stärkeren Form, von Gewalt mittels Sprache als Ausnahmefall des sprachlichen Austauschs zwischen Menschen zu betrachten ist oder als latent konstitutiv für jede verbale Interaktion angesehen werden muss, ist eine – wenn nicht sogar die – zentrale sprach- und kommunikationstheoretische Thematik. Hierbei ist eine Unterscheidung zu machen.

Einerseits geht es um Folgendes: Bei expliziten Sprechakten der Dominanz, wie z.B. dem gerichtlichen Urteil oder auch dem elterlichen Verbot, wie Beschimpfungen und Beleidigungen, wie der Weisung durch ein situatives Sprechverbot, oder auch bei der Unterdrückung durch das generelle Verbot einer gesamten Sprache, welches zum Linguizid, dem Tod einer Sprache, führen kann – bei solchen Sprechhandlungen handelt es sich um offene Erscheinungsformen von Machtausübung und sprachlicher Gewaltanwendung.

Andererseits können Macht und Gewalt aber auch als subtile, gleichwohl ubiquitäre Begleiterscheinungen sprachlicher Kommunikation akzentuiert werden, die vielfach erst in der Analyse sichtbar zu machen sind. Keinesfalls handelt es sich bei dieser Variante sprachlicher Gewalt um eine vergleichsweise harmlose Form. Ganz im Gegenteil werden sprachliche Macht und kommunikative Gewalt erst in dieser Perspektive als wirkungsvoll und bewusst eingesetztes Instrument ebenso wie als vielfach unerkannte, indes sehr wohl zur Wirkung kommende Facette der Interaktion wahrnehmbar.

Der Komplex von Sprache, Macht und Gewalt ist Thema einer ganzen Reihe verschiedener linguistischer und angrenzender Forschungsfelder. Genannt werden kann hier beispielsweise die Untersuchung strategischen Handelns in der Linguistik sowie das Konzept der linguistischen Ethologie, in dem Formen der Status-, Prestige- und Machtsicherung, u.a. auch des kindlichen Sprachgebrauchs, analysiert werden (vgl. z.B. Timm 1988 und Sager 2004). In soziologischer Perspektive werden Strukturen der Machtausübung unter anderem sogar in konsensorientierter Kommunikation aufgedeckt, obwohl diese der Idee (respektive der Illusion) vermeintlicher Neutralität und Sachrationalität verbunden ist (vgl. Popitz ²1999). Sodann hat eine problemorientierte Ausrichtung innerhalb der Kontaktlinguistik dem verbreiteten Modell der Koexistenz verschiedener Sprachen im Rahmen von Diglossie-Situationen mit einem komplementären Nebeneinander von *high*- und *low*-Sprachen innerhalb einer Sprachgemeinschaft ein sogenanntes Konfliktmodell an die Seite gestellt: Anstatt von einer unproblematischen, rein funktional durch kommunikative Verwendungskontexte und -erfordernisse gegebenen Komplementarität auszugehen, wird hier das Bestehen eines Ungleichgewichts zwischen *high*- und *low*-Sprachen angenommen (vgl. Williams 1992). In der Philosophie ist dies ein Thema, das seit der Antike bis zur Gegenwart reflektiert wird (vgl. Kuch & Herrmann 2010).

In der Untersuchung sprachlicher Gewalt gegenüber Frauen haben die Begriffe von Macht und Herrschaft erhebliche Bedeutung erhalten. Das

Sprache, Gewalt und Gender

Geschlechterverhältnis wurde in der früheren feministischen Sprachwissenschaft als hierarchisches Verhältnis beschrieben, wobei männliche Macht und Gewalt zu zentralen Begriffen avancierten. Diese ursprünglich soziologischen Begriffe spielen in der feministisch orientierten Analyse sowohl von Sprachnormen als auch von konkreten Sprachhandlungen eine Rolle. Autorinnen wie Robin Lakoff, Nancy Henley, Pamela Fishman und Cheris Kramarae schlossen dabei an den Machtbegriff von Max Weber an, demzufolge Macht zu verstehen ist als: „jede Chance ..., innerhalb einer sozialen Beziehung den eigenen Willen auch gegen Widerstreben durchzusetzen, gleichviel, worauf diese Chance beruht." (Vgl. Lakoff 2004[1975]; Henley 1988; Fishman 1978; Kramarae 1984; Weber 1976). Dieses Konzept wurde von Peter Berger und Thomas Luckmann modifiziert, indem sie Macht als die Frage fassten, wer die Realität definiert (Berger/Luckmann 1980). Bei Vertreterinnen v. a. der frühen feministischen Linguistik ist die Auffassung anzutreffen, daß dieser Machtbegriff auf die alltägliche Interaktion zu beziehen und diese durch solchermaßen bestimmte Machtstrukturen charakterisiert sei. Macht und Gewalt hängen dann so zusammen, dass, wer Macht hat, Gewalt anwenden beziehungsweise damit drohen kann, sie anzuwenden, um auf diese Weise die eigenen Interessen gegen den Willen anderer durchzusetzen.

Die sich als feministisch verstehende Linguistik hat sich insbesondere für verdeckte Formen solcher Gewaltausübung interessiert, die sich – unabhängig davon, ob sie bewusst oder unbewusst eingesetzt werde – als Unterdrückungsmechanismen gegen Frauen wegen ihres Frauseins richte (vgl. für einen Überblick z.B. Samel 2000). Es wurde von der These eines männlichen sprachlichen Dominanzverhaltens ausgegangen und ein männlich „kompetitiver" einem weiblich „kooperativen" Gesprächsstil gegenübergestellt. Vor diesem Hintergrund wurden entsprechende Mechanismen des Sprecherwechsels, der Themeninitiierung und -akzeptanz, des Umfangs der Redeanteile, der Häufigkeit und Form von Unterbrechungen, der Gesprächsbeendigung etc. untersucht.

Andere Entwicklungen knüpfen demgegenüber stärker an ein Konzept des *doing gender* an, das die jeweilige Interaktion als komplexe Situation versteht, in der weibliche und männliche *gender*-Konzepte von den betreffenden Gesprächspartnern inszeniert werden (vgl. für einen Überblick z.B. Kotthoff 2002). Hier werden solche Aspekte wie Stimme und Prosodie, Gesprächsstile, eine Stilisierung des Körpers, aber auch lokale Geschlechtsneutralität und Medienrezipienz als omnipräsente *gender*-Folie einbezogen. Kulturelle Praktiken der Inszenierung von Weiblichkeit und Männlichkeit werden im Gegensatz zu biologischen Gegebenheiten akzentuiert und Ritualisierungen mit dem Ziel des Distinktionsgewinns werden, neben der Herstellung von Asymmetrien, hervorgehoben. Hier wird der Fokus auch insofern geweitet, als z.B. auch die Geschichte männlicher Gefühle einbezogen wird (vgl. Borutta & Verheyen 2010, wenngleich hier die Akzente nicht im unmittelbar linguistisch-kommunikationswissenschaftlich relevanten Bereich gesetzt werden).

Hate speech nach Judith Butler

In diesem Kontext hat Judith Butler Macht und Gewalt nicht nur als von außen auf das Individuum einwirkende Größe akzentuiert, sondern den Aspekt der Subjektion oder Unterwerfung unter soziale Normen in die Diskussion eingebracht. Identität und die eigene Existenz werden dieser Auffassung zufolge in Kategorien und Begriffen gefasst, die ihrerseits einem äußerlichen Diskurs entstammen; Butler spricht dabei von einem „Ausgesetztsein des Subjekts gegenüber der Sprache" (Butler 2001, 26). In ihrer Analyse von Macht und Gewalt einschließlich Fragen des Sprachlichen schließt sie immer wieder – durchaus auch in kritischer Absetzung – an Hegel sowie u.a. an Nietzsche, Freud und Foucault an. Im Anschluss an Hegels „Phänomenologie des Geistes" formuliert Judith Butler Zusammenhänge von Individuum, Sprache, Normen und Gemeinschaft:

> Wir sind keine in uns abgeschlossenen Dyaden, da unser Austausch durch die Sprache vermittelt ist, durch Konventionen, durch Ablagerungen von Normen, die ihrem Charakter nach gesellschaftlicher Art sind. Wie haben wir also die unpersönliche Perspektive zu verstehen, die unsere persönliche Begegnung zugleich bewirkt und verschiebt? [...] Es gibt eine Sprache, die die Begegnung einrahmt. Eingebettet in diese Sprache findet sich eine Gruppe von Normen für das, was Anerkennbarkeit ausmacht und was nicht. (Butler 2003, 38).

Wenn „Ich" und „Du" erst in einem Rahmen der Begegnung entstehen, dann, so schließt Butler, richten Normen nicht nur das eigene Verhalten aus, sondern bedingen auch die Entstehung und die Möglichkeit des eigenen Selbst und des Anderen (vgl. Butler 2003, 36f.). Hier bringt Butler die Auffassung der Subjektivation unter einen Diskurs respektive unter die vorgefundene Sprache ein und betont, dass „die Macht, die zunächst von außen zu kommen und dem Subjekt aufgezwungen und es in die Unterwerfung zu treiben schien, eine psychische Form an[nimmt], die die Selbstidentität des Subjekts ausmacht" (Butler 2001, 9). Macht wird hier somit doppelt gefasst: Neben die offenkundige Beherrschung durch eine äußerliche Macht tritt die Macht der Sprache, deren Begrifflichkeit für die Anerkennung der eigenen Identität von erheblicher Bedeutung ist (vgl. Butler 2001, 25). Der Begriff der Subjektivation impliziert diesem Ansatz zufolge die Unterwerfung des Individuums unter die Konventionen der Sprache respektive die „Auflösung der Freiheit in Selbstversklavung" (Butler 2001, 35). Festgehalten werden kann, dass in dieser Konzeption Butlers sprachliche Macht und Gewalt nicht allein in ihren expliziten Erscheinungsformen, wie im Fall sprachlicher Beleidigungen und Verletzungen, beobachtet werden, sondern auch in ihren impliziten. Sie spricht von ‚Hass-Sprache' (*hate speech*) oder ‚Verhetzung' (*excitable speech*) (vgl. Butler 1997). Und es ist Butler durchaus zuzustimmen, dass persönliche Identität als grundsätzlich relationale Kategorie im Kontext kultureller Konstruktionseinflüsse zu sehen ist.

Es sollte aber nicht übersehen werden, dass die implizite Machtform der Subjektivation nicht nur das Individuum gegenüber der konventionalisierten Sprache betrifft, wie Butler akzentuiert, sondern darüber hinaus gerade aufgrund dieser ersten Ebene der Subjektion auf einer zweiten Ebene auch die dialogische Situation jedes Gesprächs mit zwei oder mehr beteiligten, individuell geprägten Teilnehmern in hohem Maß tangieren kann. Dies kann sehr wohl mit einem „kompetitiven" Gesprächsstil einhergehen, der in der Regel vor allem dem sozial überlegenen Dialogpartner offen steht, wie

Über Judith Butler hinaus

besonders die feministische Linguistik betont hat. Ebenso sind u. U. Formen der Status-, Prestige- und Machtsicherung zu gewärtigen, wie insbesondere die Linguistische Ethologie darlegt. Desgleichen können die Mechanismen latenter Unterdrückung sogar vorzugsweise im Rahmen konsensorientierter Kommunikation zum Einsatz gebracht werden, da subtile Formen der Drohung mit besonderem Erfolg Verwendung finden, wenn aufgrund der konsensorientierten Haltung aller Beteiligten damit zu rechnen ist, dass angedrohte Konsequenzen gar nicht wahr gemacht werden müssen (vgl. Popitz 1999). Dass über die dialogstrukturell begründete Subjektion hinausgehende generalisierte Asymmetrien und Formen latenter oder offener Unterdrückung auch in soziolinguistischen Phänomenen wie den sogenannten *high*- und *low*-Sprachen einer Sprachgemeinschaft begründet sein können, liegt auf der Hand.

Jedoch genügt es gerade aufgrund der prinzipiell möglichen asymmetrischen Konstitution jedes sprachlichen Austauschs nicht, wie Judith Butler, „allgemein anerkannte Identitäten und Dialogstrukturen, die der Vermittlung bereits etablierter Identitäten dienen", in Frage zu stellen und alle Hoffnung auf „ein offenes Bündnis" zu setzen, das es erlaubt, Identitäten variabel zu gestalten und entsprechend den jeweils vorhandenen Zielen wechselweise zu instituieren und aufzugeben (vgl. Butler 1991). Identitäten, die wechselweise entstehen und sich wieder auflösen, garantieren als solche keine persönliche Freiheit, zumindest solange nicht klar ist, worin der Mechanismus der Konstruktion und Revision von Selbstbildern im Rahmen gesellschaftlicher Interaktion besteht. Ein wichtiger Schritt ist hierbei die Einsicht in die Machtverhältnisse, welche die Dialogmöglichkeiten schon in ihrer strukturellen Gegebenheit bedingen und einschränken.

4. Emotionscodierung und verbales Verhalten

Grundlagen der Emotionscodierung

Die Grundlagen der Emotionscodierung – d. h. der Art und Weise, wie Emotionen signalisiert und kommuniziert werden – sowie des verbalen Verhaltens – wie sie die gesamte Art, sich zu äußern, beeinflussen und von der Wortwahl bis zu Gesprächsstrategien das verbale Verhalten (mit)bestimmen – werden nun im Ausgang vom Zeichenbegriff Karl Bühlers entwickelt. Dabei wird Bühlers Begrifflichkeit im Hinblick auf die unterschiedlichen Formen der Emotionsmanifestation ausdifferenziert (vgl. Schiewer 2008).

Im Folgenden wird eine synoptische Darstellung vorgestellt: Sie umfasst die verschiedenen Dimensionen der Emotionsbekundung, ihrer Rezeption und ihrer Kommunikation in Text und Dialog sowie eine Zuordnung relevanter Emotionstheorien mit ihren spezifischen analytischen Ansätzen und Beschreibungsformen (vgl. im vorliegenden Band ‚Emotionsforschung und *Affective Sciences*: Emotionsbegriffe und -theorien').

Diese Zusammenschau ist als ein Überblick über linguistisch relevante Aspekte von Emotionaliät zu verstehen und als Schritt in die Richtung der Konzeptualisierung von Emotionslinguistik und emotionsbezogener Kommunikationswissenschaft. In einem weiteren Schritt werden auch literaturwissenschaftliche Perspektiven der Emotionscodierung an solche Grundlegungen anknüpfen können. Ähnlich haben Marcel Zentner und Klaus R.

Scherer für die Psychologie die Entwicklung integrativer Ansätze zur umfassenden theoretischen Erklärung des Emotionsphänomens angemahnt und hierfür bereits Vorschläge gemacht (vgl. Zentner & Scherer 2000, 157ff.). In vergleichbarer Absicht haben John W. Oller und Anne Wiltshire einen Mangel an systematischer Zusammenarbeit von Linguistik und Psychologie im Feld der Emotionsmanifestation beklagt (vgl. Oller & Wiltshire 1997, 35):

> Rarely, for example, have linguists and psychologists talked about the remarkable coordination of affective indicators in speech as related to segmental phonology, lexicon, syntax, semantics, and pragmatics, and even more rarely still has research looked systematically toward gestural and other visible manifestations of affect. The crying need, it seems, is for a theory that will embrace the full spectrum of semiotic phenomena and also take on the essential task of examining the incorporation of affect into all those semiotic systems."

Die hier vorgestellte Synopse umfasst zentrale Grundlagen des Komplexes von ‚Emotion und Kommunikation'. *Synoptische Darstellung*

4.1 Ausdruck und Thematisierung in der Emotionsmanifestation

Eine erste grundlegende Unterscheidung innerhalb der vielfältigen Formen der linguistisch und kommunikationstheoretisch relevanten Emotionsbekundungen betrifft die zwischen Ausdruck und Thematisierung von Emotionen. *Unterscheidung: Ausdruck und Thematisierung*

Unter den Ausdrucksformen des Emotionalen wird in der Linguistik die nicht explizit thematisierende Form der Kommunikation von Emotionen subsumiert. Es handelt sich dabei um flexible Zusammenhänge zwischen zugrunde liegenden Emotionen und der Ausdrucksmanifestation, die gleichwohl in systematischer Weise in Erscheinung treten (vgl. Fiehler 1990, 99ff.). Das Spektrum möglicher Ausdrucksformen umfasst: *Ausdruck von Emotionen*

- Manifestationsweisen der paraverbal-prosodischen Phänomene, wie z.B. Stimmcharakteristika und Sprechtempo
- Physiologische Reaktionen
- Mimik einschließlich des Blickverhaltens
- Gestik, Körperhaltungen und -bewegungen

Manifestationen im verbalen Anteil von Äußerungen wie etwa:

- Wortwahl einschließlich stilistischer Besonderheiten
- Ausrufe, Interjektionen
- Verwendung bestimmter Sprechakte (Vorwürfe, Drohungen etc.)

gehören ebenfalls zu den Formen des Emotionsausdrucks. Auch prozessuale Aspekte wie die unterschiedlichen Formen des Gesprächsverhaltens sind zu berücksichtigen (vgl. Fiehler 1990, 96f.).

Thematisierungen von Emotionen decken ebenfalls eine Reihe unterschiedlicher Formen ab. Hierzu gehören die verbale Benennung und Beschreibung erlebensrelevanter Ereignisse und Sachverhalte, die Beschreibung und das Erzählen der situativen Umstände und insbesondere die kon- *Thematisierung von Emotionen* krete verbale Thematisierung und Beschreibung des Erlebens. Dabei spielt der entsprechende Gefühlswortschatz einer Sprache und hier wiederum ein Kernbereich benennender Begriffe sowohl im Hinblick auf die entsprechenden Ausdrucksmöglichkeiten als auch im Sinn einer typisierenden Rückwirkung auf die betreffende Emotionskonzeption selbst – d. h. die Art und Weise, wie Emotionales von der betreffenden Person selbst empfunden und wahrgenommen wird – eine wichtige Rolle (vgl. Fiehler 1990, 96f. und 115ff.).

Systematisierung im Ausgang von Karl Bühlers Modell

Das mit dieser Unterscheidung grob umrissene Feld der Emotionsmanifestationen wird im Folgenden weiter differenziert. In systematisierender Absicht werden hierbei die von Karl Bühler im ‚Organon-Modell' zusammengefassten semiotischen Kategorien der Symptom-, Symbol- und der Signal- oder Appellfunktion zugrunde gelegt.

Symptom

Als Symptom ist eine Emotionsäußerung zu werten, die mit einer so genannten *hot emotion*, das heißt einer unmittelbaren Emotionalisierung im Sinn eines affektiv geprägten Erlebens oder einer subjektiv-gefühlsorientierten Erlebnisqualität (Gefühlsqualitäten oder ‚Gefühlsqualia') einhergeht und vor diesem Hintergrund zu sehen ist (vgl. z. B. Teasdale & Barnard 1993, 42f.).

Symbol

Als Symbol sind solche Äußerungen zu sehen, denen der Zustand der *cold emotion* zugrunde liegt, so dass es sich hierbei seitens des Emittenten um eine sachorientierte Emotionsäußerung ohne unmittelbare Emotionalisierung handelt.

Appell

Unter dem Aspekt des Appells ist die Frage der Emotionalisierung im Hinblick auf den Emittenten und den Rezipienten zu differenzieren. Es sind hier Unterscheidungen vorzunehmen, die sich – in Abhängigkeit davon, ob es angesichts des Zustands einer *hot emotion* oder aber in der Verfassung der *cold emotion* seitens des Emittenten zur Emotionsthematisierung oder zum Emotionsausdruck kommt – auf die Reaktionen des Rezipienten beziehen. Dieser kann seinerseits jeweils sowohl mit ‚emotionaler Ansteckung' reagieren – respektive bereits im Sinn der *hot emotion* emotionalisiert sein – oder aber kühl bleiben. In der Terminologie der Sprechakttheorie entspricht der Appellfunktion der perlokutionäre Akt: „The speaker can occasionally (intentionally or not) perlocutionarily please or amuse the hearer." (Vanderveken 1990, Bd. I, 69). Vanderveken betont, dass perlokutionäre Akte nicht von der Satzbedeutung determiniert sind, nur gelegentlich auftreten und deswegen auch keinen Aspekt der Satzbedeutung darstellen (vgl. Vanderveken 1990, Bd. I, 69f.). Insgesamt ist selbstverständlich nicht von diskreten Kategorien, sondern vielmehr von kontinuierlichen Übergängen zu- und abnehmender Emotionalisierung und von dominanten, statt ausschließlicher Funktionen auszugehen.

4.2 *Hot emotion* und das Zeichen als Symptom

Hot emotion

Sowohl der Ausdruck als auch die Thematisierung können als Manifestation von Emotionen im Sinn eines Symptoms fungieren und damit auf die Abhängigkeit von einem sich mitteilenden Sender verweisen. Gegenwärtiges eigenes Erleben im Sinn der *hot emotion* wird explizit thematisiert oder in der einen oder anderen Form zum Ausdruck gebracht. Typischerweise geht mit starker Emotionalisierung die Tendenz zum Kontrollverlust und stilistischer Direktheit, wenn nicht sogar der Ausfälligkeit oder Exaltation, einher. In der Terminologie von Charles S. Peirce handelt es sich hier um eine indexikalische Beziehung von Emotion und Manifestation (vgl. Rellstab 2006).

Im Feld der Emotionstheorien sind mindestens vier Konzeptionen zu nennen, die korrespondierende Ansatzpunkte im Hinblick auf die Manifestation von Emotionen im Sinn eines Symptoms aufweisen:

Relevante Emotionstheorien

- Evolutionstheoretische Theorien
- Psycho-physiologische Theorien
- Ausdruckstheoretische Theorien
- Spezifische Ausprägungen der kognitiven Emotionstheorien

Evolutionstheoretische Theorien werden vor allem mit Charles Darwin und Paul Ekman verbunden. Sie fokussieren (wie oben im vorliegenden Studienbuch erläutert) die als universell angenommenen typischen Formen der Mimik im Zusammenhang einer begrenzten Anzahl von Basisemotionen und gehen von einer biologischen Anlage der entsprechenden Formen des Gesichtsausdrucks aus.

Psycho-physiologische Theorien, zu deren Vertretern William James und Samuel Schachter gerechnet werden, rekurrieren generell verstärkt auf die physiologischen Facetten von Emotionen.

Ausdruckstheoretische Konzepte mit der Untersuchung der nonverbalen Kommunikation beziehen sich auf Verhaltensweisen, körperliche Erscheinungen oder Artefakte, welche Rückschlüsse auf emotionale Aspekte zulassen.

Im Rahmen der kognitiven Emotionstheorien – die im allgemeinen eher mit Formen der Emotionsmanifestation als Symbol zu verbinden sind – gibt es in jüngster Zeit sehr wohl auch Entwicklungen, die auf der Basis der Modellvorstellung der Emergenz die Integration wesentlicher Facetten einer *hot emotion* mit den entsprechenden physiologischen Veränderungen und inneren Gefühlserlebnissen anstreben (vgl. Gessner 2004).

Im Bereich der linguistischen Theoriebildung kann in diesem Zusammenhang auf das Konzept einer linguistischen Ethologie hingewiesen werden, das maßgeblich von Sven Frederic Sager vertreten wird (z.B. Sager 1995); in dem Zusammenhang verwendet Sager auch den hier aufgenommenen Begriff des verbalen Verhaltens. Kommunikationstheoretische Ansätze, die wie der von Gerold Ungeheuer an phänomenologische Grundlagen anknüpfen, akzentuieren die anthropologische Fundierung verbaler Interaktion und berücksichtigen damit die Individualität einschließlich der Emotionalität von Kommunikationsteilnehmern in systematischer Weise.

4.2.1 Thematisierung von Emotionen als Symptom

Die Thematisierung einer gegenwärtig erlebten *hot emotion* kann z.B. durch eine Sprechhandlung erfolgen, mit der die betreffende subjektive Wahrnehmung geäußert wird: „Ich bin wütend!" Hierbei handelt es sich um Äußerungen, die sprechakttypologisch u.U. zu einer eigenen Klasse der Emotive

Emotive Sprechhandlungen

gerechnet werden. Ihr Charakteristikum besteht darin, dass in ihnen der psychische Zustand des Sprechers zum Ausdruck kommt und deswegen der Hörer an ihnen die Verfassung des Sprechers erkennen und sich unter Umständen auf sie einstellen kann (vgl. Wagner 2001, 138). Klaus Wagner zählt zu den Emotiven beispielsweise „Angst-äußern", „Ekel-äußern", „Freude-äußern" und andere mehr. Weder Searle und Vanderveken noch Eckard Rolf berücksichtigen aber diese Klasse emotiver Sprechakte in ihren Klassifikationen; sie schließen diesen Typus unmittelbarer Thematisierung der eigenen Befindlichkeit des Sprechers vielmehr aus ihren Überlegungen aus. Dies wird damit begründet, dass mentale Zustände sich auf einen Sachverhalt beziehen, der in einer Proposition zum Ausdruck kommt. Daher wird z. B. die Äußerung „ich bin zornig" nicht als Sprechakt betrachtet. Hingegen stellt Vanderveken zufolge die Äußerung „ich drücke meinen Zorn darüber aus, dass ..." einen Sprechakt dar (vgl. Vanderveken 1990, 213 ff.). Dies ist insofern eine folgenreiche Festlegung, als z. B. in der Mensch-Maschine-Interaktion bislang Äußerungen wie „ich bin zornig" eine zentrale Rolle spielen (vgl. hierzu den Abschnitt ‚Emotion, Computertechnik und Robotik' in diesem Band).

Eckard Rolf betrachtet jedoch solche emotionsthematisierenden Äußerungen wie „Das tut mir leid" oder „Ich freue mich mit Dir" als Bekundungen eines psychischen Zustandes, die der Stützung eines vorangehenden expressiven Sprechaktes dienen, etwa einer Entschuldigung oder einer Gratulation. In den stützenden emotionsthematisierenden Sprechakten wird dabei die Aufrichtigkeitsbedingung des vorangehenden Sprechaktes explizit zum Ausdruck gebracht (vgl. Rolf 1997, 218). Der Zweck eines solchen expliziten Ausdrucks einer emotionalen Einstellung besteht Rolfs Ansicht nach in dem „Versuch einer Beeinflussung der emotionalen (Gesamt-)Lage des Adressaten" (Rolf 1997, 223), so dass hier der Appellfunktion zentrale Bedeutung zukommt. Das Kommunikationsmotiv kann im Fall der Emotionsthematisierung daher oftmals als selbstzweckhaft mit dem Ziel sozialer Rückversicherung bezeichnet werden.

Konkretisierung emotiver Sprechakte

Ob ein emotiver Sprechakt tatsächlich angestrengt und das eigene Erleben unmittelbar thematisiert wird, hängt von Aspekten individueller, situativer, sozialer und kultureller Art ab, die beispielsweise die gesellschaftliche Akzeptanz der expliziten Äußerung von Unmut, Missfallen oder Wut und damit Verhaltensnormen und -erwartungen prägen. So werden das Äußern von Ärger und die damit verbundene Tendenz der Durchsetzung eigener Ziele in manchen Gesellschaften üblicherweise als zulässig gewertet. Dahingegen erfahren in anderen Gesellschaften Scham und die damit verbundene Tendenz der intrapersonalen Emotionsregulation im Zusammenhang einer Anpassung an gesellschaftlich erwartete Vorgaben typischerweise eine positive Wertung (vgl. Holodynski 2006).

Zu erwarten ist bei der Thematisierung von Emotionen als Symptom auch eine entsprechende phonetisch-prosodische Akzentuierung sowie ein mimischer Ausdruck, der im Fall der so genannten fünf bis acht oder neun Basisemotionen – sofern er nicht aufgrund von *Display rules* oder von Manifestationsregeln modifiziert, überformt oder unterdrückt wird – prototypisch dem von Paul Ekman beschriebenen, als universell angenommenen Gesichtsausdruck entsprechen dürfte.

Im Hinblick auf die Appellfunktion solcher Emotionsmanifestationen, die mit einer *hot emotion* seitens des Emittenten verbunden sind, ist davon auszugehen, dass es auch beim Rezipienten zur Emotionalisierung und u.U. auch zu besonders intensiven Formen kommen kann. Im Allgemeinen kann die direkte Thematisierung bei geringer oder fehlender Maskierung der Mimik in stilistischer Hinsicht als eine Form von Direktheit oder Unmittelbarkeit aufgefasst werden. In ontogenetischer Perspektive entspricht dieser Art der Emotionsmanifestation auch der frühkindliche Emotionsausdruck des Säuglings. Er kann als interpersonale Emotions- und Handlungsregulation beschrieben werden, da es hier darum geht, an die elterliche Intuition zu appellieren und auf diese Weise die Zuwendung der Bezugspersonen zu initiieren.

Appellfunktion von *Hot emotion*-Manifestationen

4.2.2 Ausdruck von Emotionen als Symptom

Im Zusammenhang des Ausdrucks einer *hot emotion* wird von „sich ereignenden" Ausdrucksphänomenen gesprochen, die unwillkürlich auftreten. Ein kommunikativer Effekt und damit eine kommunikative Funktion bestehen hier, sofern es zu einer Deutung des Ausdrucks seitens eines Kommunikationspartners kommt (vgl. Fiehler 1990, 102 f.).

Die entsprechenden Ausdrucksphänomene können sich auf die verschiedensten sprachlichen Ebenen beziehen. Wenngleich dem stimmlich-prosodischen und dem mimisch-gestischen Bereich aufgrund der engen Kopplung an physiologische und neurologische Prozesse eine herausragende Bedeutung zukommen mag, können insbesondere auch sprachliche Ebenen wie z.B. die Wahl von stilistisch markierten Ausdrucksformen oder spezifischer Sprechakte durch den emotional indizierten Ausdruck tangiert sein. Einen bedeutenden integrativen Ansatz, in dem die verbale Ebene unter dem Aspekt stilistischer Wahlmöglichkeiten, prosodische Aspekte sowie kinesische mit den Facetten Körperhaltung, Gesichtsausdruck und Blickkontakt einbezogen werden, haben Horst Arndt und Richard W. Janney entwickelt (vgl. Arndt & Janney 1987 und für einen zusammenfassenden Überblick in deutscher Sprache Hübler 2001, 228–255; vgl. I.2.5 und II.2. im vorliegenden Studienbuch).

Unwillkürlicher Emotionsausdruck

So kann das Erleben von Wut etwa zur Wahl von Sprechakten wie *fluchen* disponieren. Klaus R. Wagner zählt *fluchen* dabei zur Klasse der emotiven Sprechakte (Wagner 2001, 221): „Der Sprecher versucht durch stehende Redewendungen (Kraftausdrücke) [...] sich eine Abfuhr von negativen Gefühlen (Ärger, Wut, Aggressionen, Frustrationen) zu verschaffen." Rolf zählt *fluchen* hingegen zu den Expressiva (vgl. Rolf 1997, 236). *Verfluchen* oder *einen Fluch über jemanden aussprechen* wird von Searle und Vanderveken sowie von Rolf zu den Deklarativa gerechnet (vgl. Wagner 2001, 284; Rolf 1997, 213; Searle & Vanderveken 1985, 209).

Typische Sprechakte

Zu den Ausdrucksphänomenen von Emotionen als Symptom kann – das Gegebensein einer *hot emotion* vorausgesetzt – insbesondere die Sprechaktklasse der Expressive gerechnet werden, zu der beispielsweise der Sprechakt *jemanden beschimpfen* gerechnet wird. Der illokutive Punkt der Klasse der Expressive besteht Klaus R. Wagners Klassifikation zufolge darin, dass der

Expressive Sprechhandlungen

Sprecher seinen psychischen Zustand für einen Hörer in kommunikativer Absicht zum Ausdruck bringt; dies ist z. B. im Fall der Gratulation gegeben, in der ein Sprecher sein Sich-Mitfreuen dem Hörer gegenüber artikuliert (vgl. zur Unterscheidung von Emotiven und Expressiven Wagner 2001, 138). Der betreffende Zustand etwa des Sich-Mitfreuens kann dabei durchaus als *hot emotion* wahrgenommen werden, muss dies jedoch nicht – in diesem Fall wäre dann jedoch die Appellfunktion von zentraler Bedeutung. Andere Expressive sind Wagner zufolge beispielsweise *Abneigung-zeigen*, *ausschimpfen*, *Mitgefühl-zeigen*.

Ähnlich äußert sich auch Eckard Rolf, der betont, dass mit expressiven Sprechakten nicht nur bestimmte Emotionen zum Ausdruck gebracht werden, sondern auch versucht wird, „auf bestimmte, beim Adressaten vorhandene oder nichtvorhandene oder als vorhanden bzw. nichtvorhanden unterstellte Emotionen *einzuwirken*" (vgl. Rolf 1997, 219; Hervorhbg. bei Rolf). Zurückhaltender formuliert Daniel Vanderveken: „Expressive illocutionary verbs name forces whose point is to express (that is to say, to manifest) mental states of the speaker such as joy, approbation or discontent which are important in our social forms of life." (Vanderveken 1990, 218). Gegenüber Wagners Liste expressiver Typen, die 95 Einträge umfasst, präsentieren sich die von Rolf mit 32 Typen und die von Vanderveken, der 29 Typen nennt, eher knapp. Diese Diskrepanz erklärt sich dadurch, dass im Gegensatz zu Wagner sowohl Rolf als auch Vanderveken das gesamte Feld der sogenannten Gefühlswörter, das heißt der explizit emotionsbenennenden Wörter wie *glücklich sein*, *Angst haben* etc. ausklammern; so nennt Vanderveken folgende englische Expressive: *approve, compliment, praise, laud, extol, plaudit, applaud, acclaim, brag, boast, complain, disapprove, blame, reprove, deplore, protest, grieve, mourn, lament, rejoice, cheer, boo, condole, congratulate, thank, apologize, greet, welcome* (vgl. Vanderveken 1990, 213). Dies ist ein wichtiger Grund dafür, dass die Expressive – im Verständnis von Rolf und auch von Vanderveken – als Ausdrucksphänomene zu betrachten sind und nicht als Thematisierungen von Emotionen. Wagners Liste der Expressive umfasst dahingegen sowohl thematisierende als auch ausdrückende expressive Typen.

Weitere Sprechakte

Weiterhin können auch *Belobigungen, Anerkennungen, Vorwürfe, Drohungen, Warnungen* etc. durch den Zustand einer *hot emotion* bedingt sein. In semiotischer Hinsicht liegen die Dinge hier jedoch etwas anders als bei den Emotiven und den Expressiven, bei denen der illokutionäre Zweck darin besteht, einem Gefühl oder einer emotionalen Einstellung Ausdruck zu verleihen: Direktive (z. B. *Warnungen*) mit fremdverpflichtender und Kommissive (z. B. *Versprechungen*) mit eigenverpflichtender Funktion, die beide den Aspekt der Appellfunktion akzentuieren, sowie Assertive (z. B. *etwas bezweifeln*) und Deklarative (z. B. *Wetten*) einschließlich der handlungsbegleitenden Akkompagnemente (z. B. *das Äußern einer Komplikation*) mit dominanter Darstellungsfunktion werden in diesem Fall des symptomatischen Emotionsausdrucks durch aktuelles emotionales Erleben elizitiert.

Klaus R. Wagner geht davon aus, dass in ontogenetischer Perspektive zwei Niveaus zu unterscheiden sind. Der Erwerb der Direktive soll auf dem ersten Niveau erfolgen und die Klasse der Aufforderungshandlungen die erste sein, die das Kind erwirbt (Wagner 2001, 139):

Sie muß als der zündende Funke, als der Angelpunkt nicht nur des Sprechhandlungserwerbs, sondern des gesamten Spracherwerbs angesehen werden. Kinder lernen nicht die mehr oder weniger komplizierten Sprachstrukturen, um sprechen zu können, – sondern sie sprechen, weil sie gemerkt haben, wie wunderschön sie damit ihre Bezugspersonen dirigieren können."

Daher spricht Wagner hier von ‚ego-Zentrierung' und ordnet die direktiven Sprechhandlungen der Appellfunktion zu.

Kommissive gehören dagegen dem zweiten Niveau an. Hier muß das Kind lernen, zwischen der Fremdverpflichtung, die ihm durch die Verwendung von Direktiven sehr geläufig ist, und der Selbstverpflichtung zu unterscheiden. Wagner spricht daher von ‚ego-alter-Zentrierung' (vgl. Wagner 2001, 140).

Dieser Aspekt eines anzeigenden, symptomatischen Charakters von Sprache und Sprechakten – die Elizitation bestimmter Äußerungsformen – wird in der Theoriebildung vielfach als linguistisch nicht relevant betrachtet (vgl. z.B. Konstantinidou 1997, 36). In psycholinguistischer Orientierung wird hingegen von Martina Hielscher eine Forschungslücke markiert: Sie betont, dass es unter psycholinguistischer Perspektive wichtig wäre, die speziellen Einflüsse aktuell vorliegender Stimmungen oder Emotionen auf die Wahl bestimmter Sprechakttypen (z.B. *Bitte* vs. *Aufforderung* oder *Drohung*) unter Berücksichtigung des appellativ/konativen, des repräsentativ/referentialen, des expressiv/emotiven und des beziehungsdefinierenden Aspektes zu untersuchen. Hypothesen hierzu finden sich Hielscher zufolge bislang vorwiegend in der psychologischen Literatur zu kommunikativen Strukturen in Therapie und Beratung, z.B. bei Schulz von Thun (1981, 1989) oder bei Satir (1990). Die genannten Autoren postulieren globale kommunikative Stile, die mit bestimmten Grundemotionen und frühkindlich erworbenen „seelischen Axiomen" von Angst, Hilflosigkeit, Wertlosigkeit und Schwäche in Zusammenhang gebracht werden. Diese Verbindung bestimmter Emotionen mit entsprechenden kommunikativen Mustern ist bislang Hielschers Kenntnis nach jedoch nicht in kontrollierten Studien überprüft und einer genaueren linguistischen Analyse unterzogen worden (vgl. Hielscher 2003, 480). Eine emotionssemiotische Klärung des Sprachgebrauchs kann diese Fragen natürlich keinesfalls ausklammern.

Untersuchung von Emotionen und kommunikativen Mustern

In ihrem Ansatz einer „Communicative Theory of Emotions" beschreiben Keith Oatley und Philip N. Johnson-Laird entsprechende Elizitationsdispositionen in sehr allgemeiner Form. Sie schreiben Emotionen – neben einer internen Funktion flexibler Verhaltensabstimmung – eine Kommunikationsfunktion im sozialen Sinn zu. Emotionen unterrichten den Sozialpartner über Pläne und Ziele und eröffnen so die Möglichkeit, die gegenseitigen Rollen in einer Situation neu zu verhandeln. Diese Auffassung der kommunikativen Funktion von Emotionen im sozialen Sinn bezieht sich auf die Funktion von Emotionen in Planung und zielorientiertem Handeln, welches andere Menschen einschließt (Oatley & Johnson-Laird 1996, 94; vgl. auch 21. ‚Emotionale Intelligenz, künstliche Emotionen und *Affective Computing*' im vorliegenden Band):

> Happiness, attachment emotions, and love induce and maintain cooperation. Sadness is the emotion of disengagement from a relationship. Anger sets up a script for competition, aggression, and perhaps renegotiation of the relationship. Interpersonal fear signals deference. Contempt and disdain signal withdrawal from relationship.

Kooperation, Distanzierung, Aggression und Neuverhandlung, das Erweisen von Respekt und Abbruch einer Beziehung als generelle Verhaltensdispositionen gehen mit spezifischen sprachlichen und mimisch-gestischen Ausdrucksformen einher. Wie aber können die bislang nur skizzierten Zusammenhänge von emotionalen Zuständen, latenten Dispositionen und konkreten Sprechhandlungen spezifiziert werden?

Zur Untersuchungsmethodik

Hier gilt es in einem ersten Schritt die vorhandene Literatur auszuwerten. So sind beispielsweise in dem von Peter A. Andersen und Laura K. Guerrero 1998 herausgegebenen „Handbook of Communication and Emotion" Darstellungen typischer Sprechhandlungslatenzen zu einigen Einzelemotionen zu finden. Zur *Dark side* von Emotionen werden gerechnet: *Strategic embarrassment – Guilt and hurt – Jealousy experience and expression in romantic relationships – The experience and expression of anger in interpersonal settings – Interpersonal communication problems associated with depression and loneliness*. Die *Bright side* von Emotionen umfasst demgegenüber folgende Aspekte: *Alleviating emotional distress through conversationally induced reappraisals – Feelings about seeking, giving, and receiving social support – Interpersonal warmth as a social emotion – Loving and liking – Communication and sexual desire* (vgl. Andersen & Guerrero 1998).

Exemplarisch soll an dieser Stelle das Beispiel der Erfahrung und des Ausdrucks von Ärger als Repräsentation der „dunklen Seite" von Emotionen herangezogen werden. Die Autoren des betreffenden Beitrags, Daniel J. Canary, Brian H. Spitzberg und Beth A. Semic, machen einleitend richtig auf die historischen Dimensionen und damit die Wandelbarkeit und kulturelle Relativität aller Konzeptionen von Wut und der entsprechenden Ausdrucksformen aufmerksam. Sie fokussieren eine allgemeine Auffassung von *Anger* mit den potentiell destruktiven Manifestationsformen der Aggression (vgl. Canary, Spitzberg & Semic 1998, 189). Phillip R. Shaver et al. haben eine Übersicht typischer Reaktionsformen bei Ärger zusammengestellt, in der sowohl verbale als auch physische Angriffe, nonverbale Formen der Missbilligung, Formen des Unbehagens und des inneren Rückzugs sowie Verhaltensweisen der Vermeidung berücksichtigt werden (vgl. Shaver et al. 1987, 1078). Zu den verbalen Angriffen zählen beispielsweise obszöne Äußerungen, Flüche, Schreie, das Erheben der Stimme, Gezeter, Geschrei, Klagen, Meckern. Weiterhin können Phänomene wie Drohen, Schimpfen, sich Beschweren, sich Wehren etc. genannt werden.

Hinsichtlich der Appellfunktion von *hot emotion*-Ausdrucksmanifestationen ist von einem Spektrum möglicher Wirkungen auszugehen. Es kann – bei entsprechender Deutung des Ausdrucks und gegebener Reaktionsbereitschaft seitens des Rezipienten oder auch aufgrund ‚emotionaler Ansteckung' – zur interpersonalen Handlungs- und Emotionsregulation kommen, ähnlich wie im Fall der *hot emotion*-Thematisierung. Auf der Seite des Emittenten kann dieser mögliche Effekt durchaus volitional angestrebt werden: So zielt

Emotionsausdruck häufig auf die Erlangung sozialer Zuwendung (vgl. Fiehler 1990, 102). Ebenso treten jedoch insbesondere bei unwillkürlichen Ausdrucksmanifestationen auch nicht intendierte und unabsichtlich herbeigeführte Appellwirkungen auf. Generell finden sämtliche Formen des Ausdrucks mit einer kommunikativen und daher appellativen Funktion im Rahmen von Interaktionen in der Linguistik besondere Aufmerksamkeit (vgl. Fiehler 1990, 99 ff.).

Ebenso kann ein Ausdrucksphänomen zur intrapersonalen Emotions- und Handlungsregulation beitragen, indem beispielsweise dem Emittenten nachträglich bewusst wird, „dass mit ihm etwas passiert ist, das von anderen als Emotionsausdruck gedeutet werden kann" (Fiehler 1990, 103), so dass er sich dann etwa stärker kontrolliert. Oder dem Emittenten wird die eigene Befindlichkeit auf diese Weise selbst überhaupt erst bewusst. Auch hier sind wiederum sowohl Formen des intendierten Abreagierens als auch unwillkürlich auftretende Manifestationen anzutreffen. In stilistischer Hinsicht können die Ausdrucksphänomene dabei zwischen mehr oder weniger direkten Formen variieren.

4.3 Cold emotion und das Zeichen als Symbol

Die von Karl Bühler akzentuierte sprachliche Funktion der Darstellung von Gegenständen und Sachverhalten kann der ‚kühlen' Thematisierung emotionaler Aspekte dienen. Weiterhin bestehen aber auch vielfältige Möglichkeiten der Ausnutzung und Modifikation der Sprachebenen selbst, um Emotionales zu codieren. Hierbei handelt es sich um Formen des Ausdrucks emotionaler Inhaltswerte, die ebenfalls nicht den Zustand einer *hot emotion* voraussetzen.

‚Kühle' Emotionsthematisierung

Im Feld der theoretischen Emotionskonzeptionen zeichnen sich insbesondere

- die verschiedenen kognitiven Emotionstheorien und
- u. U. psychoanalytische Konzepte

durch ihre Nähe zur Emotionsmanifestation im Sinn eines Symbols aus. Beide stellen insofern Gegenspieler zu den oben in diesem Kapitel genannten Ansätzen dar, als hier Kognitionen als Basis emotionaler Prozesse betrachtet werden. Während in jenen Emotionen als der Tendenz nach kognitionsunabhängig und unkontrollierbar betrachtet werden, postulieren kognitive Ansätze, dass eine Situation zunächst bewusst kognitiv gedeutet wird und erst infolge der Deutung unter Umständen Emotionen elizitiert werden. Reinhard Fiehler schlägt vor, den Allgemeingültigkeitsanspruch dieser Modelltypen zu relativieren und davon auszugehen, dass beide Mechanismen der Emotionsgenese existieren, sich aber auf unterschiedliche Domänen beziehen. So würden in Ausnahmesituationen intensive Emotionen ausgelöst, die u. U. höchstens minimale kognitive Leistungen erlaubten (vgl. Fiehler 1990, 65). Dieser Typus kognitionsunabhängiger Emotionen entspricht der Emotionsmanifestation im Sinn eines Symptoms.

Die Domäne des kognitiven Modells seien hingegen vertraute und sich wiederholende Situationen des Alltags, die eher schwächere Emotionen als bewertende Stellungnahme zu der gegebenen Situation auslösten. Fiehlers eigenes Interesse richtet sich dabei auf diesen zweiten Typus von Emotionen, so dass für seine Untersuchung die Emotionsmanifestation im Sinn eines Symbols zentral ist (vgl. Fiehler 1990, 64 ff.).

4.3.1 Thematisierung von Emotionen als Symbol

Sachliches Sprechen über Emotionen

Emotive ebenso wie sämtliche Formen der expliziten Verbalisierung von Emotionen können selbstverständlich auch im Zustand der *cold emotion*, d. h. ohne Emotionalisierung, Verwendung finden, um über Gefühle – seien es eigene oder fremde, vergangene oder zukünftige – zu sprechen. In diesem Fall rücken der sachliche Austausch, die Darstellungsfunktion sowie die Appellfunktion in den Vordergrund.

Mediation

Der sachlich-rationale Austausch hat sich in vielen Diskursformen des Alltags, Berufslebens und der Wissenschaft zum Maßstab der Objektivität entwickelt (vgl. Habermas 1981) und wird beispielsweise für die Praxis der Mediation als grundlegend erachtet. Affektive Gefühlsäußerungen sollen hier dadurch der Kritik zugänglich gemacht werden, dass sie in kognitive Aussagen und logisch aufgebaute Argumente überführt werden. In diesem Zusammenhang wurde auch vorgeschlagen, eine entsprechende „Übersetzungsarbeit" vorzunehmen (vgl. Renn & Kastenholz 1998, 59 f.).

Hinsichtlich der Appellfunktion können mit der Thematisierung sowohl volitionale Formen der intrapersonalen Emotions- und Handlungsregulation einhergehen als auch solche der interpersonalen Regulation. ‚Emotionale Ansteckung' im weiteren Sinne einer *hot emotion*-Emotionalisierung des Rezipienten bei Kühlbleiben des Emittenten ist hier ebenfalls möglich.

Die Rezipientenseite bei ‚kühlem' Emotionsausdruck

In noch stärkerem Maß als im Fall von *hot emotion*-Thematisierungen als Symptom spielen bei *cold emotion*-Thematisierungen als Symbol Fragen des Gefühlswortschatzes der betreffenden Sprache eine Rolle. Dieser Teil des Lexikons einer Sprache stellt einen wesentlichen Teil der verbalen Ausdrucksmöglichkeiten im Bereich des Emotionalen bereit und hat damit zugleich prägenden Einfluss auf die Typisierung der alltagsweltlichen Emotionskonzepte. Verbunden sind damit gesellschaftliche Relevanzen und soziale Normierungen der betreffenden Erlebnisformen (vgl. Fiehler 1990, 115 ff. und besonders 117). Seit geraumer Zeit wird auch ein Instrumentarium so genannter ‚semantischer Primitiva' entwickelt, das die einzelsprachunabhängige Erfassung des semantischen Gehalts von Emotionsausdrücken erlauben soll (vgl. Wierzbicka 2003 und eine Reihe weiterer Arbeiten Wierzbickas).

4.3.2 Ausdruck von Emotionen als Symbol

Komplimente, Gratulationen und Dankesbekundungen

Auch Expressive können ohne gegenwärtige Emotionalisierung in der Funktion eines Symbols Verwendung finden. *Komplimente, Gratulationen* und *Dankesbekundungen* werden genauso häufig ohne innere Beteiligung geäußert wie mit und unterliegen in hohem Maß dem Gebot konventioneller Darbietungsregeln. Direktive und kommissive Sprechakte als Grundformen der Appellfunktion sind hier gleichfalls zu berücksichtigen, sofern sie mit einer Wirkungsabsicht verbunden sind, die auf die Emotionen des Rezipienten abzielt. Das Ziel einer volitionalen interpersonalen Emotions- und Handlungsregulation, und damit der Effekt einer intendierten ‚emotionalen Ansteckung', spielt hier eine zentrale Rolle. Auch strategisch induzierte Emotionalisierung des Gegenübers oder Täuschungsabsichten seitens des Emittenten sind möglich.

Reinhard Fiehler hat darauf hingewiesen, dass in diesem Fall verhältnismäßig eindeutige Manifestationsphänomene Verwendung finden, die konventionellen sozialen Symbolen entsprechend allgemein mit einer bestimmten Emotion – wie z. B. kurz angebundenes Sprechen mit *Ungeduld* – identifiziert werden (vgl. Fiehler 1990, 80ff.). Traditionell ist dies das Gebiet der Rhetorik, die insbesondere mit der Darlegung der Charakteristika der hohen Stilebene immer schon die Instrumente für eine gezielte Emotionalisierung von Zuhörern zur Verfügung gestellt hat.

<small>Emotionalisierung des Rezipienten</small>

Auch hier sind indes Rückwirkungen auf die intrapersonale Regulation ubiquitär, die etwa im Sinn des von Erving Goffman diskutierten *face*-Konzeptes das Selbstbild des Emittenten betreffen. Unter dem Stichwort des ‚Publikumseffekts' werden die Folgen der Variation des sozialen Kontexts sowohl auf die jeweils als verbindlich erachteten Darbietungsregeln als auch die erlebten Emotionen des Emittenten erörtert (vgl. z. B. Fridlund 1994; für einen Überblick Meyer et al. ³2003, 88 ff.; vgl. Kapitel I.2.1 im vorliegenden Studienbuch).

<small>Rückwirkungen auf die intrapersonale Regulation</small>

Ein unerschöpfliches Reservoir von Codierungen mit emotionalem Ausdruckswert stellt auch die Sprache selbst dar. Im Sinn der poetischen Sprachfunktion Roman Jakobsons können praktisch alle sprachlichen Formebenen Qualitäten emotionalen Aussagewerts aufweisen. Eine entsprechende Übersicht hat jüngst Carla Bazzanella vorgestellt (vgl. Bazzanella 2004, 62 ff.; Stephen Ullmann hat schon in den sechziger Jahren ähnliche Analysen vorgenommen, vgl. Ullmann 1962, 163 ff.; ausführlich diskutiert Richard W. Janney die Typen des *Affective indexing in speech*, vgl. Janney 1996, 155–250). Unter Akzentuierung ästhetischer Aspekte wurden vor allem in den siebziger Jahren im Umfeld der Linguistischen Poetik solche Möglichkeiten sprachlicher Codierung von Emotionen untersucht (vgl. z. B. Küper 1976). Als exemplarische Auswahl solcher Formen der Codierung ist folgende Übersicht zu verstehen [Tab. 5]:

<small>Sprachliche Codierungsformen – emotionale Ausdruck</small>

Literarische Formen der Sprachverwendung sind in diesem Feld sprachlich-emotionaler Codierung von besonderer Bedeutung, da hier Phänomenen des Neuen, Abweichenden und Überraschenden eine entscheidende Rolle zukommt. Sie sind es, die im Kontext des Strukturalismus der Prager Schule mit dem Stichwort der ‚Entautomatisierung' verknüpft wurden und auf die auch im Rahmen der Erforschung der Prozesse emotionaler Kreativität rekurriert wird (vgl. Oatley 1994; vgl. Kapitel IV.2. im vorliegenden Band). Erwartungsverletzungen werden auch im Bereich der kognitiven Emotionstheorien und zwar speziell attributionstheoretischer Überlegungen reflektiert. Der hier zentrale Gedanke, dass Verhaltensweisen dann außergewöhnlich erscheinen, wenn sie einer Situation nicht angemessen sind, kann auf die Frage des Erwartbaren respektive Abweichenden und Ungewöhnlichen im verbalen Verhalten übertragen werden (vgl. Hübler 2001, 42 f.). Vielfach sind sie es zudem, die überhaupt eine Fortentwicklung und Verfei-

Sprachebene	Formbeispiele
Phonetik/Phonologie	Tonhöhe – Lautstärke – Tempo – Intensität – Artikulation – Rhythmus – Pausen – Metrik etc.; Onomatopoesie – Lipogramm etc.
Graphemik	Ausrufezeichen – Großbuchstaben zur besonderen Hervorhebung wie z. B. in der noch im 18. Jahrhundert verbreiteten Schreibweise „GOtt" etc.
Morphologie/Lexikon	Suffixe (z. B. Verwendung von Diminutiva und Augmentativa) – Interjektionen – Schlagwörter – stilistische Markierungen etc.
Syntax	expressive Satztypen wie Exklamationen – formelhafte Wendungen – emphatische Konstruktionen (z. B. spezifische Thema/Rhema-Strukturen) – Wortstellung etc.
Semantik	Denotation-Konnotation – Metaphorik – Indirektheit – Ironie – Ambiguität – Polysemie
Text	spezifische Textsorten wie Liebesbrief, Streitgespräch mit entsprechenden Formmerkmalen – funktionale Stile – Registerwahl – rhetorische Aspekte – soziolinguistische Merkmale

Tab. 5: Formen sprachlicher Codierung von Emotionen. Aus: Schiewer 2007, 356.

nerung der verfügbaren Formen des Emotionsausdrucks in einer Sprache erst ermöglichen.

5. Emotion, Textsorten und kommunikative Gattungen

Textsorten mit ‚Emotionspotential'

Dass Texte ein ‚Emotionspotential' aufweisen und mit einer ‚kognitiven Emotionalisierung' einhergehen können, steht in der emotionslinguistischen Forschung außer Frage (vgl. Schwarz-Friesel 2007, 210ff.). Dabei werden zwei Fragen besonders fokussiert (vgl. Schwarz-Friesel 2007, 211):

1. Wie werden emotionale Zustände und Prozesse in Texten satzübergreifend explizit und implizit dargestellt und ausgedrückt?
2. Durch welche Mittel und Strategien wird der textexterne Prozess der möglichen Emotionalisierung des Lesers beim Textverstehen beeinflusst?

Dabei ist es üblich und sinnvoll, zwischen verschiedenen Textsorten zu unterscheiden. Schwarz-Friesel berücksichtigt z. B. (vgl. Schwarz-Friesel 2007, 218ff.):

1. Explizite und implizite Gefühlsthematisierung in literarischen Texten
2. Massenmediale Kriegsberichterstattung mit der Emotionalisierung als persuasiver Strategie
3. Werbung, Boulevard und Gefühlskultur

Dass spezifische Textsorten des Alltags und der Wissenschaft in besonderer Weise dazu prädestiniert sein können, mit typischen Formen der Emotionalität verbunden zu sein oder auch gerade als typisch emotionsfern zu gelten, leuchtet ein. Schon in der Tradition der Rhetorik und bei literarischen Gattungen stellen entsprechende charakteristische Merkmale eine gewisse Konstante dar: So sind hohe Stillagen ein Charakteristikum sowohl starker Emotionalisierung als auch entsprechender Textsorten, wie insbesondere der Tragödie. Im Folgenden werden einige ausgewählte Textsortenbeispiele hinsichtlich ihres typischen Emotionspotentials exemplarisch skizziert.

Zunächst wird auf ein Set an Textsorten eingegangen, das gerade als emotionsfern gilt: Sachtexte. Ein analytisches Instrumentarium zur Erfassung der Emotionalität schriftlicher Texte u.a. auf der Basis quantifizierender Methoden hat Silke Jahr erarbeitet (vgl. Jahr 2000). Zu den Ergebnissen dieser Untersuchung gehört die Feststellung, dass Emotionen auch in sachinformierenden und wissenschaftlichen Texten auftreten (vgl. Jahr 2000, 237). Dabei werden Intensitätsbereiche für kommunizierte Textemotionen vorgeschlagen (Jahr 2000, 214):

Sachtexte und Emotionen

E_1-Wert unter 0,07:	keine Emotionalität
E_1-Wert von 0,07–0,099:	Übergangsbereich von Nicht-Emotionalität zur Emotionalität
E_1-Wert von 0,100–0,150:	schwache Emotionalität
E_1-Wert von 0,151–0,220:	mittlere Emotionalität
E_1-Wert von 0,221–0,300:	hohe Emotionalität
E_1-Wert über 0,300:	sehr hohe Emotionalität

In einer Übersicht werden die ermittelten dominanten Textemotionen zusammengestellt und der E_1-Wert für den gesamten Text angegeben, der sich aus der Summe der E_1-Werte geteilt durch die Zahl der Abschnitte ergibt (Jahr 2000, 215):

Text	dominante Textemotion	Gesamt-E_1-Wert
1 Rechtswissenschaft	Resignation/Enttäuschung	0,180
2 Religionspsychologie	Zufriedensein/Abwehrgefühl	0,175
3 Physik	Zufriedensein	0,110
4 Geschichte	Befürchtung/Befriedigung	0,143
5 Lebensmittel-Technologie	Unmut/Befürchtung	0,165
6 Datenschutz	Unmut/Vorwurf-Emotion	0,165
7 Wissenschafts-Essay	Unzufriedenheit/Befürchtung/Hoffnung	0,162
8 Leserbrief	Unmut	0,162
9 Prospekt	Abwehrgefühl	0,189

Aufgrund der Untersuchung zur Emotionsstruktur des Textkorpus kommt Jahr zu folgenden Aussagen (vgl. Jahr 2000, 216 ff.):

1. Negativ besetzte Emotionen werden mit höherer emotionaler Intensität kommuniziert als positiv besetzte.
2. Die höchsten emotionalen Intensitäten treten bei gravierenden Auswirkungen auf die menschliche Gesellschaft oder bei starker persönlicher Nähe des Verfassers zu den Sachverhalten auf.
3. Der Anfang eines Textes ist häufig in einem unemotionalen Stil oder mit einer nur geringen emotionalen Intensität verfasst.
4. Der Textverlauf ist durch mehrfaches Anwachsen und Abfallen der emotionalen Intensität gekennzeichnet, am Ende des Textes wird meist ein Maximum erreicht.
5. Im letzten Abschnitt der untersuchten Texte sinkt die emotionale Intensität, wenn der gesamte Text endet; sie bleibt aber hoch bei der Fortführung des Themas in nachfolgenden Kapiteln.
6. Die Spezifizierung von Sachverhaltsaussagen und die Erläuterung von illustrierenden Beispielen erfolgen in geringer emotionaler Intensität.
7. Es wird eine hohe emotionale Intensität kommuniziert, wenn die Fakten nur unzureichend für sich selber sprechen.
8. Es wird eine besonders hohe emotionale Intensität kommuniziert, wenn antizipierte Kritik abgewehrt wird.
9. Es wird eine große Lebendigkeit der Textgestaltung erreicht, wenn die Qualität der Emotionen wechselt.
10. Texte wissenschaftlicher Inhalte unterscheiden sich vorrangig entweder durch die Ablehnung/Annahme von Sachverhalten oder durch die Missbilligung des Verhaltens von Urhebern.

Hybride Textsorten Interessant sind in dieser Hinsicht auch Mischformen von Sachtextsorten und erzählenden Textsorten, wie z.B. die Tiergeschichten des Ethologen Konrad Lorenz und spezifische wissenschaftliche Darstellungsformen wie die ‚Romantische Wissenschaft' des Neuropsychologen Alexander R. Lurija (vgl. z.B. Lorenz ^{42}2002; Lurija 1993 [1982]).

Bei emotionalen mündlichen Interaktionstypen geht es um solche, die vielfach oder üblicherweise mit verschiedenen Formen des in Kapitel II.4. entwickelten Spektrums an Emotionscodierungen verbunden sind. Dazu gehören u.a. Arzt-Patienten-Kommunikation, Therapiegespräche, aber u.U. auch bestimmte Formen der Institutionen- und Behördenkommunikation sowie z.B. Liebeserklärungen, Streitgespräche, das Erzählen von Witzen im Alltag und Literatur (vgl. z.B. „Ein Ehepaar erzählt einen Witz" von Kurt Tucholsky) etc.

Begrüßungen, sprachliche Höflichkeit Zu Kommunikationssituationen und kommunikativen Mustern mit Emotionspotential gehören etwa auch Begrüßungen, bei denen in irgendeiner Form gegenseitige Erwartungshaltungen erfüllt, nicht erfüllt oder sogar übertroffen werden können. Generell ist hier auch das breite Spektrum sprachlicher Höflichkeit – ein linguistisch recht gut beforschtes Gebiet – zu nennen, das hinsichtlich dessen, was jeweils als angemessen gilt und wahrgenommen wird, mit dem betreffenden Interaktionstyp sowie seiner jeweiligen Einbettung in konkrete Kommunikationssituationen eng verbunden ist.

Gattungen des Komischen und Humoristischen Ein zentrales Feld emotionaler mündlicher Interaktionstypen ist z.B. das des Komisch-Humoristischen. Vorauszuschicken ist allerdings, dass die Komplexität dieser Thematik kaum zu überschätzen ist; philosophisch anspruchsvoll fundierte theoretische Durchdringung findet sich z. B. in der „Vorschule der Ästhetik" von Jean Paul aus dem Jahr 1804. Eine groß angelegte linguistische Untersuchung hat 1998 Helga Kotthoff vorgelegt. Das Spektrum umfasst u. a. (vgl. Kotthoff 1998):

- Linguistische Humortheorien
- Mündliche Scherzkommunikation wie Frotzeleien, Wortspiele etc.
- Die Analyse von Erzählstrategien in narrativem Witz, konversationellem Humor etc.

Ebenfalls linguistische Untersuchungsgegenstände stellen z. B. Streit und Vorwürfe dar (vgl. z. B. Spiegel 1995; Günthner 2000). Gegenstand der Forschung sind u. a. für Streitsituationen typische Formen von:

Streit und Vorwürfe

- Interaktionsblockaden (wie Widersprüche, Angriffe, Ausweichen, Verweigern)
- Manifestationen der emotionalen Beteiligung (wie Wertungen, Kritik, Rechtfertigungen, Vorwürfe, Provokationen, Schuldzuweisungen)
- Interaktionsmodalitäten (wie Schlagabtausch, Schimpfen, Anschreien etc.)
- Eskalations- und Deeskalationsstufen

Hier eröffnen sich auch der sprach- und kulturvergleichenden Forschung wichtige Aufgabenfelder.

6. Zu den Methoden der Untersuchung des emotionalen Gehalts von Äußerungen und Texten: Qualitative Inhaltsanalyse und affektive Sprachinhaltsanalyse

Zu den gut eingeführten und heute zu den methodischen Standards der empirischen Sozialforschung zählenden Ansätzen gehören die verschiedenen Orientierungen der quantitativ und zunehmend auch qualitativ ausgerichteten Inhaltsanalyse. Es handelt sich um Techniken, deren Ursprünge einerseits den Kommunikationswissenschaften zugeschrieben werden und andererseits, sofern der Einfluss von Emotionen auf Sprachäußerungen fokussiert wird, der psychotherapeutischen Forschung (vgl. hierzu Mayring [7]2009, 468–475, hier 469 sowie Schmitt & Mayring 2000, 469–477, hier 470).

Untersuchungsmethodik

Inhaltsanalytische Verfahren können u. a. dafür eingesetzt werden, mündliche Äußerungen und schriftliche Texte auf ihren emotionalen Gehalt hin zu überprüfen. Unter den verschiedenen geläufigen Verfahren ist die affektive Sprachinhaltsanalyse nach Louis A. Gottschalk und G.C. Gleser hervorzuheben (vgl. Gottschalk & Gleser 1969; ausführliche Berücksichtigung findet dieses Verfahren z. B. bei Battacchi, Suslow & Renna 1996, 95–112). Battachi, Suslow und Renna (1996) geben einen konzisen Abriss der affektiven Sprachinhaltsanalyse und akzentuieren deren Bedeutung für die Untersuchung des Einflusses von Emotionen auf das Sprechen (Battachi, Suslow & Renna 1996, 95):

> Eine Grundannahme der affektiven Sprachanalyse ist das sogenannte Frequenztheorem: je häufiger gewisse affektive Inhalte in einem Text auftreten, umso stärker ist die jeweilige Emotion. Dadurch, daß ein Sprecher gehäuft über gewisse Themen spricht und sich so spezifische sprachinhaltliche Affektindikatoren innerhalb eines Textes massieren, steigt die Wahrscheinlichkeit der Präsenz eines bestimmten affektiven Merkmals seitens des Sprechers. Durch thematisches Perseverieren und Verharren während einer Erzählung offenbaren sich mit zunehmender Sicherheit markante emotionale Eigenschaften der Persönlichkeit oder die aktuelle Befindlichkeit der Sprecher.

Dabei gehen Gottschalk und Gleser davon aus, dass:

- die Häufigkeit des Auftretens bestimmter Inhaltskategorien
- das Ausmaß der Direktheit des zum Ausdruckbringens von Emotionalität
- das Ausmaß der persönlichen Beteiligung, die Sprecher erkennen lassen,

drei wichtige Kategorien in der Auswertung emotionaler Textgehalte seien (vgl. Battachi, Suslow & Renna 1996, 109). Gleichwohl weisen Battachi et al. darauf hin, dass hier die Gefahr der Reduktion von Sprachäußerungen auf die Symptomfunktion im Sinne Karl Bühlers bei gleichzeitiger Unterschlagung der Darstellungsfunktion bestehe (vgl. Battachi, Suslow & Renna 1996, 111). Dennoch finden die von Gottschalk und Gleser entwickelten „Affektskalen" zur Messung der Affekte ‚Angst' und ‚Aggressivität', wie Annette Schmitt und Philipp Mayring betonen, in der klinisch-psychologischen Forschung breite Anwendung (vgl. Schmitt & Mayring 2000, 471).

III. Emotion, Multilingualität und interkulturelle Kommunikation

1. Emotions- und Mehrsprachigkeitsforschung

Bei diesem hochaktuellen interdisziplinären Forschungsbereich an Schnittstellen u.a. von Linguistik, Neurolinguistik, Psychologie, Anthropologie, Psychoanalyse und Literaturtheorie geht es um Fragen, die in ihrer Relevanz unmittelbar einleuchten. So etwa, wenn untersucht wird (vgl. Pavlenko 2005, Klappentext):

Zentrale Forschungsfragen

- wie Bilinguale Emotionen erfahren
- ob sie Emotionen ähnlich oder unterschiedlich in ihren jeweiligen Sprachen wahrnehmen und ausdrücken
- ob die erste Sprache für immer die „Sprache des Herzens" bleibt
- welche Rolle Emotionen beim Erwerb einer Zweitsprache und beim Sprachverlust (*language attrition*) spielen
- warum manche Schriftsteller es bevorzugen, in ihrer zweiten Sprache zu schreiben

Es wird davon ausgegangen, dass die Zwei- bzw. Mehrsprachigkeitsforschung und die Emotionsforschung wechselseitig fruchtbar gemacht werden können. Es geht um drei zentrale Zielsetzungen (vgl. Pavlenko 2005, 3):

Zentrale Zielsetzungen

1. Im Ausgang von der Zwei- und Mehrsprachigkeitsforschung wird die Beziehung zwischen Sprache und Emotion beleuchtet.
2. Ein vertieftes Verständnis von Emotionen als sowohl physischen als auch konversationellen Phänomenen erlaubt Einsichten in Bi- und Multilingualismus.
3. Es soll gezeigt werden, dass Verlässlichkeit (*reliability*), Validität (*validity*) und Interdisziplinarität (*interdisciplinarity*) in der interkulturellen Sprachforschung (*cross-linguistic research*) auf Grundlagen der Zwei- und Mehrsprachigkeitsforschung angewiesen sind.

Dieser Ansatz einer so forcierten Zusammenführung von Mehrsprachigkeits- und Emotionsforschung wird mit einem Fragenkatalog konkretisiert (vgl. Pavlenko 2005, 22 f.):

1. Welcher Art sind die Bindungen eines Individuums an seine Sprachen?
2. Wie beeinflussen diese Bindungen den Selbstausdruck?
3. Welche Konsequenzen hat ein Leben im Exil, d.h. nicht nur nicht im eigenen Land, sondern auch in einer fremden Sprache?
4. Was geschieht, wenn man sich über Sprachgrenzen hinweg verliebt?

5. Welche Faktoren beeinflussen das *Code-Switching* in emotionalen Gesprächen (*emotion talk*)?
6. Sind Emotionen und Emotionswörter bzw. emotionsgeladene Wörter in den Sprachen von Bilingualen äquivalent oder sind sie unterschiedlich repräsentiert?
7. Haben Bilinguale unterschiedliche emotionale Reaktionen auf ihre Sprachen?
8. Beeinflussen ihre emotionalen Sprachbindungen ihre Sprachwahlen?
9. Werden ihre aktuellen Gefühle von den Sprachen, die sie sprechen, beeinflusst?

‚Sprachen der Emotionen' – ‚Sprachen und Emotionen'

Es handelt sich also um einen breit angelegten Zugang zur Thematik. Die jüngere Forschung geht dabei über ältere Ansätze ausdrücklich hinaus. Während in der Vergangenheit Ansätze der Psychopathologie, der Psychoanalyse und der auf Einzelemotionen wie *Angst* bezogenen Spracherwerbsforschung im Vordergrund standen, wird der Fokus nunmehr, wie die Fragen oben zeigen, markant ausgeweitet. Zu den Leitlinien gehört eine Unterscheidung zwischen ‚Sprachen der Emotionen' (*Languages of emotions*) und ‚Sprachen und Emotionen' (*Languages and emotions*) (vgl. Pavlenko 2005, 42 f.):

- Der erste Komplex ‚Sprachen der Emotionen' bezieht sich darauf, wie Emotionen in den Sprachen Mehrsprachiger gestaltet und wahrgenommen werden – dabei geht es um die phonetisch-prosodischen Aspekte des Ausdrucks, um semantische Aspekte von Emotionswörtern in verschiedenen Sprachen und um die Diskursebene mit der Formierung eines unterschiedlichen ‚bilingualen Selbst' (*Bilingual selves*).
- Der zweite Komplex ‚Sprachen und Emotionen' bezieht sich darauf, inwiefern Bilinguale verschiedene Wahrnehmungen und Reaktionen bezüglich ihrer Sprachen haben können, auf Aspekte der sozialen Wahrnehmung und auf den Begriff des ‚emotionalen Investments' (*Emotional investment*) im Zusammenhang sprachbezogener Affektion, Wünsche und Abneigungen einschließlich des Sprachverlusts und zwar u. U. auch der Muttersprache.

Untersuchung der Emotionssozialisation

Zu den Ergebnissen gehört die Feststellung, dass der Übergang in eine neue Sprache und Kultur die Gefühle eines Menschen nicht vollkommen verwandelt (vgl. Pavlenko 2005, 228). Vielmehr bleiben bestimmte Gefühle Pavlenkos Selbstbeobachtung nach durchaus unverändert, wobei die Frage, ob dies auf eine mögliche Universalität solcher Gefühle oder die diesbezügliche Ähnlichkeit der betreffenden Sprachen, hier Russisch und Englisch, zurückzuführen sei, zumindest einstweilen offen bleibe (vgl. Pavlenko 2005, 228 f.).

Das Potential sprachübergreifender Emotionsforschung besteht u. a. in der fruchtbaren Untersuchung der Emotionssozialisation im Zusammenhang der Emotionsontogenese bei kindlicher Mehrsprachigkeit sowie der Emotionsakkulturation beim Zweitspracherwerb Erwachsener. Pavlenko hält fest, dass sehr wohl eine Sozialisierung in *etwas* unterschiedliche affektive Repertoires möglich sei (vgl. Pavlenko 2005, 230): „[…] differences in repertoires internalized in the process of affective socialization, combined with cross-linguistic differences in emotion concepts and scripts, may result in development of distinct affective styles in the respective languages, often perceived as distinct affective and relational selves [...]." (Pavlenko 2005, 231).

Damit einher geht die Untersuchung einer affektiven (Re-)Sozialisation von Kindern und Erwachsenen. In der Erforschung von Zweitspracherwerb unter dem Aspekt der Veränderung individueller affektiver Stile kommt dem Lebensalter zum Zeitpunkt des Erwerbs insofern Aufmerksamkeit zu, als es eine Rolle spielt für die Anpassung an fremdsprachige und fremdkulturelle Emotionsstile (Pavlenko 2005, 231): „[...] she is ‚becoming cold' not because she is speaking a second language, but because the Anglo affective style appropriate for a person of her age, gender, and socioeducational background is less effusive and temperamental than the one she had developed in her Polish surroundings."

Zu den Ergebnissen gehört weiterhin die Beobachtung, dass sprachübergreifende Beeinflussung und Internalisierung neuer Emotionskonzepte, -strukturen und -repertoires auf allen linguistischen Ebenen stattfindet, einschließlich der Prosodie, des Lexikons und der Pragmatik (vgl. Pavlenko 2005, 239). Auffallend sind dabei die Charakteristika bezüglich Emotionen und emotionsbezogener Wörter im mentalen Lexikon (vgl. Pavlenko 2005, 239).

2. Emotion und interkulturelle Kommunikationsforschung

In der interkulturellen Kommunikationsforschung ist das Feld der Emotionen als ein Aspekt zu betrachten, der etwa im Zusammenhang grundlegender Begriffsdefinitionen sehr wohl – wenngleich in der Regel eher punktuell – in die Reflexion einfließt. Hierzu gehören z. B. grundlegende Zugänge in einschlägigen Feldern der Interkulturalitätsforschung der jüngeren Zeit wie der Auseinandersetzung mit Fragen der Kompetenz, Identität, Differenz, Anerkennung, Höflichkeit und dergleichen mehr:

Emotionen in der Interkulturalitätsforschung

- Interkulturelle Kompetenz wird u. a. durch eine affektive Dimension ausgemacht (vgl. Straub 2007, 43).
- Identität wird u. a. mit narrativen Deutungsmustern verbunden, in die auch emotionale Aspekte eingebunden sind (vgl. z. B. Rosa 2007, 53 und Pavlenko 2005, 197 ff.).
- Differenz impliziert u. a. den Aspekt der Angst bzw. Angstfreiheit davor, verschieden zu sein (vgl. z. B. Ricken & Balzer 2007, 60).
- Anerkennung wird u. a. bezüglich der Formen des Scheiterns oder Versagens reflektiert und mindestens dann kommen emotionsrelevante Stichworte ins Spiel wie z. B. *Entwertung, Lächerlichkeit, Stigmatisierung, Demütigung, Entwürdigung, Degradierung* (vgl. Nothdurft 2007, 112).
- Höflichkeit wird u. a. hinsichtlich ihrer emotionalen Verankerung wahrgenommen (vgl. z. B. Kotthoff 2007, 501).

Emotionsbezogene Metaphernforschung

Ein spezifisches Untersuchungsfeld eröffnet sich innerhalb des Bereichs der insgesamt weit ausgreifenden Metaphernforschung, auf das hier in der gebotenen Kürze mehr verwiesen sei als dass es vertieft werden könnte. Metaphorische Bildungen gehören zu den besonders wirkmächtigen und flexiblen emotionsrelevanten Ausdrucksmöglichkeiten im Bereich des Lexikons. Ihnen wird daher durchaus zu Recht in dem von Susan R. Fussel herausgebebenen Band „The Verbal Communication of Emotions" eine eigener Abschnitt mit mehreren Beiträgen eingeräumt. Ihre Untersuchung liegt gewissermaßen im Zentrum eines Netzes mit verschiedenen Anknüpfungspunkten und zwar mindestens:

- zu Auseinandersetzungen mit Fragen um Universalität und Relativität
- zur Interkulturalitätsforschung
- zur Untersuchung des mentalen Lexikons

Zu den in der emotionsbezogenen Metaphernforschung ausgewiesenen Linguisten gehört Zoltán Kövecses, von dem im genannten Band der Eingangsbeitrag stammt (Kövecses 2002). Ausgangspunkt ist eine zweiseitige Orientierung: Einerseits wird die einflussreiche sozialkonstruktivistische Emotionsforschung nach Rom Harré berücksichtigt, andererseits die kognitive Linguistik und zwar v. a. die Metapherntheorie nach Lakoff und Johnson (vgl. z. B. Lakoff & Johnson 1980). Beide berühren sich in der Akzentuierung der Bedeutung der Sprachtheoriebildung für die Emotionsforschung. Unterschiede bestehen bezüglich der Universalitäts- bzw. Relativitätsannahme: Während der Sozialkonstruktivismus stark am Relativitätsparadima ausgerichtet ist, werden in der kognitiven Linguistik beide Paradigmen berücksichtigt (vgl. Kövecses 2002, 109).

Kövecses betont, dass im Bereich des sprachlichen Emotionsausdrucks der Metaphorik eine wichtige Rolle zukommt: „Jemand kocht vor Ärger" und ähnliche Bildungen sind hochgradig geläufig und schaffen zudem, so die Annahme, Modelle oder Konzepte von Emotionen (vgl. Kövecses 2002, 111 und 113). Dabei stellen sich Kövecses zufolge zwei Fragen (vgl. Kövecses 2002, 116):

1. Welche emotionsbezogenen konzeptuellen Metaphern sind universell (oder nahezu universell) und welche sind sprach- und kulturspezifisch?
2. Lässt sich vorhersagen, welche emotionsbezogenen konzeptuellen Metaphern universell sind?

Kövecses geht dabei davon aus, dass emotionsmetaphorische Bezugnahmen auf physiologische Aspekte und den menschlichen Körper mit universellen Tendenzen verbunden sind (vgl. Kövecses 2002, 121; vgl. auch Kövecses 1986 und Pavlenko 2005, 79; vgl. ferner die entsprechenden Ansätze im Rahmen der Ansätze der *Anthropological Linguistics*, z. B. Foley 1997, 167 ff.).

3. Emotionen im ‚Dialog der Kulturen'

3.1 Der ‚Dialog der Kulturen' in der Kritik

In dem von Kofi Annan initiierten und 2001 publizierten Band „Crossing the Divide. Dialogue among Civilizations" wird ein Rahmenkonzept für die Praxis des internationalen Dialogs auf allen politischen, institutionellen und gesellschaftlichen Ebenen vorgestellt. Ziel ist, eine Gegenposition zu Samuel P. Huntingtons These vom „Clash of Civilizations" einzunehmen und im Dialog der Kulturen als kultureller Idee der globalen Verständigung die Chance für eine friedliche Zukunft zu sehen. Anlässlich eines Runden Tisches am Sitz der *Vereinten Nationen* erklärten im Jahr 2000 übereinstimmend der Generalsekretär, zwölf Staats- und Regierungschefs sowie die Außenminister verschiedener Länder, dass mit Hilfe eines solchen Dialogs zwischen den Kulturen alle Nationen in der Lage seien, Feindschaft und Konfrontation durch Gespräch und Verständigung zu ersetzen. Es knüpfen sich also weit reichende Hoffnungen an diesen Ansatz, der auch in die Diskussionen des Arbeitsstabes *Globale Fragen* des *Auswärtigen Amtes* mit dem *Forum Globale Fragen* Eingang gefunden hat und beispielsweise in den Dokumentationen des 6. und 7. *Forums* zu „Globalisierung und Kommunikation" und dem „Dialog der Kulturen" diskutiert wird.

Dialog vs. Kampf

Dabei ist zu berücksichtigen, dass dieser Ansatz auf einem spezifischen Konzept des Dialog-Begriffs gründet, wenngleich die theoretischen Grundlagen nicht explizit gemacht werden:

Dialog-Begriff in Orientierung an Jürgen Habermas

1. Kommunikationstheoretische Modellannahmen von Jürgen Habermas sind hier zentral und zwar u. a. mit der nachdrücklichen Betonung der Akzeptanz von Unterschieden, der Voraussetzung gegenseitigen Verständnisses, von Vertrauen, gegenseitiger Hochachtung, Offenheit, des Verzichts auf Beeinflussung sowie der Zielsetzung, überzeugen und nicht überreden zu wollen (vgl. Schiewer 2006).
2. Eine bedeutende Rolle kommt theologischen Perspektiven mit dem Begriff des ‚Weltethos' von Hans Küng zu, der auch zu den Autoren des von Annan initiierten Bandes gehört. Die von Küng akzentuierten unverrückbaren ethischen Werte, denen globale Geltung zukommen soll, beziehen sich auf die Solidarität, Gewaltlosigkeit, Toleranz, Wahrhaftigkeit, Gleichberechtigung sowie die Partnerschaft von Mann und Frau (vgl. Küng 1990, 1997). Ihnen wird auch im Hinblick auf das skizzierte Konzept des Dialogs der Kulturen insofern eine wichtige Stellung eingeräumt, als von der kulturübergreifenden gemeinsamen und intersubjektiven Basis dieser Werte ausgegangen wird. Sie stellen mit anderen Worten, wie die Verfasser meinen, im Hinblick auf die Integration vielfältiger Perspektiven im Bereich des Glaubens und der Religionen eine entscheidende Voraussetzung für den interkulturellen Dialog dar (vgl. Schiewer 2008a).

Gerade wegen der zentralen Bedeutung dieser Konzeption für die Arbeit der *UNO* und des *Forums Globale Fragen* müssen diese Grundlegungen strenger Prüfung standhalten können. Dies insbesondere, da sich Habermas selbst kritischer Infragestellung gegenüber in jüngerer Zeit offen gezeigt hat:

„Nach dem 11. September bin ich oft gefragt worden, ob sich nicht angesichts solcher Gewaltphänomene die ganze Konzeption des verständigungsorientierten Handelns, wie ich sie in der Theorie des kommunikativen Handelns entwickelt habe, blamiere", sagt Jürgen Habermas in einem Gespräch mit Giovanna Borradori. Er problematisiert auf diese Weise sein eigenes Konzept, um es dann zu verteidigen (vgl. Habermas & Derrida 2004, 60).

Habermas erkennt an, dass die Instrumente der rational-vernunftbasierten Argumentation als Basis des Dialogs der Kulturen einzuschränken seien: „Insofern [als sich Interpretationen einer gewaltsamen Assimilation an den Stärkeren verdanken. GLS] ist Kommunikation immer zweideutig, eben auch ein Ausdruck latenter Gewalt." (Habermas & Derrida 2004, 63). Während Habermas sich bemüht zeigt, die Bedeutung dieses Zugeständnisses gering zu werten, darf die Theoriebildung eines für die politische Praxis relevanten Dialogs der Kulturen dieses Feld von kommunikativer Gewalt und Konfliktpotentialen nicht übergehen.

Aus diesem Grund ist das Konzept des Dialogs der Kulturen aus kommunikationstheoretischer Perspektive unter dem Aspekt seiner praktischen Tragfähigkeit zu diskutieren. Es sind dabei u.a. Habermas' enge Kopplung von Kommunikation und Konsens und sein Versuch, kommunikatives von strategischem Handeln zu trennen, zu problematisieren. Der Horizont von rationaler Diskursethik, die sich in dem Feld konsensorientierter Auseinandersetzung und Mediation etabliert hat, ist abzuwägen gegenüber Ansätzen insbesondere anthropologisch fundierter Kommunikationstheorie, der Soziosemiotik und der Emotionslinguistik. Dabei ist davon auszugehen, dass ein Konzept des Dialogs der Kulturen in der Lage sein muss, die vielfach faktisch gegebenen Asymmetrien der Kommunizierenden, Macht- und Interessenlagen konstruktiv aufzudecken und damit Probleme verhandelbar zu machen.

Habermas' Stellungnahmen in jüngerer Zeit laufen nicht nur auf eine Relativierung der Rationalitätsannahme durch die Fehlbarkeit der Vernunft hinaus, sondern es wird zudem die Voraussetzung der unter symmetrischen Bedingungen der gegenseitigen Perspektivübernahme stattfindenden idealen Kommunikation durch die asymmetrische Gegebenheit der Anpassung des schwächeren an den stärkeren, überlegeneren, mächtigeren Dialogpartner problematisch. Es kommt hinzu, dass mit der Korrekturbedürftigkeit der erzielten Deutungen die Möglichkeit der Überführung in intersubjektiv geteilte Interpretationen in Frage gestellt wird (vgl. Schiewer 2008a).

Potentielles Misslingen von Kommunikation

Aus diesem Grund werden im Folgenden Wege zur Diskussion gestellt, wie das Wissen um die Ubiquität des potentiellen Misslingens von Kommunikation im Umgang mit (auch strategisch eingesetzten) Missverständnissen und dem möglichen Scheitern von Verständigung zu nutzen ist. Zu berücksichtigen sind hier auch Entwicklungen in der Wirtschaftskommunikation, die harten Konkurrenzbedingungen durch die reflektierte Orientierung an strategischen Vorgehensweisen (vgl. z.B. Harro von Sengers chinesische „Strategemkunde" in: Senger ^{2}2004) Rechnung tragen.

Hierbei geht es um einen Schritt hin zu einer Remodulierung der Theoriebildung des Dialogkonzepts der Kulturen und die Anregung zur interdisziplinären Diskussion mit Vertretern der Soziologie, der Handlungstheorie, der Medien- und Sprachwissenschaft. Denn erst ein bezüglich der anthropologischen Gegebenheiten sorgsam abgeklärtes und im Hinblick auf einen westlich verengten Rationalitätsbegriff hinterfragtes Konzept wird ermöglichen, den politisch, gesellschaftlich und ökonomisch relevanten Dialog auch unter den widrigen Bedingungen der Praxis – wie etwa bei der Verhandlung von Umweltproblemen – zu realisieren.

3.2 Anthropologische Ausgangspunkte interkultureller Kommunikation

Internationale Kommunikationsprozesse sind immer auch interkulturelle Interaktions- und Dialogsituationen. Sie sollen hier im Hinblick auf drei in Thesen formulierte und erläuterte Aspekte der *conditio humana* beleuchtet werden.

Interkultureller Dialog und die conditio humana

a) Kommunikation ist selbst dann perspektivisch, wenn ein rationaler Austausch angestrebt wird.

Der Begriff der ‚Perspektivität' wurde von dem Wissenssoziologen Karl Mannheim schon 1924 und 1925 in seiner Studie „Eine soziologische Theorie der Kultur und ihrer Erkennbarkeit (Konjunktives und kommunikatives Denken)" reflektiert.

Perspektivität nach Karl Mannheim

Die ‚konjunktive Erfahrung' respektive das ‚konjunktive Erkennen' ist Mannheim zufolge zunächst dadurch charakterisiert, dass vom Gegenüber immer nur eine Seite wahrgenommen werden kann, und zwar handelt es sich dabei um eine Perspektive, in die alle persönlichen Dispositionen, mit denen man selbst an das Gegenüber herantritt, eingebettet sind. Zu diesen Dispositionen gehört sowohl, dass Menschen generell durch Sinnesorgane erfahren, als auch, dass sie an *hic et nunc* gebunden sind und die ihnen gegenüberstehenden Menschen für sie aufgrund ihrer Interessen und Begierden eine spezifische Bedeutung haben. Begegnungen sind somit Mannheim zufolge grundsätzlich perspektivisch und einseitig: „Wir nannten diese Erkenntnis ‚Perspektive' und fragten, worin die Gemeinsamkeiten bestehen zwischen dem aus dem Bereich der optischen Wahrnehmung stammenden Begriff und dem fraglichen Erfahrungstypus perspektivischer Erkenntnis." (Mannheim 1980[1924/25], 212; vgl. zu Mannheim auch Kapitel 23. im vorliegenden Band).

Die perspektivische Eigenart optischer Wahrnehmung sei dadurch charakterisiert, dass der Beobachter in der optischen Betrachtung eines Dinges oder einer Landschaft von jedem Punkte des Raumes ein anderes Bild bekomme. Aber jedes dieser Bilder sei eine Erfahrung dieser Landschaft, auch wenn es als eine „Verkürzung" und „Verschiebung" auf den Standort des Betrachters hin orientiert sei. Und obwohl – oder gerade weil – es perspektivisch sei, bezeichnet Mannheim dieses standortgebundene Bild als wahr. Denn Landschaften seien ein Gegenstand, der prinzipiell ausschließlich perspektivisch erfassbar sei. Wenn jemand eine Landschaft erfahren wolle, müsse er unumgänglich selbst einen Ort im Raume einnehmen (vgl. Mannheim 1980[1924/25], 212).

Genauso werde derjenige, der Menschen und die zwischen ihnen obwaltenden Verhältnisse erfahren wolle, in der anthropomorphen und noch mehr in der ganz persönlichen Gebundenheit einer jeden so gearteten Erfahrung der Welt keine Einbuße an Erfahrung sehen, sondern den Weg in dieser konjunktiven Erfahrungsweise suchen, die in diesem – wie Mannheim es nennt – höheren Sinn perspektivisch sei. Aus diesem Grund sei die Grundform der Mitteilung geschehener Dinge die Erzählung, hinter der der perspektivisch gebundene Erzähler stehe. Menschen könnten andere Menschen daher niemals so erkennen wie das Gegenüber hypothetischerweise „an sich" sein möge. Jeder erkenne vom anderen nur so viel, und nur in der Weise, wie er selbst in die gemeinsame Beziehung eingehe, in ihr existiere und sich in ihr entfalte. So stelle auch jede Art der Anrede eines Menschen einen Ausdruck der spezifischen Stellung der Beteiligten zueinander dar (vgl. Mannheim 1980[1924/25], 212 f.).

Hinzu komme, dass auch jeder sich selbst, so Mannheim weiter, nur insofern erkennen könne, als er in existentiellen Beziehungen zu anderen stehe. Die soziale Existenz betrachtet Mannheim aus drei Gründen als Vorbedingung der Selbsterkenntnis:

1. weil wir uns nur aufgrund unserer sozialen Existenz in menschlich existentielle Beziehungen versetzen können,
2. weil jeder Mensch eine andere Seite unseres Selbst in Aktualität bringt,
3. weil wir uns leichter durch die Augen und in der Perspektive eines anderen als von uns selbst her zu sehen imstande sind.

Mannheims Begriff der ‚Perspektivität' impliziert somit die Partikularität von ‚alter' und ‚ego' in jeder ihrer Begegnungen.

Perspektivität und interkulturelle Kommunikation

Der Annahme, dass interkulturelle im Vergleich mit intrakulturellen Kommunikationssituationen besonders schwierig und gefährdet seien, weil Unterschiede unter anderem in Sprache, Denken, Politik, Religion und damit von Gemeinschaftsidentitäten zu überwinden seien, kommt Mannheims Konzept daher gerade *nicht* entgegen. Überzeitliche Strukturen und abstrakte Begrifflichkeiten – von Mannheim etwas verwirrend als ‚kommunikative Erfahrung' bezeichnet – werden nicht geleugnet, können aber die grundsätzliche Perspektivik jeder Begegnung, und sei sie auch noch so sachlich akzentuiert, keinesfalls aushebeln. Folgt man nun dem berühmten Wirtschaftswissenschafter Amartya Sen, dann liegt aber gerade hierin die Chance eines gelingenden Dialogs der Kulturen (Sen 2007, 9 ff.):

Die Politik der globalen Konfrontation gilt vielfach als natürliche Folge religiöser oder kultureller Spaltungen der Welt. Die Welt wird sogar, wenn auch nur implizit, zunehmend als ein Verbund von Religionen oder Zivilisationen verstanden, wobei man sich über alle anderen Blickwinkel [beziehungsweise: Perspektiven. GLS], unter denen die Menschen sich selbst sehen, hinwegsetzt. Dieser Sichtweise liegt die merkwürdige Annahme zugrunde, daß es nur ein einziges, überwölbendes System gebe, nach dem man die Menschen einteilen kann. Wenn man die Weltbevölkerung nach Zivilisationen oder Religionen einteilt, gelangt man zu einer „solitaristischen" Deutung der menschlichen Identität, wonach die Menschen einer und nur einer Gruppe angehören (die hier durch Zivilisation oder Religion definiert ist, während man früher die Nationalität oder die Klassenzugehörigkeit in den Vordergrund stellte).
[…]

Die Illusion der Schicksalhaftigkeit insbesondere der einen oder anderen ausschließlichen Identität fördert die Gewalt in der Welt sowohl durch Unterlassungen als auch durch Taten. Wir müssen deutlich erkennen, dass wir viele verschiedene Zugehörigkeiten haben und auf sehr viele unterschiedliche Weisen miteinander umgehen können, [...].

Während in dem geläufigen Konzept des Dialogs der Kulturen Rationalität, gemeinsam geteilte Werte und Einheitssemantiken als wichtig erachtet werden, eröffnet die Grundannahme der Perspektivik im hier in Orientierung an Karl Mannheim und Amartya Sen skizzierten Sinne die Reflexion der Begegnung unterschiedlichster Kommunikationspartner. Gerade diese Begegnungen können als Chance für den internationalen und interkulturellen Dialog betrachtet werden.

b) Mit der Perspektivität geht einher, dass Kommunikationspartner unterschiedliche Horizonte, Auffassungen, Ziele etc. haben und kulturellen Variablen unterworfen sind.

Geht man von der Subjektivität, Individualität und pluralen Identität der Kommunikationspartner aus, dann ergibt sich, dass Kommunikation mit mehr oder weniger latenten Wissensasymmetrien der beteiligten Partner im Sinn des Wissenssoziologen Thomas Luckmann einhergeht. Nicht nur offen und verdeckt auftretende Missverständnisse sind damit gewissermaßen als Normalfall zu betrachten, sondern auch unterschiedliche Standpunkte der Dialogpartner.

Wissensasymmetrien nach Thomas Luckmann

Wenngleich das Bedürfnis nach Übereinstimmung tief im Menschen verankert zu sein scheint, so dass ein „nein" oder ein abgelehntes freundliches Angebot die Atmosphäre tatsächlich trüben kann, ist Dissens ebenso wenig mit dem Scheitern von Kommunikation zu verwechseln wie Konsens mit ihrem Gelingen. Sobald dies erkannt wird, wird es beispielsweise auch möglich, die oftmals subtilen Mechanismen, die der Herstellung, wenn nicht sogar Erzwingung von Konsens dienen, zu entlarven und entschärfen. Insbesondere ist hierbei an den Einsatz latenter Drohungen zu denken, deren Mechanismus von dem Soziologen Helmut Popitz luzide analysiert wurde (vgl. Popitz ²1999).

Macht nach Helmut Popitz

Popitz deckt mit seiner Analyse eine implizit-verdeckte Machtstruktur auch des von Kofi Annan initiierten Dialogs der Kulturen auf, die – wenngleich nicht intendiert – von gravierendem Gewicht ist. Wird die kommunikationstheoretische Perspektive auf die praxisorientierten Ansätze eines Dialogs der Kulturen und die konkreten Aufgaben kulturübergreifender Kommunikation bezogen, dann sollte eine interkulturelle Kommunikationskultur nicht auf idealisierte Voraussetzungen – wie etwa das vorgängige Vorhandensein von Vertrauen und die Annahme einer automatischen Gleichstellung der Gesprächspartner – basieren. Vielmehr ist stattdessen gerade davon auszugehen, dass Vertrauen usw. im Allgemeinen nicht *a priori* vorhanden ist. Dieses gilt es im Laufe des Dialogs nach Möglichkeit erst herzustellen.

In einem entsprechenden Konzept muss daher auch einem möglichen Misslingen von Kommunikation Rechnung getragen werden. Jürgen Habermas' konsensorientiertes Konzept des sprechakttheoretisch orientierten

Diskurses repräsentiert eine vernunftbasiert-rationale Auffassung von Kommunikation, die auf metakommunikativer Ebene einen Reparaturmechanismus ansetzt, der einer Klärung und Lösung von Missverständnissen dienen soll. Allerdings wird hier eben eine ‚ideale Sprechsituation' postuliert. Wesentlich weniger „ideal" ist demgegenüber z. B. der Kommunikationsbegriff von Gerold Ungeheuer: Er betont die Unmöglichkeit, eigene Erfahrungswelten ungebrochen sprachlich zu vermitteln und die Asymmetrie jeder Gesprächssituation (vgl. Ungeheuer 1987). Dennoch ist in dieser Theorie durchaus Platz für die Optimierung von kommunikativer Kompetenz. Der Appell zur Übernahme von Verantwortung durch den Sprachverwender ist hier zentral. Diese Verantwortung bezieht sich darauf, die Möglichkeiten sprachlicher und sozialer Dominanz gerade nicht auszubeuten.

c) Kommunikationspartner stehen sowohl in Verhältnissen der Kooperation als auch des Wettbewerbs.

Kooperation und Konkurrenz

Neben dem Streben nach Kooperation ist auch die zweite menschliche Grundgegebenheit zu berücksichtigen: Das Verfolgen eigener und egoistischer Interessen respektive die wettbewerbsorientierte Konkurrenzsituation. Dies ist eine Situation, die für viele Arten von politisch-gesellschaftlicher und organisationsgebundener Kommunikation gilt; ja, womöglich letztlich für nahezu jede Kommunikationssituation.

Unabhängig davon, ob man von ‚Strategie' spricht, wie in der Wirtschaftskommunikation, oder von ‚List', wie der Sinologe Harro von Senger, oder gar von der „Brechtschen List – nicht der kümmerlichen, ‚die ausreicht, einer Nachstellung zu entgehen oder ein Essen zu ergattern, sondern derjenigen, ‚welcher die Stärke für große Unternehmungen zur Verfügung steht'" (Spinner 1994, 44), hat man es mit spezifischen Formen der Rationalität zu tun, die interessengeleitet auf eine vorteilhafte Wettbewerbsposition abzielen (vgl. Zerfaß 2006, 241). Der Begriff des ‚strategischen Erfolgspotentials' bezieht sich auf „alle Handlungen, materiellen Ressourcen und Kompetenzen, die für die Realisierung der (gewählten) Strategie ausschlaggebend sind" (Zerfaß 2006, 241 f.).

Die Verbindung des kooperationsbereiten Konsens' mit dem rationalen Argument – in Abgrenzung von strategisch-persuasiver und damit nicht rational kontrollierter Kommunikation – wird problematisiert. Schließlich wird in dieser Kopplung davon ausgegangen, dass Interessen zugunsten des „besseren Arguments" zurückzustellen sind. Hier wird als universell angenommene Rationalität mit Kooperation identifiziert und mehr oder weniger explizit gegen die unkontrolliert-emotionale strategische Durchsetzung egoistischer Ziele ausgespielt. Dass hier oft zu kurz geschlossen werden dürfte, wird in jüngster Zeit u. a. im ökonomischen Kontext offen gelegt; die Dimension der Emotion findet zunehmend Eingang in die entsprechende Theoriebildung (vgl. das betreffende Kapitel zu ‚Emotion und Ökonomie' im vorliegenden Studienbuch und Schiewer 2010a).

Internationaler und interkultureller Dialog

Vor diesem Hintergrund wird deutlich, dass fundierte, systematisch zu untersuchende Kenntnisse verschiedener Gesprächsstile, kulturell geprägter Dialogformen und -strategien erforderlich sind, um über Kriterien zu verfügen, die es erlauben, das Bestehen sprachlich und kulturell bedingter Wissensasymmetrien in internationalen und interkulturellen Dialogsituationen zu erkennen. Kulturübergreifende internationale Dialogkonstellationen müssen sich mit anderen Worten auf kommunikationstheoretische und -praktische Grundlagen stützen können, die den komplexen Gegebenheiten der tatsächlichen perspektivischen Vielfalt der Gegenwart entsprechen. Hierzu sind vergleichende dialog- und soziolinguistische Untersuchungen erforderlich, die durch eine interkulturelle Konfliktlinguistik zu fundieren sind.

Abschließend ist an dieser Stelle auf das jüngere Gebiet der *Intercultural Humanities* hinzuweisen, in dem es um Fragen der Geschichte, Politik und Kultur im Kontext der Globalisierung geht. Hier wird ein problemorientiertes Spektrum entwickelt, in dem sowohl gegenwartsbezogene als auch historische Dimensionen berücksichtigende Aspekte interkultureller Konfliktforschung ebenso einbezogen werden wie Fragen der Mehrsprachigkeitsforschung einschließlich der literarischen Mehrsprachigkeit.

Intercultural Humanities

IV. Emotion in Literatur, Bildender Kunst und Musik

Emotionen und literarische Texte

Einleitend ist hier auf die Thematisierung von Emotionen im Rahmen literarischer Texte und in weiteren literarisch relevanten Textsorten wie z. B. Essays zu sprechen zu kommen (vgl. die Kapitel I.2.6 ‚Kultur- und Literaturwissenschaftliche Ansätze' und IV.3. ‚Emotion und Stimmung in Produktion und Rezeption von Kunstwerken' im vorliegenden Studienbuch).

Emotionsnennungen in Titel und Gattungsbezeichnung

Besonders forciert wird die Thematisierung von Emotionen, wenn sie titelgebend eingeführt wird, wie z. B. im Fall von Salman Rushdies „Fury" aus dem Jahr 2001, in deutscher Übersetzung „Wut" oder wie bei Texten von Feridun Zaimoglu, so z. B. „Drei Versuche über die Liebe", 2003, „Zwölf Gramm Glück", 2004, „Liebesbrand", 2008. Besondere Erwähnung verdient die „Chronik der Gefühle" von Alexander Kluge (Kluge 2000). In literarischer Form werden hier gesellschaftsbezogene und durch historische Ereignisse mitgeprägte Gefühle beschrieben. Einzelne Kapitel sind z. B. den Lebensläufen von Menschen, großen Reichen und der Macht, Beziehungsgeschichten, Luftangriffen, dem Fingerspitzengefühl und vielem mehr gewidmet. Hochkonzentrierte Gefühle unterscheidet Kluge von lebendigen Gefühlen, in denen aber gleichermaßen Milliarden Jahre Vorgeschichte steckten. Der Inhalt der beiden Bände bezieht sich darauf, dass Gefühle eine Art Schatz seien, den die Menschen als wichtigstes Eigentum mit sich trügen. Kluge spricht von einer Gefühlswelt in den Lebensläufen der Menschen, die als eine Landschaft der Gefühle aufgefasst werden könne. Es handle sich um eine Art Inventarverzeichnis, mit dem eine Bilanz im Hinblick auf das 21. Jahrhundert aufgeschlossen werden könne, so weit es die subjektive Seite der Menschen betreffe (vgl. das Interview mit Alexander Kluge, Kluge 2000a).

Emotionsthematische Akzentuierungen finden sich auch in Literaturanthologien und Ausstellungen Bildender Kunst. So ist z. B. die *Melancholie* als kunstformen- und literaturübergreifende Thematik z. B. Gegenstand von Lyrikanthologien, in der u. U. auch Blicke auf die europäische Melancholie-Tradition in Literatur- und Kunstgeschichte geworfen werden (Völker 1984), eines eigenen Studienbuchs mit theoretischen Untersuchungen zur Geschichte der ‚Melancholie' (Walther 1999) und einer großen Ausstellung in den Jahren 2005 und 2006 in Paris und Berlin, die in einem imposanten Katalog dokumentiert ist (Clair 2006). Solche kunstmedien-, sprach- und kulturintegrierenden Übersichten und Forschungsansätze können überaus fruchtbar sein.

Emotionsbezogene Gattungsbezeichnungen wie „Liebesgeschichte", „Liebesroman", „Liebesgedicht", „Trauerspiel", „Lustspiel" zielen auf formal-inhaltliche Textfacetten, aber auch auf produzenten- und rezipientenseitige Aspekte ab.

Nicht unmittelbar literarische Textsorten

Auch in nicht im engen Sinn literarischen Textsorten wie Briefen, Tagebüchern, Essays, theoretischen und poetologischen Schriften etc. finden seit der Antike literaturbezogene Auseinandersetzungen mit Emotionen, Gefühlen, Affekten, Stimmungen etc. Als Beispiel kann auf Jean-Paul Sartres „Skizze einer Theorie der Emotionen" verwiesen werden (Sartre 1997[1939]).

Für einen Überblick über die kulturwissenschaftliche Emotionsforschung der jüngeren Zeit einschließlich eines umfangreichen Literaturverzeichnisses kann auf einen Beitrag von Eva Labouvie verwiesen werden (Labouvie 2011). *Kulturwissenschaftliche Emotionsforschung*

1. Emotionen und ihre poetischen Konzepte – Affektpoetik

An dieser Stelle ist auf die Tradition der Poetik und ihre emotionsbezogenen Facetten hinzuweisen; ein Abriss im eigentlichen Sinn eines historischen Überblicks ist im Rahmen des vorliegenden Studienbuches natürlich nicht möglich. Es seien jedoch einige wichtige Etappen und historische Epochen hervorgehoben und dabei werden zugleich exemplarisch ausgewählte einschlägige Arbeiten der jüngeren Zeit genannt, die zur literaturwissenschaftlichen Emotionsforschung beigetragen haben. Immer ist hier auch an die wechselseitigen Bezugnahmen zu erinnern, die zwischen Poetik, Philosophie und Rhetorik seit der Antike ausagiert wurden. *Poetik und Emotion*

Damit gehört auch hier Aristoteles mit der um 335 v. Chr. entstandenen „Poetik" zu den vordringlichen Referenzen. Besondere Aufmerksamkeit gebührt ferner dem Stichwort der ,Affektpoetik', das in historischer Hinsicht auf das 17. und 18. Jahrhundert verweist. Ralph-Rainer Wuthenow etwa spricht von einer „Wiederentdeckung der Leidenschaften im Zeitalter der Vernunft" und setzt in seiner Untersuchung bei der Affektenlehre des 16. und 17. Jahrhunderts mit Giordano Bruno (1548–1600), René Descartes (1596–1650) und Baruch de Spinoza (1632–1677) an. Die entsprechenden philosophischen Diskussionen und literarischen Dimensionen werden in Wuthenows schmalerem, aber informativen Band unter besonderer Berücksichtigung von Jean-Jacques Rousseau (1712–1778), Denis Diderot (1713–1784), Johann Georg Hamann (1730–1788), Johann Gottfried Herder (1744–1803), Johann Wolfgang von Goethe (1749–1832), Jakob Michael Reinhold Lenz (1751$^{\text{greg.}}$–1792$^{\text{greg.}}$) und Johann Jakob Wilhelm Heinse (1746–1803) mit Blick auf Veränderungen des Natur- und damit auch des Menschenbegriffs dieser Epoche, einschließlich der Konsequenzen für Verschiebungen in der Ein- und Wertschätzung des Affektiven, nachgezeichnet (vgl. Wuthenow 2000). *Zur Geschichte der Affektpoetik*

Die große Studie von Rüdiger Campe zu Affekt und Ausdruck im 17. und 18. Jahrhundert wurde im Zusammenhang der philosophischen Ansätze schon erwähnt; die Schwerpunkte liegen hier auf Dimensionen der Rhetorik, der Semiotik und ebenfalls der Affektenlehre – schließlich wird an ausgewählten literarischen Beispielen aus den Werken Friedrich Schillers, Friedrich Hölderlins und Goethes der Umbau zu dem, was Campe als ,Rhetoriktilgung' bezeichnet, skizziert: „Von der deutschen Literaturgeschichte her scheint es sinnvoll, weiterhin in der Phase der Rhetorikkritik und -umschrift bis etwa 1740 das ,Ende der Rhetorik' mit dem Komplex ,Affektausdruck' als Schwellenkriterium zu sehen." (Campe 1990, 491).

Poetik der Lyrik um 1900 — Ebenfalls eine historische Schwerpunktsetzung nimmt Simone Winko vor, wenn sie sich auf die Poetik der Lyrik um 1900 konzentriert; dieser Fokus wird hier zudem theoretisch breit fundiert. Vorgelegt wird eine „differenzierte typologisierende Übersicht über die Emotionskonzepte in poetologischen Texten der Jahrhundertwende" (Winko 2003, 220). Als zentrale Gemeinsamkeit dieser keineswegs einheitlichen Konzepte apostrophiert Winko den Aspekt eines ‚Wir fühlen anders', der sich auf die Qualität der Emotionen im Sinn des Fühlens ‚neuer' Emotionen beziehen könne, aber auch auf die Zugangsweise – im Sinn eines mit den historischen Bedingungen der Subjekte sich wandelnden Fühlens – zu ansonsten als zeitlos geltenden Emotionen (vgl. Winko 2003, 217).

Einzelemotionen und literarische Gattungen — Weniger historisch als vielmehr systematisch orientiert ist die ‚Affektpoetik' des Literaturwissenschaftlers Burkhard Meyer-Sickendiek, der Einzelemotionen mit spezifischen literarischen Gattungen in Verbindung zu bringen sucht, indem er Letztere als „von den menschlichen Affekten geprägte und von den Affekten erzählende Formen" begreift (Meyer-Sickendiek 2005, 9). In einer Aufsatzpublikation lotet Meyer-Sickendiek die Möglichkeiten einer Korrelation des Wortfelds des Spürens in deutschsprachiger Lyrik mit dem Ansatz der Leiblichkeit in der ‚Neuen Phänomenologie' Hermann Schmitz' aus (vgl. Meyer-Sickendiek 2011).

Kognitive Poetik — Exemplarisch kann die Vielfalt aktueller emotions- bzw. affektpoetischer Ansätze hier nochmals durch einen Hinweis auf interdisziplinäre Formen des Anschlusses an kognitionswissenschaftliche Orientierungen dokumentiert werden. Der Begriff der ‚Kognitiven Poetik' (*Cognitive Poetics*) ist u.a. mit Namen wie Peter Stockwell und Reuven Tsur zu verbinden. Eine der Grundannahmen besteht darin, dass wahrgenommene poetische Effekte systematisch auf literarische Textstrukturen zurückführbar sind (Stockwell 2002; Tsur ^{2}2008). Dass in diesem Zusammenhang kognitive Emotionstheorien Aufmerksamkeit finden, vermag kaum zu überraschen (vgl. z.B. Stockwell 2002, 171–173). Ebenfalls bezieht sich der Sprach- und Literaturtheoretiker Daniel Shanahan u.a. auf kognitions- und neuropsychologische Grundlagen und entwickelt vor diesem Hintergrund die Auffassung, dass das zentrale Emotionspotential literarischer Texte von der sprachlich gestalteten fiktionalen Welt und den präsentierten *Real-life*-Umständen sowie der Anteilnahme des Lesers an der fiktiven Welt ausgehe (vgl. Shanahan 2007, 209). Überzeugend plädiert er dabei für einen sprach-, kultur- und literaturwissenschaftlichen Forschungsansatz, um ein vertieftes Verständnis von Sprache, ihren Effekten und ihrem Funktionieren erarbeiten zu können: „[…] to fully develop our understanding of what language is, what it does, and how it works." (Shanahan 2007, 228).

2. Emotionale Kreativität

Kunstwerke als Impuls — Zu den früheren großen Forschungsarbeiten in diesem Gebiet gehört die Monographie des Psychologen James R. Averill und der in der Beratungspraxis tätigen Elma P. Nunley aus dem Jahr 1992, in deutscher Übersetzung 1993 erschienen. Ausgangspunkt ist ein konstruktivistisches Konzept der Emotionen. Der Zugang ist interdisziplinär unter Berücksichtigung von

Ansätzen der Biologie, Geschichte, Anthropologie, Psychopathologie, Ästhetik u. a. (vgl. Averill & Nunley 1993, 10). Der Bezug auf Literatur und Kunst stellt hier einen Aspekt der übergreifenden theoretischen Konzeption dar. Zentral ist eine erste Unterscheidung bezüglich zwei relativ verschiedener Arten von Emotionen, die ein Kunstwerk hervorrufen kann (vgl. Averill & Nunley 1993, 338):

- Ästhetische Emotionen, die durch die Form eines Werkes hervorgerufen werden, die sich im Wesentlichen durch ein Gefühl der Schönheit, des Erstaunens und der Faszination auszeichnen; sie können als ästhetische Werte die Aufmerksamkeit gefangen nehmen, den Genuss an einem Werk steigern und „als Motor zur Erweiterung unseres Erfahrungsspektrums dienen" (Averill & Nunley 1993, 338 und 340).
- Emotionen wie Wut, Angst, Trauer u. a., die eher durch den Inhalt des Werkes als durch seine Form hervorgebracht werden, und z. B. mit der Darstellung von Ungerechtigkeit Wut wecken, mit der von Gefahr Angst und mit der von Verlust Trauer; es können neue und andersartige Emotionen geweckt werden, die „zu neuen Denk- und Gefühlsrichtungen" herausfordern (vgl. Averill & Nunley 1993, 338 und 345).

Große Prominenz haben seit den neunziger Jahren des letzten Jahrhunderts die Publikationen des amerikanischen Neurologen Antonio R. Damasio erzielt. Er verbindet Kreativität mit dem Begriff der ‚Intuition' und zieht Parallelen zwischen Künstler und Wissenschaftler. In beiden Fällen gehe es darum, aus einer sehr großen Zahl theoretisch möglicher Folgerungen intuitiv bahnbrechenden Erkenntnissen auf die Spur zu kommen. Kreative Prozesse sowohl in der Wissenschaft als auch der Kunst seien nicht logische Ableitungen, sondern vollzögen sich aufgrund einer Verschmelzung von Intuition und Vernunft (vgl. Damasio ^{6}2001, 256 ff.; vgl. I.2.3 ‚Neuro- und Kognitionswissenschaftliche Ansätze, Emotionale Intelligenz' im vorliegenden Band).

Antonio R. Damasios Begriff der ‚Kreativität'

3. Emotionen und Stimmung in Produktion und Rezeption von Kunstwerken

Die folgenden Ausführungen zu Emotion und Stimmung nehmen wiederum ihren Ausgang vom Zeichenbegriff Karl Bühlers und den in diesem Studienbuch unter II.4. ‚Emotionscodierung und verbales Verhalten' entwickelten Grundlagen, da dieses Feld der Textanalyse die Integration literaturwissenschaftlicher und linguistischer Perspektiven erfordert [Tab. 6].

Obwohl im literarischen Text oft mit stilisierenden Zuspitzungen gearbeitet wird, bestehen prinzipielle Vergleichbarkeiten mit alltäglichen Sprachgegebenheiten. Die exemplarischen Illustrationen erfolgen wiederum anhand der „Faust I"-Szene „Trüber Tag. Feld", da sich hier auf gedrängtem Raum viele Grundtypen sprachlicher Emotionscodierung finden (vgl. auch Kapitel I.2.6 ‚Kultur- und Literaturwissenschaftliche Ansätze' im vorliegenden Band). Während Goethe alle übrigen Prosa-Szenen des „Faust" in Reime umgearbeitet hat, ist diese Szene durch die auf das höchste gesteigerte Expressivität Fausts gekennzeichnet, die zudem in der Konfrontation mit dem kühl bleibenden Mephisto besondere Kraft entfaltet. Ergänzend wird im Folgenden auf die Gattung erzählender Texte mit einigen Beispielen aus E. T. A. Hoffmanns „Der Sandmann" Bezug genommen.

Ziel ist eine Applikation der oben in Kapitel II.4. vorgenommenen synoptischen Darstellung verschiedener Dimensionen der Emotionscodierung auf literarische Texte. Berücksichtigt wird sowohl die innere Kommunikation der Text- und Figurenebene als auch die äußere Kommunikationsebene von literarischer Produktion und Leserrezeption. Zu bedenken ist, dass schon in jedem Alltagsgespräch die Rollen der beteiligten Sprecher und Hörer äußerst komplex sind; beim literarischen Text handelt es sich darüber hinaus um mehrschichtige Rollen von Teilnehmern verschiedener kommunikativer Welten (vgl. Weizman 2004, S. 242 f.). Es stellen sich damit der Analyse literarischer Emotionsdarstellung sowie der betreffenden Rezeptionsprozesse drei zentrale Fragen:

Exemplarische Textanalysen

1. Wie werden Emotionen auf der Figuren- und Erzählerebene ausgedrückt und prozessiert?
2. Wie schreiben Leser den Figuren und gegebenenfalls einem Erzähler Emotionen zu?
3. Wie evozieren der Text und die dargestellten Figuren mit den beschriebenen Gefühlswelten auf Seiten des Lesers Emotionen?

Erlebnisästhetisches Modell emotionaler Kommunikation

Emotionsmanifestationen sind aus literaturwissenschaftlicher Perspektive auf mehreren Ebenen bedeutsam. Hinsichtlich der autorbezogenen Dimension der Textproduktion ist das im Laufe des 18. Jahrhunderts ausgebildete „erlebnisästhetische Modell emotionaler Kommunikation" (vgl. Anz 2006) zu nennen, demzufolge die emotionale Involviertheit des realen Autors Voraussetzung für die Authentizität der Darstellung und damit auch für die Intensität der Textwirkung auf den Leser mit seiner emotionalen Beteiligung ist. Hierzu ist auch die Lyrik als Gattung in der spezifischen Auffassung des autorbezogenen Selbstausdrucks eines ‚lyrischen Ich' zu rechnen, wie sie etwa für das 19. Jahrhundert typisch ist. Auf der Text- und Figurenebene spielt die Darstellung intensiver Emotionen in allen literarischen Gattungen eine zentrale Rolle.

In literarischen Texten finden sich symptomatische Thematisierungen auf der Erzählebene vor allem im Fall eines Ich-Erzählers sowie auf der Ebene der Figurenrede im Selbstgespräch und Dialog. So macht Nathanael gleich zu Beginn von „Der Sandmann" die Vergeblichkeit seines Ringen um innere Ruhe kenntlich: „Ich muss es, das sehe ich ein, aber nur es denkend, lacht es wie toll aus mir heraus." (Hoffmann 1990[1817], S. 7). In der Szene „Trüber Tag. Feld" ist Faust angesichts des Schicksals Gretchens im Zustand äußerster Erregung und benennt dies explizit:

Mir wühlt es Mark und Leben durch, das Elend dieser einzigen; […]!
(Z. 26 f.)
Mir ekelts! (Z. 36)

Wie in diesem Streitgespräch zwischen Faust und Mephistopheles sind emotionale Zustände im literarischen Dialog – wie in der alltäglichen Auseinandersetzung – oft auch zentraler Gesprächsgegenstand. Dem Leser wird dabei eine vergleichsweise geringe Deutungssensibilität abverlangt. Im Fall besonderer sprachlicher Drastik können aber besonders intensive Leserreaktionen ausgelöst werden.

Alle oben im Kapitel II.4. des vorliegenden Studienbuches beschriebenen Phänomene des Ausdrucks von Emotionen als Symptom können im literarischen Text sowohl auf Figuren- als auch auf Erzählebene, v. a. im Fall eines Ich-Erzählers, zum Tragen kommen. Insgesamt spielen hier implizite Äußerungsformen eine wichtige Rolle, so dass Deutungsprozessen große Aufmerksamkeit zu schenken ist – und zwar wiederum sowohl auf der Ebene der Figuren mit ihren dargestellten Reaktionen aufeinander als auch auf der Seite des Lesers, der die implizit ausgedrückten Befindlichkeiten der dargestellten Figuren zu erfassen sucht. *[Emotionalität auf Figuren und Erzählebene]*

Reiches Anschauungsmaterial bietet die Szene „Trüber Tag. Feld" in allen Äußerungen Fausts. Sein Sprechen in größter Erregung ist gekennzeichnet durch kurze, elliptische und unvollständige Sätze, die fast alle durch ein Ausrufezeichen akzentuiert werden: *[Beispielanalyse]*

> Im Elend! Verzweifelnd! Erbärmlich auf der Erde lange verirrt und nun gefangen! (Z. 1 f.)

Aggressiv beschimpft und droht er Mephisto, ja verflucht ihn sogar, was der für Aufregungszustände typischen Reduktion des Denkvermögens entspricht:

> Hund! Abscheuliches Untier! (Z. 14)
> Rette sie! oder weh dir! Den gräßlichsten Fluch über dich auf Jahrtausende! (Z. 42 f.)

Sprunghaft wechselt er zwischen dem Beklagen von Gretchens Schicksal, an Mephisto gerichteten Attacken, Vorwürfen und Handlungsaufforderungen, allgemeiner Klage über die „richtende gefühllose Menschheit", bis er schließlich eine eigene Handlungsentscheidung trifft. Mephistos Repliken weiß er dabei wenig entgegenzusetzen. Auf dessen Frage „Wer war's, der sie in's Verderben stürzte? Ich oder du?" verstummt er ganz. In der Regieanweisung werden jedoch sein Blickverhalten und seine non-verbal mimische Reaktion angegeben:

> FAUST blickt wild umher. (Z. 47)

Die Verfassung der *hot emotion* auf der Seite Fausts ist in dieser Szene für den Leser ganz unverkennbar.

Symbolische Emotionsmanifestationen sind aus literaturwissenschaftlicher Perspektive weiterhin auf mehreren Ebenen bedeutsam. Hinsichtlich der autorbezogenen Dimension der Textproduktion ist das „rhetorische Modell emotionaler Kommunikation" (vgl. Anz 2006) zu nennen, das erlernbare Kalküle der Textgestaltung erfasst, welche eine gezielte Beeinflussung und die gezielte Emotionssteuerung des Rezipienten und Theaterzuschauers im Blick haben. Dieses Modell kommt grundsätzlich in allen literarischen Gattungen zum Tragen. Eine wichtige Rolle spielt es z. B. in der Tragödientheorie mit der intendierten kathartischen Wirkung. Insgesamt ist hier für die Fesselung des Lesers oder Zuschauers die literarische Gestaltungskraft mit den Möglichkeiten literatursprachlicher Stilisierung zentral, da es mehr um das direkte und indirekte Sprechen *über* Gefühle geht als um die Manifestation *von* Gefühlen.

Meta-talk Auf der Text- und Figurenebene ist der *Meta-talk* hervorzuheben, d. h. die Darstellung von Emotionen, die in der Vergangenheit erlebt wurden (vgl. Weizman 2004, 249). *Meta-talk* findet sich etwa in Nathanaels Brief an Lothar in seinem Bericht der Erlebnisse mit dem Sandmann: „Einmal war jenes dumpfe Treten und Poltern besonders graulich; [...]." „Gräßlich malte sich nun im Innern mir das Bild des grausamen Sandmanns aus; sowie es abends die Treppe heraufpolterte, zitterte ich vor Angst und Entsetzen." (Hoffmann 1990[1817], 8f.). Genauso wie im alltäglichen Sprachgebrauch sind fließende Übergängen zur erneuten Emotionalisierung im Sinn der *hot emotion* möglich: Man redet sich wieder „in Rage".

Im Hinblick auf literaturwissenschaftliche Relevanzen ist sowohl die Figuren- als auch die Erzählerebene mit dem ausdrücklichen Sprechen über Gefühle in sachlicher Haltung, einschließlich der skizzierten Reaktionsweisen möglicher Dialogpartner, zu berücksichtigen. Seitens des Lesers schließen die entsprechenden Darstellungsformen eine emotionale Reaktion keineswegs aus; eine wichtige Rolle spielen dabei eigene Interessen und persönliche Wissenshorizonte.

In der Szene „Trüber Tag. Feld" repräsentiert der Part Mephistos, der unberührt bleibt, diese Form der kühlen Thematisierung:

> Nun sind wir schon wieder an der Grenze unseres Witzes, da wo euch Menschen der Sinn überschnappt. Warum machst du Gemeinschaft mit uns, wenn du sie nicht durchführen kannst? Willst fliegen und bist vor'm Schwindel nicht sicher? (Z. 29–33)

> Den unschuldig entgegnenden zu zerschmettern, das ist so Tyrannen-Art sich in Verlegenheiten Luft zu machen. (Z. 48–50)

Gerade dieses distanzierte Verhalten ist es jedoch, was Faust noch mehr in Rage bringt und besonders ausfallend reagieren lässt. In Erzähltexten wie „Der Sandmann" übernimmt oft ein auktorialer Erzähler die Rolle eines moderat-ausgleichenden Kommentators: „Der verständigen Clara war diese mystische Schwärmerei im höchsten Grade zuwider, [...]." (Hoffmann 1990[1817], 25).

Mit den vergleichsweise weniger eindeutigen Ausdrucksformen von Emotionen ohne Gefühlsbeteiligung auf der Seite des Emittenten sind häufig gezielte Wirkungsabsichten verbunden. Der Effekt einer strategischen Emotionalisierung des Gegenübers oder Täuschungsabsichten seitens des Emittenten können hier vorliegen. Traditionell ist dies auch das Gebiet der Rhetorik. Da es hier um das Feld des Impliziten und nicht direkt Gesagten geht, spielen Deutungen sowohl auf Figuren- und Erzählerebene als auch auf Leserebene eine erhebliche Rolle.

Zur Illustration sei wiederum auf den Part Mephistos in der Szene „Trüber Tag" mit ihrer rhythmisierenden Prosa auch in den Äußerungs-*turns* Mephistos verwiesen. Durchgehend ohne jede eigene emotionale Beteiligung provoziert er Faust durch seine Selbstbeherrschung, die er selbst bei dessen Angriffen und Beleidigungen bewahrt, durch seine lakonisch-sachliche Art, seine ironische Wiederholung der Aufforderung Fausts, Mephisto solle Gretchen retten, sowie seine gezielt gesetzten rhetorischen Fragen, mit denen er Faust zu irritieren weiß:

> Sie ist die erste nicht. (Z. 13)
> Drangen wir uns dir auf, oder du dich uns? (Z. 33 f.)
> Endigst du? (Z. 41)
> Rette sie! – Wer war's, der sie in's Verderben stürzte? Ich oder du? (Z. 45 f.)
> Greifst du nach dem Donner? Wohl, daß er euch elenden Sterblichen nicht gegeben ward! (Z. 47 f.)
> Und die Gefahr, der du dich aussetzt? Wisse, noch liegt auf der Stadt Blutschuld von deiner Hand. (Z. 52 f.)
> Habe ich alle Macht im Himmel und auf Erden? (Z. 58 f.)

Literarische Formen der Sprachverwendung und der innovative Umgang mit der Sprache selbst sind in diesem Feld sprachlich-emotionaler Codierung von besonderer Bedeutung, da hier den Phänomenen des Neuen und Überraschenden eine entscheidende Rolle zukommt. Auf sie wird in der Emotionsforschung unter dem Stichwort der ‚emotionalen Kreativität' rekurriert (vgl. Averill 1985; Oatley 1994 und Kapitel 16 in diesem Band). Vielfach sind sie es auch, die eine Verfeinerung der verfügbaren Formen des Emotionsausdrucks in einer Sprache überhaupt erst ermöglichen.

Emotionale Kreativität und literarische Sprachverwendung

Die Funktion von Emotionsdarstellungen in literarischen Texten sowie ihrer Analyse auf den verschiedenen Ebenen des literarischen Kommunikationssystems kann an dieser Stelle nur knapp skizziert werden: Neben einem universellen Kern einer kleineren Zahl so genannter Basisemotionen ist in hohem Maße von der gemeinschaftlichen Aushandlung und historischen Variabilität von Emotionskonzeptualisierungen mit ihren kulturell geformten Manifestationsweisen auszugehen. Literarischen Texten kommt daher u. a. in interkultureller Hinsicht eine entscheidende Vermittlungsrolle zu, die in der Bewusstmachung von Variabilität in einem Feld besteht, das gar zu leicht als vermeintlich „allgemeinmenschlich" dem intuitiven Verständnis überlassen wird. Die Emotionen anderer Menschen, ihre Manifestationsformen und emotionsinduzierten Handlungsentscheidungen sind jedoch nicht immer ohne Weiteres nachvollziehbar, ja manchmal ebenso für die Betroffenen selbst wie für Außenstehende sogar ganz unverständlich und äußerst befremdend. Dies trifft insbesondere zu, wenn sie – wie z. B. im Fall Fausts – zerstörerische Konsequenzen haben. Für jedes gemeinschaftliche Miteinander ist aus diesem Grund die Möglichkeit des Nachvollzugs offenkundig unangepasster, vom üblichen abweichender Emotionen von größter Bedeutung. Gerade sie bedürfen der Erläuterung oder, wie der Kognitionspsychologie Jerome Bruner betont, der Erzählung. Erst aufgrund von Narration kann Ungewöhnliches verständlich werden. Oder, wie der Literaturwissenschaftler Fritz Breithaupt schreibt, Narration „ist die Ausnahmeform, in der Empathie zugelassen wird. Zugespitzt kann man sagen: Empathie, das Verstehen der anderen, kommt nur zustande, weil unsere emotionale Aufmerksamkeit anderen gegenüber gestaut, blockiert und gefiltert wird." (Breithaupt 2009, 12).

Funktionen literarischer Emotionalität

Semiotische Ebenen auf Emittentenseite	Manifestations-form von Emotionen	Sprachausdruck Sprechhandlung	APPELL und Funktion auf Rezipientenseite
SYMPTOM ›hot emotion‹	Thematisierung	Emotive Sprechakte (ego-Bezug)	Interpersonale Emotionsregulation
Literaturwissenschaftliche Dimensionen (u.a.) • erlebnisästhetisches Modell emotionaler Kommunikation • Lyrik –›lyrisches Ich‹ • Darstellung fiktiver Figurenemotionen mit ihrer Manifestation *Emotionstheorien* – evolutionstheoretische – psychophysiologische – ausdruckstheoretische	Ausdruck	Direkter Stil Symptomatisch indizierte Sprechhandlungen und im Zustand der ›hot emotion‹ elizitierte Sprechakttypen, darunter insbesondere expressive Sprechakte (ego-alter-Bezug) Mehr oder weniger direkter Stil	Emotionale Ansteckung (u.U.) (Volitionale) Inter- und intrapersonale Emotionsregulation Deutung erforderlich Emotionale Ansteckung (u.U.)
SYMBOL ›cold emotion‹	Thematisierung	Emotive Sprechhandlungen (ego-Bezug) Sämtliche Formen des expliziten Sprechens über eigene und fremde Gefühle ohne gegenwärtige Emotionalisierung	Volitionale inter- und intrapersonale Emotionsreflexion Selbstzweckhaftes Kommunikationsmotiv sozialer Rückversicherung (u.U.) Sach- und Gegenstandsorientierung Versachlichung Emotionale Ansteckung (u.U.)
Literaturwissenschaftliche Dimensionen (u.a.) • rhetorisches Modell emotionaler Kommunikation • ›meta-talk‹ über Emotionen • Emotionale Kreativität *Emotionstheorien* – kognitive – psychoanalytische – kultur-konstruktivistische	Ausdruck	Sämtliche Sprechakttypen und Sprachebenen können genutzt werden Literarische Formen der Sprachverwendung sind hier besonders innovativ	Volitionale inter- und intrapersonale Emotionsreflexion Fortentwicklung/Verfeinerung sprachlicher Formen des Emotionsausdrucks Emotionale Ansteckung (u.U.) Strategisch induzierte Emotionalisierung (u.U.) Rhetorik – Katharsis

Tab. 6: Synopse. Aus: Schiewer 2007, 358.

Insgesamt ergibt sich mit der Reflexion von Sprache, Literatur und Emotion ein Feld der Textanalyse, in dem interdisziplinär vernetzte Zugänge zentral sind. Während linguistische Ansätze eine detaillierte Beschreibung des Emotionsausdrucks und der betreffenden kommunikativen Prozesse erlauben, trägt die Literaturwissenschaft mit der Analyse des mehrschichtigen komplexen Kommunikationssystems der Literatur zum Verständnis der einander überlagernden Prozesse des Emotionsausdrucks, seiner Rezeption und der wechselseitigen Dynamik dieser Abläufe bei.

4. Lesen, Sehen, Hören und Emotionen

In diesem Abschnitt wird nun der Fokus auf die emotionale Einbindung des Rezipienten von Kunst gelenkt, sei es die des Betrachters eines Gemäldes oder einer Skulptur, des Hörers eines Musikstücks, des Lesers eines literarischen Textes oder des Rezipienten von multimedialen Kunstwerken, wie z. B. Filmen (Bal 2006, 7):

Emotionale Einbindung des Rezipienten

> Diese Perspektive [...] richtet sich auf die Analyse der Wechselwirkungen zwischen RezipientIn und Kunstwerk. Statt nur davon auszugehen, was beispielsweise auf einer bemalten Oberfläche zu sehen ist, etabliert eine Affektanalyse eine Beziehung zwischen dem Sichtbaren und seinen Wirkungen auf diejenigen, die ein Kunstwerk betrachten und eben von ihm *affiziert* werden.

Der Begriff des ‚Affekts' erlaube es, „so verschiedene Kunstformen wie Malerei, Film, Video, Musik und Ausstellungspraxis unter einem Gesichtspunkt zusammenzuführen (vgl. Bal 2006, 7 f.). Bei der niederländischen Semiotikerin Mieke Bal wird im ‚Affekt'-Begriff die ästhetische Qualität einzelner Kunstwerke mit dem zusammengeführt, was sie „als neue, absolut zeitgenössische Politik des Betrachtens [politics of looking]" bezeichnet (Bal 2006, 8). Damit bezieht sie einen Handlungsimpuls ein, der mit der Wahrnehmung von Kunst einhergehen kann. Der Affektbegriff sei deswegen so mächtig, „weil er, weit davon entfernt ‚gefühlsduselige' Interpretationen zu befördern, eine starke politische Komponente besitzt. ‚Stimmung' ist für unser ‚In-der-Welt-Sein' essentiell; für unser Potential andere in Sorge zu umfangen, ohne sie zu vereinnahmen, indem wir ihnen ihr Anderssein absprechen." (Bal 2006, 16). Dass hier gewisse Bezüge etwa zum Theater Bertolt Brechts anklingen, braucht nicht ausdrücklich betont zu werden; theoretische Primärreferenz ist für Mieke Bal Gilles Deleuzes' Buch „Das Bewegungs-Bild. Kino 1", das in deutscher Übersetzung 1989, im französischen Original 1983 erschienen ist. Michael Hoff macht dabei darauf aufmerksam, dass eine affektive Aufladung ein Instrument für Machtgewinn und Verhaltenssteuerung in allen Bereichen der Mediengesellschaft darstellen kann, das auch ökonomisch ausgewertet werden kann (vgl. Hoff 2006, 31). Dennoch bleibe ein kritisches Potenzial der Künste bestehen und zwar aufgrund der „Fähigkeit, kulturelle Objekte hervorzubringen, die ihre Wirkung jenseits einer vermeintlich reibungslosen Ökonomie der Affekte entfalten und so auch die Grenzen und Brüche dieser Ordnungen erkennbar machen" (Hoff 2006, 31).

Politische Komponente

Wie verhält es sich nun mit der Erforschung des Emotionspotentials des Lesens, Sehens, Hörens etc.? Zunächst ist hier auf die lange Tradition der Ästhetik zu verweisen, in der Fragen, wie die nach der Wirkung von Kunst auf die Gefühle, in der einen oder anderen Form immer wieder aufgegriffen wurden. Ferner sind die Leseforschung und die Literaturwissenschaft zu berücksichtigen (vgl. für einen konzisen, kritisch reflektierenden Forschungsüberblick Czöppan 2012, 60 ff.; vgl. auch Keitel 1996, 28–36 und Rusch 1995, Kapitel 4: Emotion). Kognitionswissenschaftliche Orientierungen der Leseforschung verweisen auf den Begriff der *Cognitive Poetics* – vgl. hierzu das Kapitel IV.1. ‚Emotionen und ihre poetischen Konzepte – Affektpoetik' im vorliegenden Band.

Hervorzuheben ist hier eines der Forschungsprojekte im Rahmen des Exzellenzclusters „Languages of Emotion" an der FU Berlin (2007–2014), bei dem es um die „Erforschung neurobiologischer Korrelate ästhetischer Emotionen" geht mit einem Schwerpunkt in der Untersuchung der Evokation von Emotionen durch Musik und Literatur.

Leseprozess

Hier wird u. a. die Frage nach dem Leseprozess selbst gestellt. Es werden eine prä-rezeptive Phase, der eigentliche Lesevorgang und die post-rezeptive Phase mit der komplexen Wirkung des Textes auf den Leser unterschieden und emotionsbezogene Aspekte in allen drei Phasen untersucht (vgl. Czöppan 2012, 66 ff.). Ein zweiter größerer Komplex bezieht sich darauf, welche Emotionen beim Lesen auftreten können. Diesbezüglich werden theoretische Grundlegungen diskutiert; so z. B. die in jüngerer Zeit in der Literaturwissenschaft aufmerksam rezipierte *Theory of Mind* wiederum eine kognitionswissenschaftlich ausgerichteten Theoriebildung (vgl. für eine rasche Orientierung mit Blick auf Emotionen beim Lesen ebenfalls Czöppan 2012, 70 ff.). Weitere Forschungsschwerpunkte beziehen sich etwa auf Unterscheidungen wie i) figuren- und textbezogene Emotionen und ii) emotionale Zustände, die den Leseprozess mit Aspekten wie dem sozialen Erleben, der Unterhaltung, dem Eskapismus und dem Lustgewinn betreffen (vgl. Czöppan 2012, 77 ff.). Sehr wohl kann aber auch danach gefragt werden, mit welchen literarischen Strategien Gefühle beim Lesen evoziert werden und wie beide Facetten (literar-)historischen Veränderungen unterworfen sind (vgl. Keitel 1996, 11), oder wie Leseremotionen unter Berücksichtigung ihres situativen Kontexts zu erfassen sind (vgl. Alfes 1995, 12 ff.).

Emotionen, Musik und Videos

Einige kurz gehaltene Hinweise sind hier zum Komplex von Emotionen und dem Hören von Musik sowie dem Sehen von Musikvideos zu ergänzen. Auch dabei ist das Spektrum möglicher Fragestellungen breit und die Tradition des Nachdenkens über diese Fragen lang. So ist hier an die Bedeutung von Emotionen mit Bezug auf bestimmte Epochen, Komponisten, Richtungen und Stile der Musik- und Operngeschichte zu denken. Jan Assmann z. B. geht davon aus, dass sich die Barockoper mit unvergleichlicher Ausschließlichkeit der Darstellung von Emotionen verschrieben habe (vgl. Assmann 2010, 23). Mögliche Fragen können sich aber z. B. auch auf Zusammenhänge von Persönlichkeitsmerkmalen und Präferenzen im Musikgeschmack beziehen und dabei etwa auf die Ontogenese musikalischer Präferenzen; solche etwa, die während der Adoleszenz – und angesichts adoleszenter Emotionen – ausgebildet werden, bleiben vielfach über das Erwachsenenalter hinaus bestehen (vgl. Knobloch & Mundorf 2003, 492 f.). Persönlichkeitsmerkmale im Zusammenhang von Musikpräferenzen, wie etwa Rockmusik, wurden z. B. häufig auch mit Bezug zu Rebellion und Aggression untersucht (vgl. Knobloch & Mundorf 2003, 492 ff.); in Musikvideos können entsprechende visuelle Symbole flankierend eingesetzt werden. Eine kontroverse Diskussion bezieht sich z. B. auf die Richtung des Rap in seinen verschiedenen und z. T. als zumindest aggressiv wahrgenommenen Varianten (vgl. Knobloch & Mundorf 2003, 495). Weitere Untersuchungsfelder beziehen sich auf mögliche Zusammenhänge von Musikgeschmack und sozialer Wahrnehmung, auf die Effekte des Hörens von Musik und auf die Musikwahl – ein Thema, das u. a. in der Werbung, der Musikbeschallung in Geschäften, öffentlichen Räumen etc., beim Eventmanagement und nicht zuletzt im Zusammenhang moderner Fahrerassistenzsysteme Berücksichtigung findet (vgl. Knobloch & Mundorf 2003, 495 ff.; vgl. zur Emotionalität in der Musikrezeption z. B. auch Langer 1942).

Ausdrücklich zu betonen ist die Nähe, die zwischen der Untersuchung der rezipientenseitigen Emotionalisierung im Zusammenhang verschiedener Kunstformen, insbesondere multimedialer Kunst einerseits und im Zusammenhang v. a. audiovisueller Medien andererseits besteht (vgl. z. B. Bartsch, Eder & Fahlenbrach 2007, IV. Ästhetik und Narration audiovisueller Emotionen). Es sei daher hier auch auf den Abschnitt zu ‚Emotion und Medien' im vorliegenden Studienbuch verwiesen.

5. Emotionen und Kunst- und Literaturmarkt

Dass Kunst und Literatur auch in Märkte eingebunden sind, in denen etwa im Fall Bildender Kunst z. T. sehr erhebliche Summen eine Rolle spielen, steht außer Frage. Dies ist der Fall, wenn es um Kunst als Investitions- und Spekulationsobjekt oder z. B. um von Banken aufgelegte Kunstfonds geht. Dass solche in der Regel hochgradig risikobehafteten Investitionen mit Emotionen verbunden sind und dies gerade, wenn es zudem darum geht, sich an den erworbenen Objekten auch zu erfreuen, ist bekannt. Dass ferner Märkte im Bereich von Kunst, genau wie andere Märkte auch, bestimmten Mechanismen unterworfen sind und dass in diesem Zusammenhang Formen der Vermarktung, des Marketing, stattfinden, versteht sich ebenfalls von selbst. Ebenso wenig kann überraschen, dass im Kunst- und Buchmarketing dem Thema der Emotionen genauso viel Aufmerksamkeit zukommt, wie im Zusammenhang des Marketings allgemein.

Kunstmarkt und Kunstmarketing

Am Beispiel von gehobener Literatur werden im Folgenden einige Besonderheiten des emotionalen Buchmarketings in Deutschland aufgezeigt. Als grundlegend und für weitere Untersuchungen impulsgebend ist hier eine im Jahr 2012 erschienene umfangreiche Studie von Clarissa Czöppan zu betrachten. Dabei werden „Schritt für Schritt die einzelnen Instrumente des Marketingmix im literarischen Markt auf ihr Emotionalisierungspotential hin untersucht" (Czöppan 2012, 14). Dies bezieht sich v. a. auf:

Emotionen und Buchmarketing

- die Produktpolitik mit sorgfältigen Betrachtungen der Buchgestaltung, des Papiers und Formats und der Einbandmaterialien als Auslöser von Emotionen sowie der Umschlaggestaltung mit Farbe, Bild und Typografie unter Berücksichtigung von Emotionen (vgl. Czöppan 2012, 161 ff.),
- die Kommunikationspolitik mit Markenemotionen, wie z. B. Autorenmarken, sowie Emotionalisierungsstrategien der Werbung im Allgemeinen und der Buchwerbung im Besonderen unter Berücksichtigung z. B. des literarischen *Event* wie der Autorenlesung (vgl. Czöppan 2012, 215 ff.).

Die genannten Facetten werden ausführlich und detailliert auf ihr jeweiliges Emotionalisierungspotential hin dargestellt. Abschließend versäumt die Autorin es jedoch nicht, auch Argumente zu erwägen, die gegen ein emotionales Buchmarketing im Bereich der Belletristik sprechen (vgl. Czöppan 2012, 352–355).

V. Emotion und Medien

1. Emotionen – Alte und neue Medien

Zu den geläufigen begrifflichen Grundlegungen gehört die Unterscheidung zwischen ‚alten Medien' und ‚neuen Medien'. Zu den alten werden in der Regel Printmedien wie Bücher, Zeitungen und Zeitschriften gerechnet sowie audio-visuelle Medien wie Fernsehen, Film und Video. Unter den neuen versteht man die digitale IT-Medienwelt mit Computer und Internet, Satelliten- und Kabelfernsehen etc.

Emotionalität und unterschiedliche Medien

Es liegt auf der Hand, dass Fragen der Emotionalität mit den verschiedenen Medien in unterschiedlicher Weise verbunden sein können. Emotionen etwa im Zusammenhang der jeweiligen Produktionsbedingungen – vom Schreiben literarischer Texte bis zur Aufnahme eines *YouTube*-Videos, vom Verfassen einer Börsennachricht bis zur Holly- oder Bollywoodfilmproduktion –, der jeweiligen Inhalte und Formen des betreffenden Produkts sowie der unterschiedlichen Rezeptionsgegebenheiten können sich durchaus voneinander unterscheiden. Dementsprechend unterschiedlich können Stand und Methoden ihrer Erforschung und Untersuchung sein und von der klassischen „Ästhetik" beispielsweise Hegels (1770–1831) bis zur Erhebung von Einschaltquoten bei einer Sonntagabendfernsehkrimiserie reichen.

Zur Forschungslage

Zugleich kann es sehr wohl auch übergreifende Fragestellungen und methodische Zugänge geben. Es ist daher keine Frage, dass im vorliegenden Studienbuch große Linien gezogen werden müssen. Umfassend angelegte Überblickspublikationen sind auch in diesem Gebiet bislang nicht allzu zahlreich; auch fällt die zurückhaltende Annäherung an das Emotionsthema auf und erstaunt „um so mehr, als schon bei oberflächlicher Beobachtung deutlich wird, welche wichtige Rolle Gefühlen in allen Bereichen des Umgangs mit Medien zukommt" (Schmidt 2005, 7). Hervorgehoben seien das „Routledge Handbook of Emotions and Mass Media", herausgegeben von Katrin Döveling, Christian von Scheve und Elly A. Konijn (Döveling, Scheve & Konijn 2011), „Medien und Emotionen. Zum Medienhandeln junger Menschen von Wolfgang Höfer (Höfer 2013) und „Die Massen bewegen. Medien und Emotionen in der Moderne", herausgegeben von Frank Bösch und Manuel Borutta (Bösch & Borutta 2006).

2. Medienkommunikation

Emotionen und Massenmedien

Unter dem Begriff der ‚Medienkommunikation' wird im Folgenden ein konziser Überblick über zentrale Facetten der emotionsbezogenen Medienforschung angestrebt. Eine lockere Orientierung erfolgt bezüglich der Feingliederung der Darstellung am Aufbau des „Routledge Handbook of Emotions and Mass Media".

Der erste von vier Teilen ist dort der Thematik „Emotionen und Massenmedien. Motive und Folgen für Bedeutungen und Messungen" (*Emotions and mass media: From motives and consequences to meanings and measurements*) gewidmet. Dabei geht es um ontologische Fragen bezüglich medial relevanter Emotionen. In seinen Grundzügen ist es vom Ansatz des Medienpsychologen Clemens Schwender mitgeprägt. Schwender hat schon in seiner Habilitationsschrift danach gefragt, ob und wie medienwissenschaftliche Fragestellungen mit evolutionspsychologischem Wissen, v. a. Darwinscher Provenienz, beantwortet werden können (vgl. Schwender 2001, V). Leitend war die Frage, warum Menschen Medienangebote wahrnehmen und dafür u. U. viel Zeit aufbringen; Antworten seien von der Evolutionspsychologie mit der Erforschung der anthropologischen Bedingungen der mentalen Fähigkeiten des Menschen zu erwarten (vgl. Schwender 2001, 1). In einem zweiten Schritt fächert Schwender einen Katalog möglicher auf diese Weise zu beantwortender medientheoretischer Fragen auf. Dazu gehören u. a. (vgl. Schwender 2001, 38):

- Wie werden Wahrnehmungen mental verarbeitet?
- Wie geht unser Gehirn mit den Wahrnehmungen um und welche Bezüge gibt es zur Medienwahrnehmung?

Schwender setzt sich anschließend mit wahrnehmungspsychologischen Grundlagen auseinander, um der Frage nachzugehen, warum mediale Präsentationen, wie z. B. Kinofilme, Menschen zum Lachen und Weinen bringen oder erschrecken können:

> Streng genommen sehen wir nur ein Lichtspiel auf einer flachen, rechteckigen, weißen Leinwand oder zu Hause eine Scheibe mit einer beschränkten Anzahl aufleuchtender Bildpunkte; die Farben stimmen nicht, es fehlt die dritte Dimension, […]. Eigentlich müssten wir aus unseren Sitzen aufspringen und rufen: „Alles Lüge!" (Schwender 2001, 41).

Wahrnehmungspsychologische Grundlagen

Jedoch, so Schwender weiter, ändern sich die aus der Umwelt aufgenommenen Informationen mit dem emotionalen Zustand. Die interessengeleitete Wahrnehmung schließe die Interpretation der Umwelt ein. Den Dingen Bedeutung zu geben, sei ein Akt des Gehirns (vgl. Schwender 2001, 98f.). Dabei werde es in hohem Maße von Sprache und Kommunikation „ferngesteuert": „Kommunikation ist das Übermitteln von Information mit dem Ziel, den oder die Adressaten in ihrem Verhalten zu manipulieren." (Schwender 2001, 130). Da jede Sprecherin und jeder Sprecher Mitglied einer Sprachgemeinschaft sei, würden auf diese Weise auch Gruppen konstituiert (vgl. Schwender 2001, 130 und 312). Massenkommunikation sei das Mittel, das Massen organisieren und adaptive Probleme einer Kommunikationsgemeinschaft lösen könne, sofern diese in bedeutendem Umfang rezipiert würden (vgl. Schwender 2001, 312): „Medien sind Attrappen, die unsere Sinne und unser Gehirn täuschen und sie sind Attrappen, die soziale Motive mental darbieten." (Schwender 2001, 313). Dies setze Einsichten voraus, „wie die Apparaturen und die medialen Produktionen gestaltet sein müssen und wie die Botschaften aufbereitet sind, dass wir sie als Eindrücke akzeptieren".

Massenkommunikation und Aufmerksamkeit

Unsere Aufmerksamkeit lenken wir auf Relevantes; dies ist es, was Schwenders Ansicht nach die Theorie der Evolutionspsychologie beschreibt. Denn unter den Bedingungen der evolutionären Selektion hätten sich Mechanismen herausgebildet, des es erlaubten, adäquat auf die Bedingungen und Gefahren der Umwelt zu reagieren (Schwender 2001, 313 f.):

> Organismen mit besser angepassten Mechanismen haben mehr Chancen sich zu reproduzieren als solche mit schlechteren. Untersucht man die Wirkungsweisen dieser Mechanismen, erfährt man einiges über die Bedingungen, unter denen sie sich entwickelt haben. Damit lassen sich auch die Inhalte beschreiben, denen wir verstärkt unsere Aufmerksamkeit widmen. Gegenstand von Wahrnehmung und Reflexion sind nicht zuletzt soziale Motive und Konflikte. Die Inhalte der Medien reflektieren eben diese Motive, die in vorhistorischer Zeit unser Verhalten bestimmt haben.

Medienpräsentation und Realität

Diese Thesen verfolgt Clemens Schwender gemeinsam mit Frank Schwab in dem einleitenden Beitrag zum ersten Teil des „Routledge Handbook of Emotions and Mass Media" weiter: „Medially mediated entertainment, having no other apparent purpose than amusement, is seemingly dysfunctional in nature, as it prevents people from attending to presumably more important things in life." Sie folgern: „The function of emotion in the perception of media is therefore essential for an understanding of media and the role of media in society today." (Schwab & Schwender 2011, 15). Allerdings betonen sie auch, dass viele Fragen weiterhin offen bleiben. Zu den anstehenden Themen gehört ihrer Ansicht nach Grundlegendes im Bereich der Medienrezeption. So sei nicht geklärt, ob und wie das Gehirn zwischen einer Medienpräsentation und der Realität unterscheide. Wenn die Evolutionspsychologie zukünftig medial ausgelöste Emotionen erklären könne, werde dies zu Konsequenzen für die Art, wie solche *Trigger* zu definieren seien, und damit zu neuen Gattungsdefinitionen führen. Dasselbe treffe auf die Produktion von Neuigkeiten zu; hier gehe es um Vorhersagen, wie ein Ereignis zu einer Neuigkeit werde (vgl. Schwab & Schwender 2011, 31).

In den weiteren Sektionen II bis V werden im „Routledge Handbook of Emotions and Mass Media" folgende Schwerpunkte behandelt:

II Emotionen durch massenmediale Unterhaltung (*The entertaining experiences of emotions through mass media*)
III Massenmedien, Politik, Persuasion und öffentliche Emotionen (*Mass media, politics, persuasion, and public emotions*)
IV Emotionen und Nachricht: Merkmale, Formen und Funktionen (*Emotions beyond the message: features, forms, and functions*)
V Emotionen und die Medien der nächsten Generation (*Emotions and next generation media*)

Shared emotions

Ebenfalls eine grundlegende Vorarbeit und Basis für das wohl schon jetzt als Standardwerk zu bezeichnende „Routledge Handbook of Emotions and Mass Media" ist die Dissertationsschrift der Mitherausgeberin Katrin Döveling und deren Druckfassung, die 2005 unter dem Titel „Emotionen – Medien – Gemeinschaft. Eine kommunikationssoziologische Analyse" publiziert wurde. Leitend ist hier die Thematik, inwiefern Medien nicht nur Einfluss auf die *shared images*, sondern auch auf die *Shared emotions* von Menschen haben können, und welche Erkenntnisse aus den genannten wissenschaftlichen Teildisziplinen zu ihrem Verständnis beitragen (vgl. Döveling 2005, 13). Sie spricht im Hinblick auf solche kollektiven Emotionen von einer „Kraft der medial vermittelten Emotionen in der Schaffung von Gemeinschaften" (Döveling 2005, 14). Untersucht wird in dieser Arbeit „zum einen der Zusammenhang sozialer und medial vermittelter kultureller Prozesse […], zum anderen aber auch die Relation zwischen Individualität und Kollektivität in einem Vergleich" (Döveling 2005, 30). Zu den Zielsetzungen gehört, die „wissenschaftliche Relevanz von Emotionen in den Kommunikationswissenschaften im Hinblick auf ihre soziologische Verankerung hervorzuheben" (Döveling 2005, 30). In methodischer Hinsicht wird dieser Aufgabe interdisziplinär unter Bezugnahme auf soziologische, psychologische und kommunikationswissenschaftliche Ansätze nachgegangen (vgl. Döveling 2005, 32). Vor dem Hintergrund dieses methodischen Settings Konsequent erhebt die Autorin den Anspruch, einen Schlüssel „zu Fragen und Problemen vom Themenkomplex der Sozialisationsforschung bis zum medial vermittelten Konfliktpotential in Gemeinschaften sowie zum Verständnis des kollektiv-emotionalen Gruppenverhaltens" bieten zu können (vgl. Döveling 2005, 32). Es geht daher um nichts weniger als die wesentlichen gesellschaftsrelevanten Leistungen, welche Medien erbringen (vgl. Döveling 2005, 33). Döveling appelliert an die gesellschaftlichen Verpflichtungen der Sozialwissenschaften und das wissenschaftliche Ethos (Döveling 2005, 34):

> Die Sozialwissenschaften in Deutschland können es sich schließlich vor allem im Hinblick auf die aktuellen Entwicklungen einer mediatisierten Welt von „gut" und „böse" nicht (mehr) leisten, einen derartig wichtigen Handlungsantrieb der Menschen in ihrer Analyse des menschlichen Handlungsspektrums zu übergehen, wenn sie der Aufgabe gerecht werden wollen, soziales Handeln zu verstehen.

Die theoretisch und empirisch vorgehende Aufarbeitung dieser Forschungsagenda führt zu einer Konkretisierung und Differenzierung verschiedener Arten medial induzierter Vergemeinschaftung (vgl. Döveling 2005, 300):

Emotionen und medial induzierte Vergemeinschaftung

a) Gefühle der Inklusion, die Gemeinschaft stärkende Gefühle: Wenn vornehmlich positive Gefühle wie Enthusiasmus, Gemeinschaftsgefühl, Empathie, Dankbarkeit und Hoffnung in den Medienorganen thematisiert werden, stellt dies ein Indiz einer emotionalen Mobilisierung und Stärkung der Gemeinschaft dar.
b) Gefühle der vertikalen Exklusion, die Gemeinschaft schwächende Gefühle: Sie schwächen eine Gemeinschaft dadurch, dass vertikale Status- und Machtverhältnisse eine Ausgrenzung Schwächerer gegenüber Stärkeren sowie Statushöherer gegenüber Statusniedrigeren aufzeigen. Wenn die Berichterstattung vorwiegend negative Gefühle wie Schuld, Zorn und Aversion thematisiert und zudem Schuldzuweisungen vorgenommen werden, stellt dies ein Indiz einer schwachen gemeinschaftli-

chen Kohäsion und einen hemmenden Einfluss auf Vergemeinschaftungen dar.
c) Gefühle der ausschließenden Abgrenzung gegenüber Nicht-Gruppenmitgliedern und intern gemeinschaftstärkende Gefühle: Die Thematisierung von negativen Gefühlen wie Zorn und Aversion gegenüber Außenstehenden ebenso wie die Thematisierung von Schuldzuweisung gegenüber Außenstehenden können einen gemeinschaftsstärkenden Charakter besitzen, da sie auf eine Abgrenzung gegenüber Nicht-Mitgliedern und eine starke Gruppenkohäsion sowie emotionale Mobilisierung hinweisen.

Vor diesem Hintergrund kommt die Autorin zu verschiedenen Annahmen, die sie in medienpsychologischer Hinsicht für relevant hält. Sie nennt (vgl. Döveling 2005, 301):

- die *Identifikation* mit bestimmten Repräsentanten einer Masse,
- die *Projektion* im Sinn einer Zuschreibung eigener Gefühle, Gedanken, Einstellungen auf andere Personen,
- das *Identitätsbewusstsein* im Sinn George Herbert Meads, um als Teil einer kollektiven Identität fühlen und handeln zu können, und
- das menschliche *Bedürfnis nach Zugehörigkeit* in seiner spezifischen Funktion eines Handlungsmotivs und -antriebs.

Emotionale Beeinflussung durch Medien

Auf diese Weise könne eine kommunikationswissenschaftlich fundierte Emotionsforschung ein breites Spektrum an Anwendungsgebieten eröffnen, die sich u. a. auf i) Konsum und Gewalt, ii) die Nachrichtenproduktion und iii) die Entwicklungen des Info-, Docu- und Enter- sowie Emotainments erstrecken könnten (vgl. Döveling 2005, 308).

Der Idee nach vergleichbare Interessen verfolgen Frank Bösch und Manuel Borutta in dem von ihnen 2006 herausgegebenen Band „Die Massen bewegen. Medien und Emotionen in der Moderne". Auch ihnen geht es um Einsichten in emotionale Beeinflussung durch Medien, hier aber mit Blick auf die Geschichte seit dem späten 19. Jahrhundert: „Medien repräsentierten und erzeugten Emotionen, sie veränderten die Ausdrucksformen und Intensität von Gefühlen und sie produzierten Diskurse über Emotionen." (Bösch & Borutta 2006, 9). Sie fragen nach der Ansprache an die „Gefühlshaushalte" der Menschen durch Medien und deren Verknüpfung mit der Vorstellung von Modernität (vgl. Bösch & Borutta 2006, 9). Dazu gehören u. a. Überlegungen,

- die sich in Orientierung an soziologischen Untersuchungen Norbert Elias' darauf beziehen, ob das Zeitalter der Massenmedien z. B. für eine zunehmende Disziplinierung der Gefühle stehe oder
- ob es zur Schaffung eines neuen, spezifisch modernen Spektrums emotionaler Artikulationsmöglichkeiten beigetragen habe und
- – ähnlich wie u. a. Katrin Döveling – welche Formen der emotionalen Vergemeinschaftung durch Medien entstehen können; insofern wird hier auch ein Blick auf die Rezeptionsforschung geworfen und dabei kritischen Stimmen, wie sie z. B. in Neil Postmans viel rezipiertem Band „Wir amüsieren

uns zu Tode" laut wurden, Raum gegeben (vgl. Bösch & Borutta 2006, 21, 27 und 29; vgl. 19. ‚Emotionen und Mediennutzung' im vorliegenden Band).

Zur Erklärung der Relevanz dieses Sammelbandes wird von den Herausgebern auf die Ausstrahlung der amerikanischen TV-Serie „Holocaust" im Januar 1979 durch den WDR Bezug genommen (Bösch & Borutta 2006, 13 f.):

> Die unerwartete Reaktion auf die Serie [...] ließ emotionale Inhalte und Formen in Medien nun als akzeptables Mittel zur Auslösung moralisch wertvoller kognitiver Prozesse erscheinen. „Mitleiden macht Geschichte begreifbar", titelte etwa der *Stern*, und verwies damit auf die positive Bedeutung von Empathie für historische und moralische Lernprozesse.

Dabei differenzieren sie nach verschiedenen Medien und widmen einzelne Sektionen in ihrem Band den Printmedien, den audiovisuellen Medien und dem Radio. Fragen der Emotionsdarstellung und Emotionsvermittlung durch audiovisuelle Medienangebote werden auch in einem von Anne Bartsch, Jens Eder und Kathrin Fahlenbrach herausgegebenen Sammelband diskutiert (Bartsch, Eder & Fahlenbrach 2007).

Grundsätzlich ähnliche Fragestellungen verfolgen etwa auch Oliver Grau und Andreas Keil (Grau & Keil 2005). Auch ihnen geht es um den Aspekt der Lenkung von Gefühlen, allerdings in spezifischer Akzentuierung der medialen Dimensionen von Bild und Sound. Zudem werden hier historische Facetten der Thematik eingebunden, indem der Blick auf die Geschichte der Wechselwirkungen von Bildmedien und Emotionen gerichtet wird. Gezeigt wird, „wie Emotion, Medialität und Macht zusammenhängen und wie die gemeinschaftsformende Wirkung emotionaler Bilderlebnisse nachgewiesen werden kann" (Grau & Keil 2005, 8). Exemplarisch für die Untersuchung emotionaler Wirkungen auf Betrachter von Fotografien sei hier abschließend auf eine kürzere Aufsatzpublikation zu Effekten von Totenfotografien unter den Aspekten von Affekt und Schock verwiesen (vgl. Sykora 2010).

Emotionale Lenkung durch Bild und Sound

3. Emotionen und Mediennutzung

Im deutschsprachigen Raum gehört die 2013 publizierte Druckfassung der Dissertation von Wolfgang Höfer zu den groß angelegten Arbeiten in diesem Bereich. In drei theoretisch orientierten Kapiteln und einem empirischen Teil wird der Komplex emotional relevanter Medieninhalte fokussiert. Die emotionstheoretische Fundierung erfolgt u. a. in einem Set kognitiver Emotionskonzepte. Fragen der Publikums- und Gratifikationsforschung werden unter Aspekten der Wirkungsforschung, des Nutzenansatzes und des Medienhandelns im Alltag beleuchtet. Medieninhalte werden unter verschiedenen Aspekten untersucht wie

Emotional relevante Medieninhalte

i) der Emotionalisierung als Merkmal (Affektfernsehen, Infotainment)
ii) der Emotionalisierung seitens der Rezipierenden sowie

iii) dem damit verbundenen Mechanismus der Selektion von Medieninhalten und
iv) den Besonderheiten medieninduzierter Emotionen.

Zu den empirisch mit einer Untersuchung mit Studierenden unterlegten Ergebnissen gehörten die Feststellung eines komplexen Zusammenhangs zwischen Medienhandeln und relevanten Themen (vgl. Höfer 2013, 402 f.):

- Die in den Medien dargestellten verschiedenen potenziell emotionsauslösenden Situationen sind für unterschiedliche Zielgruppen unterschiedlich emotional relevant und werden daher unterschiedlich selektiert.
- Es lassen sich differenzierte geschlechtsspezifische Unterschiede erfassen, nicht jedoch bezüglich der Emotion Ärger.
- Es deuten sich Zusammenhänge zwischen alltagsrelevanten, handlungsleitenden Themen und der emotionalen Relevanz der potenziell emotionsauslösenden Mediensituation an.
- Medieninhalte werden zur symbolischen Auseinandersetzung mit alltagsrelvanten bzw. handlungsleitenden Themen genutzt.

Interdisziplinäre Felder

Die interdisziplinären Schnittstellen und Anschlussmöglichkeiten der Thematik ‚Emotionen und Medien' sind vielfältig und seien an dieser Stelle in einer kleinen Auswahl exemplarisch benannt: So sind Brückenschläge interessant zu a) Fragestellungen der politischen Soziologie der Emotionen, beispielsweise mit Blick auf den Themenkomplex Masse und Macht (vgl. z. B. Klein & Nullmeier 1999 und den Abschnitt zu ‚Emotion, Politik und Diplomatie' im vorliegenden Band) und zu b) aktuellen kognitionswissenschaftlichen und psycholinguistischen Untersuchungen im Bereich von Sprache und Denken sowie multimodaler semiotischer Verarbeitungsprozesse (vgl. Malt & Wolff 2010; Shanahan 2007; Jewitt 2009; Kress & Van Leeuwen 2001; Norris 2004). Solche Interessen verfolgt z. B. Inga Schlimbach, die untersucht, wie der Einfluss von emotionalen Prozessen auf die Informationsverarbeitung in Abhängigkeit der Emotionsintensität zu beschreiben ist und welchen Einfluss Emotionen mit unterschiedlicher Intensität auf Informationsverarbeitungsprozesse bei der Rezeption von Zeitungstexten haben (vgl. Schlimbach 2007, 301 ff.). Sie bezieht sich dabei auf Grundlagen kognitiver Emotionstheorien und kommt u. a. zu dem Ergebnis, dass hier zwischen verschiedenen Mediengattungen zu differenzieren sei, da sie unterschiedliche Voraussetzungen für den emotionalen Informationsverarbeitungsmodus lieferten. Medien unterschieden sich insbesondere danach, ob ein Rezipient das Rezeptionstempo und die Inhalte selbst bestimmen könne und wie viele Informationskanäle ein Medium aufweise und schließlich wie hoch das emotionale Gesamtniveau sei, das ein Medium auslösen könne (vgl. Schlimbach 2007, 302).

VI. Emotion, Computertechnik und Robotik

Seitdem Rosalind W. Picard 1997 den Begriff des *Affective computing* ins Gespräch gebracht hat wurden Emotionstheorien zu einem zunehmend wichtigen Feld der Künstlichen Intelligenz-Forschung, der Informationstechnologie und Robotik (vgl. Picard 1997). Auch mit Blick auf Computerspiele (*Computer games*) wird die Emotionsthematik verfolgt.

Grundlagen der Künstlichen Intelligenz-Forschung

Wenngleich dies nach wie vor eine spezifische Richtung im Bereich der Informationswissenschaften darstellt, wird in der Forschung hervorgehoben, dass es sich um eine rasch wachsende Forschungsgemeinde handelt (vgl. Peter & Beale 2008, I), in der „a cadre of key researchers has pursued the examination of the domain of affect, emotion, feeling, mood, sentiment, affection, disposition, preference, interest, value, motivation, intention, and goals with respect to information seeking and use." (Nahl 2007, in: Nahl & Bilal 2007, XVIII). Eine impulsgebende Rolle spricht Diane Nahl dabei wie auch schon Rosalind Picard gewiss zu Recht einem der „Gründungsväter" der Künstlichen Intelligenz-Forschung, Herbert A. Simon, zu (vgl. Nahl 2007, in: Nahl & Bilal 2007, XVIII; vgl. Picard 1997, 1; vgl. zur Tradition gestalttheoretischer Grundlagen, die bis auf das 19. Jahrhundert zurückzuführen sind und an die Simon anknüpft: Schiewer 2004).

In diesem Zusammenhang wird der spezifische Typus der kognitiven Emotionstheorien und darunter insbesondere der einschätzungstheoretischen Ansätze (*Appraisal theories*) nicht nur favorisiert, sondern auch fortentwickelt (vgl. z.B. Scherer 2010, in: Scherer, Banziger & Roesch 2010, 3–20; vgl. z.B. auch Rodriguez, Herrero & Rodriguez 2009). Damit einher geht zumindest in gewisser Weise das Unterlaufen seit langem festgeschriebener Grenzen zwischen Technologie, Natur- und Geisteswissenschaften.

Einschätzungstheorie – *Affective Computing*

So stoßen anwendungsorientierte Entwicklungsfelder der emotionsbezogenen Informationstechnologie (*Affective computing*), wie zum Beispiel affektive Dialogsysteme (*Affective dialogue systems*) und so genannte Konversationsagenten, welche die Interaktion von Mensch und Maschine unterstützen sollen, indem sie dem Vorbild menschlicher Interaktionsformen angenähert werden, zunehmend in die linguistischen Bereiche der Pragmatik, der angewandten Linguistik und der linguistischen Beschreibung von Kommunikationsprozessen vor. Die „klassische" Computerlinguistik, die sich vor allem mit Fragen der Wortebene, der Syntax und Semantik befasst, bezieht damit die pragmatischen Dimensionen der Sprachverwendung einschließlich des Emotionalen ein. Es geht über die Entwicklung von *Affective dialogue systems* hinaus sogar um ein so genanntes *Instinctive computing*, womit die Simulation biologischer und kognitiver Instinkte gemeint ist (vgl. André, Dybkjær, Minker et al. 2004 und Cai 2007).

Anwendungsfelder

Der (Computer-)Linguist Walter von Hahn hat schon vor geraumer Zeit deutlich gemacht, dass der Forschungsbedarf in der Computerlinguistik besonders hoch sei, weil sich die Frage, wie Mensch und Maschine in Zukunft in den Bereichen ‚nicht-expliziten Wissens' bzw. des ‚impliziten

Implizites Wissen

Wissens', das heißt von sprachlich schwer zu erfassenden Wissensbereichen, zusammenarbeiten sollen, nicht nur stelle, sondern auch in absehbarer Zeit beantwortet werden müsse (vgl. Hahn 2001). Und tatsächlich findet gegenwärtig in einer ganzen Reihe von Disziplinen eine Öffnung für Fragen des ‚impliziten Wissens', das u.a. mit dem Komplex des Emotionalen verbunden sein kann, statt. So wurden 2001 in einer im Auftrag des „Bundesministeriums für Bildung und Forschung" von dem „Forschungsinstitut für anwendungsorientierte Wissensverarbeitung (FAW)" in Ulm erstellten Studie „Management von nicht-explizitem Wissen: Noch mehr von der Natur lernen. Abschlußbericht" vielfältige Perspektiven des Managements ‚nicht-expliziten Wissens' für eine ganze Reihe von Gebieten ausgelotet, was der großen Breite der Diskussionsfelder des ‚nicht-expliziten' oder ‚impliziten Wissens' entspricht (vgl. Radermacher et al. 2001; vgl. hierzu auch den Überblick mit Literaturhinweisen in: Neuweg ³2004, 582 und Schiewer 2009a; vgl. auch das Kapitel I.2.6 ‚Kultur- und literaturwissenschaftliche Ansätze' im vorliegenden Band).

Informationsethik   Immer wieder wird dabei die Frage diskutiert, ob und wenn ja in welchen Anwendungskontexten ein emotionaler Computer überhaupt wünschenswert ist. Dabei geht es um die Dimension von Technologie und Ethik. Natürlich stehen sich sehr unterschiedliche Positionen gegenüber, die von ganz positiv – z.B. Ray Kurzweil (1948) – bis sehr skeptisch – z.B. Joseph Weizenbaum (1923–2008) – reichen.

Geht man davon aus, dass mit der Einbeziehung von Emotionen in das Entscheidungs- und Verhaltensspektrum von Computersystemen und Robotern auch deren Komplexität in erheblichem Maß erweitert wird, dann werden die Einsatzmöglichkeiten zum Guten, aber auch zum Schlechten neue Dimensionen erhalten. Um hier Orientierung zu bekommen über das Wünschenswerte und Vertretbare, wird es erforderlich sein, sich u.a. mit der Frage auseinanderzusetzen, welche Rolle Emotionen, emotionalem Verhalten, dem Umgang mit eigenen und fremden Emotionen sowie dem verbalen und non-verbalen Ausdruck von Emotionen eingeräumt werden soll. Dies können Aufgaben z.B. einer dringend auszubauenden Informationsethik sein.

1. Künstliche Intelligenz und *Human Computing*

Orientierung am Menschen   Als *Human Computing* werden aktuelle Ansätze bezeichnet, die weltweit mit zu den avancierten Forschungs- und Entwicklungsaktivitäten in der Künstlichen Intelligenz und Informationstechnik gehören (vgl. z.B. Beynon & Russ 2006; Huang, Nijholt, Pantic & Pentland 2007; McCarty 2005; Siciliano & Khatib 2008, v.a. 963–1301 und 1307–1524). Der den Begriff bestimmende Kern des *Human Computing* ist eine spezifisch anwendungsbezogene Ausrichtung im Sinn der konsequenten Orientierung am Menschen als sozialem Wesen. Vor diesem Hintergrund sind für den Entwurf von entsprechenden Computersystemen Prinzipien wie diese leitend:

- Menschen sind nicht Benutzer, sondern Partner von Computersystemen
- Automationsprozesse integrieren menschliches Denken und Handeln

- Die Modellierung menschlicher Erfahrungen ist Basis des *Human Computing*
- Computer sollen die Besonderheit menschlicher Aktivitäten in der jeweiligen Situationsumgebung, d.h. in ihrer Kontextgebundenheit, verstehen und unterstützen

Die betreffenden Forschungsbereiche beziehen sich beispielsweise auf folgende Felder theoretischer Modellbildung mit Anwendungsbezug:

- Integration von automatischen und menschlichen abwägenden Verarbeitungsprozessen
- ‚Intelligente' Umgebungen einschließlich der menschlichen Bewohner bzw. Nutzer mit ihren Gewohnheiten, Präferenzen, Wünschen, Anliegen und Aufträgen, wie z.B. *Smart house*, Echtzeitsteuerungssysteme *(Realtime systems)* zur flexiblen Anpassung von Verkehrsleitsystemen etc.
- Wahrnehmung und Verstehen von Menschen und ihres Verhaltens: z.B. Mimik, Gestik, Körperhaltung (u.a. Emotionsausdruck) und zwar in der betreffenden jeweiligen Situationsumgebung
- Maschinenlernen u.a. im Bereich der Analyse menschlichen Verhaltens: z.B. multimodale Korpora, in denen verschiedene verhaltens- und kommunikationsrelevante semiotische Dimensionen, wie die visuelle, die akustische etc. berücksichtigt werden; beispielsweise ist der emotionale Mimikausdruck vielfach mit für die betreffende Emotion typischen Veränderungen auch der Durchblutung verbunden, was mittels Wärme- und Energiekarten zu erkennen ist (vgl. Mainzer 2010, 169)
- Analyse spontanen Verhaltens und damit u.a. des zeitlichen Verlaufs von Emotionsprozessen
- Verhaltensbasierte IT-Systeme für hochvariable Umfelder
- Multimodale Kollaboration mittels Neuer Medien
- Agententechnologie

Das Gebiet des *Human computing* befindet sich in dynamischer Entwicklung und so können unter den Anwendungsfeldern z.B. folgende hervorgehoben werden:

- Wettbewerbsfähige Herstellung erneuerbarer Energien
- Effiziente Industrie- und Steuerungsanlagen (z.B. bedarfsorientierte Steuerung von Energiesystemen, *intelligent grid*, Energiespeicherung und fluktuierende Bereitstellung bei schwankendem Bedarf)
- IT-Systeme, die der Kooperation mit Menschen und der Unterstützung von Menschen dienen (z.B. Health- und Betreuungsumgebungen mit Anwendungen im menschlichen Alltagsleben)
- Mensch-Maschine-Interaktion (z.B. im Bereich elektronischer Haushaltsgeräte)
- *Human-centered* und *Life-like robotics* (z.B. Humanoide – soziale Roboter, die mit Menschen interagieren – Programmierung durch menschliche Demonstration – Robotik mit biologischen Vorbildern – Neurorobotik – Wahrnehmungsanalyse)
- Computerbasierte Risikoanalyse und Sicherheitsüberwachung
- ‚Smarte' Umgebungen (z.B. *Smart homes*)

- Computergestützte Entwurfsmethoden und Hilfsmittel für den Entwurf von IT-Systemen (*Electronic Design Automation* – EDA) auf der Basis menschlichen Erfahrens, Denkens und Handelns

Multiple use-Effekte

Mit dem *Human Computing* wird ein Paradigmenwechsel mit bedeutendem Potential für zukünftige informationstechnische Anwendungen markiert. So ist z. B. in der Robotik bereits eine Trendwende zu erkennen, die vor dem Hintergrund des *Human Computing* so genannte *Multiple use*-Effekte eröffnet; die betreffenden Entwicklungen lassen somit mehrfache Anwendungsmöglichkeiten zu.

Zur Leistungsfähigkeit von IT-Systemen und Robotern

Die Leistungsfähigkeit von IT-Systemen und Robotern, denen für wettbewerbsfähige Herstellungsprozesse und Produkte – entsprechend der vielfältigen Einsatzmöglichkeiten von IT-Systemen und Robotern – in den unterschiedlichsten Bereichen schon heute eine zentrale Rolle zukommt, kann durch *Human Computing* neue Dimensionen erhalten. z. B. vor dem Hintergrund weltweit schwindender Ressourcen im Bereich nicht erneuerbarer Energien kann es empfehlenswert sein, die sich im Bereich von *Human Computing* abzeichnenden Potentiale auszuloten.

2. Emotionale Intelligenz, künstliche Emotionen und *Affective Computing*

Emotionen, Planen, Organisieren und Entscheiden

So wie in den Geistes- und Verhaltenswissenschaften allgemein – und zu ergänzen sind hier die Kognitions- und Neurowissenschaften – in zunehmendem Maße die Bedeutung von Emotionen erkannt wird, versucht auch die Künstliche Intelligenz-Forschung (KI) sich dieser Mechanismen zu bedienen (vgl. z. B. für einen konzisen Überblick Malatesta, Karpouzis & Raouzaiou 2009; vgl. z. B. auch Scheve 2000, 39). Es wird nunmehr davon ausgegangen, dass Emotionen für Planungs-, Organisations- und Entscheidungsprozesse aller Art von zentraler Bedeutung sind. Dies ist der Ausgangspunkt für den Anstoß durch Rosalind W. Picard für diese seit Ende der neunziger Jahre des vergangenen Jahrhunderts sich rasant entwickelnde Richtung der IT-Forschung: „The latest scientific findings indicate that *emotions play an essential role in rational decision making, perception, learning, and a variety of other cognitive functions*. Emotions are not limited to art, entertainment, and social interaction; they influence the very mechanisms of rational thinking." (Picard 1997, X). Die Zielsetzungen umfassen sowohl die Realisierung von Computern (vgl. z. B. Mainzer 2010, 170 ff.),

- die Emotionen „verstehen" (Emotionsanalyse) und
- „ausdrücken" (Emotionssynthese) können als auch solcher Computer,
- die Emotionen „besitzen".

Emotionsanalyse

Dieses dreigefächerte Programm hat schon Rosalind W. Picard 1997 formuliert (vgl. Picard 1997, X). Vergleichsweise sogar eher weniger hoch gesteckte Ziele der Emotionsforschung beziehen sich auf den Aspekt der Emotions*analyse* seitens der Maschine: Hier geht es um die Analyse von Emotionen, die beim menschlichen Nutzer auftreten, wie z. B. die Mimikanalyse. Kompliziert werden die Dinge mit den zeitlichen Verlaufsprozessen emotionaler Zustände und ihrer situativen Einbettung. Hierauf weist u. a. Klaus Mainzer hin. Zugleich betont er, dass es sehr wohl zu Irrtümern in der maschinenseitigen Gefühlsdiagnose kommen könne, so wie dies ja auch der Fall sein kann, wenn Menschen die emotionale Verfassung von Menschen deuten.

Zu den Anwendungsperspektiven gehört die Neugestaltung der Mensch-Maschine-Schnittstelle, indem Menschen Computer durch ihren Emotionsausdruck steuern. Dies ist u. a. ein Forschungsfeld im Hinblick auf die Unterstützung betagter oder beeinträchtigter Menschen durch Maschinen. Man spricht auch von *Technology of nonverbal communication* (vgl. Mainzer 2010, 168 ff.; Vinciarelli & Mohannadi 2011; Welch et al. 2011).

Das zweite Feld bezieht sich auf die Emotions*synthese* seitens des Computers und vielfach handelt es sich hier um so genannte Androiden, d. h. dem Menschen mehr oder weniger getreu nachgebildete Roboter. Sofern im Bereich dieser Robotik Emotionen Berücksichtigung finden, wie beispielsweise im Fall des androidartigen Forschungsroboters „Kismet", der von der amerikanischen IT-Spezialistin Cynthia Breazeal und dem Team um sie entwickelt wurde, wird hier ebenfalls vielfach – vielleicht ist es richtig zu betonen: noch – auf die Ebene des unmittelbaren Emotionsausdrucks respektive der Thematisierung bei *hot emotion* rekurriert (Breazeal 2003, 6):

Emotionssynthese

> As the robot's affective state changes, [...] the robot's facial expression changes to mirror this. As positive valence increases, Kismet's lips turn upward, the mouth opens, and the eyebrows relax. However, as valence decreases, the brows furrow, the jaw closes, and the lips turn downward. [...] The expressions become more intense as the affect state moves to more extreme values in the affect space. Hence, Kismet's face functions as a window by which a person can view the robot's underlying affective state. This transparency plays an important role in providing the human with the necessary feedback to understand and predict the robot's behavior.

Als wichtiges Ziel wird auch hier die interpersonale Emotions- und Handlungsregulation gesehen (Breazeal 2003, 8):

> In many cases, Kismet must work in partnership with the human to achieve its goals. To do so, it must communicate its motives and goals to the person in an effective way through expressive cues and goal-directed behavior. As a result, human and robot work together, mutually regulating the others behavior through social cues, to establish and maintain a suitable interaction where the robot's motives and goals are satisfied in a flexible and timely manner. This benefits the robot.

Das Gebiet der Emotionssynthese gehört zu den durchaus schon fortentwickelten Bereichen, wenngleich die Synthese bei *cold emotion* ein naturgemäß überaus komplexes Thema ist, da hier die gesamte Grundlagenforschung bezüglich des menschlichen Emotionsausdrucks mit der Manifestation, Deutung und Prozessierung unverzichtbar ist (diese ausgreifenden Emotionskonzeptualisierungen werden im vorliegenden Studienbuch v. a. in II.4. ‚Emotionscodierung und verbales Verhalten' dargestellt). Dass angesichts der Vielfalt und Variabilität im Bereich des Emotionalen keine fertig abgeschlossenen Entwicklungen im Bereich der Synthese zu erwarten oder auch nur denkbar sind, liegt auf der Hand.

Künstliche Emotionen Mindestens ebenso anspruchsvoll ist das dritte Feld der computerbezogenen Emotionsforschung, das der ‚künstlichen Emotionen'. Es geht dabei um Folgendes (Mainzer 2010, 167):

> Wenn wir das für Menschen typische flexible Agieren in komplexen und unsicheren Informationsräumen erfassen wollen, dann darf es nicht auf motorische, sensible und kognitive Leistungen eingeschränkt werden. Ebenso wie Wahrnehmungen und Bewegungen werden Emotionen durch neuronale Schaltkreise im Gehirn kontrolliert. Auch Emotionen liegen also Signal- und Informationsprozesse zugrunde, die im Prinzip durch Computermodelle erfaßt werden können.

Künstliche Emotionen und Neurowissenschaften Wie dem Zitat zu entnehmen ist, sind die Forschungsergebnisse der Neurowissenschaften für die Konzepte künstlicher Emotionen von großer Bedeutung; es gehört fast zu den Standards, in entsprechenden Publikationen und Darstellungen einleitend auf die entsprechenden Grundlagen zu sprechen zu kommen (vgl. z. B. Scherer et al. 2010, Kapitel 2: The emotion process. Perspectives from psychology and the neurosciences; vgl. auch Erdem & Karaismailoglu 2011). Sie sind auch zu einer wichtigen Stellgröße geworden, wenn es um Computer geht, „that really have emotions". Denn bei der Emotionssynthese geht es zunächst v. a. darum, Computer zu schaffen, „that exhibit the appearance of emotion" (Fellous & Arbib 2005, vi). Neben der Entwicklung von emotionaler Software, die selbst nicht empfindet, wie in der unten zuerst darzustellenden Variante, scheint es inzwischen denkbar, dass Computer oder menschenähnliche Roboter Emotionen auch erleben können, und somit zu den so genannten *Qualia* fähig sind. Klaus Mainzer stellt klar, dass zu Beginn der zweiten Dekade des 21. Jahrhunderts außer Frage stehe, dass „die Erzeugung eines empfindungsfähigen Systems nicht prinzipiell ausgeschlossen" sei (vgl. Mainzer 2010, 172). Beide Varianten werden parallel weiterentwickelt, da für unterschiedliche Zielsetzungen die eine oder die andere als jeweils sinnvolle Lösung betrachtet werden könne (Fellous & Arbib 2005, vi):

> For many technological applications – from computer tutors to video games – the creation of apparent emotions is all that is needed and certainly poses daunting challenges. Others seek to develop „cognitive architectures" that in some appropriately generalized sense may both explain human emotions and anchor the design of artificial creatures which, like humans, integrate the emotional and the rational in their behavior.

Agentensysteme An dieser Stelle ist aber noch weiter auszugreifen: In der Künstlichen Intelligenz-Forschung und Informationstechnik wird der Begriff der ‚Agenten' für Programme verwendet, die als intelligent bezeichnet werden. Damit sind in der Regel solche Programme gemeint, denen eine gewisse Eigenständigkeit bei der Ausführung von Aufträgen zugeschrieben wird.

Emotionale Agenten Einige Agenten sind mit der so genannten BDI-Architektur (*b*elieve, *d*esire, *i*ntention) ausgestattet, der das Modell menschlicher Handlungsentscheidungen als Vorbild dient. Das bedeutet, dass es nicht so sehr um die einmalige Berechnung eines optimalen Plans geht, als vielmehr um die ständige optimale Anpassung an veränderte Bedingungen. Der Entscheidungsprozess wird an seine Umgebung insofern adaptiert, als der Agent in dynamischen Umgebungen seine Ziele relativ häufig überprüft, während dies in statischen Umgebungen seltener erforderlich ist.

Es gibt vielfältige Anwendungen, bei denen ein Agent bestimmte Aufträge ausführt. Dazu gehören Assistenz-Programme, die Termine verwalten, Dokumente archivieren, als Fahrerassistenzsysteme zum Einsatz kommen etc. Bedeutung haben Agenten auch in der Realisierung von Schnittstellen und Interaktionsformen von Mensch und Maschine, bei denen Aufträge an Programme ähnlich wie an einen menschlichen Bearbeiter übertragen werden.

Das Interesse an ‚autonomen Agenten', d. h. Softwarelösungen, die eine übergeordnete Kategorie der ‚emotionalen Agenten' darstellen, resultiert aus praktischen Anforderungen, z. B. in der Erkundung von für den Menschen unzugänglichen Orten, der Raumfahrt und insgesamt – in moralischer, ethischer, auch wirtschaftlicher, politischer, rechtlicher etc. Hinsicht kontroversen – militärischen Einsatzfeldern.

Wenn Rosalind W. Picard in ihrem zu Standardwerk avancierten Band *Affective Computing* 1997 auf die Möglichkeit einer Personalisierung von Computerprogrammen hinweist, die spezifische Benutzerinteressen oder -präferenzen kennen, und auf animierte Kreaturen, die mit Kindern spielen, dann wird hier allerdings auf die harmloseren unter den potentiellen Einsatzgebieten Bezug genommen.

Emotionale Computer

Emotionale Agenten sind schließlich auch durch die Eigenschaft emotionalen Verhaltens gekennzeichnet (vgl. Görz, Rollinger & Schneeberger [4]2003, 950). Dass Emotionen als eine wichtige Komponente selbständig gefällter und situativ optimal angepasster Handlungsentscheidungen betrachtet werden, ist ein Grund dafür, dass sie in Agentenarchitekturen implementiert werden (vgl. z. B. Moldt & Scheve 2002 und das Zitat oben aus dem Band von Klaus Mainzer). Man spricht auch von ‚emotionalen Computern' (*Affective computing*) und ‚emotionsgesteuerten IT-Systemen', auf die sich seit geraumer Zeit erhebliche Forschungsenergien und -mittel konzentrieren.

Computermodelle von Emotionen

Grundlage emotionaler Computer sind verschiedene Computermodelle von Emotionen. Große Bedeutung kommt dabei wiederum den kognitiven Emotionstheorien oder auch Bewertungs- oder Einschätzungstheorien (*Appraisal theories*) zu. Daher spielt die Untersuchung der kognitiven Auslöser von Emotionen eine wichtige Rolle. Die Diskussion bezieht sich insbesondere auf Emotionen in (menschlichen) Interaktionen mit den affektauslösenden Bedingungen und Konsequenzen.

Exemplarisch für einen Ansatz aus den neunziger Jahren des letzten Jahrhunderts sei hier die Theorie von Keith Oatley und Philip N. Johnson-Laird skizziert (Oatley & Johnson-Laird 1996). Sie konzentrieren sich auf die Unterbrechung von Zielen und verstehen kognitive Prozesse als hierarchisch strukturierte Module, die mehr oder weniger unabhängig voneinander bestimmte Aufgaben verfolgen (*Parallel distributed processes*). Ein *Executive module* kontrolliert und organisiert die Arbeit der untergeordneten Module.

Emotionale Modi in der Modulkommmunikation

Enthalten ist auch eine Repräsentation des Systems selbst, was damit zusammenhängt, dass ein Hauptziel in der Bewahrung dieses Systems besteht.

Was hat das alles mit Emotionen zu tun? Emotionen kommen hier ins Spiel bei der Modellierung der Kommunikation der Module untereinander. Neben der propositionalen oder symbolischen Kommunikation nehmen Oatley und Johnson-Laird eine emotionale Kommunikation an, die keine Informationen verteilt, sondern dazu dient, die Module in unterschiedliche emotionale Modi zu bringen. Die emotionalen Modi unterbrechen die aktuellen Prozesse der Module und versetzen sie in die Bereitschaft, nach Maßgabe der emotionalen Modi zu funktionieren. Emotionale Kommunikation wird durch die Wahrnehmung überlebens- und zielrelevanter Information aus der internen und externen Umgebung ausgelöst. Dieser *Global interrupt* setzt schnell neue Prioritäten für die Funktionsweise der Module: „Die Signale von Bedürfnissen und Emotionen sind adaptiv, weil sie das intentionale Verhalten beeinflussen können, ohne auf Symbolverarbeitung oder auf eine starre Reaktionsfolge wie bei Insekten und anderen primitiven Organismen angewiesen zu sein." (Johnson-Laird 1996, 431).

Oatley und Johnson-Laird sehen aber neben dieser internen Funktion von Emotionen, Emotionen auch als im sozialen Sinn kommunikativ an. Und zwar unterrichten Emotionen den Sozialpartner über Pläne und Ziele und eröffnen so die Möglichkeit, die gegenseitigen Rollen in einer Situation neu zu verhandeln. Die Auffassung der kommunikativen Funktion von Emotionen im sozialen Sinn, d. h. nach Oatley und Johnson-Laird die Funktion von Emotionen in Planung und zielorientiertem Handeln, das andere Menschen einschließt, mutet allerdings noch recht simplifizierend an (Oatley & Johnson-Laird 1996, 94; vgl. Kapitel II.4. im vorliegenden Studienbuch):

> Happiness, attachment emotions, and love induce and maintain cooperation. Sadness is the emotion of disengagement from a relationship. Anger sets up a script for competition, aggression, and perhaps renegotiation of the relationship. Interpersonal fear signals deference. Contempt and disdain signal withdrawal from relationship.

Agentenkommunikation und soziale Koordination

Der hier schon leitende Gedanke der Agentenkommunikation und sozialen Koordination wird aber auch in aktuellen Ansätzen weiterverfolgt (vgl. z. B. Vallverdu & Casacuberta 2009, Section II: Emotional Social Robots; vgl. z. B. Scheutz 2011). Unter Bezugnahme auf die inzwischen stark forcierte Hirnforschung erklärt Klaus Mainzer die betreffenden Zusammenhänge so (Mainzer 2010, 167):

> Die Gehirnforschung zeigt, wie eng beim Menschen Denken, Fühlen und Handeln mit dem Körper vernetzt sind. Die Psychologie spricht daher auch von einer emotionalen Intelligenz des Menschen, die typisch für seine Entscheidungen ist. Ziel der KI-Forschung ist es, Informationssysteme mit emotionaler Intelligenz technisch zu modellieren oder sogar zu erzeugen. In diesem Fall wäre Emotion ebenso wie Kognition nicht auf biologische Organismen beschränkt.

In dem Band von Mainzer finden sich auch Hinweise zur Berechnung der Intensität emotionaler Zustände, die eine wichtige Steuerungsgröße darstellt (vgl. Mainzer 2010, 171).

<small>Intensität emotionaler Zustände als Steuerungsgröße</small>

Das maschinenseitige „Empfinden von Emotionen" ist schließlich mit ausgreifenden philosophischen und auch ethischen Diskussionen verbunden, die hier nur benannt, nicht aber vertieft werden können (vgl. z. B. Vallverdu & Casacuberta 2009, Section III: Philosophical Questions). Es geht um Themen der Sprach- und Bewusstseinsphilosophie, die sich darauf beziehen, ob und inwiefern der Mensch im Sinne des „Pygmalion-Mythos" mit dem Computer ein ihm gleiches Wesen schafft. Hieran sind dann auch juristisch hochrelevante Aspekte geknüpft, die sich u. a. auf Fragen der Haftung im Fall der Schädigung von Menschen durch Computer beziehen, wenn diese praktisch als selbstverantwortliche Akteure zu betrachten sind – hier wurden drei grundlegende Prinzipien von dem *Science Fiction*-Autor Isaac Asimov (1920–1992) formuliert, auf die in der Forschung Bezug genommen wird (vgl. Asimov 1978[1950]). Aufmerksamkeit bekommen auch solche Fragen, die sich – vergleichbar mit dem Tierschutz – darauf beziehen, ob es als Tötung oder gar Mord zu betrachten ist, wenn ein empfindender Computer demontiert bzw. zerstört wird (vgl. Christaller 2001).

3. Affective Dialogue Systems

Aus der Perspektive der angewandten Linguistik verdient das Forschungsfeld der sogenannten Affektiven Dialogsysteme (*Affective dialogue systems*) besondere Aufmerksamkeit. Hier geht es um emotionsbezogene Mensch-Maschine-Kommunikation. Ein wichtiger Ausgangspunkt ist die Beobachtung linguistischer Forschung, dass menschliche Kommunikationspartner versuchen, Emotionen ihres Gegenübers zu erkennen und entsprechend darauf zu reagieren. Jüngste Forschungen im Bereich der Mensch-Maschine-Kommunikation befassen sich damit, ein solches Verhalten auf Computer zu übertragen. Um Fragen und Probleme, die sich dabei stellen, drehte sich z. B. der dritte Workshop von *Affective Dialogue Systems* (ADS04), der 2004 stattfand (André 2007). Das Themenspektrum dieses dritten ADS-Workshops umfasste folgende Fragen:

<small>Emotionsbezogene Mensch-Maschine-Kommunikation</small>

- Wie kann man Emotionen automatisch anhand der Mimik, der Gestik und der Sprache eines Benutzers erkennen?
- Kann ein Computer emotionales Verhalten durch die Beobachtung und Analyse menschlichen Verhaltens erlernen?
- Mit welchen Modellen lässt sich emotionales Verhalten simulieren – etwa um emotionale Äußerungen zu erzeugen?
- Macht es gar Sinn, dass Computersysteme selbst Emotionen haben?
- Und schließlich die vielleicht wichtigste Frage von allen: In welchen Anwendungskontexten ist ein emotionaler Computer überhaupt wünschenswert? (Ein Thema, dass dann allerdings zumindest kaum explizit erörtert wurde)

Das Spektrum der Beiträge betraf daher u. a. die Bereiche:

- Erkennung und Synthese emotionaler Sprache,
- computergestützte Modelle zur Repräsentation und Verarbeitung von Emotionen,
- virtuelle Charaktere,
- lernbasierte Systeme und Benutzermodellierung sowie
- mehrkanalige Sensorsysteme zur Emotions- und Stresserkennung.

Insgesamt werden sieben Themenfelder abgedeckt:

- Emotionserkennung,
- affektive Benutzermodellierung,
- affektive Konversationsagenten und Dialogsimulation,
- emotionale Datenbanken,
- Synthese emotionalen Sprechens und Gesichtsanimation,
- affektive Betreuungssysteme,
- Evaluation affektiver Dialogsysteme.

Der Android MAX Ergänzt wurde das Programm durch eine Reihe von Systemvorführungen: Der Besucher vor Ort konnte mit virtuellen Charakteren interagieren, die emotionales Verhalten durch synchronisierte Mimik, Gestik und Sprache äußerten, oder er konnte testen, inwiefern ein Computersystem in der Lage ist, Benutzeremotionen zu erkennen. Folgendermaßen verhält sich z. B. MAX, der seine Befindlichkeit sogar verbal, einschließlich einer emotionstypischen Prosodie, zum Ausdruck zu bringen vermag (Becker et al. 2004, 163; vgl. Kapitel I.2.5 ‚Linguistische Ansätze' im vorliegenden Band):

> Instead of demonstrating the well-known expression of basic emotions on the agent's face, we show here an example situation in which the current emotional state of Max, being engaged in a conversation with a visitor, arises from the previous discourse and significantly influences the agent's behavior. After being offended several times by verbal input of the visitor, the accumulation of the respective impulses in the emotion system results in increasingly negative emotions that become available to the agent's deliberative processes. When first becoming „angry" the agent says „Now I'm getting angry" with a low pitch and rate of his voice as well as an appropriate facial expression of angriness.

Darüber hinaus ist MAX zu emotionsgesteuerten Handlungen in der Lage, die bereits eine Form des über die Thematisierung hinausgehenden Ausdrucks von Emotionen als Symptom aufzufassen sind (Becker et al. 2004, 163):

> Further negative impulses result in the emotional state of „annoyance" together with a bad mood. In effect, a plan is triggered which causes the agent to leave the display and to stay away until the emotion system has returned into balanced mood. The period of absence can either be shortened by complimenting Max or extended by insulting him again.

Cyberphysical Systems Hier wird das weite Feld der Einbettung bzw. Simulation emotionsbezogenen menschlichen Sprachbewusstseins und Sprachverhaltens betreten, womit sich weiterführende Schnittstellen zwischen *Affective Dialogue Systems* und dem *Affective Computing* eröffnen. Es ergeben sich u. a. Möglichkeiten, die einen Anschluss an jüngere Entwicklungen im Bereich der *Cyberphysical Systems* erlauben. *Cyberphysical Systems* zielen darauf ab, Steuerungsprozesse und Informationsflüsse auf physische Anwendungen abzustimmen. Ein Beispiel sind *smart grids*, die den Transport von Strom mit der Kommunikation von Daten verbinden, um eine flexible Anpassung an die jeweilige Bedarfslage möglichst in Echtzeit (*Real-time*) zu ermöglichen, oder Verkehrssteuersysteme, die u. a. unter dem Oberbegriff der *Urban informatics* entwickelt werden (vgl. Mainzer 2010, 215 ff.).

Klaus Mainzer betont, dass es bei *Cyperphysical Systems* darauf ankomme, unterschiedliche Sprach- und Sprechfunktionen in intelligenten Arbeits-, Lern- und Lebenswelten als benutzerfreundliche Dienstleistung einzubetten (vgl. Mainzer 2010, 222). Dass *Affective Dialogue Systems* dabei eine wichtige Aufgabe zukommen kann, ist schon fast eine Selbstverständlichkeit. Zu denken ist Mainzer zufolge etwa an „die Interaktion mit der technischen Infrastruktur eines Autos, Roboters oder ganzer Wohn- und Arbeitsumgebungen", die in frei formulierter Alltagssprache erfolgt, bei der Sprecher ihre Gedanken, Vorstellungen und Gefühle spontan und zum Teil natürlich mittels rein prosodischer Merkmale, die einem Alltagssprecher in der Regel sogar selbst nur bedingt bewusst sind, zum Ausdruck bringen (Mainzer 2010, 222).

Berücksichtigt werden aber auch Bedeutungsinformationen, die durch Regeln der Dialogverarbeitung gewonnen werden, so dass hier eine weitere Brücke geschlagen wird, nämlich zur Dialogsemantik von Gesprächen (vgl. Mainzer 2010, 223; vgl. auch das Konzept der ‚Kontextualisierung' nach John J. Gumperz). Damit geraten weitere Schnittstellen in den Blick, wie etwa die zu Grundlagen des *Semantic web*. Als avanciert können in diesem Zusammenhang auch die Arbeiten von Hai Zhuge gelten, der den Bogen zu umfassend angelegten Ansätzen schlägt und Anregungen für ein *Cyber-physical-physiological-pscychological-socio-mental environment* entwickelt hat (vgl. Zhuge 2011). Er zielt mit seinen ausgreifenden Überlegungen auf eine *Human-machine-nature symbiosis* und eine so genannte *Knowledge grid methodology* ab (vgl. Zhuge ^{2}2012).

Semantic web

VII. Emotion und Ökonomie

1. Wirtschaft, Markt und Moral

Zur Geschichte von ‚Emotion und Ökonomie'

Grundsätzlich ist es keineswegs neu, dass der Komplex der Emotionalität in den Wirtschaftswissenschaften Aufmerksamkeit erhält. Vielmehr hat sich bereits der Begründer einer wissenschaftlichen Ökonomie, Adam Smith (1723–1790), in seinen beiden Hauptwerken „Theory of moral sentiments", zuerst 1759, und „An Inquiry into the Nature and Causes of the Wealth of Nations", 1776 in erster Ausgabe erschienen, mit dem Komplex von Emotion und Ökonomie auseinandergesetzt. Natürlich kann im Rahmen dieses Studienbuchs die umfassende Smith-Forschung nicht berücksichtigt werden; hingewiesen sei jedoch auf die ausführliche Einleitung von Walter Eckstein zu der von ihm ins Deutsche übersetzten Ausgabe von Smiths „Theory of moral sentiments", in der er durch eine semantische Klärung des ‚Sympathie'-Begriffs Smiths das so genannte ‚Adam Smith-Problem' eines Widerspruchs zwischen den beiden Hauptwerken aufzulösen sucht (Smith 2004[1759], CXVI):

> Die Ethik Smiths gewinnt ein ganz anderes Aussehen, wenn man die Sympathie als die bloße Fähigkeit des Nachempfindens fremder Gefühle auffasst und ihre Rolle in der Ermöglichung ethischer Urteile erblickt. Vor allem wird es erst von hier aus klar, daß die Behauptung, Smith habe in seinem ethischen Hauptwerk den Menschen als durchaus altruistisch hingestellt, auch durch den Hinweis auf die „Sympathie" keineswegs gestützt werden kann.

Jüngere Forschung

Ein zweiter „Klassiker" in diesem Feld, wenngleich wesentlich jünger und zuerst 1988 erschienen, ist Robert H. Franks „Passions within Reason". Die deutsche Übersetzung aus dem Jahr 1992 heißt: „Die Strategie der Emotionen". Frank konzentriert sich auf Fragen des Egoismus und Eigennutzes, des Altruismus und der menschlichen Kooperation. Die zentrale These ist hier, dass es nicht immer zutreffend sei, „daß Leidenschaften und andere nichtrationale Motivationsquellen die überlegte Verfolgung des Eigennutzes" behinderten (Frank 1992[1988], 15). Frank geht vielmehr davon aus, dass Emotionen sehr wohl unseren Interessen dienen könnten (vgl. Frank 1992[1988], 15). Emotionen wie Schuldgefühle, Wut, Neid und sogar Liebe „legen uns oft auf Verhaltensweisen fest, die unserem Eigennutz in engeren Sinn entgegenstehen" (Frank 1992[1988], 17). Dennoch könne es sehr wohl von Vorteil sein, solche Neigungen zu besitzen. Er kommt zu vier Schlussfolgerungen (Frank 1992[1988], 210f.):

1. Menschen verhalten sich oft anders als vom Eigennutzmodell vorhergesagt.

2. Der Grund für irrationales Verhalten ist nicht immer, dass sich die Menschen verkalkulieren.
3. Gefühle sind oft ein wichtiges Motiv für irrationales Verhalten.
4. Von Gefühlen motiviert zu sein, ist oft ein Vorteil.

Frank spricht vor diesem Hintergrund als Gegenentwurf zum ‚Eigennutzmodell' von einem so genannten ‚Festlegungsmodell', das Menschen erlaube, wesentliche Voraussetzungen für kooperative Verhaltensformen zu entwickeln, selbst wenn ein Defektieren zumindest kurzfristig eher vorteilhaft erscheine (vgl. Frank 1992[1988], 213 f.; vgl. die kurzen Hinweise bei Bolle 2006, 48 und Schiewer 2012).

Uwe Mummert und Friedrich L. Sell haben im 2005 herausgegebenen Band „Emotionen, Markt und Moral" aus volkswirtschaftlicher Perspektive dann sogar akzentuiert, dass das gesamte wirtschaftliche Verhalten von Emotionen mitgeprägt sei. Dies beziehen sie ebenso auf die Wettbewerbstüchtigkeit wie die Kooperationsfähigkeit, d. h. mit anderen Worten sowohl auf die oben angesprochene Aggressivität in der Erzielung unternehmerischen Profits als auch auf die strategisch notwendige und auf gegenseitigen Mehrwert hin orientierte Kooperationshaltung von wirtschaftlich Handelnden. Marktprozesse, so betonen Mummert und Sell, seien durch Austausch und Wettbewerb gekennzeichnet, wobei der Wettbewerb, ebenso wie Koordinations- und Kooperationsprozesse, zu den betreffenden Marktergebnissen beitrügen. *(Prägung wirtschaftlichen Verhaltens durch Emotionen)*

Schon die Intensität, mit der sich wirtschaftliche Akteure kooperierend ebenso wie wettbewerblich engagieren, werde u. a. von Emotionen bestimmt. Dabei werden solche Emotionen, die wie z. B. Hass, Egoismus, Machttrieb und Gier den Wettbewerb eher begünstigen, von anderen unterschieden, die wie Altruismus, Unterwerfung, Bescheidenheit, Mitleid respektive Empathie und Zuneigung umgekehrt eher Kooperation begünstigen (vgl. hierzu auch Sell 2008). *(Spezifische wirtschaftsrelevante Emotionen)*

Auch auf das Zustandekommen von kooperativen oder eben nichtkooperativen Lösungen und Verhandlungsergebnissen hätten Emotionen Einfluss. Hier sei es so, dass Emotionen wie Altruismus, Bescheidenheit, Mitleid bzw. Empathie und Zuneigung eher das Zustandekommen optimaler Ergebnisse begünstigen, indem sie zu entgegenkommender Verhandlungsbereitschaft und Vertrauen beitragen, während Hass etc. ungünstig wirkten. Diese Auswirkungen von Empathie bestätigt auch die Konflikt- und Friedenspsychologie, in der Formen kooperierenden und defektierenden bzw. gewinn- und verlustfokussierenden Verhaltens in der Verhandlungsführung sowie in Dilemma-Situationen im Allgemeinen und in außenpolitischen Dilemmata im Besonderen untersucht werden (vgl. Fiedler 2004, Trötschel & Gollwitzer 2004 und Schiewer 2010).

Die Empathie, der oftmals erhebliche Bedeutung für gelingende Kommunikation zugesprochen wird, soll an dieser Stelle in einem kleinen Exkurs genauer betrachtet werden, da es sich um einen der zentralen Begriffe u. a. im Bereich der interkulturellen Kommunikation handelt. Grundsätzlich mag dabei zutreffen, dass Empathie einen günstigen Einfluss auf die Bereitschaft zur Kooperation hat. Vorausgesetzt natürlich, dass sich die empathischen Gefühle auf den entsprechenden Interaktions- und Kooperationspartner *(Exkurs: Empathie)* richten und nicht womöglich auf einen Dritten, der mit dem Interaktionspartner einen bestehenden Konflikt ausagiert.

Nun handelt es sich aber bei Empathie nicht nur um einen Begriff mit einer erstaunlichen Übersetzungsgeschichte – von der seit dem 18. Jahrhundert u. a. durch Herder eingeführten ‚Einfühlung' zur ‚empathy' im 20. Jahrhundert im englischsprachigen Raum und zurück zur heute im Deutschen geläufigen ‚Empathie' –, sondern es geht zugleich um einen Begriff mit komplexen Definitionen, Verwendungsweisen und Grundlagen in der Theoriebildung.

‚Kollektive Empathie'   Eine sorgfältige Auffächerung unterschiedlicher Bedeutungsdimensionen insbesondere deutschsprachiger Traditionen hat Fritz Hermanns vorgelegt. Es sei auf eine spezifische der zahlreichen Bedeutungsangaben und Wortverwendungen besonders hingewiesen, den Begriff der ‚kollektiven Empathie' (vgl. Hermanns 2007, 138):

> Massenerlebnisse etwa bei Kundgebungen, Demonstrationen, Sportveranstaltungen und Konzerten, wo sich Menschen kollektiv empören oder kollektiv begeistern, sich kollektiv freuen (Jubel) oder kollektiv enttäuscht sind (so, wenn ein ganzes Stadion aufstöhnt). [...] Deshalb sind z. B. ‚mitreißende' Reden sehr wahrscheinlich nur deshalb mitreißend, weil man sie nicht einsam erlebt, sondern kollektiv, d. h. in einem Kollektiverlebnis, für das sie zwar die Auslöser sind, das aber ohne das empathische Mitgehen der ZuhörerInnen nicht nur mit der Rede, sondern auch den Emotionen aller anderen ZuhörerInnen nicht zustande kommen würde.

Fritz Hermanns Erläuterung der ‚kollektiven Empathie' kann um eine Darstellung des Wissenssoziologen Karl Mannheim aus dem Jahr 1924/25 ergänzt werden, die bemerkenswerte Korrespondenzen aufweist (Mannheim 1980 [1924/25], 219; vgl. auch Kapitel 11.2 im vorliegenden Band):

> Es ist bekannt, daß insbesondere bedeutende Revolutionsreden, wenn sie nur gedruckt gelesen werden, oft als nichtssagend und unbedeutend erscheinen, während sie in der Versammlung, wo der konjunktive Erfahrungsraum noch vorhanden war und die Rede sozusagen nur die hinweisende Funktion auf gemeinsam Erlebtes hatte, als ein adäquater Ausdruck erlebt wurden. Die Rede wird in solchen Fällen bei der Lektüre nicht mehr wirklich verstanden, weil wir nachträglich kaum mehr restlos in die konjunktive Verfahrungsgemeinschaft einzudringen imstande sind und den spezifischen Funktionalitätsbezug der Wortzusammenhänge nicht mehr adäquat zu erfassen vermögen. Wir erfassen die Worte mehr oder minder nur von ihren uns allein zugänglichen Allgemeinbedeutungen her und nicht aus ihrer einmaligen Bezogenheit auf den zusammen erlebten Erfahrungszusammenhang, der in allen Zuhörern zur Zeit der lebendigen Auseinandersetzung noch vibrierte.

Mannheim akzentuiert hier eine Besonderheit dessen, was er ‚konjunktives Denken' nennt und das er dem ‚nicht-konjunktiven' oder ‚rationalen Denken' an die Seite stellt: Das ‚konjunktive Denken' ist nämlich gerade nicht universell orientiert, sondern von der spezifischen Situation und den jeweils

Beteiligten abhängig. (...) Und dies trifft natürlich auch auf die von Hermanns skizzierte ‚kollektive Empathie' zu.

Sehr komplex werden die Dinge im interkulturellen Vergleich unter Berücksichtigung kulturell variabler Emotionsauffassungen. Die amerikanische Kommunikationswissenschaftlerin Sally Planalp macht z. B. auf entsprechende Unterschiede aufmerksam (Planalp 1999, 215 f.):

> In collectivist cultures, empathy is not really an issue, but rather seems to be a normal and unproblematic part of everyday life. In individualized cultures you may have to go out of your way to take another person's point of view and feel his feelings, but in collectivist cultures, emotions are not as strictly divided between yours and mine. [...] The fine distinctions that Western academics make among varieties of emotional connections also make little or no sense from many non-Western points of view. Chances are that these cultures do not distinguish among the feelings that you „catch" from another person (contagion), the feelings that you adopt from imagining another's situation (empathy), the feelings that you have about another's situation (sympathy), or the thoughts that you have about another's feelings (understanding). Their distinctions may instead be between socially appropriate feelings or socially inappropriate feelings, or between social feelings that count as emotions and individualized feelings that count as only something comparable to what we would call ‚sensations'.

Damit wäre jedoch davon auszugehen, dass weder das Feld des forciert Rationalen noch das des Empathischen *per se* universelle Verständigung zu garantieren vermag. Der Theologe Hanspeter Schmitt hat sich in einer umfangreichen Monographie mit dem Komplex von Empathie und Wertkommunikation auseinander gesetzt (Schmitt 2003). Unabhängig davon, ob man sich Schmitt in seinen grundsätzlichen Annahmen und seinen Argumentationsschritten im Detail anschließen will, ist ihm darin zu folgen, dass Empathie weder zu verwechseln ist mit der Bereitschaft zu universellem Verstehen als Garant gelingender Verständigung noch mit einer der eigentlichen rational gesteuerten Kommunikation vorgängig ablaufender Emotionalität oder Intuition. Dies zeigt sich auch anhand der oben erwähnten Form der ‚kollektiven Empathie', bei der die gemeinsam erlebte Situation vorauszusetzen ist.

Was bedeutet dies nun für die Fragen nach Rationalität und Emotion in Kooperation und Wettbewerb? Es zeigt sich, dass weder der rationale Diskurs, der das bessere Argument favorisiert, noch die Empathie als solche eine mühe- und reibungslose Überwindung von divergierenden Semantiken und Orientierungsrahmen ermöglichen. Weder Ratio noch Emotionen bzw. Empathie erlauben mit anderen Worten die Herstellung universeller Verständigung und sind insofern weder gegeneinander auszuspielen noch als schlichtweg komplementär zu betrachten.

Rationalität und Emotion in Kooperation und Wettbewerb

Für die Felder der Ökonomie und der Volkswirtschaftslehre bestätigt dieser Befund eine kritische Sicht gegenüber einer hier üblichen „Überhöhung rational entscheidender Individuen" (vgl. z. B. Sell 2008, 60). Sell bezieht sich dabei auf einen grundlegenden Beitrag aus seinem oben genannten Sammelband aus dem Jahr 2005 von Katja Gelbrich (Gelbrich 2005). Sie hat

Übersicht ‚Emotionen und Ökonomie'

eine Übersicht solcher Emotionen vorgelegt, die aus ökonomischer Sicht (besonders) interessant seien, und dabei zwischen Beziehungs-, Empathie- und Ziel-Emotionen unterschieden:

Emotion	Art	Ökonomische Fragestellung
Geiz/Verschwendung	Ziel-Emotion	Ist die Sparquote in „geizigen" Volkswirtschaften höher als in „verschwenderischen"?
Egoismus/Altruismus	Ziel-Emotion	Führt egoistisches Verhalten zu ineffizienten Austauschbeziehungen?
Machttrieb/Unterwerfung	Ziel-Emotion	Lässt sich der Internationalisierungsgrad einer Volkswirtschaft mit dem Machttrieb der jeweiligen Elite erklären?
Gier/Bescheidenheit	Ziel-Emotion	Forcieren „gierige" Manager eher feindliche Übernahmen als bescheidene?
Vertrauen/Misstrauen	Beziehungsemotion	Sorgt das Vertrauen für einen effizienteren Austausch zwischen Verkäufer und Kunde, weil der vertrauende Kunde nicht mehr nach Informationen sucht?
Hass/Zuneigung	Beziehungsemotion	Welche Rolle spielen Hass und Zuneigung bei Geschäftsverhandlungen?
Neid/Gönnen	Empathie-Emotion	Lassen sich Prestige-Produkte in „Neid-Gesellschaften" schlechter absetzen als in anderen Gesellschaften?
Mitleid/Gleichgültigkeit	Empathie-Emotion	Sorgen durch Mitleid ausgelöste Spenden an Entwicklungsländer für wirtschaftlichen Wohlstand in den Zielregionen?
Eifersucht/Toleranz	Empathie-Emotion	Sind Mitarbeiter, die anderen Kulturen gegenüber tolerant eingestellt sind, erfolgreichere Expatriates als weniger tolerante Mitarbeiter?

Tab. 7: Emotionen und ihre ökonomische Relevanz. Aus: Gelbrich 2005, 35.

Soziale Emotionen und Ökonomie

Sell kommt 2008 auf diese Übersicht zurück und betont, dass die sozialen Dimensionen von Emotionen – und u. a. Empathieemotionen sind *per se* zu den so genannten sozialen Emotionen zu zählen – mit dem Kern des Ökonomischen korrespondieren (Sell 2008, 69):

> Dabei sind es ja gerade die Tauschprozesse, an denen mindestens zwei Individuen beteiligt sind, welche die Ökonomen besonders interessieren. Die Tatsache, dass kaum eine der bekannten Emotionen „ausstirbt" oder wenigstens seltener wird, verweist auf die Wichtigkeit, sich mit dem Gegenüber zu beschäftigen. Demzufolge erscheint eine weitere Frage zentral: Anders als es die „ökonomische Theorie der Emotionen" in der Tradition von Gary S. Becker tut, ist in einer stärker verhaltenswissenschaftlich orientierten Theorie von Tauschprozessen ins Kalkül zu ziehen, dass Emotionen einzelner möglicherweise bei anderen

- ansteckend wirken können,
- auf Gegenwehr stoßen (Immunreaktion),
- mit Indifferenz aufgenommen werden (Immunität),
- auf Verstellung und damit auf eine Verschleierung der eigenen Gemütslage stoßen,
- ein mehr oder weniger spontanes Rückzugsverhalten auslösen können.

Daher sei es erforderlich, sich mit der Frage auseinanderzusetzen, was unterschiedliche Reaktionen für den Verlauf und das Ergebnis von Wettbewerbsprozessen bzw. für das Zustandekommen von Kooperationslösungen bedeuten (vgl. Sell 2008, 69). Damit schließt Sell in der Sache an die oben aus diesem Grund relativ ausführlich behandelte Sicht an, dass die Auseinandersetzung mit Emotionen generell und auch mit Blick auf ökonomische Zusammenhänge differenziert im Hinblick auf ihre möglichen positiven und negativen Facetten – und insofern im Sinn Max Webers aus einer möglichst wertneutralen wissenschaftlichen Perspektive – zu untersuchen sei.

2. Emotionen und Wirtschaftsordnungen

Es sind v.a. zwei Autorinnen, die mit ihren Arbeiten zu Fragen im Bereich von Emotion und Ökonomie Prominenz erhalten haben. Dies sind die amerikanische Soziologin Arlie Russel Hochschild (1940) und die aus Marokko stammende israelische Soziologin Eva Illouz (1961).

Arlie Russel Hochschild hat mit ihrer 1983 erstmals publizierten Untersuchung „The Managed Heart. Commercialization of Human Feeling" Grundlagenarbeit geleistet. Der Band ist in deutscher Übersetzung unter dem Titel „Das gekaufte Herz. Die Kommerzialisierung der Gefühle" 1990 und zuletzt wieder 2006 verlegt worden; dies ist ein Indix dafür, dass er als nach wir vor aktuell wahrgenommen wird. Und dies durchaus aus gutem Grund, denn der Dienstleistungssektor wächst in der weltweiten Wirtschaft – wenngleich in vielen Ländern v.a. im so genannten inoffiziellen Bereich – weiterhin stark. Arlie Hochschild geht am Beispiel von Flugbegleiterinnen und Inkassoangestellten solchen Fragen nach, die sich darauf beziehen (vgl. Hochschild 2006, 7),

Arlie Russel Hochschild

- was wir empfinden,
- was wir empfinden sollten,
- wie wir auf unsere Gefühle einwirken, damit sie den von uns gewünschten Gefühlen besser entsprechen,
- welche Kämpfe sich zwischen unserem kontrollierten und unkontrollierten Selbst abspielen.

Ein Schwerpunkt der Interessen Hochschilds konzentriert sich darauf, wie die Marktperspektive – in der amerikanischen Gesellschaft, auf die ihre Untersuchungen bezogen sind, aber auch in grundsätzlich vergleichbar organisierten Gesellschaften – unsere Gefühlswelt beeinflusst (vgl. Hochschild 2006, 9). So wie sie die Bedeutung der Gefühlsregeln für das Arbeitsleben aufgezeigt habe, werde generell unter Marktperspektiven auch die

Markt als emotionaler Einflussfaktor

Rolle der Gefühle für das Leben von Menschen als Konsumenten sichtbar. In einer Marktgesellschaft erwarte man emotionale Befriedigung beim Einkaufen, beim Erwerb eines Gutes, beim Betrachten eines Kaufs, beim Ausrangieren eines altes Stücks und der Suche nach einem neuen. Was zähle, sei der emotionale Augenblick, die Sensation beim Kauf eines Gegenstandes oder einer Dienstleistung. Die betreffenden Regeln und Muster ihrer Gefühlsarbeit übertrügen die Menschen auch auf ihre nicht-marktförmigen Lebensbereiche: „Wir leben unser nicht-marktförmiges Leben so, als ob wir einkaufen, Waren erwerben oder wegwerfen. [...] Paradoxerweise managen wir aber unser Gefühlsleben in gleicher Weise zu Konsumzwecken und zur Produktion. [...] In einem bestimmten Sinn sind wir alle Flugbegleiter und Passagiere zugleich." (Hochschild 2006, 9f.).

Gefühlsarbeit und Gefühlsnormen

Die beiden theoretisch grundlegenden und in empirischer Forschung belegten Begriffen Hochschilds sind:

- ‚Gefühlsarbeit' (*Emotion work*): Dies sind Sighard Neckel zufolge alle inneren und äußeren Bemühungen, alle praktischen Tätigkeiten und subjektiven Strategien, die sich im privaten Alltag wie im Berufsleben mit der Modellierung der eigenen Emotionen und derjenigen anderer Akteure befassen. Gefühlsarbeit nimmt verschiedene Grundformen an: „Personen versuchen, Emotionen zu erzeugen oder zu unterdrücken, den Grad einer emotionalen Betroffenheit zu steuern oder tatsächlich empfundene Gefühle zu verändern. Emotionsarbeit verläuft dabei nicht regellos. Sie ist stets in soziale Kontexte eingebunden, wie sie in den Regeln alltäglicher Interaktionen, in institutionellen Normen, Wertmustern und kulturellen Verhaltenserwartungen vorfindbar sind." (Neckel in: Hochschild 2006, 15).
- ‚Gefühlsnormen' (*Feeling rules*): Dies sind Sighard Neckel zufolge die sozialen Voraussetzungen, die der persönliche Umgang mit dem eigenen Gefühlsleben hat: „Auf das ‚Ausmaß', die ‚Richtung' und die ‚Dauer' von Gefühlen wirken danach informelle Regeln im gesellschaftlichen Zusammenleben ein, denen sich das Individuum nicht einfach willkürlich entziehen kann. Die Verpflichtung, Gefühlsregeln zu entsprechen, verspürt es vielmehr dadurch, dass es bei sich selbst eine Kluft zwischen den sozial erwarteten Gefühlen und seinen tatsächlich vorhandenen emotionalen Regungen bemerkt, und deshalb aus Sorge um seine soziale Akzeptanz versucht, die empfundene Kluft durch eine entsprechende Regulation der eigenen Emotionen zu schließen." (Neckel in: Hochschild 2006 15f.).

Die emotionstheoretischen Grundlagen werden bei Hochschild nicht sehr ausführlich diskutiert, aber es wird deutlich, dass sie sich an Annahmen kognitiver Emotionstheorien einschätzungstheoretischer Richtung orientiert; im Literaturverzeichnis nennt sie u. a. Magda B. Arnold, George Kelly, Theodore D. Kemper, Richard Lazarus, Robert Plutchik, Stanley Schachter, Robert C. Solomon. Diese Ausrichtung korrespondiert mit ihrem fundamentalen Interesse an der im Dienstleistungssektor geforderten Gefühlsarbeit bzw. „mentalen Selbstmanipulation". Sighard Neckel erläutert, dass Angestellte in modernen Dienstleistungsberufen den Darstellungsregeln moderner Kundenorientierung entsprechend zum einen veranlasst würden, „an der sichtbaren Außenseite des Verhaltens Gefühle zu zeigen, die sie nicht wirklich empfinden" (Neckel, in: Hochschild 2006, 18). Gleichzeitig sei ein intrapersonales Emotionsmanagement innerer Distanzierung erforderlich. Zu den zentralen Anliegen Hochschilds gehört eine Kritik an einer von ökonomischen Interessen geleiteten emotionalen Aufladung von Waren aller Art ebenso wie von Kundenkontakten insbesondere im Servicebereich, der so genannten *Smile industry* (vgl. Neckel in: Hochschild 2006, 18 f.; hier finden sich auch Hinweise zur Kritik an Hochschilds Ansatz, vgl. Neckel, in: Hochschild 2006, 22 ff.).

Eva Illouz setzt bei einer schon an anderer Stelle verschiedentlich hervorgehobenen Feststellung an: Die in der Soziologie, wie in einer Reihe anderer Disziplinen auch, lange Zeit vernachlässigte Emotionsforschung sei hier dennoch von Anfang an und v. a. in den Arbeiten Émile Durkheims, Georg Simmels und Max Webers als ‚Subtext' vorhanden. In ihrem 2006 publizierten, vielbeachteten Buch „Gefühle in Zeiten des Kapitalismus" setzt sie sich mit der These auseinander, „daß die Bildung des Kapitalismus Hand in Hand ging mit der Bildung einer stark spezialisierten emotionalen Kultur. Wenn wir uns auf diese Dimension des Kapitalismus konzentrieren – auf seine Emotionen also –, wird es möglich, eine andere Ordnung der sozialen Organisation des Kapitalismus zu entdecken." (Illouz 2006, 12; vgl. auch Metelmann/Beyes 2012, 23–56). Sie geht in drei Schritten vor:

Eva Illouz

1. Zunächst soll gezeigt werden, dass die hergebrachte Trennung zwischen einer von Emotionen bereinigten öffentlichen und einer an Emotionen reichen privaten Sphäre in der Geschichte von Kapitalismus und Moderne im 20. Jahrhundert hinfällig geworden sei, da – wie Illouz postuliert – nunmehr in Arbeitsleben und Familien in ähnlicher Weise Emotionen einzubringen seien. Dies habe zu einer öffentlichen Inszenierung des privaten Selbst und seiner Anpassung an Diskurse und Werte der ökonomischen Sphäre geführt (vgl. Illouz 2006, 12).
2. Die Formen öffentlicher Inszenierung werden auf die materiellen und ideellen Interessen all derjenigen sozialen Gruppen bezogen, „die innerhalb des Markts, der Zivilgesellschaft und der institutionellen Grenzen des Staats operieren." (Illouz 2006, 13).
3. Schließlich geht es um den Prozess, „der aus dem Selbst eine emotionale und öffentliche Angelegenheit macht, seinen stärksten Ausdruck in der Internettechnolgie findet, einer Technologie, die ein öffentliches emotionales Selbst voraussetzt und zur Darstellung bringt, mehr noch, die das öffentliche emotionale Selbst den privaten Interaktionen vorausgehen läßt und sie konstituiert" (Illouz 2006, 13).

Aufgezeigt werden soll auf diese Weise das Phänomen eines so genannten ‚emotionalen Kapitalismus' (Illouz 2006, 13):

‚Emotionaler Kapitalismus'

> Kultur, in der sich emotionale und ökonomische Diskurse und Praktiken gegenseitig formen, um so jene breite Bewegung hervorzubringen, die Affekte einerseits zu einem wesentlichen Bestandteil ökonomischen Verhaltens macht, andererseits aber auch das emotionale Leben – vor allem das der Mittelschichten – der Logik ökonomischer Beziehungen und Austauschprozesse unterwirft.

Ziel der Untersuchung ist es zu zeigen, „daß das kulturelle Repertoire des Markts zwischenmenschliche und emotionale Beziehungen formt und beeinflusst, zugleich aber zwischenmenschliche Beziehungen im Zentrum der ökonomischen stehen" (Illouz 2996, 13f.).

Hochschilds und Illouz' Ansätze im Vergleich

Wenngleich Hochschild und Illouz sich also beide als Soziologinnen mit Fragen auseinandersetzen, die das Feld des Emotionalen auf von kapitalistischen Prinzipien dominierte Gesellschaften beziehen, so werden die Akzente doch unterschiedlich gesetzt. Während Hochschild in ihren Untersuchungen von konkreten beruflichen Umfeldern und ihren Erfordernissen bezüglich des individuellen Emotionsmanagements ausgeht, setzt Illouz bei vergleichsweise allgemein und übergreifend formulierten Beobachtungen an. Eine emotionstheoretische Fundierung im engeren Sinn findet sich bei Illouz weniger; wichtige Impulse verdankt sie u.a. den Arbeiten Sigmund Freuds (1856–1939). Verschiedentlich bezieht sie sich u.a. auch auf Michel Foucault (1926–1984) und Pierre Bourdieu (1930–2002). Dem anders angelegten Ansatz Illouz' entspricht die Spezifik ihrer Befunde, die auch in methodischer Hinsicht insofern anders als bei Hochschild gewonnen werden, da Illouz keine empirischen Untersuchungen vornimmt. Sie gelangt bezüglich der oben aufgeführten drei Punkte zu folgenden Antworten:

1. Es sei eine Rationalisierung emotionaler Bande zu beobachten, die zu einer „emotionalen Ontologie" führten, d.h., dass Emotionen vom Subjekt abgespalten werden könnten, um dann kontrolliert und geklärt zu werden. Fernen würden intime Beziehungen „kommensurabel" und somit für Prozesse der Entpersönlichung zugänglich (vgl. Illouz 2006, 59).
2. Man könne von neuen Hierarchien des emotionalen Wohlbefindens sprechen, die am Vermögen gemessen werden, sozial und historisch situierte Formen des Glücks und des emotionalen Wohlbefindens zu erreichen (vgl. Illouz 2006, 111).
3. Die Kosten-Nutzen-Analyse aus dem Repertoire des Marktes werde mittlerweile in fast allen privaten und häuslichen Interaktionen angewendet und es scheine zunehmend schwerer geworden zu sein, von einem Register des Handelns (etwa dem romantischen) in ein anderes zu wechseln (etwa in das ökonomische) (vgl. Illouz 2006, 168).

Damit wird hier ein Bogen hin zu soziologischen Fragen von IT-Gesellschaften geschlagen – ein Feld, das ohne Frage weiterhin Gegenstand theoretischer und empirischer Forschungsbemühungen sein wird.

3. Emotionen in der Perspektive von Management und Unternehmenskommunikation

Im oben bereits herangezogenen Beitrag von Katja Gelbrich werden einleitend einige Felder im Bereich der Ökonomie aufgeführt, in denen das Thema der Emotionen im Rahmen der Wirtschaftswissenschaften seit einiger Zeit zumindest eine gewisse und zunehmende Aufmerksamkeit erhält. So werden Gelbrich zufolge z. B. diese Fragen gestellt (Gelbrich 2005, 17f.):

- Im Marketing: „Wenn Produkte austauschbar sind, wie kann man sie mit einem emotionalen Zusatznutzen versehen, so dass der Kunde sie kauft?" oder „Beurteilen Konsumenten ein Produkt besser, wenn sie sich gerade glücklich fühlen?"
- In der Personalwirtschaft: „Sind empathische Menschen erfolgreichere Führungskräfte als weniger einfühlsame Personen?"
- In der Organisationsforschung: „Kann emotionale Intelligenz die Leistungsfähigkeit von Mitarbeitern und Managern in Matrix-Organisationen verbessern?"
- In der Makro-Ökonomie: „Inwieweit ist Glück messbarer Bestandteil des Wohlstands?"
- In der Mikro-Ökonomie: „Wie lassen sich Emotionen in der Spieltheorie berücksichtigen? Sind z. B. selbstwertdienliche Gefühle dafür verantwortlich, dass Menschen auf negatives Verhalten häufiger reziprok reagieren als auf positives?"

Ähnlich grundlegend im Zugang zu Fragen von Ökonomie, Entscheidungsprozessen und Management, wie Gelbrich in den weiteren Ausführungen ihres Beitrags, geht auch Friedel Bolle vor (vgl. Bolle 2006). Bolle macht sich für eine Berücksichtigung der Bedeutung von Emotionen in der ökonomischen Theoriebildung stark, wobei er eine enge Orientierung an einer neoklassischen Ausrichtung präferiert (vgl. Bolle 2006, 48). Bolle konzentriert sich „auf den Zusammenhang zwischen Emotionen und Entscheidungen" (Bolle 2006, 49). Interessant sind seine Überlegungen zur Interpretation von Emotionen im Zusammenhang der Nutzenfunktion. Er illustriert auf diese Weise seine Forderung nach einer Formalisierung, da nur in dem Fall „Emotionen mit der ökonomischen Theorie verquickt werden" könnten (Bolle 2006, 61). Außer Frage steht für ihn, dass die Ökonomie zu prüfen habe, „ob und wie Emotionen in ihr Theoriengebäude integriert werden können" (Bolle 2006, 63). Er geht davon aus, dass dabei notwendigerweise eine ‚ökonomische Theorie der Emotionen' entstehen werde, „die sich neben psychologischen und anderen Theorien behaupten muss und die mehr als letztere ihre Bestätigung in den Resultaten von Entscheidungsexperimenten suchen muss" (Bolle 2006, 63). Dezidiert macht er das Fortbestehen der neoklassischen Theorie davon abhängig, ob es ihr gelinge, in überzeugender Weise soziale Präferenzen und Emotionen zu integrieren (vgl. Bolle 2006, 63). Dieser hohe Anspruch macht neugierig auf eine solche zukünftige ökonomische Theorie der Emotionen. Welche Konturen lassen sich in Bolles Skizze bereits ausmachen?

Emotionen in der ökonomischen Theoriebildung

Zunächst fragt auch er, warum die Auseinandersetzung mit Emotionen in der ökonomischen Theoriebildung bislang so schleppend verlaufen ist. Er gibt darauf drei Antworten und nennt (vgl. Bolle 2006, 62 f.):

1. die *Vereinfachung* der Modelle: In vielen Fällen, vor allem bei isolierten (Markt-)Entscheidungen, brauche man keine Emotionen zu berücksichtigen,
2. die *allgemeinere Formulierung* ihrer Modelle: Präferenzordnungen könnten durch viele verschiedene Klassen von Gefühlen „begründet" werden,

3. die vielen *Schwierigkeiten*, die mit Emotionen verbunden seien: Abgrenzung, Messung, Funktion und Einfluss, zeitliche und interpersonelle Variabilität, Vergleichbarkeit etc. seien kaum geklärt.

Warum schätzt Bolle dann aber die Bedeutung der wirtschaftswissenschaftlichen Auseinandersetzung mit Emotionen so hoch ein? Er leitet seine Argumentation mit der Frage ein, ob der Ökonom Gefühle brauche und beantwortet sie unter Hinweis darauf, dass die Ökonomie sich mit individuellen und kollektiven Entscheidungen und mit den Konsequenzen von Entscheidungen beschäftige (vgl. Bolle 2006, 49). Ein wichtiger Aspekt bestehe darin, erreichbare Zielsetzungen vorzunehmen, und dies sei ein Prozess, der wiederum mit Bewertungen verbunden sei (vgl. Bolle 2006, 50). Auch für den Ökonomen sei es schwer, in seiner Verhaltenstheorie von Gefühlen abzusehen, wenn man wesentliche Interaktionen mit Menschen betrachte (vgl. Bolle 2006, 51). Bei Bolle werden also Fragen der Unternehmensführung und des Managements mit der Reflexion von Entscheidungsprozessen und theoretischen Grundlagen der Ökonomie verbunden.

Emotionen und Personalmanagement

Ebenfalls wissenschaftlich fundiert und dabei zugleich auch praxisbezogen ist der Ansatz der Wirtschaftswissenschaftlerin Barbara Sieben, deren Forschungsschwerpunkt im Bereich des Personalmanagements liegt. Ihre Monographie „Management und Emotionen" aus dem Jahr 2007 darf auf diesem Gebiet für den deutschsprachigen Raum als so etwas wie ein Standardwerk gelten. Auf diesen Band sei hier auch für einen breiter angelegten Forschungsüberblick verwiesen als es im vorliegenden Studienbuch möglich und angemessen ist (vgl. Sieben 2007, 11 f. und das Literaturverzeichnis). Einleitend formuliert Sieben zwei zentrale Zielsetzungen ihrer Untersuchung (Sieben 2007, 13 f.):

1. *Ein Ziel* meiner Ausführungen ist es, kritisch zu beleuchten, wie Emotionen im Kontext von Arbeit in Organisationen thematisiert werden. Ich konzentriere mich auf die Art der Thematisierung von Emotionen, denn diese bestimmt, welche Rolle ihnen im Managementkontext zugeschrieben wird, wie darauf mit personalpolitischen Instrumenten reagiert wird und Weiteres mehr. Werden zum Beispiel emotionale Anteile von Arbeitsanforderungen (an)erkannt, so macht es einen Unterschied, ob auf die Emotionen auslösende *Situation*, sprich, die Arbeitsbedingungen, fokussiert wird oder auf die mehr oder wenige dafür geeignete *Person*. Ein Eindruck aus meiner Recherche zum Thema ist, dass Letzteres, eine Verengung des Fokus auf die Person, derzeit dominiert. Dieser Fokus scheint plausibel, bedenkt man den privaten, persönlichen Charakter, der Emotionen gängigerweise zugeschrieben wird. Gerade dies macht jedoch auch den heiklen Charakter des Themas aus; moralisch-ethische Fragen und politische Implikationen einer solchen Art der Thematisierung drängen sich auf. Denn aus einem Fokus auf die Person folgt, dass deren Emotionalität der Kontrolle und Formung durch Managementpraktiken anheim gestellt wird (Sieben 2007, 13; vgl. für den Komplex ‚Organisation und Emotion' auch Hoyer et al. 2011).

2. *Ein zweites Ziel* ist, für diesen Zweck einen Analyserahmen zu entwickeln, den ich hier auf das Thema Emotionen anwende, der aber auch für kriti-

sche Analysen weiterer Managementthemen fruchtbar gemacht werden kann. Dieser Analyserahmen gründet auf Überlegungen zur Produktion, Verbreitung und Verwendung von Managementwissen; seinen Kern bildet die zentrale Rolle von Sprache und Rhetorik in Wissenschaft und Praxis.

In der Arbeit von Sieben wird deutlich, wie fruchtbar sich über den Themenkomplex Ökonomie, Management und Emotionen nachdenken lässt, sofern ein guter und breit angelegter Einblick in die erforderlichen interdisziplinären Grundlagen sichergestellt ist. Es zeigt sich mit anderen Worten, dass die Arbeit an den Schnittstellen dieses Komplexes fruchtbar werden kann, wenn das Feld der unterschiedlichen emotionstheoretischen Ansätze offengelegt und überblickt wird, um systematisch geleitete Entscheidungen für oder gegen die eine oder andere theoretische Basis zu fällen.

Sieben geht in ihrem Band so vor, dass emotionsbezogene Fragen mit Themen der Kommunikationsforschung, Rhetorik und Argumentationstheorie verbunden werden. Sie bezieht sich bei diesem Vorgehen auf den so genannten ‚linguistic turn'; dieser ist eng mit konstruktivistischen Grundannahmen verbunden, die auf die Annahme hinauslaufen, dass menschliches Wahrnehmen, Denken, Erkennen, Streben, Wollen und auch Fühlen in bedeutendem Maße sprachlich beeinflusst ist. Sie betont: „Sprache formt vielmehr das mit, worüber gesprochen und geschrieben wird, also auch Emotionen." (Sieben 2007, 14). Siebens Interesse bezieht sich dabei, entsprechend der oben genannten zweiten Zielsetzung ihrer Arbeit, in Orientierung an den Machtanalysen Michel Foucaults darauf, wie sich in Forschungs- und Managementpraktiken Argumentationsmuster niederschlügen und wie diese auf ihre Machteffekte hin zu analysieren sind (vgl. Sieben 2007, 15). Damit macht Sieben einen entscheidenden Schritt: Dieser Ansatz erlaubt es ihr, eine Metaebene zu erreichen und damit krude Formen simplifizierender Einzelfallempfehlungen zu vermeiden, wie sie häufig insbesondere in populärer Ratgeberliteratur, aber nicht nur dort, anzutreffen sind. Stattdessen erarbeitet Sieben einen „Kompass der Managementforschung", der als Orientierungshilfe durch den „wuchernden Diskurs" des Managementwissens über Emotionen dient (vgl. Sieben 2007, 329).

Grundlagen des Linguistic Turn

Ob man ihr dann in allen Punkten folgen will und z.B. ihre – bei aller sehr wohl markierten kritischen Distanz (vgl. Sieben 2007, 334) – ausführliche Auseinandersetzung mit den unter dem Begriff ‚Emotionale Intelligenz' vertretenen Konzepten für glücklich hält oder nicht, ist selbstverständlich eine andere Frage, die gewiss diskutiert werden könnte. Sehr wohl kann gefragt werden, ob es eine wirklich sachdienliche Entscheidung ist, dieser Richtung in dem Band doch recht breiten Raum zu geben, auch wenn Sieben richtig anmerkt, dass sie nun einmal breit in der Managementforschung und -praxis rezipiert wurde. In ihrer Analyse geht Sieben dann in zwei Schritten vor:

Analytisches Vorgehen bei Barbara Sieben

1. In einer *Grobanalyse*, in deren Rahmen sie unter verschiedenen Schwerpunktsetzungen betrachtet, wie Emotionen zum Gegenstand der Diskussion gemacht wurden und werden.
   - Hier greift sie u.a. wiederum die in der Philosophie seit Jahrhunderten geführte Debatte auf, in der es um das Verhältnis von Emotionen und

Kognition bzw. Rationalität geht (vgl. ‚Philosophische und anthropologische Ansätze' im vorliegenden Studienbuch) und setzt sich in diesem Zusammenhang erneut mit den verschiedenen möglichen Bewertungen von Emotionen als negativ bzw. destruktiv einerseits und als positiv bzw. konstruktiv andererseits auseinander.

Ferner werden hier Fragen der Thematisierung von Emotionen in der Managementforschung und -praxis aufgegriffen. Zu den Ergebnissen der Untersuchung gehört hier, dass das Augenmerk sich insbesondere auf negativ konnotierte, unangepasste, „krankhafte" Emotionen richtete, die es zu kontrollieren gelte; dies auch in der *Human-Relations*-Bewegung, die Sieben zufolge oft als eine Hinwendung zu den emotionalen Bedürfnissen der Arbeitenden dargestellt werde. Die Thematisierung von Themen wie Arbeitsfreude, emotionaler Bindung und Charisma zeigten aber, dass Emotionen auch als produktiv oder konstruktiv gesehen wurden (vgl. Sieben 2007, 330).

- Hierzu gehört eine Analyse aktueller Managementforschung zu Emotionen, die hinsichtlich des Vorgehens und der Zielsetzungen der verschiedenen Forschungsbemühungen differenziert wird. Es seien unterschiedliche schwerpunktmäßige Fokussierungen festzustellen, z. B. Schwerpunktsetzungen
  - im Bereich des instrumentellen Handelns und der Funktionalität,
  - im Bereich des sozialen Handelns und des Prozesses der sozialen Konstruktion,
  - im Bereich der Machtwirkungen diskursiver und nicht-diskursiver Praktiken oder
  - im Bereich des politischen Handelns und daran geknüpfter Asymmetrien und Interessenkonflikte.

  Insofern bestimme die jeweilige Perspektive, welche Art von Erkenntnissen über Emotionen gewonnen werden könnten.
- Schließlich ist Gegenstand der Grobanalyse auch eine Auseinandersetzung mit dem Interesse am Emotionsthema, das in der Managementforschung – so das Ergebnis Siebens – eher verhalten blieb.

2. In einer *Feinanalyse* der Thematisierung Emotionaler Intelligenz. Hier geht es um eine Untersuchung derjenigen rhetorischen Strategien, die dazu geführt hätten, dass Daniel Goleman mit dem von ihm maßgeblich geprägten Schlagwort der ‚Emotionalen Intelligenz' in der Managementforschung und -praxis beachtliche Prominenz gewinnen konnte.

Kompass für die Emotionsforschung

Sieben beschließt ihre Untersuchung mit einem Plädoyer für die Untersuchung von Emotionen „in ihrer Multidimensionalität, ihrem interaktiven, sozialen und dynamischen Charakter und in einer Art und Weise, die den komplexen Zusammenhang zwischen Individuum, Organisation und Gesellschaft nicht ausblendet." Dazu habe sie den Kompass der Emotionsforschung entwickelt. Indem er erlaube, verschiedene Forschungsperspektiven – eine funktionalistische, eine interpretative, eine poststrukturalistische, eine (ideologie)kritische – zu unterscheiden, sensibilisiere er für Möglichkeiten und Grenzen der Erforschung von Emotionen in diesen Perspektiven (vgl. Sieben 2007, 334). Insofern beschließt Sieben ihre Untersuchung mit einem weiter zu verfolgenden Forschungsprogramm.

Fragen der Unternehmenskommunikation werden u. a. in der linguistischen Fachforschung untersucht; das Thema ‚Vertrauen' bzw. ‚Vertrauen schaffen' ist auch hier wichtig (z. B. Reinmuth 2009; vgl. zum ‚Vertrauen' als Bedingung von Kooperation und Austausch in der Wirtschaft auch Lahno 2005, vgl. zu Vertrauen aus literatur- und sozialwissenschaftlicher Sicht Reemtsma 2009); Vertrauen einschließlich seiner Herstellung durch sprachliche Mittel wird zudem als ein Musterbeispiel zugleich für die Notwendigkeit und die Tragfähigkeit von ‚implizitem Wissen' betrachtet, einem transdisziplinären Thema zahlreicher Disziplinen mit komplexer theoretischer Begründung und Verankerung in der Wissenschaftstheorie des ungarischen Philosophen Michael Polanyi (vgl. Polanyi 1958 und 1966; Kuhlen 2001, Schiewer 2009c). Denn in Situationen expliziter Sicherheit ist kein Vertrauen erforderlich. Hingegen ist es gerade in Situationen informationeller Unterbestimmtheit nötig, z. B. wenn Kunden sich technischen oder informationellen Systemen anvertrauen sollen, die sie in ihren Funktionen kaum oder gar nicht durchschauen. Hier muss fehlende explizite Gewissheit durch Vertrauen kompensiert werden. Ein bewährtes Verfahren zur Erzeugung von Vertrauen besteht in der Verwendung von Metaphern, wie z. B. der ‚Schreibtisch'- oder ‚Desktop'-Metapher, mit der die graphische Benutzeroberfläche von Computern bezeichnet wird (vgl. Schiewer 2009a).

Corporate Language und Emotionen

Fragen der Unternehmenskommunikation können, und häufig ist dies der Fall, auch sehr konkret betrachtet werden. Dies soll anhand des „wichtigsten Bausteins der *Corporate Language*", der emotionalen Sprache, in wenigen Strichen skizziert werden. Hierbei handelt es sich nun um eine Publikation, die als populär und nicht als wissenschaftlich, zu bezeichnen ist, und insofern auf Anwendungsperspektiven im Bereich der Thematik ‚Ökonomie und Emotion' und der externen Unternehmenskommunikation verweist. Dabei handelt es sich um ein an praktischen Zielsetzungen orientiertes Plädoyer für die Verwendung anschaulicher Sprache; rationale Informationen sollen mit emotionalen Bildern verbunden werden, um sie in der Erinnerung zu verankern. Dabei knüpft Arnim Reins implizit an die Jahrhunderte lang geführte Auseinandersetzung um Sinnlichkeit und Emotionalität des Menschen an: Die Einsicht, dass es besondere rhetorische Instrumente gibt, die vor dem geistigen Auge des Rezipienten Bilder aufscheinen lassen bzw. Anschaulichkeit erzeugen, gehört dabei zu den wichtigen Einsichten in die Spezifika literarischer Ausdrucksmöglichkeiten. Auch wenn es sich hier also keineswegs um neue Einsichten handelt, werden sie von Armin Reins doch für die Strategien der externen Kommunikation bzw. der Werbung aufgearbeitet (vgl. Reins 2006, 30 ff.).

Ratgeberliteratur

Abschließend ist an dieser Stelle ein bewusst kursorischer Blick auf Publikationen zu werfen, die vielfach mehr oder weniger wissenschaftlich bzw. mehr oder weniger populär orientiert sind. Man spricht oft von der so genannten ‚Ratgeberliteratur', die u. a. für die Bereiche des Managements und der internen Kommunikation in großer Zahl mit Neuerscheinungen in schneller Folge gibt. Sei es das seit einigen Jahren populäre Schlagwort *Change Communication* (z. B. Meckel/Schmid [2]2008, 415 ff.), sei es das ‚schwierige Mitarbeitergespräch' (z. B. Maier/Schneider/Retzbach 2012, 58 ff.), sei es das ‚Argumentieren unter Stress' (z. B. Thiele 2004) oder offenkundig immer aktuelle Themen wie ‚Freies Sprechen' und ‚Stimmschulung' (die Zahl der Publikationen ist hier so groß und fluktuierend, dass kein Titel explizit genannt werden muss).

4. Emotionen, Wohlstand und Konsumentenkultur

Gefühle als Wohlstandsindikator

Seit einiger Zeit wird darüber nachgedacht, ob hergebrachte Formen der Messung des Wohlstands anhand von Wachstumsraten des ‚Bruttoinlandsprodukts' im Sinne ökonomischer Größen, des ‚Human Development Index' (HDI) oder des ‚Weighted Index of Social Progress (WISP) adäquat sind oder ob neue Formen zu entwickeln sind. Es wird nunmehr danach gefragt, wie Wohlstand auch anders definiert und gemessen werden könnte (vgl. hierzu und zum Folgenden Bürger 2012, 131 ff.). Es werden Stimmen laut, die sich dafür stark machen, nicht das Bruttoinlandsprodukt zum Maß aller Dinge zu machen, sondern Gefühle zu berücksichtigen. Dabei wird insbesondere an ‚Glück' gedacht, u. U. auch an ‚Sicherheit'. Gefragt wird etwa danach, ob Wohlstand und Wachstum glücklich machen, bzw., wie es sich mit der Lebenszufriedenheit der Bürger eines Landes verhält (vgl. Bürger 2012, 135 f., 141). So ergeben empirische Erhebungen, dass Menschen in reichen Ländern keineswegs markant oder auch nur überhaupt zufriedener sein müssen als Menschen in armen Ländern, wenngleich das Kriterium des relativen Wohlstands sehr wohl greift; d. h., dass innerhalb eines Landes sehr wohl ein Zusammenhang zwischen Einkommen und Zufriedenheit feststellbar ist, so dass Menschen mit einem hohen Einkommen, verglichen mit Menschen mit niedrigem Einkommen, in der Regel sehr wohl zufriedener sind (vgl. Bürger 2012, 136). Diskutiert wird dieser Punkt auch bezüglich des Verlaufs in der Zeit: Geht mit dem Anwachsen des Durchschnittseinkommens in einem Land auch ein Anstieg der Lebenszufriedenheit einher (vgl. Bürger 2012, 136 f.)? Auch hier ist zwischen reichen und armen Ländern sorgfältig zu unterscheiden.

In jüngerer Zeit finden sich nun erste offizielle Unterlagen mit neuen Ansätzen: 2009 erschien der „Stiglitz-Sen-Fitoussi-Report" auf Initiative des damaligen französischen Präsidenten Nicolas Sarkozy, 2011 engagierte sich die Organisation für Entwicklung und Zusammenarbeit (OECD) für einen „Better Life Index", 2012 wurde der „World Happiness Report", der erste Glücksreport der UNO veröffentlicht, in dem nach Antworten darauf gesucht wird, was Menschen glücklich und was sie unglücklich machen kann (vgl. Bürger 2012, 145 und für seine kritischen Hinweise, 149). Offen bleibt die Frage, was ‚Glück' ist. Wenn nach Antworten auf diese Frage heute u. a. gesucht wird, indem soziale Online-Netzwerke z. B. auf spezifische Spitzen in der Verwendung bestimmter Wörter hin ausgewertet werden (vgl. Bürger 2006, 163 ff.), dann sollte nicht ganz in Vergessenheit geraten, dass auch dies ein Thema ist, über das in der Philosphiegeschichte seit der Antike bis zur Gegenwart nachgedacht wurde (vgl. Spaemann 1974, Pleines 1984, Argyle [2]2001[1987], Olejniczak Lobsien 2009, Erler 2012).

Konsumentenkultur

Schließlich soll an dieser Stelle noch das Stichwort der ‚Konsumentenkultur' aufgenommen werden, womit wiederum interdisziplinäre Perspektiven in den Blick kommen. Es geht dabei um emotionsbezogen reflektierte Fragen der Kultursoziologie wie sie etwa bei Pierre Bourdieu thematisiert werden, weiterhin um Grundlagen der Psychologie und ferner um wirtschaftswissenschaftliche Perspektiven.

Zu verweisen ist hier auf einschlägige Publikationen zum Konsumentenverhalten, wie die von Volker Trommsdorff (Trommsdroff [7]2009) und von Werner Kroeber-Riel und Andrea Gröppel-Klein (Kroeber-Riel & Gröppel-Klein [10]2009). Auch die Standardwerke von Lutz von Rosenstiel und Peter Neumann (Rosenstiel & Neumann 2002) und Lutz von Rosenstiel und Alexander Kirsch (Rosenstiel & Kirsch 1996) bieten entsprechende Hinweise. Dieser Thematik widmet u. a. auch Clarissa Czöppan in ihrem 2012 publizierten Band zu „Emotionen am Markt'" im Rahmen ihrer Auseinandersetzung mit Emotionen im Buchmarketing recht große Aufmerksamkeit und breiten Raum (vgl. Czöppan 2012, 102–346 und besonders 118–152).

Dass es sich um ein intensiv bearbeitetes Feld handelt, versteht sich fast von selbst. Dass das vorliegende Studienbuch nicht der Ort sein kann, um die entsprechenden Ansätze, Konzepte, Methoden etc. vorzustellen, dürfte ebenfalls auf der Hand liegen. Gewissermaßen um in diesem Mainstream-Feld die Dinge ein wenig gegen den Strich zu bürsten, sei stattdessen auf die abschließende Betrachtung von Clarissa Czöppan aufmerksam gemacht, in der sie Argumente präsentiert, die durchaus auch gegen emotionales Marketing sprechen können, zumindest wenn es um das Buchmarketing geht (vgl. Czöppan 2012, 352 ff.). Insofern ist dieser Band interessant, als er allgemeine Grundlagen dieses Feldes auf die Besonderheiten einer so spezifischen Ware wie dem Buch und eines im ökonomischen Vergleich eher kleinen literarischen Marktes sorgfältig appliziert (vgl. Czöppan 2012, 355).

VIII. Emotionen und Recht
1. Emotionen in Rechtstraditionen und Rechtsfindung

Emotion and the Law Zu den rechtswissenschaftlichen Grundfragen gehören die juristische Anthropologie mit dem Stichwort ‚Rechtsgefühl' sowie das Feld der Gerechtigkeit mit Kernbegriffen wie ‚Vergeltung', ‚Rache' ‚Gnade' und ‚Vergebung' (vgl. Braun ^{4}2011, 15–95).

In jüngerer Zeit ist die allmähliche Etablierung eines Forschungsbereichs *Emotion and the Law* zu beobachten mit dem Angebot entsprechender Lehrveranstaltungen auch im deutschsprachigen Raum: „A field whose time has come." (Bornstein/Wiener 2010, 1).

Ein bereits ausdifferenzierter Aufriss möglicher zukünftiger Konturen dieses Faches an deutschen bzw. deutschsprachigen Universitäten wurde im Rahmen von zwei Lehrveranstaltungen im Sommer 2012 und 2013 an der Freien Universität Berlin von dem Rechtswissenschaftler und Kriminologen Klaus Hoffmann-Holland, der Philosophin Hilge Landweer und dem Literaturwissenschaftler Martin Vöhler präsentiert.

Die Programme der beiden Seminare umfassen unter dem Leitthema ‚Recht, Gerichtsrede und Emotion in rechtsphilosophischen, kriminologischen und rhetorischen Perspektiven' und unter Fokussierung der ‚Figur des Richters' in der zweiten Lehrveranstaltung solche Aspekte (vgl. http://www.jura.fu-berlin.de/fachbereich/einrichtungen/strafrecht/lehrende/hoffmannholland/lehrveranstaltungen/12SS/Recht_und_Emotionen/index.html und http://www.fu-berlin.de/vv/de/lv/89129?sm=62059 (zuletzt aufgerufen am 22.02.2014)):

- Rechtsgefühl und spezifische rechtsrelevante Gefühle wie Zorn und Scham
- Emotionalität auf der Seite von Tätern und Entstehung von Kriminalität
- Kriminalitätsfurcht und Straferwartung
- Strafrecht und Strafmilderung (Affekte, Reue, Wiedergutmachung)
- Rechtsphilosophie (Strafe und Verbrechen, Gewissen und Moral)
- Rhetorik (Ethos und Pathos in der antiken Rhetorik, Zeugenaussage)
- Zeugenaussage und Zeugenschaft
- Laien-(Straf-)Richter im deutschen und angloamerikanischen Rechtskreis
- Medieneinflüsse auf Richter
- Richterliche Begründungsstile (*Judical style*)
- Rückfalldelinquenz (*Reintegrative shaming* als Verfahren inklusiver Gesellschaften nach John Braithwaite)
- Philosophische und literarische Traditionen (Sophokles, Kleist, Kant – ergänzend hierzu wäre auf die literarische Gattung des Krimis zu verweisen)

Im angloamerikanischen Raum sieht die Forschungslage, zumindest soweit sie in Zeitschriftenpublikationen, Sammelbänden und Monographien dokumentiert ist, durchaus anders aus. Seit den neunziger Jahren des letzten Jahrhunderts liegen Veröffentlichungen vor, in denen Themen an der Schnittstelle von ‚Recht und Emotion' behandelt werden (vgl. z. B. Bandes 1999). 2006 veröffentliche Terry A. Maroney in dem wissenschaftlichen Zeitschriftenorgan „Law and Human Behavior" den die damalige Lage resümierenden und zugleich impulsgebenden Artikel „Law and Emotion: A Proposed Taxonomy of an Emerging Field" (Maroney 2006, 119–142, hier 119):

Forschung im angloamerikanischen Raum

> Scholars from diverse fields have begun to study the intersection of emotion and law. The notion that reason and emotion are clearly separable – and that law rightly privileges and admits only of the former – is deeply engrained. Law and emotion scholarships proceed instead from the belief that the legal relevance of emotion is both significant and deserving of (and amenable to) close scrutiny. It is organized around six approaches, each of which is defined and discussed: *emotion-centered, emotional phenomenon, emotion theory, legal doctrine, theory of law,* and *legal actor*. Drawing on the proposed taxonomy, any exploration of law and emotion should strive to identify which emotion(s) it takes as its focus; distinguish implicated emotion-driven phenomena; explore relevant and competing theories of emotions; limit itself to a particular type of legal doctrine; expose underlying theories of law; and make clear which legal actors are implicated.

Inzwischen liegen weitere Arbeiten vor. Zu nennen sind etwa Brain H. Bornstein und Richard L. Wiener mit einem Sammelband „Emotion and the Law. Psychological Perspectives", 2010, in dem sozial-kognitive Verhaltens- und Urteilsmodelle untersucht werden (vgl. Bornstein & Wiener 2010, 1). Einleitend wird verdeutlicht, wie außerordentlich relevant in diesem Bereich die Frage der Definition von Begriffen wie Affekt (*Affect*), Stimmung (*Mood*) und Emotion (*Emotion*) ist: „These distinctions are important, as the nomenclature one uses (e.g., specific emotions such as fear or anger, versus a more diffuse positive or negative affective state) has both theoretical and methodological implications." (Bornstein & Wiener 2010, 1). Es folgt eine Phalanx an W-Fragen zu dem Forschungsfeld Recht und Emotion – when, why, how, where, and who –, die auf die Relation dieser beiden Felder abzielen (Bornstein & Wiener 2010, 3):

Zentrale Fragen

> The relationship between law and emotion is complex because of the lack of specificity regarding when, why, how, where, and for whom emotion should influence legal judgements. Emotions might have an effect at any stage of legal proceedings: prior to legal judgments, as when an eyewitness's depression leads her to encode an event poorly; during legal judgments, as when a judge's outrage at a convicted defendant's conduct leads to a harsh sentence; or afterwards, as when a juror regrets having allowed himself to be persuaded by the majority during deliberation. […] Our field needs more work on the pervasiveness of emotion in all aspects of law as it attempts to regulate human conduct.

Weiterhin betonen die Autoren, dass die Fragen danach, *warum* und *wie* Emotionen Urteile beeinflussen, damit eng verbunden seien: „The most common answer to why emotion influences judgement is that it is somehow adaptive (...)." (Bornstein & Wiener 2010, 3). Die weiteren Fragen danach, wo und wessen Emotionen betroffen seien, beziehen sie nicht nur auf den Gerichtssaal und die Personen der Geschworenen und der Augenzeugen, sondern auf sämtliche möglicherweise involvierten Personen und die damit verbundenen Örtlichkeiten.

Untersuchungsziele — Der Bogen wird dann weiter gespannt und auf die Rolle von Emotionen in gesellschaftlich-sozialen Urteils- und Entscheidungsprozessen im Allgemeinen bezogen (vgl. Bornstein & Wiener 2010, 4). Wichtige Ziele einer umfassenden Erforschung von Emotionen im Zusammenhang möglichst sämtlicher relevanter Bereiche des Rechts bestehen den Autoren zufolge darin (Bornstein & Wiener 2010, 9):

> […] to make policy recommendations, arguing that once emotion's role in legal judgement has been scientifically established, the legal system needs to develop appropriate safeguards for managing those effects. This „emotional paternalism" (Blumenthal 2007) not only promotes fairness in legal processes, but it also forces legal actors and policy-makers to identify and defend their assumptions and norms.

Bei dem 2008 publizierten Band des Philosophen und Rechtswissenschaftlers John Deigh „Values, and the Law" handelt es sich um eine Sammlung verschiedener bereits an anderer Stelle veröffentlichter Beiträge dieses Autors. Als Philosoph setzt Deigh sich mit emotionstheoretischen Fragen auseinander und berücksichtigt dabei u. a. ästhetische und ethische Gesichtspunkte. Die Bezugnahmen auf Fragen des Rechts spielen eine eher untergeordnete Rolle (Deigh 2008 und 2013).

Recht und Einzelemotionen — Das von Susan A. Bandes herausgegebene Buch „The Passions of Law" gehört mit zu den Wegbereitern der Thematik im angloamerikanischen Raum der neunziger Jahre des letzten Jahrhunderts. Das Konzept folgt dem Prinzip der Einzelemotionen, die jeweils mit spezifischen juristischen Feldern in Verbindung gebracht werden. Dies ist ein hier sehr wohl fruchtbarer Zugang, wenn z. B. Rache und Rachlust in dieser Hinsicht analysiert werden: „The law […] is imbued with emotion. Not just the obvious emotions like mercy and the desire for vengeance but disgust, romantic love, bitterness, uneasiness, fear, resentment, cowardice, vindictiveness, forgiveness, contempt, remorse, sympathy, hatred, spite, malice, shame, respect, moral fervor, and the passion for justice" (Bandes 1999, 2). Der Fragenhorizont, der in diesem Band aufgespannt wird, ist breit und vielfältig angelegt. Darunter sind solche, wie die, warum bestraft wird und warum Menschen Gesetzen gehorchen (vgl. Bandes 1999, 4), worin die Motivation von Richtern besteht (vgl. Bandes 1999, 6), ob Emotionen das Recht formieren können, und ob umgekehrt, das Recht auch Emotionen formieren kann (vgl. Bandes 1999, 14).

Weitere Untersuchungen liegen bereits vor, von denen hier nur noch auf den von James E. Fleming 2013 herausgegebenen Band zu dem Komplex von Emotionen und Moralurteilen (Fleming 2013) und auf Weiners Publikation aus dem Jahr 2006 hingewiesen sei, da Bernard Weiner zu den maßgeblichen Forschern im Bereich der kognitiven Emotionstheorien und hier speziell der einschätzungstheoretischen Ausrichtung gehört (vgl. oben im vorliegenden Band).

Was nun die Frage einer Übertragbarkeit der Forschungsbeiträge etwa aus dem US-amerikanischen Raum in die europäische bzw. deutschsprachige Forschung betrifft, so sind dabei natürlich die Gegebenheiten des jeweiligen nationalen Rechts zu berücksichtigen. Das bezieht sich z. B. auf Spezifika wie die Todesstrafe, Kompetenzen einer Jury etc., für die das Emotionale z. T. besonders relevant ist. Ohne Frage sind hier wichtige Forschungsfelder überhaupt erst noch zu formulieren und zu bearbeiten. Eines davon wäre gewiss auch die Thematik von ‚Recht und Gewalt' (vgl. die anregende kleinere Studie Menke 2011), ein anderes ist die Rechtsanwendung erforderliche emotionale Kompetenz der Entscheidungsträger bzw. das Gefühl am Grund der Rechtsfindung (vgl. Hänni 2010, Diss.).

,Recht und Emotion' in deutschsprachiger Forschung

In aller Kürze zu verweisen ist hier auch auf einen angelagerten Themenkomplex, die Untersuchung von Emotionen im Zusammenhang von Polizei, Polizistinnen und Polizisten. Auch diesbezüglich kann ein ganzer Fächer möglicher Fragestellungen entwickelt werden, die sich beispielsweise auf das Emotionsmanagement bzw. die Gefühlsarbeit nach Hochschild 2006, zuerst 1983, von Polizeibediensteten beziehen können, auf die emotionalen Wahrnehmungen von Polizistinnen und Polizisten seitens der Bürgerinnen und Bürger, auf die mediale Berichterstattung über Themen, wie die Polizei in multikulturellen Gesellschaften und dergleichen mehr (vgl. z. B. Szymenderski 2012, Leenen, Grosch & Groß 2005).

Polizei und Emotionsforschung

Ein weiteres großes Feld, das an dieser Stelle zu nennen ist, ist das der Mediation und Schlichtungsverfahren. Auch dies ist ein interdisziplinäres Gebiet, in dem u. a. linguistische Forschungsansätze vorliegen (vgl. z. B. die frühe große Untersuchung von Nothdurft und Schröder 1995–1997). Spezifische Berücksichtigung von Emotionen auf diesem Gebiet, in dem es in der Regel vielmehr um Verfahren der Emotionskontrolle und -kanalisierung seitens der Mediations- oder Schlichtungsperson geht, werden wiederum in verschiedenen englischsprachigen Publikationen berücksichtigt: Meredith Rossner z. B. setzt sich in dieser Hinsicht mit *Restorative Justice*-Verfahren auseinander (Rossner 2013).

Mediation und Schlichtung

2. Glaubwürdigkeit in forensischer Zeugenbefragung und Justiz

Die wissenschaftliche Aussagepsychologie hat sich im Anschluss an Alfred Binet (1857–1911) und Wilhelm Stern (1871–1938) bereits um 1900 der Zuverlässigkeit der Zeugenaussagen von Kindern und Jugendlichen gewidmet (vgl. hierzu und zum folgenden Schiewer 2007a). Seit 1948 wurde eine kriteriengestützte Form der Aussagenanalyse entwickelt, die damals entgegen einer verbreiteten Sicht die wahrheitsgemäße Glaubwürdigkeit der allermeisten Aussagen bestätigte.

Zeugenaussagen bei sexuellem Missbrauch

Inzwischen wurde jedoch die Auffassung vertreten, dass nur etwa ein Drittel der Verdachtsfälle sexuellen Missbrauchs von Kindern und Jugendlichen als wahrscheinlich anzusehen sei (Undeutsch 1998). Es bestehen also nach wie vor Unsicherheiten bezüglich der adäquaten Einschätzung entsprechender Aussagen, die auch mit Hilfe valider Beurteilungsinstrumente keineswegs einfach in den Griff zu bekommen sind. Dem Emotionsausdruck wird dabei aus kriminologischer, viktimologischer und aussagenpsychologischer Sicht dann besonderes Gewicht beigemessen, wenn die Aussage früh erfolgt: „Erregung und Verstörtheit des Opfers bis zu so dramatischen Begleiterscheinungen wie Erbrechen, in einem Fall bis zu einer drei Tage lang anhaltenden Sprachstörung, sind bei einer unmittelbar erfolgenden Aussage nach einer Vergewaltigung vielfach unübersehbar und lassen affektiven Erlebnisdruck als Aussagehintergrund klar erkennen." (Michaelis-Arntzen 1994, 50). Jedoch gibt es Else Michaelis-Arntzen zufolge keinen Grund zu Bedenken, wenn das Verhalten bei der polizeilichen Vernehmung ruhig und beherrscht wirke (Michaelis-Arntzen 1994, 50). Die Rechtspsychologin Luise Greuel – die in jüngerer Zeit u. a. als Gutachterin im Zusammenhang des Prozesses um den Schweizer Journalisten Jörg Kachelmann tätig war – stellt hingegen fest, dass Polizeibeamte in erster Linie sichtlich traumatisierte, d. h. sich emotional-expressiv verhaltende Opfer, als tatsächliche respektive glaubwürdige Vergewaltigungsopfer ansehen, obwohl sie zugleich als weniger zugänglich mit Blick auf eine Vernehmung wahrgenommen werden als gesammelt wirkende Erstatterinnen einer Anzeige (Greuel 1993, 189 ff.).

Polizeiliche Vernehmung

Die Komplexität von Emotionsausdruck einerseits und andererseits Deutung auf der Rezipientenseite sowie von Interaktionsdynamik mit ihren Phasen an- und abschwellender Emotionsintensität und komplementär der sachlich orientierten Aussage hat in der Untersuchung der polizeilichen Vernehmung vergewaltigter Frauen lange Zeit vergleichsweise wenig Beachtung gefunden. Und zwar obwohl durchaus erkannt wurde, dass vernehmende Polizeibeamte und -beamtinnen hohen Anforderungen hinsichtlich ihrer sozial-emotiven Interaktionsfertigkeiten genügen müssen. Die Notwendigkeit, Objektivität der Vernehmungsführung mit Sensitivität im Umgang mit psychischen Ausnahmesituationen zu vereinbaren, wird grundsätzlich sehr wohl seit geraumer Zeit anerkannt (vgl. Greuel 1993, 3). Die Ergebnisse linguistischer und emotionslinguistischer Kommunikations- und Gesprächsforschung können hier mit Gewinn in verstärktem Maße einbezogen werden, da sie sowohl zur Bewältigung der vor Gericht erforderlichen Kommunikationshandlungen (Sachvermittlung und Erzielung von Glaubwürdigkeit) als auch zur Sensibilisierung für mögliche Missverständnisse und Fehlbarkeiten, die sämtliche Interaktionsprozesse mit sich bringen, beitragen können (vgl. schon frühe Arbeiten wie die von Ungeheuer 1987; Schmitz 1978 und 1983).

Historische Facetten

Dabei ist zu berücksichtigen, dass das Sprechen über selbst erlebte sexuelle Gewalt unter dem Aspekt der kulturellen und auch der historischen Variation von Sprache und Kommunikation betrachtet werden sollte. Die Historikerin Tanja Hommen betont: „Der Kampf darum, was als Erfahrung gilt, wird innerhalb von Diskursen ausgetragen. Diskurse stellen den sprachlichen Rahmen zur Verfügung, der es ermöglicht, eine Erfahrung mitzuteilen und zu definieren." (Hommen 1999, 13; Foucault 1977, 35). Erfahrungen werden, so Hommen weiter, diskursiv und kulturell produziert. Aus linguistischer und sprachpsychologischer Sicht bedeutet dies, dass Erfahrungen und insbesondere auch Emotionen durch sprachliche Mittel, etwa den allgemeinsprachlich zu einem historischen Zeitpunkt und individuell zur Verfügung stehenden Gefühlswortschatz, maßgeblich strukturiert werden. So war beispielsweise in der seit 1870 dominierenden juristisch-medizinischen Diskussion für die Schmerzhaftigkeit weiblicher Erfahrung sexueller Gewalt kein Platz, da nur zu prüfen war, ob der Widerstand der Frau valid gewesen ist und daher der Tatbestand der so genannten ‚Notzucht' vorlag (vgl. Engelhardt 1988 und Hommen 1999, 20–45). Dabei betont die Historikerin Tanja Hommen mit Blick auf die historische Methodik, dass seitens des forschenden Interpreten – bzw. befragender Psychologen – durchaus die Gefahr bestehe, den eigenen Körper und die eigene Psyche „als Brücke in die Vergangenheit" zu nutzen, insbesondere wenn in den Quellen die Rede sei von Schmerzen, Erschrecken, Angst, Übelkeit: „Doch wichtiger als die Frage nach der Universalität solcher Affekte und Emotionen – eine Frage, die sich niemals mit letzter Gewißheit beantworten lassen wird – ist die nach der Historizität der geschilderten Situationen und Verhaltensweisen, nach Bedeutungszuweisungen und Handlungsmustern, die in den Quellen sichtbar werden." (Hommen 1999, 17). Mit diesem Hinweis wird deutlich, wie entscheidend auch im Hinblick auf Zeugenbefragungen ein klares und reflektiertes Bewusstsein für die zugrunde gelegten emotionstheoretischen Annahmen ist (vgl. I. ‚Emotionsforschung und *Affective Sciences*: Emotionsbegriffe und -theorien' in diesem Band).

Auch die Situationen und Verhaltensweisen, auf die Hommen aufmerksam macht, müssen mit den jeweiligen Kontexten verbunden werden. z. B. war im neunzehnten Jahrhundert eine Aufnahme entfernterer Familienmitglieder gegen Geld, das von den Gemeinden bezahlt wurde, oder gegen Arbeitsleistung durchaus verbreitet, da diese Praxis zum Auskommen vieler Familien beitrug (vgl. Rosenbaum 1982, 435). Die Wohnverhältnisse waren dabei in der Regel so beengt, dass sämtliche Mitglieder eines Haushaltes in einem einzigen Zimmer und zudem mehrere Personen in einem Bett schliefen. Diese Gegebenheiten begünstigten oftmals gewaltsame sexuelle Übergriffe (vgl. Rühle 1977, 18; Rosenbaum1982, 424 f.). Diese Form der Gewalt gegen Kinder und Jugendliche durch Verwandte war keineswegs selten und der Umstand wurde von ärztlicher Seite auch durchaus wahrgenommen (vgl. Hommen 1999, 62 und 94; vgl. auch Freud 1977, 423–459). Im Mittelpunkt des Interesses von Ärzten und Juristen standen jedoch wiederum nicht die Folgen für die Betroffenen selbst, sondern der Schutz der Gemeinschaft mit dem prinzipiellen Erhalt von Familie und Staat. Der elterlichen Autorität wurden durch gesetzliche Regelungen möglichst wenig Beschränkungen auferlegt (vgl. Hommen 1999, 61 ff.). Auch in der Gegenwart sinkt die Wahrscheinlichkeit von Sanktionen mit der Nähe des Gewalttäters zum Opfer (Heynen 2000, 34).

In historischer Perspektive ist schließlich hervorzuheben, dass sich in den erhaltenen Gerichtsakten keine Erzählungen finden, sondern das Protokoll von Frage-Antwort-Dialogen anzutreffen ist. Subjektive, unmittelbare Erfahrung und insbesondere die Beschreibung von Emotionen finden sich nicht; nur gelegentlich fließen unmittelbares Erleben der Tat und Emotionen in die sachlichen Protokolle ein: Sie ließen sich nicht ganz ausklammern, obwohl sie nicht Gegenstand des Protokolls waren. Nach Möglichkeit hielten sich

Gefühlsbereinigte Sprache?

die betroffenen Frauen an die strafrechtlichen Definitionen (vgl. Hommen 1999, 100 ff.). Für viele Formen des erzwungenen Geschlechtsverkehrs gab es nicht einmal einen treffenden Terminus, der das Sprechen über die Erfahrungen der Betroffenen erlaubt hätte (vgl. Hommen 1999, 122 f.). Daher gab es auch keine offizielle Sanktionsmöglichkeit und keine gesellschaftliche Anerkennung der Gewalttaten. Ein breites Spektrum weiblicher Erfahrungen sexueller Übergriffe in Form von Belästigung, Bedrängung und Nötigung war von der offiziellen Sprache ausgeschlossen und damit praktisch inexistent. Vielmehr übernimmt das Opfer selbst die bereitgestellten Ausdrucksmöglichkeiten einer Sprachgemeinschaft (Butler 2003, 20):

> Wenn das ‚Ich' versucht, über sich selbst Rechenschaft abzulegen, kann es sehr wohl bei sich beginnen, aber es wird feststellen, dass dieses Selbst bereits in eine gesellschaftliche Zeitlichkeit eingelassen ist, die seine eigenen narrativen Möglichkeiten überschreitet.

Der verbindliche Terminus war im neunzehnten Jahrhundert der der ‚Notzucht'. Im Verlauf des neunzehnten Jahrhunderts kam es im Zuge der Durchsetzung des Grundsatzes der Gesetzlichkeit des Strafrechts (nullum crimen, nulla poena sine lege) zu der Ausbildung einer Gesetzessprache mit distanzierten, unplastischen und gefühlsbereinigten Sachverhaltsfeststellungen (vgl. Naucke 1991, 62 f.). Wolfgang Naucke spricht von einer zunehmenden „Verkümmerung der juristischen Erzählung" (vgl. Naucke 1991, 64). Literarische Sprache kann hier u. U. eine Stimme schaffen, die z. B. in Alltag und Rechtsprechung des neunzehnten Jahrhunderts praktisch kein Gehör fand und tabuisiert war.

Weiterer Forschungsbedarf

Der Blick auf solche historischen Aspekte der Thematik zeigt, wie komplex auch in diesem Bereich die Aspekte der Emotionalität sind und wie groß der Forschungsbedarf weiterhin gerade auch in kulturell-rechtlich vergleichender Hinsicht bleibt.

IX. Emotion, Politik und Diplomatie

Bei dem in diesem Kapitel vorzustellenden Themenkomplex müssen Fragen der Emotionalität wiederum auf sehr vielfältige Aspekte bezogen werden und dementsprechend ist auch hier nicht nur auf eine einzige Referenzdisziplin zu rekurrieren. Zu den relevanten disziplinären Fächern gehören im Sinne einer offenen Aufzählung:

Relevante Disziplinen

- Politikwissenschaften einschließlich der internationalen Politikforschung
- Politische Bildungsforschung einschließlich der interkulturellen Pädagogik und Rassismusforschung (Nussbaum/Bildungsforschungsbuch)
- Interkulturelle Kommunikationsforschung
- Diplomatieforschung
- Psychologie, u. a. mit der Untersuchung von Verhandlungstechniken
- Friedens-, Kriegs- und Konfliktforschung in ihren interdisziplinären Facetten
- Soziologie, u. a. in den Ausrichtungen der politischen Soziologie und der Emotionssoziologie
- Linguistik, Kommunikationstheorie, Rhetorik und (kritische) Diskursanalyse, u. a. mit Untersuchungen politischer Sprache und politischer Kommunikation bzw. politischer Diskurse sowie sprachlicher Fähigkeiten wie dem Lügen und der List
- Translationswissenschaft als theoretische und anwendungsbezogene Disziplin der Übersetzungs- und Dolmetschforschung und -praxis
- Disziplinen, die sich der Untersuchung von Macht und Gewalt widmen, wie z. B. Philosophie, Politikwissenschaft und Soziologie, Sprach-, Kultur- und Literaturwissenschaften
- Disziplinen und Einrichtungen zur Erforschung der Menschenrechte
- Geschichtswissenschaft
- Literatur- und Kulturwissenschaften, u. a. mit der Untersuchung literarischer Gattungen, Figuren und Motiven der Intrige und der List oder Hinterlist

Es versteht sich von selbst, dass im Folgenden das komplexe Feld von ‚Emotion, Politik und Diplomatie' im Sinn von zu skizzierenden Schneisen vorzustellen ist.

1. Handlungsfelder der Politik und der internationalen Politik, Diplomatie und Verhandlungstechnik

Hier kann man mit der Frage beginnen, ob politische und außenpolitische Entscheidungsprozesse in der Regel rational ablaufen. Alsbald stößt man auf Untersuchungen, die zeigen, dass dies nicht der Fall ist (vgl. z. B. Siedschlag, Opitz, Troy & Kuprian 2007, 118). Und sofort wird damit deutlich, wie tief

Politik und Emotionalität

auch die Handlungsfelder der Politik mit Fragen der Emotionalität verwoben sind.

Aber auch hier hat noch 1996 der französische Politikwissenschaftler und Soziologe Philippe Braud betont: „Aujourd'hui, les dimensions émotionelles de la vie politique sont largement méconnues comme objet de rechercher en sciences sociales." (Braud 1996, 7; desgleichen Nullmeier 2006, 84). Der Band von Philippe Braud ist für einen Überblick über relevante und v. a. sprach-, symbol- und interaktionsbezogene Problemfelder und bestehende Ansätze im europäischen und amerikanischen Raum insgesamt zu empfehlen (vgl. Russel 2004, 399). Historische und interdisziplinäre Zugänge zu ‚Politik und Emotion' werden in einem von Claudia Jarzebowski und Anne Kwaschik herausgegebenen Sammelband verfolgt (Jarzebowski & Kwaschik 2013).

Theoretische Grundlegung

Frank Nullmeier bietet einen knappen Überblick über relevante Ansätze im angloamerikanischen und im deutschen Sprachraum und macht ebenfalls auf den Mangel an einer emotiven Theorie des Politischen und einer politischen Emotionstheorie aufmerksam (vgl. Nullmeier 2006, 84f.). In einer Aufsatzpublikation entwickelt er eine konzise Forschungsagenda ‚Politik und Emotion'. Er geht richtig davon aus, dass zu klären sei, wie eine kumulativ aufeinander aufbauende Forschung zu diesem Komplex aussehen und mit welchen emotionstheoretischen Ansätzen sinnvoll gearbeitet werden könne (vgl. Nullmeier 2006, 87f.). Er plädiert für mehrdimensionale Ansätze, wie sie im Anschluss an Wilhelm Wundt (vgl. Kapitel I.2.1 und I.2.5 in diesem Studienbuch) entwickelt wurden (vgl. Nullmeier 2006, 88). Im Folgenden erarbeitet Nullmeier einen Aufriss relevanter Problemfelder:

- Politische Kulturen sind mit den Mitteln der Einstellungsforschung zu beschreiben und dabei ist das emotive Moment als Ausdruck der politischen Emotionskultur einer Gesellschaft gesondert zu erheben. Es geht um Fragen wie diese: Ist das politische System angstauslösend, neidfördernd oder hassgetragen? Denkbar und sinnvoll sei die Herausbildung einer empirischen Erforschung der politischen Einstellungskultur (‚Kartierung des politischen Emotionsraums'), da eine solche Bestandsaufnahme der emotiven Haltungen zu grundlegenden politischen Fragen wichtige Aussagen über die Verfassung einer Gesellschaft, ihr Konfliktpotential und ihre möglichen Neigungen zu pathologischen Reaktionen bietet (vgl. Nullmeier 2006, 88f.).
- Ein weiteres Feld emotionsbezogener Politikforschung ist die öffentlich-politische Kommunikation, wie sie in den Massenmedien, aber auch in politischen Teilöffentlichkeiten, wie der von Fachexperten oder der Judikative, stattfindet. Denn in politischen Debatten wird in erheblichem Maße Emotionsvokabular benutzt und um die politische Angemessenheit von Emotionen gestritten. Emotionsbegriffe kommen fast selbstverständlich zum Einsatz, teilweise finden sogar regelrechte Reflexionsdebatten über einzelne Emotionen und ihre Bedeutung für den politischen Prozess statt. Derartiger politischer Emotionskommunikation nähert man sich am besten mit den Verfahrensweisen der Text- bzw. Diskursanalyse (vgl. Nullmeiner 2006, 89 und zur Diskursanalyse unten in diesem Kapitel des vorliegenden Studienbuchs).

- In der Erklärung des Auftretens von Emotionen in unmittelbaren politischen Kontexten sieht Nullmeier ein weiteres Desiderat (vgl. Nullmeiner 2006, 89f.).
- Für die Erklärung politischer Ereignisse, Prozesse, Strukturen oder politischen Handelns gelte dasselbe. Nullmeier hält eine Emotionstheorie für unabdingbar, die alternativ zu Institutionalismus, *Rational Choice*-Konzepten und Konstruktivismus in der Lage ist, politische Phänomene aufzuklären (vgl. Nullmeier 2006, 89ff.).
- Ausführlich geht Nullmeier auf den Begriff der ‚Gefühlsnormen' (vgl. Hochschild 2006; Flam 2002) ein und umreißt seine Dimensionen im Feld ‚Politik und Emotion'. U.a. verweist er auf das Bestehen politisch legitimer Gefühlskulturen mit spezifischen Normen und vielfältigen Implikationen für das private, öffentliche und politische Denken und Handeln. U.a. trage die Politikwissenschaft in all ihren normativen Spielarten, zusammen mit der Rechtswissenschaft und der journalistischen Kommentarliteratur, zur Fixierung dieser Normen bei (vgl. Nullmeier 2006, 97ff.).
- Normative Demokratietheorie ließe sich Nullmeier zufolge schließlich durch emotionspsychologische Analysen dann bereichern, wenn identifiziert werden könne, i) welche Formen rationaler Emotionen, ii) welche Wege der auf Rationalität zielenden Emotionsformung und -kontrolle und iii) welche Arten der Emotionserzeugung im politischen Raum existieren müssen, damit Demokratie in einem gehaltvollen Sinne ent- und bestehen kann (Nullmeier 2006, 100).

Solche und weitere noch zu entwickelnde Perspektiven sind ohne Frage von großer theoretischer und praktisch-anwendungsbezogener Relevanz, für die es natürlich auch angemessene empirische Untersuchungsmethoden zu erproben gilt.

Weiterhin ist zu fragen, wie es sich mit klassischen politischen Handlungsdomänen, wie der Diplomatie, verhält. Schon bald nach ihren ersten Ansätzen im Zuge des 14./15. Jahrhunderts – und also lange vor Carl von Clausewitz' (1780–1831) berühmter Sentenz – wurde sie mit der Option ‚Krieg' als einem Mittel der Diplomatie verbunden. Nach dem Ersten Weltkrieg wurde der Bereich der Agenden breiter und nicht mehr nur die so genannten *High politics*, wie die Frage nach Krieg und Frieden, standen im Vordergrund (vgl. hierzu und dem Folgenden Siedschlag et al. 2007, 118ff., 121). Während des Kalten Krieges hatten diplomatische Aktivitäten Alexander Siedschlag et al. zufolge v.a. das Ziel der Verhinderung eines globalen Nuklearkrieges. Die Phase so genannter „Neuer Diplomatie" setzte nach dem Ende des Kalten Krieges ein; sie wird noch mehr unter einem globalen Blickwinkel betrieben (vgl. Siedschlag et al. 2007, 121). Gleichzeitig kommt es zu einer Intensivierung der Aufmerksamkeit für die Perspektiven kultureller Variabilität, des Dialogs bzw. des Kampfes der Kulturen und der Interkulturalität (vgl. Siedschlag et al. 2007, 143ff.; Huntington (2002[1996]). Auch dies sind Felder, in denen Konflikte thematisiert werden und die auf vielfältige Weise mit Emotionen verbunden sind bzw. sein können. Zudem ist dies die Zeit, in der u.a. im Zuge der Etablierung der Neuen Medien öffentlichkeitswirksame *Soft power*-Instrumente, wie z.B. das Konzept der *Public diplomacy*, an Bedeutung zunehmen. Auch wenn dieses Konzept zumindest

Internationale Politik und Diplomatie

fachlichen (also nicht politischen) Begriffsbestimmungen zufolge „nicht auf die informationsstrategische Beeinflussung der Meinungsbildung in anderen Öffentlichkeiten als der eigenen" abhebt, sondern auf die „Vermittlung und Erläuterung der eigenen politischen Ziele", so ist hier der oben im vorliegenden Studienbuch dargestellte Komplex von ‚Emotion und Medien' sehr wohl zu berücksichtigen (vgl. Siedschlag et al. 2007, 122 und 111).

Emotion culture

Hinzuweisen ist im Zusammenhang von ‚Diplomatie und Emotion' auf einen Artikel von Wynne Elizabeth Russell. Sie betont zweierlei, nämlich einerseits das Wissen um kulturelle Unterschiede im Umgang mit Emotionskonzepten, wie Auslösung, Ausdruck, Interpretation und Prozessierung von Emotionen, als Teil diplomatischer Basiskenntnisse. Davon unterscheidet sie das Bestehen einer Emotionskultur (*Emotion culture*) der internationalen Diplomatenpraxis mit Potentialen der Solidarität, aber auch des Missverstehens unter Diplomaten selbst (vgl. Russell 2004, 391). Mit dem Begriff der ‚Emotionskultur' rekurriert Russell auf sozialkonstruktivistische Grundlegungen, etwa in Orientierung an Rom Harré in der Emotionstheoriebildung. Bei einer *Emotion culture* im Bereich der Diplomatie geht es um „standards for the appropriate experience and expression of emotion by its participants". (Russell 2004, 398). Dieses Feld sei jedoch im Detail überhaupt erst unter Berücksichtigung u. a. dieser Fragen zu untersuchen:

- To what extent do diplomats globally share an emotion culture?
- To what extent do sub-groups within global diplomacy possess distinctive emotion cultures?
- To what extent does an „emotion culture" of European/Western diplomacy dominate notions of what a global diplomatic emotion culture should look like?
- To what extent does the effectiveness of diplomats depend on their socialisation into dominant emotion cultures?
- And, finally, with inclusion of so many non-diplomats in international negotiating processes, does the existence of a diplomatic emotion culture mean anything any more?

Verhandlungstechnik

Das von Russell skizzierte Spektrum hat damit große Relevanz für die diplomatische Praxis. Anwendungsbezogene praktische Relevanz hat das damit verbundene Feld der wissenschaftlich fundierten Verhandlungstheorie und -technik *per se*. Dieses Feld hat sich ebenso wie die Konfliktforschung seit der Zeit um 2000 fortentwickelt und internationalisiert (vgl. Saner ^{2}2008, 11 und die Bibliographie in Saner ^{2}2008). Zu den besonders emotionsbezogenen Aspekten von Verhandlungen kann deren Dauer gehören, etwa wenn sie sich tage- und nächtelang hinziehen (vgl. Saner ^{2}2008, 11). Unter den möglichen Strategien gehört das ‚Nullsummenspiel' zu den stark machtorientierten Verhaltensweisen (vgl. Saner ^{2}2008, 113). Verhandlungen z. B. auf internationalen politischen Ebenen gehen mit Stress und Emotionen einher, was in der anwendungsbezogenen Forschung typisierend untersucht wird:

Phase	Gefühle	Maßnahmen
Vor der Verhandlung	• Beunruhigung • Ängste und Befürchtungen • Aufregung	• eigene Bedürfnisse, Ziele und Angebote genau ermitteln • nach Alternativen und Lösungen suchen • Strategie und Taktik auswählen und planen
Phase I • Warmlaufen • Eröffnung der Verhandlung	• Anspannung • Beunruhigung • Erregung	• freundliche Atmosphäre schaffen • persönliche Beziehung aufbauen • Mandat der Gegenseite genau ermitteln
Phase II • Positionen vertreten • konstruktive Konfrontation	• Aggression • Frustration • Wut	• eigene Positionen klar auf den Tisch legen • Positionen der anderen Seite genau ermitteln • Mittel der distributiven Verhandlungstaktik anwenden
Phase III • Annäherung • Problemlösung	• Erschöpfung • Zweifel • Ungeduld • Hoffnung	• nach beiderseitig akzeptablen Lösungen suchen • Bedürfnisse und Ziele aller Beteiligten neu bewerten • Mittel der integrativen Verhandlungstaktik einsetzen, die Vertrauen und Zusammenarbeit bewirken
Phase IV • Abschluss • Lösung oder Abbruch	• Begeisterung/Enttäuschung • Freude/Traurigkeit • Befriedigung/Bitterkeit	• letzte Zugeständnisse einräumen und Kompromisse schließen wo immer möglich • Lösungsvorschlag machen und Vertrag entwerfen • Unterzeichnen oder ehrenvoll zurückziehen

Tab. 8: Stress und Gefühle in den einzelnen Phasen der Verhandlung. Vgl.: Saner ²2008, 242.

Ein Klassiker der Verhandlungstechnik ist das ‚Harvard-Konzept' nach Roger Fisher, William Ury und Bruce M. Patton, zuerst 1981 im amerikanischen Original publiziert und in deutschsprachiger Übersetzung inzwischen in mehr als zwanzig Auflagen erschienen (Fisher et al. 2004). Hier wird das Prinzip eines sachbezogenen Verhandelns verfolgt.

2. Politische Bildung

In Konzepten der politikwissenschaftlichen Bildungsforschung, der politischen Bildung und der interkulturellen Pädagogik spielen in der Sache durchaus auch um emotionsbezogene Aspekte eine Rolle, etwa wenn es um Themen wie „Wert- und Zielorientierung" (vgl. Reuter/Sieh ³2010, 186), der

Emotionen in der politischen Bildung

„alltäglich-lebenspraktischen Moral, der Individualität, Autonomie und Solidarität" (Hafeneger ³2010, 869), oder dem „Rassismus als gesellschaftlich vermittelte Erfahrung" (vgl. Auernheimer ⁵2007, 92) geht. Von ‚Emotion' wird hier aber in der Regel nicht gesprochen – nahezu eine Leerstelle in der Bildungsforschung; im Register des fast 1100 Seiten starken „Handbuchs Bildungsforschung" in dritter und durchgesehener Auflage ist das Lemma ‚Emotion' nicht existent (Tippelt/Schmidt ³2010). Handelt es sich also bei dem Emotionsforscher und der Emotionsforscherin um eine *Déformation professionelle*, wenn sie die Bildungsforschung auf diesen Aspekt hin befragt? Nicht ganz, denn in dem Artikel „Demokratische Bildung" von Christine Schmid und Rainer Watermann, ebenfalls im „Handbuch Bildungsforschung", finden sich doch einige der in diesem Zusammenhang oft verwendeten und insofern erwartbaren Emotionsbezeichnungen, eingebettet in eine starke Akzentuierung der Vernunft:

> [...], dass Demokratien angewiesen seien auf gelingende Identitäten, weil nur „vernünftige" Identitäten (vgl. Habermas 1976) die subjektiv-individuellen Voraussetzungen für einen vernünftigen gesellschaftlichen Dialog, für eine vernünftige Kommunikation und für eine auf Vernunft zielende Öffentlichkeit mitbrächten. Ein wichtiges Regelungsprinzip [...] sieht er in der „gegenseitigen Anerkennung" (Honneth 1992; Joas 1992). Gegenseitigkeit und Anerkennung hielten die Gesellschaft wie die Individuen zusammen und befähigten diese zugleich zu Einfühlsamkeit, Empathie, Ambiguitätstoleranz und Rollendistanz (Schmid/Watermann ³2010, 882).

Ohne hier die Frage des ‚Empathie'-Begriffs bei Habermas aufrollen zu wollen, wird zu fragen sein, ob dies eine befriedigende Form des Rekurrierens auf Emotionen im Zusammenhang der politischen Bildung ist – insbesondere in Anbetracht des von Frank Nullmeiner entwickelten Kanons relevanter Aspekte (vgl. oben in diesem Kapitel des vorliegenden Studienbuchs).

Martha C. Nussbaums Plädoyer

Anders positioniert sich die prominente Philosophin, Rechtswissenschaftlerin, Altphilologin und Emotionsforscherin Martha C. Nussbaum (1947) bezüglich der Emotionsthematik mit Blick auf demokratische Bildungsfragen. Nussbaum hat schon in ihren frühen Arbeiten in ihrer Auseinandersetzung mit ethischen Problemstellungen auf den Komplex der Emotionen Bezug genommen, so z. B. in „The fragility of goodness. Luck and ethics in Greek tragedy and philosophy", zuerst 1986. In späteren Arbeiten setzt Nussbaum ihre Akzente u. a. in Bereichen der Politik- und Demokratieforschung (vgl. z. B. Nussbaum 2012[2010] und 2013). Ruth O'Brien macht in ihrem Vorwort zu Nussbaums „Nicht für den Profit. Warum Demokratie Bildung braucht" auf deren Anliegen aufmerksam, dass das Bestehen einer „lautlosen Krise" erkannt werden müsse, die darin bestehe, dass in vielen Ländern bestimmte „Fähigkeiten gar nicht mehr gefördert werden, weil es zuallererst um den gesamtwirtschaftlichen Gewinn geht". Indem die geisteswissenschaftlichen und musischen Fächer beschnitten würden, komme es zu einer gravierenden Erosion derjenigen Fähigkeiten, die für die Demokratie von wesentlicher Bedeutung seien. Denn durch Kunst und Geisteswissenschaften werde das kritische Denken gelernt, welches „für ein selbständiges Handeln und für einen intelligenten Widerstand gegen die Macht verkrusteter Traditionen und unhinterfragter Autoritäten notwendig ist". Schüler, die sich mit Kunst und Literatur befassten, lernten auch, sich in die Lage anderer Menschen hineinzudenken und dies sei eine Fähigkeit, die unabdingbar für eine erfolgreiche Demokratie sei, da sie unser „inneres Auge" sensibilisiere (vgl. O'Brien, in: Nussbaum 2012, 7 f.).

Ein eigenes Kapitel widmet Nussbaum in diesem Band dem Thema „Bürger-Bildung: Moralische (und unmoralische) Emotionen". Nussbaum geht hier von einem Fragenkatalog und einigen Grundannahmen aus Nussbaum 2012, 43 f.):

> Was am menschlichen Leben ist es, das es so schwer macht, demokratische Institutionen aufrechtzuerhalten, welche auf gleichem Respekt vor jedem Menschen und auf dem gleichen gesetzlichen Schutz für alle basieren. Und was macht es so leicht, Hierarchien aufzubauen oder – schlimmer noch – Gewalt und Feindschaft zwischen Gruppen zu schüren? Welche Kräfte lassen mächtige Gruppen nach Kontrolle und Herrschaft streben? Warum versuchen Mehrheiten allerorts, Minderheiten herabzusetzen oder zu stigmatisieren? Egal, welche Kräfte das auch immer sind, eine Erziehung, die auf national und global verantwortungsbewusste Bürger abzielt, muss diese Kräfte bekämpfen. Und sie muss dafür das gesamte Potenzial der menschlichen Persönlichkeit mobilisieren, das der Demokratie zum Sieg über die Hierarchie verhelfen kann.

Nussbaum arbeitet u. a. unter Bezugnahme auf Jean-Jacques Rousseau (1712–1778) – der von einem Bild des Menschen als einem von Natur aus guten Wesen ausgeht, das im Zuge der Entwicklung von Kultur und Zivilisation jedoch an Qualitäten einbüßt – heraus, inwiefern v. a. im Laufe der Ontogenese die Ausbildung der Emotionalität (früher sprach man auch von ‚Herzensbildung') wesentlich zu den für eine Demokratie bedeutsamen individuellen emotionalen Voraussetzungen beitragen kann. U. a. betont sie:

Zur Bedeutung von Emotionen für eine Demokratie

> Einer der kreativsten demokratischen politischen Führer der Welt, Mahatma Gandhi, der zu den Hauptarchitekten eines unabhängigen und freien Indien gehört, wusste genau, dass der politische Kampf um Freiheit und Gleichheit zuallererst ein Kampf sein muss, der im Inneren eines Menschen ausgefochten wird, da Mitgefühl und Respekt im Widerstreit mit Angst, Gier und narzisstischer Aggressivität liegen (Nussbaum 2012, 45).

Noch ausführlicher setzt sich Nussbaum mit solchen Fragen in ihrem Band „Political Emotions. Why Love Matters for Justice", im englischen Original 2013 erschienen, auseinander. Auch hier setzt sie sich zunächst mit wichtigen Traditionen seit dem 18. Jahrhundert auseinander: Rousseau (1712–1778), Herder (1744–1803), Mozart (1756–1791), Auguste Comte (1798–1857), John Stuart Mill (1806–1873) und Rabindranath Tagore (1861–1941) sind ihre wichtigsten Referenzen. Es schließen sich zwei weitere Hauptkapitel an, in denen, wie in dem früheren Band, Fragen positiv bzw. negativ verlaufender Emotionsentwicklung diskutiert werden und schließlich das Stichwort *Public emotions* Vertiefung erfährt. Zu den zentralen Themen gehören hier i) Vaterlandsliebe (*Patriotic emotion, Love of country*), ii)

Public Emotions

Mitgefühl als Voraussetzung für Uneigennützigkeit und egalitäre Institutionen (*Compassion*) sowie iii) Angst, Neid und Scham als problematische Emotionen für eine mitfühlende Bürgerschaft (vgl. Nussbaum 2013, 21 f.).

3. Macht und Machtinszenierung, Konflikt und Konfliktkommunikation, Gewalt

In diesem Abschnitt des vorliegenden Studienbuchs wird der große Komplex um Macht, Konflikt und Gewalt im Hinblick auf den Gegenstand dieses Kapitels, ‚Emotion und Politik', fokussiert. Oder anders formuliert: Es gilt den Bereich von „Macht und Emotionen, von Politik und Gefühl" zu sondieren und das Thema ‚Emotionen und Macht' mit Blick auf politikwissenschaftlich relevante Facetten hin abzuklopfen (vgl. Klein et al. 1999, 9).

Massenpsychologie

In diesem Zusammenhang verweisen Ansgar Klein, Frank Nullmeier und Oliver von Wersch auf den soziologischen Begriff der ‚Masse', da er mit politisch bedeutsamen kollektiven Gefühlslagen unmittelbar verbunden sei (vgl. Klein et al. 1999, 9). Eine dominante Thematik ist diesen Autoren zufolge in der Massenpsychologie um 2000 die kritische Sicht politisch mobilisierter Menschenmengen und der damit in der Regel einhergehenden Emotionalisierung dieser ‚Masse'. Diese in der Massenpsychologie der Gegenwart verbreitete negative Sicht – in der Vergangenheit gab es durchaus auch positive Einschätzungen – dominiert auch den entsprechenden öffentlichen Diskurs (vgl. Klein et al. 1999, 9). Inzwischen sind diese Fragen immer dringlicher, da Massenphänomene mit den Neuen Medien und dank der Kommunikationstechnologie, die z. T. die Kommunikation unter großen Gruppen nahezu oder tatsächlich in *Real time* erlauben, nochmals komplizierter geworden sind und dies auch in ihren politischen Dimensionen; beispielsweise wurde der so genannte ‚Arabische Frühling' seit 2010 vor diesem Hintergrund kommentiert. Damit steht die Erarbeitung einer gut fundierten Forschungsagenda an.

Klein, Nullmeier und von Wersch bringen mit dem Begriff der ‚Masse' einen forschungsgeschichtlichen Aspekt in Verbindung. Sie machen darauf aufmerksam, dass seine Dominanz dazu geführt habe, dass politische Macht und kollektive Gefühle ein höchstens marginales Forschungsgebiet geblieben sind: „Der klassische massenpsychologische Diskurs hat weitgehend zu einer auch später kaum aufgehobenen dichotomischen Perspektive auf das Begriffsfeld geführt: hier die von irrationalen Emotionen getriebene Masse, dort die Rationalität des Führungspersonals als gangbarer Weg kontrollierter Herrschaftsausübung." (Klein et al. 1999, 9). Demokratischer Politik – die Autoren werden wohl für Deutschland sprechen, kaum aber für den deutschsprachigen Raum angesichts der markanten Unterschiede z. B. zwischen Deutschland und der Schweiz – werde vielfach die Aufgabe „der zivilisierenden Affektkontrolle" zugewiesen (Klein et al. 1999, 9).

Aktivbürgerliches Handeln

Andererseits sei auch eine positive Bewertung von Emotionen im Kontext aktivbürgerlichen Handelns zu konstatieren. Unter Gesichtspunkten wie identitätsstiftenden Aspekten sozialer Bewegungen und politischer Partizipation geraten, so die Autoren, Emotionen wie ‚Wut', ‚Angst', ‚Spaß', ‚Lust', ‚Solidaritätsgefühle' im Zusammenhang politischen Handelns und als notwendige Elemente eines demokratischen Prozesses in den Blick (vgl. Klein et al. 1999, 10). Vor dem Hintergrund dieser ambivalenten Perspektive auf ‚Emotionen und Politik' wird die Aufgabe gesehen, „das ganze Spektrum politisch wirksamer Emotionen" zu untersuchen (Klein et al. 1999, 11).

Möglicherweise ist die von Klein et al. konstatierte lange Zeit vorherrschende negative Sicht von Emotionen im Zusammenhang politischer Macht der Grund oder einer der Gründe dafür, dass auch für dieses Feld der Emotionsforschung festzustellen ist, dass Publikationen zu ‚Emotion und Politik' bzw. *Emotion and politics* im angloamerikanischen Raum zahlreicher sind als in der deutschsprachigen Forschung. Eine erschöpfende Übersicht ist auch hier nicht möglich; vielmehr geht es um wichtige Linien der aktuellen Forschungslandschaft. Zu nennen sind wiederum einige ausgewählte Sammelbände.

Angloamerikanische Forschung

Emotionen im Hinblick auf demokratische Politik werden bei George E. Marcus unter dem Titel „The sentimental Citizen. Emotion in Democratic Politics", 2002, thematisiert. Es wird ein Blick auf das Verhältnis von Demokratie und menschlicher Natur geworfen, in dem die zugleich emotionalen und rationalen Fähigkeiten des Menschen mit Bezug auf die Erfordernisse der Bürgerschaft reflektiert werden (vgl. Marcus 2002, 8).

„Feeling Politics. Emotion in Political Information Processing", herausgegeben von David P. Redlawsk, erschien 2006. Für Redlawsk ist klar: „Politics is about feeling." (Redlawsk 2006, 1). Der Band ist als Überblick konzipiert, in dem u. a. untersucht wird, wie emotionale Reaktionen in politischen Kontexten gemessen werden können, wie Emotionen und politische Identität zusammenhängen, wie spezifische Einzelemotionen wie Angst und Wut politische Urteile beeinflussen können, wie Emotionstheorien auf politische Anliegen bezogen werden können, wie die Bewertung von Kandierenden untersucht werden kann, worin die Implikationen negativer Kampagnen für eine Demokratie bestehen können und dergleichen mehr.

Schließlich soll noch ein Band Erwähnung finden: „Passionate Politics. Emotions and social movements", 2001 herausgegeben von Jeff Goodwin, James M. Jasper und Francesca Polletta. Der prominent platzierte Eröffnungsbeitrag dieses Bandes stammt von einem der „wichtigsten Theoretikern in der US-amerikanischen Soziologie der Gegenwart", Randall Collins (Rössel, in: Collins 2012, 7). Er fokussiert das Leitthema des Bandes, soziale Bewegungen, und dabei geht es um „Social Movements and the Focus of Emotional Attention" – ein Feld, das auf einen weiteren wichtigen Forschungsansatz verweist, der sich auf politische Emotionen und öffentche Gefühle (*Political Emotions and Public Feelings*) bezieht (vgl. Staiger, Cvetkovich & Reynolds 2010). Collins stellt hier Zusammenhänge zwischen ‚emotionalen Dynamiken' (*Emotional dynamics*) und sozialen Bewegungen (*Social movements*) dar (Collins 2001, 32):

Der Ansatz des Konfliktforschers Randall Collins

> A movement which has wide-spread social impact, which arouses the moral concern of a majority of the surrounding society, to a considerable extent creates that moral concern in the very process of mobilizing the movement. [...] Movements use terms for this process such as „raising consciousness," but this is misleading in several respects. [...] The rhetoric of „Consciousness raising" is analytically misleading in implying that the pro-

cess is primarily one of cognition; the dynamic is centrally emotional, and therefore strongly time-bound. Shared emotions propelled by dramatic events build up over a relatively compact period of time. Their peak appears to be sustainable for a maximum of a few days; we see this in the most extreme instances, such as the wild enthusiasm that takes place after a successful political revolution; most emotional peak mobilizations seem to be shorter.

Generell gelten Collins Forschungsinteressen einer breit angelegten Konflikttheorie mit sowohl klassischen Fragen nach „sozialer Stratifikation, Staatsbildung und wirtschaftlicher Entwicklung" als auch neuen Feldern im Bereich der Wissenschaftsforschung und einer Analyse der Entwicklung der Philosophie. Insbesondere hat Collins „der häufig stark makrosoziologisch ausgerichteten Konflikttheorie eine mikrotheoretische Fundierung gegeben" mit empirischen Untersuchungen in Bereichen wie Sexualität und Gewalt (Rössel in: Collins 2012, 7; vgl. diese Einleitung von Jörg Rössel auch für einen konzisen Überblick über die Entwicklung der Konfliktforschung).

Friedens- und Konfliktforschung

Insgesamt hat sich die Friedens- und Konfliktforschung, als deren Gründungsvater der norwegische Mathematiker, Soziologe und Politologe Johan Galtung (1930) gilt, von der intrapsychischen Ebene bis hin zu internationalen Konstellationen – so dass es sich u. a. mit der interkulturellen Kommunikationsforschung und den Diskussionen um den Dialog und den Kampf der Kulturen berührt – zu einem großen interdisziplinären Untersuchungsgebiet entwickelt. Es ist in psychologisch, soziologisch und politikwissenschaftlich orientierten Handbüchern sowohl im deutschen als auch im angloamerikanischen Sprachraum gut dokumentiert. Mögliche Eskalationsstufen werden analysiert und Konfliktlösungsformen vorgestellt. Dabei finden sich unterschiedliche Begriffsdefinitionen und Theoriebildungen, in denen Fragen der Abgrenzung von ‚Macht', ‚Konflikt' und ‚Gewalt' diskutiert werden (in exemplarischer Auswahl sei verwiesen auf: Galtung 1982, 2007 u. a.; Bercovitch, Kremenyuk & Zartman 2009; Deutsch & Coleman 2000; Oetzel & Ting-Toomey 2006; Sommer & Fuchs 2004). Für den deutschsprachigen Raum ist der Psychologe Friedrich Glasl namhaft, wenngleich sein Ansatz mit einer „nach unten" eskalierenden grafischen Stufendarstellung vor anthroposophischem Hintergrund gewiss zu diskutieren ist (Glasl ^{10}2011).

Hinzuweisen ist hier auch auf die Auseinandersetzung mit dem Begriff der ‚Gewalt' aus sprachphilosophischer Sicht, in der es nicht um physische, sondern um sprachlich-kommunikative Gewalt geht, die sehr wohl aber auch physische Folgen haben kann seitens aller Beteiligten, beispielsweise im Fall schwerer Kränkungen oder Beleidigungen (Kuch & Hermann 2010; Herrmann, Krämer & Kuch 2007, Butler 2006[1997]). Aus soziologischer, historischer und philosophischer Perspektive wird die Untersuchung des bekannten Philologen und Sozialforschers Jan Philipp Reemtsma fundiert (Reemtsma 2009). Soziologisch und theoretisch von der philosophischen Anthropologie beeinflusst ist schließlich das Nachdenken über Gewalt bei Wolfgang Sofsky (Sofsky 1996).

4. Politische Sprache, Kommunikation und Diskurse

Linguistische Untersuchungen politischer Sprache und Kommunikation entstanden im Zuge der pragmatischen Wende in der Sprachwissenschaft der zweiten Hälfte des zwanzigsten Jahrhunderts. Unter den früheren Arbeiten in diesem Gebiet sind insbesondere die kommunikationstheoretischen Grundlegungen von Gerold Ungeheuer (z. B. Ungeheuer ³2010) und dann etwas später z. B. die von Walther Dieckmann zu nennen. Themen wie Ideologiekritik, Demokratieverständnis und schulische Gesprächserziehung sowie Kommunikation in politischen Institutionen wurden schon damals fokussiert (vgl. Dieckmann 1981). Darunter finden sich auch Bezugnahmen auf den wortsemantisch relevanten Begriff der ‚Konnotation', der in Orientierung an den Arbeiten Karl Otto Erdmanns als „Nebensinn und Gefühlswert der Wörter" definiert wurde (vgl. Dieckmann 1981, 81). Damit kommt hier also das Feld der Emotionen in den Blick. Im Vereinigten Königreich wurde 1989 erstmals die wirkungsmächtige Arbeit „Language and Power" von Norman Fairclough publiziert, einem der Begründer der Kritischen Diskursanalyse (Fairclough ²2001[1989]).

Impulse der Kommunikations- und Diskursforschung

In den neunziger Jahren des letzten Jahrhunderts sind Arbeiten anzutreffen, die sich aus linguistischer Perspektive mit typischen emotionsbezogenen – v. a. mündlichen – kommunikativen Gattungen, Text- und Gesprächssorten, wie dem Streit und Konflikt, befassen und hier auch eher noch als so etwas wie Pionierleistungen zu bezeichnen sind; exemplarisch können Untersuchungen von Carmen Spiegel und von Werner Nothdurft genannt werden (Spiegel 1995, Nothdurft 1998). Inzwischen hat sich auf diesem Gebiet eine breite Forschungslandschaft etabliert. Zu finden sind darunter auch Untersuchungen sprachlicher List, der Hinterlist und des Lügens; Letzteres eine sprachliche Fähigkeit, die wiederum mit dem Aspekt des Vertrauens als einer emotionalen Komponente verbunden ist und nicht selten im Zusammenhang politischer Sprache, Kommunikation und Diskurse anzutreffen ist (vgl. z. B. Dietz 2003; vgl. für komplexe Big-Data-Analysen zur Bestimmung des Wahrheitsgehalts von Twitter-Tweets http://www.pheme.eu/ (zuletzt aufgerufen am 1.3.2014; vgl. zur Intrige als einer Form von Hinterlist aus literaturwissenschaftlicher Perspektive Matt 2006).

Von erheblicher Relevanz sind dabei diskursanalytische Untersuchungen. Besonders in ihren kritischen Ausrichtungen steht die Diskursanalyse schon in ihren Grundlegungen bei Michel Foucault (1926–1984) für einen Ansatz, in dem Aspekte wie ‚Macht' und ‚Werte' konstitutiv sind. Der prinzipielle Bezug zu emotionsbezogenen Facetten ist damit fraglos gegeben (vgl. z. B. Spitzmüller & Warnke 2011, 65 ff.).

Holger Kuße versteht die ‚diskurssensitive Linguistik' als einen wichtigen Baustein kulturwissenschaftlicher Linguistik und beschreibt vor diesem Hintergrund den ‚Politischen Diskurs' (vgl. Kuße 2012, 127–150). Der Sicht des bedeutenden Philosophen, Wissenschaftstheoretikers und Semiotiker Charles William Morris (1901–1979) zufolge präskribiert der politische Diskurs „die Organisation einer neuen Gesellschaft, die der Sicherung von Freiheit und Glück dient" (zitiert nach Kuße 2012, 127). Typisch sei für politische Diskurse, „Ereignisse, Zustände und vor allem Handlungen und Verhalten als erwünscht oder unerwünscht, geboten oder verwerflich zu bewerten".

Politischer Diskurs

(Kuße 2012, 127). Expliziter kann der Bezug zur Emotionalität nicht sein. Kuße schließt sich Morris insofern an, als auch er die Präskription von Bewertungen als wesentliches Charakteristikum akzentuiert. Vor dem Hintergrund der kognitiven Emotionstheorien in ihren unterschiedlichen Orientierungen, aber gemeinsamer Akzentuierung des Wertungsaspekts wird auf diese Weise auch bei Kuße der Bezug zum Feld des Emotionalen hergestellt (vgl. Kuße 2012, 128).

- Kuße bezieht dies zunächst auf die persuasiv-manipulativen und u. U. sogar propagandistischen Facetten politischer Diskurse, die als wesentlich rhetorische Instrumente wiederum auf Machtgewinn, -erhalt und -durchsetzung abzielen (vgl. Kuße 2012, 129 ff.). Diesbezüglich sind dann verschiedene politische kommunikative Gattungen, Text- und Gesprächssorten zu unterscheiden (vgl. Kuße 2012, 136 ff.).
- Ein weiterer Punkt besteht in der ‚Wertinstanziierung', d. h. der „Begründung und Rechtfertigung von Handlungen und Handlungsentscheidungen mit *Werten*." (Kuße 2012, 142). Werte können Kuße zufolge selbst Handlungsziele sein, z. B. wenn politisches Handeln als Handeln für Frieden, Freiheit, Gerechtigkeit usw. propagiert werde. Kuße spricht dabei von einer ‚Instanziierung von Werten' (Kuße 2012, 142 ff.). Aufgabe der diskurssensitiven Linguistik sei es, entsprechende Diskursanalysen unter Berücksichtigung verschiedener politischer Stile, Metaphorik usw. vorzunehmen (vgl. Kuße 2012, 144, 147).

Ähnlich fasst Donati den politischen Diskurs als „Ort an dem jene ideellen Elemente produziert werden, durch die die Realität sinnhaft verstanden und gestaltet wird. Dies bedeutet nichts anderes als Ideologie" (Donati [3]2011, 161).

Kollektives Selbstverständnis und Gewalt

Andere diskursanalytische Forschungsanliegen verfolgt hingegen Jürgen Martschukat. Er fragt nach dem Verhältnis von kollektivem Selbstverständnis und Gewalt und untersucht historisch-spezifische Denk- und Wahrnehmungsweisen, die bestimmte Formen der Gewalt erst möglich machen. Er fragt danach, wie sich z. B. solche konstituieren, die im Fall der Todesstrafe die geplante Tötung eines Menschen und das jeweilige Vorgehen ‚sinnvoll' erscheinen lasse? Es gelte herauszufinden, in welchem Verhältnis die Tötungen zu den dominanten Konzepten gesellschaftlicher Ordnung stünden und ob sie Teil einer gesellschaftlichen Selbstbeschreibung seien (vgl. Martschukat [4]2010, 70 f.). Für besonders relevant hält er dabei die Verbindung von Wahrnehmungs- und Denkweisen auf der einen und Handlungsweisen auf der anderen Seite. Aus seiner Sicht bedarf diese Beziehung vor allem in einer Geschichte der Gewalt einer genaueren Erörterung (vgl. Martschukat [4]2010, 71):

> Eine solche Geschichte zeigt, wie sich menschliche Existenz und Erfahrung konstituieren, wie sie auf den konkreten diskursiven und nicht-diskursiven Praktiken einer Kultur gründen und mit den Transformationen in der Geschichte fluktuieren. Insofern formuliert ein solches Projekt nicht zuletzt eine Kritik an einem Modell teleologischer Entwicklung, an Vorstellungen von fremder Barbarei und eigener Zivilisation und ihrem Anspruch auf Allgemeingültigkeit (Martschukat [4]2010, 93).

Somit sind auch die möglichen Fragestellungen und Forschungsinteressen im Bereich diskursanalytischer Untersuchungen im Feld von Politik und Gewalt in ihrem Facettenreichtum überaus ergiebig.

Wiederum ganz anders ist der Zugang des kanadischen Philosophen Brain Massumi, der mit dem Schreiben über Politik und Kunst auf ein Konzept ‚affektiver Politik' hinzuwirken sucht (vgl. Massumi 2010 und 2002, hier v. a. 68–88). Ein abstrakter Ansatz, der in einigen Aspekten dem ‚impliziten Wissen' des ungarischen Wissenschaftstheoretikers Michael Polanyi nahe kommt und mit der Betonung des Sprachrhythmus als bedeutungskonstituierender Kraft dem des französischen Sprachtheoretikers und Übersetzers Henri Meschonnic – beide werden bei Massumi in den hier erwähnten Publikationen aus den Jahren 2002 und 2010 aber nicht erwähnt. Was ist unter ‚affektiver Politik' nach Massumi zu verstehen? *Affektive Politik*

> Wenn der Prozess des Schreibens selbst – in seiner schwindelerregenden Präzision, in seiner rigorosen Elastizität – affektiv verstärkt ist, dann können wir Brian Massumis Politik als immanent mit dem kompositionellen Netzwerk der Anpassung des Denkens im Schreiben ansehen, welches genau an dem Verbindungspunkt arbeitet, wo sich die bloße Aktivität des Denkens mit der Vorartikulation der Sprache überschneidet. (Manning, in: Massumi 2010, 16).

Dabei ist es für Massumi bedeutsam, „am protopolitischen Limit, welches die Ontomacht ist" die Prozesshaftigkeit politischen Denkens und Sprechens herauszustellen (vgl. Manning, in: Massumi 2010, 18 ff.).

5. Emotion und Konflikt aus der Perspektive des Übersetzens, Dolmetschens und der Translationswissenschaft

Diesem Bereich der Theorie und Praxis ist hier nachdrücklich Aufmerksamkeit zu schenken. Viel zu selten wird die große Bedeutung von Übersetzungen und Dolmetschleistungen hinsichtlich ihrer gestaltenden Aspekte wahrgenommen, wenn es um Macht(asymmetrien), Konflikt, öffentliche Meinungsbildung und dergleichen mehr geht. Im Rahmen der Translationswissenschaft selbst werden diese Themen aber intensiv reflektiert: „Sociologists, political scientists, economists and other architects of policymaking from the human and social sciences are often breathtakingly indifferent to the language and translation fact, so if we do not fight this censorship of indifference, nobody will do it for us […]." (Cronin 2003, 100). *Translationswissenschaft – Macht und Konflikt*

In einem wichtigen Kapitel des interessanten Bandes „Entwicklungslinien der Translationswissenschaft. Von den Asymmetrien der Sprachen zu den Asymmetrien der Macht", zuerst 2007 erschienen, von Erich Prunč geht es um „Die vielfältigen Felder der Macht". Prunč denkt über eine ‚soziologische Wende der Translationswissenschaft' bzw. über eine ‚Translationssoziologie' nach und orientiert sich dabei an Grundlegungen der Soziologie Pierre Bourdieus (vgl. Prunč 2007, 309). *Asymmetrien der Sprache – Asymmetrien der Macht*

In der Geschichte des Übersetzens gab es immer Einflussnahmen aus externen Machtfeldern, vor allem denen der Politik und der Ideologien. Dazu gehören u.a. das Übersetzungsverbot heiliger Schriften, Zensurmaßnahmen – die auch für die aktuelle Medienpolitik gelten, wie Prunč hervorhebt – ebenso wie vielfältige Formen der Selbstzensur (vgl. Prunč 2007, 319f.). Dolmetscher wurden und werden nach wie vor häufig als distanziert unparteilich agierend gesehen, insbesondere wenn es um das Konferenzdolmetschen bei internationalen Organisationen, Kongressen und dergleichen geht. Die Aufgabe von Dolmetschern besteht dann Prunč zufolge v.a. darin, als Vermittler zwischen wissenschaftlichen, politischen, wirtschaftlichen oder kulturellen Eliten tätig zu sein, welche in der Regel den gleichen sozialen Schichten angehören und einen ähnlichen kognitiven Hintergrund besitzen (vgl. Prunč 2007, 320f.). Prunč betont, dass der Faktor der Macht aufgrund des Machtgleichgewichts zwischen den Kommunikationspartnern ausgeklammert werden konnte. „Wenn jedoch zwischen den Kommunikationspartnern ein empfindliches Machtgefälle herrscht, wird dieser Faktor sowohl in der Praxis als auch in der Forschung entsprechend zu berücksichtigen sein." (Prunč 2007, 321).

Kommunaldolmetschen

Anders verhält es sich beim so genannten Kommunaldolmetschen (*Community interpreting*). Dies ist ein weites Feld, das das Dolmetschen von Interaktionen u.a. zwischen Vertretern staatlicher Institutionen einerseits und Vertretern sozialer Gruppen, wie Flüchtlinge und Minderheiten, andererseits umfasst (vgl. Prunč 2007, 321ff.). Hierbei handelt es sich um ein politisch hochrelevantes Feld, das besondere Schwierigkeiten birgt. Prunč betont, dass dabei zunächst gar nicht professionell ausgebildete Dolmetscher aktiv waren, sondern u.U. sogar Kinder, die eben die betreffenden Sprachen mehr oder weniger gut beherrschten (vgl. Prunč 2007, 321). Wenngleich es inzwischen Bestrebungen gibt, das Kommunaldolmetschen in die Professionalisierung einzubeziehen (vgl. Prunč 2007, 322) – wobei immer die Frage im Raum steht, wer das Dolmetschen jeweils finanziert – bleiben komplexe Probleme zu lösen. Dazu gehört, dass jeweils die Gesprächsrollen und -steuerung ausgehandelt werden müssen und die Dolmetscher volle Gesprächsteilnehmer sind, so dass sie es kaum vermeiden können, das Gespräch mitzugestalten, selbst wenn sie um Zurückhaltung bemüht sind (vgl. Prunč 2007, 323). Vor diesem Hintergrund kommt Prunč zu folgendem Schluss:

> Im Prozess der Produktion symbolischer Güter erweisen sich Translatoren trotz ihrer gesellschaftlich marginalen Position in Geschichte und Gegenwart als entscheidender Faktor. Die Bedingungen, unter denen sie sich sowohl als Berufsgruppe als auch als Einzelindividuen zwischen sozialer Anerkennung und Marginalisierung in das Spiel um ihre gesellschaftliche Positionierung einbringen können, stehen heute im Zentrum des Interesses der sich formierenden Translationssoziologie. Mit ihr rücken Translatoren, die bisher aus dem Transferprozess hinausretuschiert wurden und hinter den idealtypischen Konstrukten vom idealen und idealisierten Translator verborgen blieben, als real fassbare soziale Wesen in den Focus der Disziplin. [...] Die Macht, die sie in der jeweiligen Kultur im Feld der Translation in einer bestimmten Konstellation erwerben können, wird auch zum

symbolischen Kapital, das sie in das Machtspiel um Interpretationen und politische Agenden einbringen. (Prunč 2007, 346).

Mit dem Erfordernis, unter asymmetrischen Akteuren und Gegebenheiten übersetzerisch und dolmetschend tätig zu sein, wächst also das Bewusstsein für die soziologischen Implikationen der Translation ebenso wie für die Rolle von Translatoren. Es liegt auf der Hand, dass angesichts der weltweiten Entwicklungen in der Gegenwart, diese Thematik in der Zukunft weiterhin an Relevanz und Brisanz gewinnen dürfte.

Soziologische Implikationen der Translation

Hochinteressante Untersuchungen liegen in diesem Bereich auch schon vor. In einem von Myriam Salama-Carr herausgegebenen Sammelband finden sich beispielsweise Beiträge zu der Rolle von Translatoren im zweiten Irakkrieg und im Jugoslawien der neunziger Jahre des letzten Jahrhunderts, zu Verflechtungen von Erinnerung und Translation u. a. am Beispiel von Holocaustzeugnissen, zu ideologischen Überlagerungen von Translationsprozessen, u. a. am Beispiel verschiedener chinesischer Übersetzungen der Memoiren Hillary Clintons und dergleichen mehr (vgl. Salama-Carr 2007).

Translation und Krieg

Die Rolle von Übersetzern und Dolmetschern in Kriegssituationen ist Gegenstand eines ebenfalls hervorzuhebenden Bandes von Mona Baker. Baker geht davon aus, dass Translationen Teil der Institution Krieg sind und in der Handhabung von Konflikten zentral sind (vgl. Baker 2006, 1 f.):

> In this conflict-ridden and globalized world, translation is central to the ability of all parties to legitimize their version of events, especially in view of the fact that political and other types of conflict today are played out in the international arena and can no longer be resolved by appealing to local constituencies alone. (Baker 2006, 1).

Wie im Titel des Bandes signalisiert, orientiert Baker sich an erzähltheoretischen Grundlagen und fragt, wie Translationen zur Schaffung von spezifischen Erzählungen bestimmter Ereignisse beitragen. Nicht nur mit der Fokussierung von Konflikt und Krieg begibt Baker sich somit in emotionsbezogene Bereiche, sondern auch mit der Konzentration auf Erzählungen, die, wie sie betont, mit Werten und Wertungen verbunden sind. Aus ihrer Sicht entspricht dies demokratischen Denkweisen:

> Whatever the limitations of the narrative paradigm, its attraction and strength lie in the fact that it privileges values where other models tend to privilege expertise, intelligence and traditional logic. It is radically democratic where the traditional rational paradigm is arguably elitist. […] Complementing the narrative paradigm with a critical understanding of how narratives function and how they allow us to contest social reality in spite of their normalizing effect can take us a long way towards a new and hopefully productive way of investigating acts of translation and interpreting in situations of conflict. (Baker 2006, 163).

Es steht außer Frage, dass mit diesem Ansatz ein immenses Gebiet noch zu leistender Forschung verbunden ist.

X. Angewandte Perspektiven von Emotionspsychologie und emotionsbezogener Beraterliteratur

1. Von Werbung bis Beziehungsthemen

Großes Gebiet

Das Feld angewandter Emotionspsychologie und emotionsrelevanter Beraterliteratur changiert von guten und z. T. auch wissenschaftlich sehr fundierten Publikationen bis zu populärer Gebrauchsliteratur unterschiedlicher fachlicher Solidität und ist praktisch unerschöpflich.

Der Textsorte des vorliegenden Studienbuchs entsprechend, können in diesem Kapitel nicht die konkreten Anliegen bedient werden, welche Managerinnen und Manager, Werbefachleute und Leserinnen und Leser mit unterschiedlichen Interessenlagen und Bildungshintergründen nach entsprechenden Ratgebern und Einführungen suchen lassen. Auch kann hier kaum etwas über die naturgemäß variable Qualität und Nützlichkeit solcher Bände im Allgemeinen gesagt und gewiss keine Empfehlungen im Einzelnen abgegeben werden, zumal dies in der Regel ein rasch fluktuierender Markt ist.

Praxisorientierte Dimensionen der Emotionsforschung

Jedoch soll an dieser Stelle eine Brücke von den in diesem Band im Überblick dargestellten vielfältigen Feldern der Emotionsforschung hin zu angewandten Perspektiven geschlagen werden, indem solche praxisorientierten Dimensionen im Aufriss skizziert werden. Auf diese Weise können die betreffenden Möglichkeiten fächerartig erfasst und ins Bewusstsein gerückt werden. Dass es sich dabei um einen offenen Katalog handelt, ist ausdrücklich zu betonen. Folgende Felder können besonders hervorgehoben werden:

- Emotion und Design („Emotional Design"), z. B. im Autodesign
- Werbepsychologie, z. B. Beeinflussung von Kundenemotionen durch Musikbeschallung, durch den Einsatz von Farben und dergleichen
- Emotionale Sprache als Teil von *Corporate Language* und Werberhetorik
- Stimmschulung und stimmlich gesteuerter Emotionsausdruck
- Branchen- und veranstaltungsspezifische Untersuchung von Emotionspotentialen, z. B. im Eventmanagement und im Tourismus
- Das große Spektrum therapeutischer sowie therapeutisch aufladbarer Bereiche, z. B. Themen mit psychischem Bezug, aber auch Themen wie Ernährungsberatung etc.
- Beraterliteratur zu Einzelemotionen, z. B. Trauerhilfe
- Emotionen und Arbeitsleben, z. B. *Work-life-balance*, Stressbewältigung, Mobbing, Bewerbungsgespräche etc.
- Ratgeberliteratur für Beziehungsthemen, z. B. Eifersucht, Kommunikationsprobleme, Lösen von Beziehungskrisen, glückliche Beziehungen etc.
- Gender-Themen, z. B. so genannte typische Charakteristika von Frauen und Männern, Formen sexueller Präferenzen etc.

- Beratung aller Art mit Emotionspotential, z. B. Einrichtungsberatung unter dem Aspekt des Wohlfühlens, z. T. themenspezifische Kochbücher etc.

Viele, wenn nicht alle dieser und möglicher weiterer anwendungs- und praxisbezogenen Bereiche können ihrerseits Gegenstand wissenschaftlicher Untersuchungen sein und insofern sehr wohl die Emotionsforschung selbst wiederum befruchten.

XI. Pädagogisch-didaktische und methodisch-praktische Dimensionen in Bildung, Unterricht und medizinisch-therapeutischer Gesprächsführung

1. Emotion und Kognition in Bildung, Unterricht und Pädagogik

Emotion und Kognition in der Bildung

In der modernen Erziehungswissenschaft, in Pädagogik- und Didaktikforschung, in der Unterrichtspraxis und insbesondere mit Blick auf den Fremd-, Zweit- und Muttersprachenunterricht mit dem komplexen Lerngegenstand Sprache finden emotionsbezogene Aspekte und die Wechselwirkungen von Emotion und Kognition weiterhin zunehmend Aufmerksamkeit. Wenngleich auch hier die Schwerpunkte in der Regel im kognitiven Bereich liegen, wenn Bildung mit Rationalität mehr oder weniger identifiziert wird (vgl. Gieseke 2007, 47), kam es vor dem Hintergrund der oben im vorliegenden Studienbuch dargestellten jüngeren Einsichten in die vielfältigen Funktionen von Emotionalität im Zusammenhang von Interesse, Denken, Entscheidungsprozessen etc. zu Relativierungen solcher einseitigen Sichtweisen (vgl. z. B. Gieseke 2007). Das Spektrum hochrelevanter Aspekte ist auch in diesem Bereich breit; dazu gehören u. a.:

- Es liegt auf der Hand, dass emotionsbezogene erziehungswissenschaftliche Fragen u. a. eine gewisse Nähe zu solchen der Emotionsontogenese haben können (vgl. hierzu 2.1.2 ‚Entwicklungspsychologische Ansätze'); die Erziehungswissenschaft fragt z. B., „warum Individuen Bildungsentscheidungen treffen, welche Emotionsmuster durchschlagend sind, was sich im Lebenslauf wie und aus welchen Gründen fügt und welche Wirkungen Entwicklungen in der Kindheit und Jugend im gesamten Lebenslauf haben" (Gieseke 2007, 133).
- Erwachsenenbildung ist in der Gegenwart vielfach eng mit dem Arbeitsleben und insofern immer wieder auch mit eventuellen Fortbildungsentscheidungen verbunden; solche Entscheidungen werden z. B. unter dem Aspekt ihrer Beeinflussung und Steuerung durch Emotionen untersucht (vgl. Gieseke 2007, 199ff.).

Emotion und Fremdsprachenunterricht

Im Hinblick auf den Fremdsprachenunterricht haben die Ansatzpunkte ebenfalls große Variationsbreite, die u. a. diese umfassen (vgl. hierzu z. B. Arnold 1999; Börner & Klaus 2004; Reinhardt 2008; Müller, Hellbrunn, Moll & Storrie 2005; Ogasa 2011):

- Lerntheoretisch relevante Grundlagen der kognitiven Emotionsforschung
- Affektive Faktoren in Fremdsprachenunterrichtskonzepten und Modellen des Fremdsprachenlernens

- Konzeptionelle Überlegungen zur Integration von Kognition und Emotion in konstruktivistischen Fremdsprachenunterrichtsmodellen
- Untersuchungen von Fremdsprachenverwendungsangst
- Untersuchungen zur Funktion von Empathie beim Fremdverstehen, Attitüden zu Fremdsprachen und zum Fremdsprachenlernen
- Lernstrategien und Emotionen
- Lehrerrollen, Lern- und Lernstile
- Interkulturelle Verständigung als emotionsbezogene Facette

Gerade im Hinblick auf das Lernen und Unterrichten von Fremdsprachen, das – wie die Ansätze von Mehrsprachigkeitsforschung und Emotion zeigen (vgl. das entsprechende Kapitel im vorliegenden Studienbuch) – sehr wohl mit sprach- und kulturbezogenen Variablen verbunden sein kann, dürfte zu empfehlen sein, sich nicht zu einseitig auf neuro- und kognitionswissenschaftliche Ansätze der Emotions- und Lernforschung zu beziehen, die womöglich dazu tendieren, solchen Variablen weniger oder gar nicht Rechnung zu tragen. Vielmehr ist anzuraten, auch hier das Feld der Emotionsforschung in seiner Breite auszuschöpfen.

Breite emotionstheoretische Grundlagen erforderlich

2. Gesprächsführung in Medizin, Psychologie und Therapie

Hier ist wiederum auf die unter 9. erwähnten inhaltsanalytischen Verfahren der Untersuchung des emotionalen Gehalts und der Auswertung emotionsthematischer Texte hinzuweisen. Ein entsprechendes Kapitel findet sich in dem einschlägigen von Jürgen H. Otto et al. herausgegebenen „Handbuch zur Emotionspsychologie" (vgl. Schmitt & Mayring 2000, 469–477, in: Otto et al. 2000).

Therapeutische Interaktionen können auf der Basis des Kategoriensystems von Dahl, Hölzer und Berry (1992) auf emotionshaltige Äußerungen hin untersucht werden (vgl. Schmitt & Mayring 2000, 471). Im Ausgang von der Emotionstheorie von Joseph De Rivera, die zum Typus der einschätzungstheoretischen Ansätze und damit zur Kategorie der kognitionswissenschaftlichen Emotionstheorien zu rechnen ist, werden emotionshaltige Aussagen folgendermaßen klassifiziert:

Emotionen in medizinisch-therapeutischen Gesprächen

> Die Kodierer [d.h. die Analytiker des Therapiegesprächs. GLS] entscheiden für jede Aussage zunächst, ob sich die angesprochene Emotion auf ein *Objekt* oder auf den Sprecher *selbst* bezieht. Wird die emotionale Aussage als objektbezogen bewertet, dann ist im zweiten Schritt zu entscheiden, ob die Emotion Anziehung oder Abstoßung impliziert. Auf der dritten Ebene des Klassifikationsschemas wird entschieden, ob die Anziehung bzw. Abstoßung *von* dem Objekt ausgeht oder vom Subjekt *zu* dem Objekt verweist. Für die Klasse der selbstgerichteten Emotionen ist zu entscheiden, ob es sich um eine negativ oder positiv valente Emotion handelt und, im dritten Schritt, ob diese Emotion einen passiven oder aktiven Charakter hat. In diesem Vorgehen wird jede emotionshaltige Aussage als eine der acht als prototypisch postulierten Emotionen Liebe, Begeisterung, Wut,

Furcht, Zufriedenheit, Freude, Depression und Angst oder aber als eine der möglichen Mischformen kodiert (vgl. Schmitt/Mayring 2000, 471).

Schulung der Gesprächsführungskompetenz

Für eine vertiefte Beschäftigung mit diesem hochrelevanten Bereich muss an dieser Stelle auf die Spezialliteratur verwiesen werden (vgl. z. B. Hülshoff ^{3}2006). Dabei ist darauf aufmerksam zu machen, dass die Untersuchung und professionelle Schulung der Führung von Gesprächen mit Patienten und Angehörigen insbesondere bei ernsten Erkrankungen und der Übermittlung von sehr schlechten Nachrichten, wie im Fall von Todesfällen, auch ein aktuelles Forschungsgebiet der Linguistik und Kommunikationsforschung darstellt (vgl. z. B. die frühe Arbeit von Reinhard Fiehler, der hier vor seinem emotionslinguistischen Forschungshintergrund die Emotionsthematik einbringt, Fiehler 1990). Dies ist ein Feld, das der kontinuierlichen Fortentwicklung der Forschung bedarf, insbesondere u. a. im Bereich kultureller Variablen bezüglich Emotionen, Arzt-Patienten-Relationen, sogar der Auffassungen von Krankheit selbst, ihrer religiösen, individuellen, gesellschaftlichen und ökonomischen Implikationen.

Emotionsbezogene Einsichten bei Klienten

Nicht zu versäumen ist hier aber abschließend der Hinweis auf einen „Klassiker" der klientenzentrierten Therapie- und Beratungspraxis, die nicht-direktive Beratung nach Carl R. Rogers, zuerst 1942 publiziert, die deutsche Übersetzung erschien 2010 in nunmehr 13. Auflage. Die Berücksichtigung von Gefühlen thematisiert Rogers im Zusammenhang der ‚Freisetzung des Ausdrucks' und der ‚Erlangung von Einsicht' seitens des Klienten (vgl. Rogers ^{13}2010, 123–196).

Abschließende Bemerkung

Die Vielfalt der Begriffe, Theorien, Fragestellungen, disziplinären Bezüge und Anwendungsdimensionen der Emotionsforschung dürfte Annahmen einer möglichen „Randständigkeit" der Thematik nachdrücklich widerlegen. Auch ist Emotionsforschung ebenso wenig eine Art von „Parallelwissenschaft", die in Konkurrenz oder auch einfach komplementärer Ergänzung zum rationalen Paradigma stünde, wie sie ein wissenschaftstheoretisch gesehen grundsätzlich alternativer epistemologischer Zugang wäre.

Vielmehr zeichnet sich schon jetzt deutlich ab, dass zunehmend von einem „Hand-in-Hand" des in herkömmlicher Weise Rationalität akzentuierenden wissenschaftlichen Paradigmas und des Fragen der Emotionalität einschließenden Paradigmas auszugehen ist: Denn – und dies sei abschließend ausdrücklich betont – kennzeichnend ist für Emotionsforschung die Öffnung gegenüber emotionsbezogenen Fragestellungen, die lange Zeit nicht in den Blick genommen und trotz ihrer Virulenz auch in nahezu oder womöglich allen Sach- und Fachbereichen einschließlich der Formal-, Natur- und Gesellschaftswissenschaften ausgeklammert wurden. Die Wissenschaftlichkeit in Begriffs- und Theoriebildung sowie methodischen Vorgehensweisen wird dadurch nicht beeinträchtigt, sondern um Themen bereichert, deren auch anwendungsbezogene und alltagspraktische Relevanz im vorliegenden Studienbuch aufgezeigt wird.

Literatur

Alfes, Henrike F. (1995): Literatur und Gefühl. Emotionale Aspekte literarischen Schreibens und Lesens. Opladen: Westdeutscher Verlag.

Alkemeyer, Thomas (2003): Semiotische Aspekte der Soziologie: Soziosemiotik, in: Semiotik – Semiotics. Ein Handbuch zu den zeichentheoretischen Grundlagen von Natur und Kultur, hg. von Roland Posner et al. 3. Teilbde., Berlin/New York: de Gruyter, S. 2758–2846.

Amin, Ismail (1973): Assoziationspsychologie und Gestaltpsychologie. Eine problemgeschichtliche Studie mit besonderer Berücksichtigung der Berliner Schule. Bern/Frankfurt am Main: Lang.

Andersen, Peter A./Guerrero, Laura K. (Hg.) (1998): Handbook of communication and emotion. Research, Theory, Applications, and Contexts. San Diego: Academic Press.

André, Elisabeth/Dybkjær, Laila/Minker, Wolfgang/Heisterkamp, Paul (Hg.) (2004): Affective Dialogue Systems. Tutorial and Research Workshop, ADS 2004, Kloster Irsee, Germany, June 14–16, 2004, Proceedings. Berlin: Springer.

Annan, Kofi (2001): Crossing the Divide. Dialogue among Civilizations. South Orange N.Y.: Seton Hall University [dt.e Übersetzung: Brücken in die Zukunft. Ein Manifest für den Dialog der Kulturen, mit einem Geleitwort von Joschka Fischer, Frankfurt am Main: Fischer].

Anz, Thomas (2006): Emotional Turn? Beobachtungen zur Gefühlsforschung, in: literaturkritik.de, Nr. 12: Schwerpunkt Emotionen, Zur Einführung. http://www.literaturkritik.de, zuletzt geprüft am 02.06.14, 18.18 Uhr.

Argyle, Michael (^{2}2001[1987]): The Psychology of Happiness. London/New York: Routledge.

Argyle, Michael (^{9}2005[1975]): Körpersprache & Kommunikation. Das Handbuch zur nonverbalen Kommunikation. Paderborn: Junfermann.

Arndt, Horst/Janney, Richard Wayne (1987): InterGrammar. Toward an integrative model of verbal, prosodic, and kinesic choices in speech. Berlin, New York: Mouton de Gruyter.

Arnold, Jane (Hg.) (1999): Affect in Language Learning. Cambridge: Cambridge University Press.

Arnold, Magda B. (1960): Emotion and personality. New York: Columbia University Press.

Asimov, Isaac (1978[1950]): Ich, der Robot. München: Heyne.

Assmann, Jan (2010): Emotionen in Händels Musiktheater, in: Emotionen, hg. von Daniela Hammer-Tugendhat und Christina Lutter. ZfK – Zeitschrift für Kulturwissenschaften 2/2010. Bielefeld: transcript, S. 23–31.

Auernheimer, Georg (^{5}2007): Einführung in die Interkulturelle Pädagogik. Darmstadt: Wissenschaftliche Buchgesellschaft.

Auswärtiges Amt (Hg.) 2002: Sechstes Forum Globale Fragen. Globalisierung und Kommunikation. Berlin, 15.–16. November 2001, Berlin: rga-Druck.

Auswärtiges Amt (Hg.) 2002: Siebtes Forum Globale Fragen. Dialog der Kulturen. Berlin, 16.–17. Mai 2002, in Zusammenarbeit mit der Deutsche Gesellschaft für Technische Zusammenarbeit (GTZ) GmbH, Berlin: rga-Druck.

Averill, James R. (1980): A constructivist view of emotion, in: Theories of emotion, hg. von Richard Plutchik et al. New York: Academic Press. S. 305–340.

Averill, James R. (1985): The social construction of emotion: With special reference to love, in: The social construction of the person, hg. von K. Gergen et al. New York: Springer, S. 89–109.

Averill, James R./Nunley, Elma P. (1993[1992]): Die Entdeckung der Gefühle. Ursprung und Entwicklung unserer Emotionen. Hamburg: Kabel.

Baker, Mona (2006): Translation and Conflict. A Narrative Account. London/New York: Routledge.

Bal, Mieke (2006): Affekt als kulturelle Kraft, in: Affekte. Analysen ästehtisch-medialer Prozesse, hg. von Antje Krause-Wahl, Heike Oehlschlägel und Serjoscha Wiemer. Mit einer Einleitung von Mieke Bal. Bielefeld: transcript, S. 7–19.

Bally, Charles (1935): Mécanisme de l'expressivité linguistique, in: Ders., Le langage et la vie. Zurich: Max Niehans, S. 112–149.

Bandes, Susan (1999): The Passions of Law. New York: New York University.

Bartsch, Anne/Eder, Jens/Fahlenbrach, Kathrin (Hg.) (2007): Audiovisuelle Emotionen. Emotionsdarstellung und Emotionsvermittlung durch audiovisuelle Medienangebote. Köln: Herbert von Halem Verlag.

Battacchi, Marco W./Suslow, Thomas/Renna, Margherita (1996): Emotion und Sprache. Zur Definition der Emotion und ihren Beziehungen zu kognitiven Prozessen, dem Gedächtnis und der Sprache. Frankfurt am Main u. a.: Peter Lang.

Bazzanella, Carla (2004): Emotions, Language, and Context, in: Emotion in Dialogic Interaction. Advances in the Complex, hg. von Edda Weigand. Amsterdam/Philadelphia: John Benjamins, S. 55–72.

Becker, Christian/Kopp, Stefan/Wachsmuth, Ipke (2004): Simulating the Emotion Dynamics of a Multimodal Conversational Agent, in: Affective Dialogue

Systems. Tutorial and Research Workshop, ADS 2004, Kloster Irsee, Germany, June 2004. Proceedings, hg. von Elisabeth André et al. Berlin et al.: Springer, S. 154–165.
Benthien, Claudia/Fleig, Anne/Kasten, Ingrid (2000): Emotionalität. Zur Geschichte der Gefühle. Köln/Weimar/Wien: Böhlau.
Bercovitch, Jacob/Kremenyuk, Victor/Zartman, I. William (Hg.) (2009): The SAGE Handbook of Conflict Resolution. Los Angeles u. a.: SAGE Publications.
Berger, Peter/Luckmann, Thomas (1980): Die gesellschaftliche Konstruktion der Wirklichkeit. Eine Theorie der Wissenssoziologie. Frankfurt am Main: Fischer.
Besch, Werner ([2]1998): Sprachgeschichte. Ein Handbuch zur Geschichte der deutschen Sprache und ihrer Erforschung. Berlin/New York: Walter de Gruyter.
Beynon, Meurig/Russ, Steve (2006): Human Computing – Modelling with Meaning, in: Literary and Linguistic Computing 2 (21), S. 141–157.
Birdwhistell, Ray L. (1970): Kinesics and Context. Essays on Body Motion Communication. Philadelphia: University of Pennsylvania Press.
Bischof-Köhler, Doris (2000): Entwicklungspsychologische Ansätze, in: Emotionspsychologie. Ein Handbuch, hg. von Jürgen H. Otto, Harald A. Euler und Heinz Mandl. Weinheim: Psychologie Verlags Union, S. 165–176.
Blackall, Eric A. (1966[1959]): Die Entwicklung des Deutschen zur Literatursprache 1700–1775. Stuttgart: Metzler.
Blumenthal, Jeremy A. (2007): Emotional paternalism, in: Florida State University Law Review, Vol. 35, S. 1–72.
Bolle, Friedel (2006): Gefühle in der ökonomischen Theorie, in: Emotionen und Sozialtheorie. Disziplinäre Ansätze, hg. von Rainer Schützeichel. Frankfurt/New York: Campus.
Börner, Wolfgang/Vogel, Klaus (Hg.) (2004): Emotion und Kognition im Fremdsprachenunterricht. Tübingen: Narr.
Bornstein, Brian H./Wiener, Richard L. (Hg.) (2010): Emotion and the Law. Psychological Perspectives. New York/Dordrecht/Heidelberg/London: Springer.
Borutta, Manuel/Verheyen, Nina (Hg.) (2010): Die Präsenz der Gefühle. Männlichkeit und Emotion in der Moderne. Bielefeld: transcript.
Bösch, Frank/Borutta, Manuel (2006): Die Massen bewegen. Medien und Emotionen in der Moderne. Frankfurt am Main: Campus.
Braud, Philippe (1996): L'émotion en politique. Problèmes d'analyse. Paris: Presses de la fondation nationale des sciences politiques.
Braun, Johann ([4]2011): Einführung in die Rechtswissenschaft. Tübingen: Mohr Siebeck.
Breazeal, Cynthia L. (2002): Designing Sociable Robots. Cambridge, Mass./London: MIT Press.
Breazeal, Cynthia L. (2003): Function meets Style. Insights from Emotion Theory Applied to HRI, in: IEEE Transactions on Man, Cybernetics and Systems. Part C, Vol. XX, No. Y, Month 2003.
Breithaupt, Fritz (2009): Kulturen der Empathie. Frankfurt am Main: Suhrkamp.
Brosch, Tobias/Scherer, Klaus R./Grandjean, Didier/Sander, David (2013): The impact of emotion on perception, attention, memory, and decision-making, in: Swiss Med Wkly. 143: w13786.
Bruner, Jerome S. (1997[1990]): Sinn, Kultur und Ich-Identität. Heidelberg: Carl-Auer-Systeme.
Bryant, Jennings/Roskos-Ewoldsen, David/Cantor, Joanne (Hg.) (2003): Communication and Emotion. Essays in Honor of Dolf Zillmann. Mahwah, New Jersey/London: Lawrence Erlbaum Associates.
Buck, Ross (1984): The Communication of Emotion. New York/London: The Guilford Press.
Bühler, Karl (1933): Ausdruckstheorie. Das System an der Geschichte aufgezeigt. Jena: Gustav Fischer.
Bühler, Karl (1960): Das Gestaltprinzip im Leben des Menschen und der Tiere. Bern, Stuttgart: Huber.
Bühler, Karl (1978[1927]): Die Krise der Psychologie. Frankfurt am Main: Ullstein.
Bühler, Karl (1982[1934]): Sprachtheorie. Die Darstellungsfunktion der Sprache. Stuttgart, New York: Gustav Fischer.
Bürger, Hans (2012): Der vergessene Mensch in der Wirtschaft. Neue Modelle zwischen Gier und Fairness. Wien: Braumüller.
Burkhart, Roland ([4]2002): Kommunikationswissenschaft. Wien: Böhlau UTB.
Burkart, Roland/Hömberg, Walter (Hg.) ([6]2012): Kommunikationstheorien. Ein Textbuch zur Einführung. Wien: Braumüller.
Butler, Judith (1991[1990]): Das Unbehagen der Geschlechter. Frankfurt am Main: Suhrkamp.
Butler, Judith (1997): Excitable Speech. A Politics of the Performative. New York/London: Routledge.
Butler, Judith (2001[1997]): Psyche der Macht. Das Subjekt der Unterwerfung. Frankfurt am Main: Suhrkamp.
Butler, Judith (2003): Kritik der ethischen Gewalt. Adorno-Vorlesungen 2002. Frankfurt am Main: Suhrkamp.
Butler, Judith (2006[1997]): Haß spricht. Zur Politik des Performativen. Frankfurt am Main: Suhrkamp.
Caffi, Claudia/Janney, Richard W. (1994): Toward a pragmatics of emotive communication, in: Journal of pragmatics (22), S. 325–373.
Cai, Yang (2007): Instinctive Computing, in: Artifical Intelligence for Human Computing. ICMI 2006 and IJCAI 2007 International Workshops, hg. von Thomas S. Huang, Anton Nijholt, Maja Pantic und Alex Pentland. Berlin: Springer, S. 17–46.
Campe, Rüdiger (1990): Affekt und Ausdruck. Zur Umwandlung der literarischen Rede im 17. und 18. Jahrhundert. Tübingen: Niemeyer.

Canary, Daniel J./Spitzberg, Brian H./Semic, Beth A. (1998): The Experience and Expression of Anger in Interpersonal Settings, in: Handbook of communication and emotion. Research, Theory, Applications, and Contexts, hg. von Peter A. Andersen und Laura K. Guerrero. San Diego: Academic Press, S. 191–217.

Castelfranchi, Cristiano (1992): No More Cooperation, Please! In Search of the Social Structure of Verbal Interaction, in: Communication from an Artificial Intelligence Perspective. Theoretical and Applied Issues, hg. von Andrew Ortony. Berlin et al.: Springer, S. 205–227.

Christaller, Thomas (Hg.) (2001): Robotik. Perspektiven für menschliches Handeln in der zukünftigen Gesellschaft. Berlin: Springer.

Clair, Jean (Hg.) (2006): Melancholie. Genie und Wahnsinn in der Kunst. Paris/Berlin: Hatje Cantz.

Clynes, Manfred (1980): The Communication of Emotion: Theory of Sentics, in: Emotion. Theory, Research, and Experience, hg. von Henry Kellermann und Robert Plutchik. Vol. 1: Theories of Emotion. Orlando et al.: Academic Press, S. 271–301.

Collins, Randall (2001): Social Movements and the Focus of Emotional Attention, in: Passionate Politics. Emotions and Social Movements, hg. von Jeff Goodwin, James M. Jasper und Francesca Polletta. Chicago: The University of Chicago Press, S. 27–44.

Collins, Randall (2012): Konflikttheorie. Ausgewählte Schriften. Wiesbaden: Springer.

Corrigan, John (Hg.) (2008): The Oxford Handbook of Religion and Emotion. Oxford: University Press.

Cronin, Michael (2003): Translation and Globalization. London/New York: Routledge.

Czöppan, Clarissa (2012): Emotionen am Markt. Zur Funktion der Emotionen im Bereich des Buchmarketings. Hamburg: Dr. Kovac.

Dahl, Hartvig/Hölzer, Michael/Berry, Jack W. (1992): How to classify emotions for psychotherapy research. Ulm: Ulmer Textbank.

Damasio, Antonio R. (^{6}2001[1994]): Descartes' Irrtum. Fühlen, Denken und das menschliche Gehirn. München: dtv.

Darwin, Charles (2000[1872]): Der Ausdruck der Gemütsbewegungen bei dem Menschen und den Tieren. Kritische Edition, Einleitung, Nachwort und Kommentar von Paul Ekman. Frankfurt am Main: Eichborn.

Davidson, Richard J./Scherer, Klaus R./Goldsmith, H.Hill (Hg.) (^{2}2009): Handbook of Affective Sciences. Oxford: Oxford University Press.

Davitz, Joel R. (1969): The Language of Emotion. New York/London: Academic Press.

Dehn, Ulrich (2008): Handbuch Dialog der Religionen. Christliche Quellen zur Religionstheologie und zum interreligiösen Dialog. Frankfurt am Main: Lembeck.

Deigh, John (2008): Values, and the Law. Oxford: University Press.

Deigh, John (2013): On Emotions. Philosphical Essays. Oxford: University Press.

Deleuze, Gilles (1989[1983]): Das Bewegungs-Bild. Kino 1. Frankfurt am Main: Suhrkamp.

Deonna, Julien A./Teroni, Fabrice (2012): The emotions. A philosophical introduction. London: Routledge.

Descartes, René (1993[1641]): Meditationen über die Grundlagen der Philosophie. Hg. von Lüder Gäbe. Hamburg: Meiner.

Deutsch, Morton/Coleman, Peter T. (Hg.) (2000): The Handbook of Conflict Resolution. Theory and Practice. San Francisco: Jossey-Bass Publishers.

Dieckmann, Walther (1981): Politische Sprache. Politische Kommunikation. Vorträge – Aufsätze – Entwürfe. Heidelberg: Carl Winter.

Dietz, Simone (2003): Die Kunst des Lügens. Eine sprachliche Fähigkeit und ihre moralischer Wert. Reinbek bei Hamburg: Rowohlt.

Donati, Paolo R. (^{3}2011): Die Rahmenanalyse politischer Diskurse, in: Handbuch Sozialwissenschaftliche Diskursanalyse. Bd. 1: Theorien und Methoden. Wiesbaden: VS Verlag, S. 159–191.

Döring, Sabine A. (1999): Ästhetische Erfahrung als Erkenntnis des Ethischen. Die Kunsttheorie Robert Musils und die analytische Philosophie. Paderborn: Mentis.

Döring, Sabine A. (^{3}2013) (Hg.): Philosophie der Gefühle. Frankfurt am Main: Suhrkamp.

Döveling, Katrin (2005): Emotionen – Medien – Gemeinschaft. Eine kommunikationssoziologische Analyse. 1. Aufl. Wiesbaden: VS Verlag für Sozialwissenschaften.

Döveling, Katrin/Scheve, Christian von/Konijn, Elly (Hg.) (2011): The Routledge handbook of emotions and mass media. London, New York: Routledge.

Drescher, Martina (2003): Sprache der Wissenschaft, Sprache der Vernunft? Zum affektleeren Stil in der Wissenschaft, in: Gruppenstile. Zur sprachlichen Inszenierung sozialer Zugehörigkeit, hg. von Stephan Habscheid und Ulla Fix. Frankfurt am Main: Lang, S. 53–79.

Eder, Jens (2003): Narratology and Cognitive Reception Theories, in: What Is Narrotology? Questions and Answers Regarding the Status of a Theory, hg. von Tom Kindt und Hans-Harald Müller. Berlin/New York, S. 277–301.

Eder, Jens (2005): Affektlenkung im Film. Das Beispiel Triumph des Willens, in: Mediale Emotionen. Zur Lenkung von Gefühlen durch Bild und Sound, hg. von Oliver Grau und Andreas Keil. Frankfurt am Main, S. 107–132.

Ehlich, Konrad (1986): Interjektionen. Tübingen: Niemeyer.

Ehlich, Konrad (1997): Religion als kommunikative Praxis, in: Religiöse Kommunikation – Formen und Praxis vor der Neuzeit, hg. von Gerhard Binder und Konrad Ehlich. Trier: Wissenschaftlicher Verlag, S. 337–355.

Ekman, Paul/Salisch, Maria von (Hg.) (1988): Gesichtsausdruck und Gefühl. 20 Jahre Forschung von Paul Ekman. Paderborn: Junfermann.

Elias, Norbert (1976[1939]): Über den Prozeß der Zivilisation. Frankfurt am Main: Suhrkamp.

Elias, Norbert (1990): Über Menschen und Emotionen: Ein Beitrag zur Evolution der Gesellschaft, in: Zeitschrift für Semiotik 12/4, S. 337–357.

Engelhardt, Dietrich von (1998): Sexualpathologie und Sittlichkeitsdelinquenz in der Wissenschaft und Literatur der zweiten Hälfte des 19. Jahrhunderts, in: Grenzfrevel. Rechtskultur und literarische Kultur, hg. von Hans-Albrecht Koch et al. Bonn: Bouvier, S. 220–241.

Erdem, Aysen/Karaismailoglu, Serkan (2011): Neurophysiology of Emotions, in: Synthetic Emotions and Sociable Robotics. New Applications in Affective Computing and Artificial Intelligence, hg. von Jordi Vallverdu und David Casacuberta. Hershey PA: IGI Global, S. 1–24.

Erler, Michael (2012): Platon: Affekte und Wege zur Eudaimonie, in: Handbuch Klassische Emotionstheorien. Von Platon bis Wittgenstein, hg. von Hilge Landweer und Ursula Renz. Berlin/Boston: de Gruyter, S. 19–43.

Esterbauer, Reinhold/Ebenbauer, Peter/Wessely, Christian (Hg.) (2008): Religiöse Appelle und Parolen. Interdisziplinäre Analysen zu einer neuen Sprachform. Stuttgart: Kohlhammer.

Euler, Harald A. (2000): Evolutionstheoretische Ansätze, in: Emotionspsychologie. Ein Handbuch, hg. von Jürgen H. Otto, Harald A. Euler und Heinz Mandl. Weinheim: Psychologie Verlags Union, S. 45–63.

Evans, Dylan/Cruse, Pierre (Hg.) (2004): Emotion, Evolution, and Rationality. Oxford: Oxford University Press.

Fairclough, Norman ([2]2001): Language and Power. Edinburgh Gate: Pearson Education Limited.

Fichtner, Bernd (1971): Artikel „Ausdruck", in: Historisches Wörterbuch der Philosophie, hg. von Joachim Ritter, Bd. I, Basel/Stuttgart: Schwabe, S. 655–661.

Fiedler, Klaus (2004): Soziale Kognition und internationale Beziehungen, in: Krieg und Frieden. Handbuch der Konflikt- und Friedenspsychologie, hg. von Gert Sommer und Albert Fuchs, Weinheim: Beltz, S. 103–115.

Fiehler, Reinhard (1990): Erleben und Emotionalität als Problem der Arzt- Patienteninteraktion, in: Medizinische und therapeutische Kommunikation. Diskursanalytische Untersuchungen, hg. von Konrad Ehlich und Armin Koerfer. Opladen: Westdeutscher Verlag.

Fiehler, Reinhard (1990). Kommunikation und Emotion. Theoretische und empirische Untersuchungen zur Rolle von Emotionen in der verbalen Interaktion. Berlin/New York: de Gruyter.

Fish, Stanley (1980): Is there a Text in This Class? The Authority of Interpretive Communities. Cambridge, Mass: Harvard University Press.

Fisher, Roger/Ury, William/Patton, Bruce M. ([22]2004): Das Harvard-Konzept. Der Klassiker der Verhandlungstechnik. Frankfurt/New York: Campus.

Fishman, Pamela (1978): Interaction. The work women do, in: Social Problems 25 (1978) S. 397–406.

Fix, Ulla (Hg.) (2009): Rhetorik und Stilistik/Rhetoric and stylistics. Ein internationales Handbuch historischer und systematischer Forschung. Berlin: Mouton de Gruyter.

Flam, Helena (2002): Soziologie der Emotionen. Eine Einführung. Konstanz: UVK Verlagsgesellschaft.

Fleming, James E. (Hg.) (2013): Passions and Emotions. New York/London: University Press.

Fludernik, Monika (2003): Natural Narratology and Cognitive Parameters, in: Narrative Theory and the Cognitive Sciences, hg. von David Herman. Stanford, S. 243–267.

Foley, William A. (1997): Anthropological Linguistics. An Introduction. Malden MA: Blackwell.

Fonagy, Peter/Gergely, György/Jurist, Elliot L./Target, Mary (2004): Affect Regulation, Mentalization, and the Development of the Self. London/New York: Karnac.

Fontanille, Jacques (2002): Sémiotique des passions, in: Questions de sémiotique, hg. von Anne Hénault. Paris: Presses Universitaires de France, S. 601–637.

Foucault, Michel (1977[1976]): Der Wille zum Wissen. Frankfurt am Main: Suhrkamp.

Frank, Robert H. (1992[1988]): Die Strategie der Emotionen. München: Oldenbourg Verlag.

Freud, Sigmund (1977[1896]): Zur Aetiologie der Hysterie, in: Gesammelte Werke, Bd. 1. Frankfurt am Main: Fischer.

Fridlund, Alan J. (1994): Human facial expression. An evolutionary view. San Diego: Adademic Press.

Fries, Norbert (1995): Emotionen in der Semantischen Form und in der Konzeptuellen Repräsentation, in: Sprache als Kognition – Sprache als Interaktion. Studien zum Grammatik-Pragmatik-Verhältnis, hg. von Andras Kertész. Frankfurt am Main: Lang, S. 139–181.

Fries, Norbert (2000): Sprache und Emotionen. Ausführungen zum besseren Verständnis und Anregungen zum Nachdenken. Bergisch-Gladbach: Lübbe.

Fries, Norbert (2003): de ira, in: Linguistik online (13), 1/03.

Frijda, Nico H. (1986): The Emotions. Cambridge: Cambridge University Press.

Fromm, Erich ([69]2010[1956]): Die Kunst des Liebens. Frankfurt am Main: Ullstein.

Fuhrmann, Manfred (Hg.) (2003): Aristoteles. Poetik. Griechisch/deutsch. Stuttgart: Reclam.

Fussell, Susan R. (Hg.) (2002): The Verbal Communication of Emotions. Interdisciplinary Perspectives. Mahwah, New Jersey/London: Lawrence Erlbaum Associates.

Gäbe, Lüder (1972): Descartes' Selbstkritik. Untersuchungen zur Philosophie des jungen Descartes. Hamburg: Meiner.

Galliker, Mark (2012): Emotion und Motivation. Historische Diskurse – Menschenbilder – Lebenshilfe. Stuttgart: Kröner.
Galtung, Johan (1982): Strukturelle Gewalt. Beiträge zur Friedens- und Konfliktforschung. Reinbek: Rowohlt.
Galtung, Johan (2007): Konflikte und Konfliktlösungen. Die Transcend-Methode und ihre Anwendung. Berlin: Kai Homilius Verlag.
Gelbrich, Katja (2005): Emotionen, in: Emotionen, Markt und Moral, hg. von Uwe Mummert und Friedrich L. Sell. Münster: LIT Verlag, S. 17–39.
Gerber, Uwe/Hoberg, Rudolf (Hg.) (2009): Sprache und Religion. Darmstadt: Wissenschaftliche Buchgesellschaft.
Gerhards, Jürgen (1988): Soziologie der Emotionen. Fragestellungen, Systematik und Perspektiven. Weinheim/München: Juventa.
Gessner, Wolfgang (2004): Die kognitive Emergenz von Emotionen. Paderborn: Mentis.
Gessner, Wolfgang/Schiewer, Gesine Lenore/Ringenbach, Alex (2009): Why Androids Will Have Emotions. Constructing Human-Like Actors and Communicators Based on Exact Sciences of the Mind, in: Human Machine Interaction. Research Results of the MMI Programm, hg. von Denis Lalanne und Jürg Kohlas. Berlin/Heidelberg: Springer, S. 133–163.
Gieseke, Wiltrud (2007): Lebenslanges Lernen und Emotionen. Wirkungen von Emotionen auf Bildungsprozesse aus beziehungstheoretischer Perspektive. Bielefeld: wbv.
Glasl, Friedrich ([10]2011): Konfliktmanagement. Diagnose und Behandlung von Konflikten in Organisationen. Bern/Stuttgart: Haupt.
Gökçay, Didem (2011): Emotional Axes: Psychology, Psychophysiology and Neuroanatomical Correlates, in: Affective Computing and Interaction. Psychological, Cognitive and Neuroscientific Perspectives, hg. von Didem Gökçay und Gülsen Yildirim. Hershey PA: IGI Global, S. 56–73.
Gökçay, Didem/Yildirim, Gülsen (Hg.) (2011): Affective Computing and Interaction. Psychological, Cognitive and Neuroscientific Perspectives. Hershey PA: IGI Global.
Görz, Günther/Rollinger, Claus-Rainer/Schneeberger, Josef ([4]2003): Handbuch der künstlichen Intelligenz. München/Wien: Oldenbourg.
Goethe, Johann Wolfgang von (1994): Sämtliche Werke, Briefe, Tagebücher und Gespräche, hg. von Albrecht Schöne. 2. Aufl. Frankfurt am Main: Deutscher Klassiker Verlag.
Goleman, Daniel (1996[1995]): Emotionale Intelligenz. München: Hanser.
Goodwin, Jeff/Jasper, James M./Polletta, Francesca (2001): Passionate Politics. Emotions and Social Movements. Chicago: The University of Chicago Press.
Goozen, Stephanie H.M. van/Poll, Nanne E. van de/Sergeant, Joseph Anthony (Hg.) (1994): Emotions. Essays on Emotion Theory. Hillsdale, New Jersey: Lawrence Erlbaum Ass.
Gottschalk, Louis A./Gleser, G.C. (1969): The measurement of psychological states through the content analysis of verbal behavior. Berkeley/Los Angeles.
Grau, Oliver/Keil, Andreas (Hg.) (2005): Mediale Emotionen. Zur Lenkung von Gefühlen durch Bild und Sound. Frankfurt am Main: Fischer.
Greco, Monica/Stenner, Paul (Hg.) (2008): Emotions: A Social Science Reader. A Social Science Reader: Taylor & Francis Ltd.
Green, Nile/Searle-Chatterjee, Mary (2008): Tribe, Diaspora, and Sainthood in Afghan History, in: Journal of Asian Studies (67), S. 171–211.
Greuel, Luise (1993): Polizeiliche Vernehmung vergewaltigter Frauen. Weinheim: Beltz.
Grimm, Jacob/Grimm, Wilhelm (1854–1984): Deutsches Wörterbuch. München: dtv.
Grundmann, Matthias /Hollstein, Betina/Pries, Ludger/ Schimank, Uwe/Weiß, Anja (Hg.) (1978): Soziologische Revue. Besprechungen neuer Literatur. Berlin, Boston: De Gruyter.
Günthner, Susanne (2000): Vorwurfsaktivitäten in der Alltagsinteraktion. Grammatische, prosodische, rhetorisch-stilistische und interaktive Verfahren bei der Konstitution kommunikativer Muster und Gattungen. Tübingen: Niemeyer.
Günthner, Susanne/Luckmann, Thomas (2002): Wissensasymmetrien in interkultureller Kommunikation, in: Kultur(en) im Gespräch, hg. von Helga Kotthoff. Tübingen: Narr, S. 213–243.
Habermas, Jürgen (1976): Zur Rekonstruktion des Historischen Materialismus. Frankfurt am Main: Suhrkamp.
Habermas, Jürgen (1981): Theorie des kommunikativen Handelns. Frankfurt am Main: Suhrkamp.
Habermas, Jürgen (1990[1962]): Strukturwandel der Öffentlichkeit. Untersuchungen zu einer Kategorie der bürgerlichen Gesellschaft. Frankfurt am Main: Suhrkamp.
Habermas, Jürgen/Derrida, Jacques (2004): Philosophie in Zeiten des Terrors. Zwei Gespräche, geführt, eingeleitet und kommentiert von Giovanna Borradori. Berlin: Philo.
Hafeneger, Benno ([3]2010): Politische Bildung, in: Handbuch Bildungsforschung, hg. von Rudolf Tippelt und Bernhard Schmidt. Wiesbaden: VS Verlag, S. 861–879.
Hahn, Walter von (2001): Nicht-explizites Wissen in der Computerlinguistik, in: Management von nicht-explizitem Wissen: Noch mehr von der Natur lernen. Abschlussbericht Teil 3: Die Sicht verschiedener akademischer Fächer zum Thema des nicht-expliziten Wissens, hg. von Franz J. Rachermacher et al. Erstellt vom Forschungsinstitut für anwendungsorientierte Wissensverarbeitung (FAW Ulm) im Auftrag des Bundesministeriums für Bildung und Forschung. März 2001, 41–56. Online: http://www.faw-neu-ulm.de/

sites/default/files/BMBF_Studie_Teil_3.pdf, zuletzt geprüft am 02.06.2014, 20.35 Uhr.

Halbfas, Hubertus (2012): Religiöse Sprachlehre. Theorie und Praxis. Ostfildern: Patmos.

Hammer-Tugendhat, Daniela/Lutter, Christina (2010): Emotionen. Zeitschrift für Kulturwissenschaften 8. Bielefeld: Transcript Verlag.

Hänni, Julia Franziska (2010): Vom Gefühl am Grund der Rechtsfindung. Phänomenologie der juristischen Wertethik: Rechtsmethodik, Objektivität und Emotionalität in der Rechtsanwenung. Zürich: Zentralstelle der Studentenschaft der Univerität Zürich (Diss.).

Harbsmeier, Martin/Möckel, Sebastian (Hg.) (2009): Pathos, Affekt, Emotion. Transformationen der Antike. Frankfurt am Main: Suhrkamp.

Harkin, Michael E. (2008): Feeling and Thinking in Memory and Forgetting, in: Emotions: A Social Science Reader. A Social Science Reader, hg. von Monica Greco und Paul Stenner. Taylor & Francis Ltd., S. 84–92.

Harkins, Jean/Wierzbicka, Anna (Hg.) (2001): Emotions in Crosslinguistic Perspective. Berlin/New York: de Gruyter.

Harré, Rom (Hg.) (1986): The Social Construction of Emotions. New York: Basil Blackwell.

Hastedt, Heiner (2005): Gefühle. Philosophische Bemerkungen. Stuttgart: Reclam.

Hénault, Anne (2002): Questions de sémiotique. Paris: Presses Universitaires de France.

Henley, Nancy (1988): Körperstrategien. Geschlecht, Macht und Nonverbale Kommunikation. Frankfurt am Main: Fischer.

Herder, Johann Gottfried (1881): Sämmtliche Werke, hg. von Bernhard Suphan, 21. Bd., Eine Metakritik zur reinen Vernunft. Berlin: Weidmannsche Buchhandlung.

Herman, David (2003): Narrative theory and the cognitive sciences. Stanford, Calif: CSLI Publications.

Hermann, Steffen K./Krämer, Sybille/Kuch, Hannes (Hg.) (2007): Verletzende Worte. Die Grammatik sprachlicher Missachtung. Bielefeld: transcript.

Hermanns, Fritz (2007): Empathie. Zu einem Grundbegriff der Hermeneutik, in: Linguistische Hermeneutik. Theorie und Praxis des Verstehens und Interpretierens, hg. von Fritz Hermanns und Werner Holly. Tübingen: Niemeyer, S. 127–172.

Heynen, Susanne (2000): Die Bedeutung subjektiver Theorien für Bewältigungsprozesse nach einer Vergewaltigung. Weinheim/München: Juventa.

Hielscher, Martina (1996): Emotion und Textverstehen. Opladen, Bielefeld.

Hielscher, Martina (2003): Emotion und Sprachproduktion, in: Psycholinguistik/Psycholinguistics. Ein internationales Handbuch, hg. von Gert Rickheit et al. Berlin/New York: de Gruyter, S. 468–490.

Hochschild, Arlie Russel (2006[1983]): Das gekaufte Herz. Die Kommerzialisierung der Gefühle. Frankfurt/New York: Campus.

Höfer, Wolfgang (2013): Medien und Emotionen. Zum Medienhandeln junger Menschen. Wiesbaden: Springer VS.

Hoff, Michael (2006): Die Kultur der Affekte. Ein historischer Abriss, in: Affekte. Analysen ästhetisch-medialer Prozesse, hg. von Antje Krause-Wahl, Heike Oehlschlägel und Serjoscha Wiemer. Mit einer Einleitung von Mieke Bal. Bielefeld: transcript, S. 20–35.

Hoffmann, E.T.A. (1990[1817]): Nachtstücke, hg. von Gerhard R. Kaiser. Stuttgart: Reclam.

Holodynski, Manfred (2006): Emotionen – Entwicklung und Regulation. Unter Mitarbeit von Wolfgang Friedlmeier. Heidelberg: Springer.

Hommen, Tanja (1999): Sittlichkeitsverbrechen. Sexuelle Gewalt im Kaiserreich. Frankfurt am Main/New York: Campus.

Honneth, Axel (1992): Kampf um Anerkennung. Zur moralischen Grammatik sozialer Konflikte. Frankfurt am Main: Suhrkamp.

Hoyer, Timo/Beumer, Ullrich/Leuzinger-Bohleber, Marianne (Hg.) (2011): Jenseits des Individuums – Emotion und Organisation. Göttingen: Vandenhoeck & Ruprecht.

Høystad, Ole Martin/Zuber, Frank (2006): Kulturgeschichte des Herzens. Von der Antike bis zur Gegenwart. Köln, Weimar, Wien: Böhlau.

Huang, Thomas S./Nijholt, Anton/Pantic, Maja/Pentland, Alex (Hg.) (2007): Artifical intelligence for human computing. Revised selected and invited papers. International Conference on Multimodal Interfaces, International Joint Conference on Artificial Intelligence. Berlin: Springer.

Hübler, Axel (2001): Das Konzept ‚Körper' in den Sprach- und Kommunikationswissenschaften. Tübingen/Basel: Francke.

Hülshoff, Thomas ([3]2006): Emotionen. Eine Einführung für beratende, therapeutische, pädagogische und soziale Berufe. München/Basel: Ernst Reinhardt Verlag.

Huntington, Samuel P. (2002[1996]): Kampf der Kulturen. Die Neugestaltung der Weltpolitik im 21. Jahrhundert. München: Goldmann.

Illouz, Eva (2006): Gefühle in Zeiten des Kapitalismus. Adorno-Vorlesungen 2004. Institut für Sozialforschung an der Johann Wolfgang Goethe-Universität. Frankfurt am Main: Suhrkamp.

Izard, Carrol E. ([4]1999): Die Emotionen des Menschen. Eine Einführung in die Grundlagen der Emotionspsychologie. Weinheim: Beltz.

Jäger, Ludwig (Hg.) (1988): Zur historischen Semantik des deutschen Gefühlswortschatzes. Aspekte, Probleme und Beispiele seiner lexikographischen Erfassung. Aachen: Alano.

Jahr, Silke (2000): Emotionen und Emotionsstrukturen in Sachtexten. Ein interdisziplinärer Ansatz zur qualitativen und quantitativen Beschreibung der Emotionalität von Texten. Berlin/New York: de Gruyter.

Janke, Bettina (2002): Entwicklung des Emotionswissens bei Kindern. Göttingen et al.: Hogrefe.

Janney, Richard W. (1996): Speech and Affect: Emotive Uses of English. München: o.V.

Jarzebowski, Claudia/Kwaschik, Anne (Hg.) (2013): Performing Emotions. Interdisziplinäre Perspektiven auf das Verhältnis von Politik und Emotion in der Frühen Neuzeit und in der Moderne. Göttingen: V&R unipress.

Jenkins, Jennifer M./Oatley, Keith/Stein, Nancy L. (Hg.) (1998): Human Emotions: A Reader. Oxford: Blackwell.

Jewitt, Carey (2009): The Routledge handbook of multimodal analysis. London/New York: Routledge.

Joas, Hans (1992): Pragmatismus und Gesellschaftstheorie. Frankfurt am Main: Suhrkamp.

Johnson-Laird, Philip Nicholas (1996): Der Computer im Kopf. Formen und Verfahren der Erkenntnis. München: dtv.

Kaempfert, Manfred (1983): Einige Thesen zu einer vielleicht möglichen allgemeinen Theorie der religiösen Sprache, in: Probleme der religiösen Sprache, hg. von Manfred Kaempfert. Darmstadt: Wissenschaftliche Buchgesellschaft, S. 257–272.

Kämper, Heidrun (2009): Quasi-religiöse Sprache am Beispiel des Nationalsozialismus, in: Sprache und Religion, hg. von Uwe Gerber und Rudolf Hoberg. Darmstadt: Wissenschaftliche Buchgesellschaft, S. 339–357.

Käsermann, Marie-Louise (1995): Emotion im Gespräch. Bern: Huber.

Kehrein, Roland (2002): Prosodie und Emotionen. Tübingen: Niemeyer.

Keitel, Evelyne (1996): Von den Gefühlen beim Lesen. Zur Lektüre amerikanischer Gegenwartsliteratur. München: Fink.

Kim, Tae-Hwan (2002): Vom Aktantenmodell zur Semiotik der Leidenschaften. Eine Studie zur narrativen Semiotik von Algirdas J. Greimas. Tübingen: Narr.

Klein, Ansgar (1999): Masse – Macht – Emotionen. Zu einer politischen Soziologie der Emotionen. Opladen: Westdeutscher Verlag.

Kluge, Alexander (2000): Chronik der Gefühle. Frankfurt am Main: Suhrkamp.

Kluge, Alexander (2000a): Interview, 3sat Kulturzeit 04.01.2000, http://www.youtube.com/watch?v=Qt_39vYVspI, zuletzt aufgerufen am 29.03.2014.

Knobloch, Silvia/Mundorf, Norbert (2003): Comunication and Emotion in the Context of Music and Music Television, in: Communication and Emotion. Essays in Honor of Dolf Zillmann, hg. von Jennings Bryant. Mahwah, New Jersey: Lawrence Erlbaum, S. 491–509.

Koch, Walter A. (Hg.) (2002[1989]): For a Semiotics of Emotion. Bochum: Europäischer Universitätsverlag.

Kochinka, Alexander (2004): Emotionstheorien. Begriffliche Arbeit am Gefühl. Bielefeld: transcript.

Kövecses, Zoltán (1986): Metaphors of Anger, Pride, and Love. A Lexical Approach to the Structure of Concepts. Amsterdam/Philadelphia: John Benjamins.

Kövecses, Zoltán (2002): Emotion Concepts: Social Constructionism and Cognitive Linguistics, in: The Verbal Communication of Emotions. Interdisciplinary Perspectives, hg. von Susan R. Fussell. Mahwah, NJ: Lawrence Erlbaum Ass., S. 109–124.

Konstantinidou, Magdalene (1997): Sprache und Gefühl. Semiotische und andere Aspekte einer Relation. Hamburg: Buske.

Kopp, Claire B./Neufeld, Susan J. (^{2}2009): Emotional Development During Infancy, in: Handbook of Affective Sciences, hg. von Richard J. Davidson, Klaus R. Scherer und H. Hill Goldsmith. Oxford: Oxford University Press, S. 347–374.

Kopp, Stefan/Jung, Bernhard/Leßmann, Nadine/Wachsmuth, Ipke (2003): Max – A Multimodal Assistant in Virtual Reality Construction, in: KI-Künstliche Intelligenz 4/03, S. 11–17.

Kotthoff, Helga (1998): Spaß Verstehen. Zur Pragmatik von konversationellem Humor. Tübingen: Niemeyer.

Kotthoff, Helga (2002): Was heißt eigentlich ‚doing gender'? Zu Interaktion und Geschlecht, in: Wiener Slawistischer Almanach, Sonderband 55.

Kotthoff, Helga (2007): Fremdsprachen, Mehrsprachigkeit und Interkulturalität, in: Handbuch interkulturelle Kommunikation und Kompetenz. Grundbegriffe – Theorien – Anwendungsfelder, hg. von Jürgen Straub, Arne Weidemann und Doris Weidemann. Stuttgart/Weimar: Metzler, S. 498–505.

Kramarae, Cheris (Hg.) (1984): Language, Gender, and Society. Beverly Hill, Cal.: Sage.

Krause-Wahl, Antje/Oehlschlägel, Heike/Wiemer, Serjoscha (Hg.) (2006): Affekte. Analysen ästhetisch-medialer Prozesse. Mit einer Einleitung von Mieke Bal. Bielefeld: transcript.

Kraut, Robert E./Johnston, Robert E. (1979): Social and emotional messages of smiling. An ethological approach, in: Journal of Personality and Social Psychology 37 (9), S. 1539–1553.

Kress, Gunther/Van Leeuwen, Theo (2001): Multimodal Discourses. The modes and media of contemporary communication. London: Hodder Arnold.

Kroeber-Riel, Werner/Gröppel-Klein, Andrea (^{10}2009): Konsumentenverhalten. München: Vahlen.

Kruse, Otto (2000): Psychoanalytische Ansätze, in: Emotionspsychologie. Ein Handbuch, hg. von Jürgen H. Otto, Harald A. Euler und Heinz Mandl. Weinheim: Psychologie Verlags Union, S. 64–74.

Kuch, Hannes/Herrmann, Steffen K. (Hg.) (2010): Philosophien sprachlicher Gewalt. Göttingen: Velbrück Wissenschaft.

Kuhlen, Rainer (2001): Nicht-explizites Wissen aus der Sicht der Informationswissenschaft, in: Management von nicht-explizitem Wissen: Noch mehr von der Natur lernen. Abschlussbericht, hg. von Franz J. Radermacher et al. Erstellt vom Forschungsinstitut für anwendungsorientierte Wissensverarbeitung (FAW) Ulm) im Auftrag des Bundesministeriums für Bildung und Forschung. März 2001. Online: http://www.faw-neu-ulm.de/sites/default/files/BMBF_Studie_Teil_1.pdf; http://www. faw-neu-ulm.de/sites/default/files/BMBF_Studie_Teil_2.pdf; http://www.faw-neu-ulm.de/sites/de fault/files/BMBF_Studie_Teil_3.pdf, zuletzt geprüft am 02.06.2014, 20.39 Uhr, S. 69–75.

Küng, Hans (1990): Projekt Weltethos. München: Piper.

Küng, Hans ([2]1997): Weltethos für Weltpolitik und Weltwirtschaft. München, Zürich: Piper.

Küper, Christoph (1976): Linguistische Poetik. Stuttgart: Kohlhammer.

Kuße, Holger (2012): Kulturwissenschaftliche Linguistik. Eine Einführung. Göttingen: Vandenhoeck & Ruprecht.

Labouvie, Eva (2011): Zur Leiblichkeit und Emotionalität: Zur Kulturwissenschaft des Körpers und der Gefühle, in: Handbuch der Kulturwissenschaften, hg. von Friedrich Jaeger et al. Bd. 3: Themen und Tendenzen. Stuttgart/Weimar: Metzler, S. 79–91.

Lahno, Bernd (2005): Vertrauen, in: Emotionen, Markt und Moral, hg. von Uwe Mummert und Friedrich L. Sell. Münster: LIT Verlag, S. 93–120.

Lakoff, George/Johnson, Mark (1980): Meraphors We Live By. Chicago/London: University of Chicago Press.

Lakoff, Robin Tolmach (2004[1975]): Language and Woman's Place. Oxford: Oxford University Press.

Landweer, Hilge/Renz, Ursula (Hg.) (2012): Handbuch Klassische Emotionstheorien. Berlin/Boston: de Gruyter.

Langer, Susanne (1942): Philosophy in a New Key. Cambridge: Harvard University Press.

Latour, Bruno (2011[2002]): Jubilieren. Über religiöse Rede. Frankfurt am Main: Suhrkamp.

Lazarus, Moritz (1855–1857): Das Leben der Seele in Monographien über seine Erscheinungen und Gesetze. 3 Bände. Berlin: Dümmlers Verlagsbuchhandlung.

Ledoux, Joseph ([2]2003[1996]): Das Netz der Gefühle. Wie Emotionen entstehen. München: dtv.

Leenen, Wolf Rainer/Grosch, Harald/Groß, Andreas (Hg.) (2005): Bausteine zur interkulturellen Qualifizierung der Polizei. Münster u. a.: Waxmann.

Lehnert, Wendy G./Vine, Elaine (1987): The role of affect in narrative structure, in: Cognition and Emotion (3), S. 299–322.

Lewis, Michael/Haviland-Jones, Jeannette M./Feldman Barrett, Lisa (Hg.) ([3]2010): Handbook of Emotions. New York: Guilford Press.

Lorenz, Konrad ([42]2002): Er redete mit dem Vieh, den Vögeln und den Fischen. München: dtv.

Lurija, Alexander R. (1991[1971]): Der Mann, dessen Welt in Scherben ging. Zwei neurologische Geschichten. Reinbek: Rowohlt.

Lurija, Alexander R. (1993[1982]): Romantische Wissenschaft. Forschungen im Grenzbezirk von Seele und Gehirn. Reinbek: Rowohlt.

Lurija, Alexandr. R. (2002): Kulturhistorische Humanwissenschaft. Ausgewählte Schriften. Berlin: Pro Business.

Maier, Michaela/Schneider, Frank M./Retzbach, Andrea (Hg.) (2012): Psychologie der internen Organisationskommunikation. Göttingen/Bern u. a.: Hogrefe.

Mainzer, Klaus (2010): Leben als Maschine? Von der Systembiologie zur Robotik und Künstlichen Intelligenz. Paderborn: Mentis.

Malatesta, Lori/Karpouzis, Kostas/Raouzaiou, Amaryllis (2009): Affective Intelligence: The Human Face of AI, in: Artificial Intelligence. An International Perspective, hg. von Max Bramer. Berlin/Heidelberg: Springer, S. 53–70.

Malt, Barbara C./Wolff, Phillip M. (Hg.) (2010): Words and the mind. How words capture human experience. New York: Oxford University Press.

Mannheim, Karl (1980[1924/25]: Eine soziologische Theorie der Kultur und ihrer Erkennbarkeit (Konjunktives und kommunikatives Denken), in: Ders., Strukturen des Denkens. Frankfurt am Main: Suhrkamp.

Manstead, Antony S.R./Fischer Agneta H. (2011). Social Appraisal: The Social World as Object of and Influence on Appraisal Processes, in: Appraisal Processes in Emotion: Theory, Methods, Research, Klaus R. Scherer, Angela Schorr und Tom Johnstone. S. 221–232.

Marcus, George E. (2002): The sentimental Citizen. Emotion in Democratic Politics. Pennsylvania PA: The Pennsylvania State University Press.

Margull, Hans Jochen (2008[1974]): Verwundbarkeit. Bemerkungen zum Dialog, in: Handbuch Dialog der Religionen. Christliche Quellen zur Religionstheologie und zum interreligiösen Dialog, hg. von Ulrich Dehn. Frankfurt a. M.: Otto Lembeck, S. 174–187.

Maroney, Terry A. (2006): Law and Emotion: A Proposed Taxonomy of an Emerging Field, in: Law and Human Behavior 30/2, S. 119–142.

Martschukat, Jürgen ([4]2010): Diskurse und Gewalt: Wege zu einer Geschichte der Todesstrafe im 18. und 19. Jahrhundert, in: Handbuch Sozialwissenschaftliche Diskursanalyse. Bd. 2: Forschungspraxis, hg. von Reiner Keller et al. Wiesbaden: VS Verlag, S. 69–97.

Massumi, Brian (2002): Parables of the virtual. Movement, Affect, Sensation. Durham/London: Duke University Press.

Massumi, Brian (2010): Ontomacht. Kunst, Affekt und das Ereignis des Politischen. Mit einem Vorwort von Erin Manning. Berlin: Merve Verlag.

Matt, Peter von (2006): Die Intrige. Theorie und Praxis der Hinterlist. München: Hanser.

Mauthner, Fritz (1999[1901 ff.]): Beiträge zu einer Kritik der Sprache. Wien: Böhlau.

Mayring, Philipp ([7]2009): Qualitative Inhaltsanalyse, in: Qualitative Forschung. Ein Handbuch, hg. von Uwe Flick und Ernst von Kardorff. Reinbek: Rowohlt, S. 468–475.

McCarty, Willard (2005): Humanities computing. Basingstoke/New York: Palgrave Macmillan.
Meckel, Miriam/Schmid, Beat F. (Hg.) (²2008): Unternehmenskommunikation. Kommunikationsmanagement aus Sicht der Unternehmensführung. Wiesbaden: Gabler.
Menke, Christoph (2011): Recht und Gewalt. Berlin: August Verlag.
Metelmann, Jörg/Beyes, Timon (Hg.) (2012): Die Macht der Gefühle. Emotionen in Manage- ment, Organisation und Kultur, Berlin: University Press.
Meuter, Norbert (2006): Anthropologie des Ausdrucks. Die Expressivität des Menschen zwischen Natur und Kultur. München: Wilhelm Fink.
Meyer-Sickendiek, Burkhard (2011): „Spürest du kaum einen Hauch." Über die Leiblichkeit der Lyrik, in: Gefühle als Atmosphären. Neue Phänomenologie und philosophische Erkenntnistheorie, hg. von Kerstin Andermann. Berlin: Akademie Verlag, S. 213–232.
Meyer-Sickendiek, Burkhard (2005): Affektpoetik. Eine Kulturgeschichte literarischer Emotionen. Würzburg: Königshausen & Neumann.
Meyer, Wulf-Uwe/Schützwohl, Achim/Reisenzein, Rainer (³2003): Einführung in die Emotionspsychologie. Bd. II: Evolutionstheoretische Emotionstheorien. Bern: Huber.
Michaelis-Arntzen, Else (1994): Die Vergewaltigung aus kriminologischer, viktimologischer und aussagepsychologischer Sicht. München: Beck.
Moldt, Daniel/Scheve, Christian von (2002): The Case of Social Norms and Emotion in Human-Agent Interaction, in: Proceedings of The Philosophy and Design of Socially Adept Technologies, hg. von Stephen Marsh, John F. Meech, Lucy Nowell und Kerstin Kautenhahn. Minneapolis/Minnesota, USA. National Research Council Canada (NRC 44918), S. 39–41.
Müller, Burkhard/Hellbrunn, Richard/Moll, Jeanne/Storrie, Tom (2005): Gefühle denken. Macht und Emotion in der pädagogischen Praxis. Frankfurt/New York: Campus.
Mummert, Uwe/Sell, Friedrich L. (Hg.) (2005): Emotionen, Markt und Moral. Münster: LIT Verlag.
Murray, David J. (1995): Gestalt psychology and the cognitive revolution. New York: Harvester Wheatsheaf.
Nahl, Diane/Bilal, Dania (Hg.) (2007): Information and Emotion. The Emergent Affective Paradigm in Information Behavior. Research and Theory. Medford, New Jersey: Asist Monograph Series.
Nathanson, Amy I. (2003): Rethinking Empathy, in: Communication and Emotion. Essays in Honor of Dolf Zillmann, hg. von Jennings Bryant und David Roskos-Ewoldsen. Mahwah, New Jersey: Lawrence erlbaum associates, S. 107–130.
Naucke, Wolfgang (1991): Die Stilisierung von Sachverhaltsschilderungen durch materielles Strafrecht und Strafprozessrecht, in: Erzählte Kriminalität. Zur Typologie und Funktion von narrativen Darstellungen in Strafrechtspflege, Publizistik und Literatur zwischen 1770 und 1920. Vorträge zu einem interdisziplinären Kolloquium, hg. von Jörg Schönert. Hamburg, 10.–12. April 1985, Niemeyer, Tübingen, 1991, S. 59–72.
Neuweg, Georg Hans (³2004): Könnerschaft und implizites Wissen. Zur lehr-lerntheoretischen Bedeutung der Erkenntnis- und Wissensstheorie Michael Polanyis. Münster: Waxmann.
Neuweg, Hans Georg (2006): Implizites Wissen als Forschungsgegenstand, in: Handbuch Berufsbildungsforschung, hg. von Felix Rauner. Bielefeld, S. 581–588.
Niedenthal, Paula M./Krauth-Gruber, Silvia/Ric, François (2006): Psychology of Emotion. Interpersonal, Experimental, and Cognitive Approaches. New York/Hove: Psychology Press.
Niemeier, Susanne/Dirven, René (1997): The Language of Emotions. Conceptualization, Expression, and Theoretical Foundation. Amsterdam/Philadelphia: John Benjamins.
Norris, Sigrid (2004): Analyzing multimodal interaction. A methodological framework. New York, NY: Routledge.
Nöth, Winfried (²2000): Handbuch der Semiotik. Stuttgart, Weimar: Metzler.
Nothdurft, Werner (Hg.) (1995–1997): Schlichtung. Bd. 1–3. Berlin: de Gruyter.
Nothdurft, Werner (1998): Wortgefecht und Sprachverwirrung. Gesprächsanalyse der Konfliktsicht von Streitparteien. Opladen/Wiesbaden: Westdeutscher Verlag.
Nothdurft, Werner (2007): Anerkennung, in: Handbuch interkulturelle Kommunikation und Kompetenz. Grundbegriffe – Theorien – Anwendungsfelder, hg. von Jürgen Straub, Arne Weidemann und Doris Weidemann. Stuttgart/Weimar: Metzler, S. 110–122.
Nothdurft, Werner (2007): Kommunikation, in: Handbuch interkulturelle Kommunikation und Kompetenz. Grundbegriffe – Theorien – Anwendungsfelder, hg. von Jürgen Straub, Arne Weidemann und Doris Weidemann. Stuttgart/Weimar: Metzler, S. 25–35.
Nullmeier, Frank (2006): Politik und Emotion, in: Emotionen und Sozialtheorie. Disziplinäre Ansätze, hg. von Rainer Schützeichel. Frankfurt/New York: Campus, S. 84–103.
Nussbaum, Martha C. (2012[2010]): Nicht für den Profit! Warum Demokratie Bildung braucht. Überlingen: TibiaPress.
Nussbaum, Martha C. (2013): Political Emotions. Why Love Matters For Justice. Cambridge Mass.: The Belknap Press of Harvard University Press.
Oatley, Keith (1994): A taxonomy of emotions of literary response and a theory of identification in fictional literature, in: Poetics 23, S. 53–74.
Oatley, Keith (2004): Emotions. A Brief History. Malden MA: Blackwell Publishing.

Oatley, Keith: A taxonomy of emotions of literary response and a theory of identification in fictional literature, in: Poetics 23, 1994, S. 53–74.
Oatley, Keith/Jenkins, Jennifer M (1996).: Understanding Emotions. Oxford: Blackwell.
Oatley, Keith/Johnson-Laird, Philip N. (1998[1996]): The Communicative Theory of Emotions, in: Human Emotions, hg. von Jennifer Jenkins und Keith Oatley. Malden, Mass.: Blackwell Publishers, S. 84–97.
Oatley, Keith/Johnson-Laird, Philip N.: The Communicative Theory of Emotions: Empirical Tests, Mental Models, and Implications for Social Interaction, in: Striving and Feeling. Interactions Among Goals, Affect, and Self-Regulation, hg. von Leonard L. Martin et al. Mahwah, New Jersey: Lawrence Erlbaum Associates, 1996, S. 363–394.
Oetzel, John G./Ting-Toomey, Stella (Hg.) (2006): The SAGE Handbook of Conflict Communication. Integrating Theory, Research, and Practice. Thousand Oaks u. a.: SAGE Publications.
Ogasa, Nicole (2011): Gefühle und Lernen im Fremdsprachenunterricht. Der Einfluss von Gefühlen auf das Lernen. Frankfurt am Main: Peter Lang.
Olejniczak Lobsien, Verena (2009): Glückseligkeit: „Enjoy the world!" Poetisch-platonische Lebenskunst im 17. Jahrhundert, in: Pathos, Affekt, Emotion. Transformationen der Antike, hg. von Martin Harbsmeier und Sebastian Möckel. Frankfurt am Main: Suhrkamp, S. 185–216.
Oller, John W./Wiltshire, Anne (1997): Toward a semiotic theory of affect, in: The Language of Emotions. Conceptualization, Expression, and Theoretical Foundation, hg. von Susanne Niemeier und René Dirven. Amsterdam/Philadelphia: John Benjamins, S. 33–54.
Ortony, Andrew/Clore, Gerald L./Collins, Allan (1988): The Cognitive Structure of Emotions: Cambridge University Press.
Osgood, Charles E./Suci, George J./Tannenbaum, Percy H. (1957): The measurement of meaning. Urbana: University of Illinois Press.
Otto, Jürgen H./Euler, Harald A./Mandl, Heinz (Hg.) (2000): Emotionspsychologie. Ein Handbuch. Weinheim: Beltz.
Panikkar, Raimon (2008[1978]): Die Spielregeln der religiösen Begegnung, in: Handbuch Dialog der Religionen. Christliche Quellen zur Religionstheologie und zum interreligiösen Dialog, hg. von Ulrich Dehn. Frankfurt a. M.: Otto Lembeck. S. 188–202.
Paul, Ingwer (1990): Rituelle Kommunikation. Sprachliche Verfahren zur Konstitution ritueller Bedeutung und zur Organisation des Rituals. Tübingen: Narr.
Pavlenko, Aneta (2005): Emotions and Multilingualism. Cambridge: Cambridge University Press.
Peter, Christian/Beale, Russell (Hg.) (2008): Affect and Emotion in Human-Computer Interaction. From Theory to Applications. Berlin/Heidelberg: Springer.
Picard, Rosalind W. (1997): Affective computing. Cambridge, Mass: MIT Press.

Pinkal, Manfred (1980/81): Semantische Vagheit: Phänomene und Theorien, in: Linguistische Berichte 70. 1980, S. 1–26 und Linguistische Berichte 72. 1981, S. 1–26.
Pinker, Steven (2013[2011]): Gewalt. Eine neue Geschichte der Menschheit. Frankfurt am Main: Fischer.
Planalp, Sally (1998): Communicating Emotion in Everyday Life: Cues, Channels, and Processes, in: Handbook of Communication and Emotion. Research, Theory, Applications, and Contexts, hg. von Peter A. Anderson und Laura Guerrero. San Diego et al.: Academic Press, S. 29–48.
Planalp, Sally (1999): Communicating Emotion. Social, Moral, and Cultural Processes. Cambridge: Cambridge University Press.
Planalp, Sally/ Knie, Karen (2002): Integrating Verbal and Nonverbal Emotion(al) Messages, in: The Verbal Communication of Emotions. Interdisciplinary Perspectives, hg. von Susan R. Fussell. Mahwah, New Jersey/London: Lawrence Erlbaum Ass., S. 55–77.
Pleines, Jürgen-Eckardt (1984): Eudaimonia zwischen Kant und Aristoteles. Glückseligkeit als höchstes Gut menschlichen Handelns. Würzburg: Königshausen & Neumann.
Plessner, Helmuth (1981): Die Stufen des Organischen und der Mensch. Gesammelte Schriften, Bd. 4, hg. von Günter Dux, Odo Marquardt, Elisabeth Ströker. Frankfurt am Main: Suhrkamp.
Plüss, David/Bieler, Andrea (2009): Der Klangraum des Wortes. Die performative Gestalt liturgischer Sprache, in: Sprache und Religion, hg. von Uwe Gerber und Rudolf Hoberg. Darmstadt: Wissenschaftliche Buchgesellschaft, S. 181–194.
Plutchik, Robert (1993): Emotions and their Vicissitudes: Emotions and Psychopathology, in: Handbook of Emotions, hg. von Michael Lewis. New York/London: Guilford Press, S. 53–66.
Polanyi, Michael (1958): Personal Knowledge. Towards a Post-Critical Philosophy. London: Routledge & Kegan Paul.
Polanyi, Michael (1966): The Tacit Dimension. New York: Doubleday & Company.
Popitz, Heinrich ([2]1999): Phänomene der Macht. Tübingen: Mohr.
Portmann-Tselikas, Paul (2008): Mit Worten bewegen durch überzeugende Versionen von Welt, in: Religiöse Appelle und Parolen. Interdisziplinäre Analysen zu einer neuen Sprachform, hg. von Reinhold Esterbauer, Peter Ebenbauer und Christian Wessely. Stuttgart: Kohlhammer, S. 73–91.
Postman, Neil (1985): Wir amüsieren uns zu Tode. Urteilsbildung im Zeitalter der Unterhaltungsindustrie. Frankfurt am Main: Fischer.
Prunč, Erich (2007): Entwicklungslinien der Translationswissenschaft. Von den Asymmetrien der Sprachen zu den Asymmetrien der Macht. Berlin: Frank & Timme.
Pürer, Heinz (2003): Publizistik- und Kommunikationswissenschaft. Ein Handbuch. Stuttgart: UTB.

Radermacher, Franz J. et al. (2001): Management von nicht-explizitem Wissen: Noch mehr von der Natur lernen. Abschlussbericht. Erstellt vom Forschungsinstitut für anwendungsorientierte Wissensverarbeitung (FAW Ulm) im Auftrag des Bundesministeriums für Bildung und Forschung. März 2001. Online: http://www.faw-neu-ulm.de/sites/default/files/BMBF_Studie_Teil_1.pdf; http://www.faw-neu-ulm.de/sites/default/files/BMBF_Studie_Teil_2.pdf; http://www.faw-neu-ulm.de/sites/default/files/BMBF_Studie_Teil_3.pdf, zuletzt geprüft am 02.06.2014, 20.39 Uhr.

Reddy, William M. (2008): Against Constructionism. The historical ethnography of emotions, in: Emotions: A Social Science Reader. A Social Science Reader, hg. von Monica Greco und Paul Stenner. Taylor & Francis Ltd., S. 72–83.

Redlawsk, David P. (2006): Feeling Politics. Emotion in Political Information Processing. New York: Palgrave Macmillan.

Reemtsma, Jan Philipp (2009): Vertrauen und Gewalt. Versuch über eine besondere Konstellation der Moderne. München: Pantheon.

Reinhardt, Katrin (2008): Emotionale Intelligenz und Emotionale Erziehung. Zum Stellenwert von Gefühlen beim Fremdsprachenlernen. Saarbrücken: VDM Verlag Dr. Müller.

Reinmuth, Marcus (2009): Vertrauen und Wirtschaftssprache: Glaubwürdigkeit als Schlüssel für erfolgreiche Unternehmenskommunikation. Wiesbaden: VS Verlag.

Reins, Armin (2006): Corporate Language. Mainz: Hermann Schmidt.

Reisenzein, Rainer/Meyer, Wulf-Uwe/Schützwohl, Achim (2003): Einführung in die Emotionspsychologie. Bd. III: Kognitive Emotionstheorien. Bern: Huber.

Reisigl, Martin (1999): Sekundäre Interjektionen. Eine diskursanalytische Annäherung. Frankfurt am Main: Peter Lang.

Rellstab, Daniel Hugo (2006): „we can never tell what we are talking about." Charles Sanders Peirces Theorie natürlicher Sprache und ihre Relevanz für die Linguistik. Tübingen: Narr.

Renn, Ortwin/Kastenholz, Hans/Schild, Patrick/Wilhelm, Urs (Hg.) (1998): Abfallpolitik im kooperativen Diskurs. Bürgerbeteiligung bei der Standortsuche für eine Deponie im Kanton Aargau. Zürich: vdf Hochschulverlag AG an der ETH Zürich.

Reuter, Lutz R./Sieh, Isabelle ([3]2010): Politik- und rechtswissenschaftliche Bildungsforschung, in: Handbuch Bildungsforschung, hg. von Rudolf Tippelt und Bernhard Schmidt. Wiesbaden: VS Verlag, S. 185–198.

Ricken, Norbert/Balzer, Nicole (2007): Differenz: Verschiedenheit – Andersheit – Fremdheit, in: Handbuch interkulturelle Kommunikation und Kompetenz. Grundbegriffe – Theorien – Anwendungsfelder, hg. von Jürgen Straub, Arne Weidemann und Doris Weidemann. Stuttgart/Weimar: Metzler, S. 56–69.

Ricken, Ulrich (1990): Sprachtheorie und Weltanschauung in der europäischen Aufklärung. Zur Geschichte der Sprachtheorien des 18. Jahrhunderts und ihrer europäischen Rezeption nach der Französischen Revolution. Berlin: Akademie-Verlag.

Rodriguez, Sigerist J./Herrero, Pilar/Rodriguez, Olinto J. (2009): A Cognitive Appraisal Based Approach for Emotional Representation, in: Synthetic Emotions and Sociable Robotics. New Applications in Affective Computing and Artificial Intelligence, hg. von Jordi Vallverdu und David Casacuberta. Hershey PA: IGI Global, S. 228–246.

Rogers, Carl R. ([13]2010[1942]): Die nicht-direktive Beratung. Frankfurt am Main: Fischer.

Rolf, Eckard (1997): Illokutionäre Kräfte. Grundbegriffe der Illokutionslogik. Opladen: Westdeutscher Verlag.

Rosa, Hartmut (2007): Identität, in: Handbuch interkulturelle Kommunikation und Kompetenz. Grundbegriffe – Theorien – Anwendungsfelder, hg. von Jürgen Straub, Arne Weidemann und Doris Weidemann. Stuttgart/Weimar: Metzler, S. 47–56.

Roseman, Ira J./Smith, Craig A. (2001): Appraisal Theory: Overview, Assumptions, Varieties, Controversies, in: Appraisal Processes in Emotion: Theory, Methods, Research, Klaus R. Scherer, Angela Schorr und Tom Johnstone. Oxford: Oxford University Press, S. 3–19.

Rosenbaum, Heidi (1982): Formen der Familie. Untersuchungen zum Zusammenhang von Familienverhältnissen, Sozialstruktur und sozialem Wandel in der deutschen Gesellschaft des 19. Jahrhunderts. Frankfurt am Main: Suhrkamp.

Rosenstiel, Lutz von/Kirsch, Alexander (1996): Psychologie der Werbung. Rosenheim: Komar.

Rosenstiel, Lutz von/Neumann, Peter (2002): Marktpsychologie. Ein Handbuch für Studium und Praxis. Darmstadt: Wissenschaftliche Buchgesellschaft.

Rossner, Meredith (2013): Just Emotions. Rituals of Restorative Justice. Oxford: University Press.

Rost, Wolfgang ([2]2005): Emotionen. Elixiere des Lebens. Heidelberg: Springer.

Rühle, Otto (1977): Illustrierte Kultur- und Sittengeschichte des Proletariats. Lahn-Gießen: Focus.

Rusch, Gebhard (Hg.) (1995): Empirical Approaches to Literature. Proceedings of the Fourth Biannual Conference of the International Society for the Empirical Study of Literature – IGEL. Siegen: LUMIS-Publications, S. 233–311.

Russell, James A.; Hogan, Robert (1980): A circumplex model of affect, in: Journal of Personality and Social Psychology. Vol. 39 (6), S. 1161–1178.

Russell, Wynne Elizabeth (2004): „Control yourself, Sir!" A call for research into emotion cultures in diplomacy, in: Intercultural Communication and Diplomacy, hg. von Hannah Slavik. Malta/Geneva: DiploFoundation.

Ryan, Marie-Laure (1991): Possible worlds, artificial intelligence, and narrative theory. Bloomington: Indiana University Press.

Sager, Sven F. (1995): Verbales Verhalten. Eine semiotische Studie zur linguistischen Ethologie. Tübingen: Stauffenburg.

Sager, Sven Frederic (2004): Kommunikationsanalyse und Verhaltensforschung. Grundlagen einer Gesprächsethologie. Tübingen: Stauffenberg.

Salama-Carr, Myriam (Hg.) (2007): Translating and Interpreting Conflict. Amsterdam/New York: Rodopi.

Samel, Ingrid (2000): Einführung in die feministische Sprachwissenschaft. Berlin: Erich Schmidt.

Saner, Raymond ([2]2008): Verhandlungstechnik: Strategie, Taktik, Motivation, Verhalten, Delegationsführung. Bern: Haupt.

Sartre, Jean-Paul (1997[1939]): Skizze einer Theorie der Emotionen, in: Die Transzendenz des Ego. Philosophische Essays 1931–1939. Reinbek: Rowohlt, S. 255–321.

Satir, Virginia (1990): Kommunikation, Selbstwert, Kongruenz. Konzepte und Perspektiven familientherapeutischer Praxis. Paderborn: Junfermann.

Savan, David (2002): La théorie sémiotique de l'émotion selon Peirce, in: Questions de sémiotique, hg. von Anne Hénault. Paris: Presses Universitaires de France, S. 681–702.

Scherer, Klaus R. (2001): Appraisal Considered as a Process of Multilevel Sequential Checking, in: Appraisal Processes in Emotion: Theory, Methods, Research, hg. von Klaus R. Scherer, Angela Schorr und Tom Johnstone. Oxford: Oxford University Press, S. 92–120.

Scherer, Klaus R./Banziger, Tanja/Roesch, Etienne B. (2010): Blueprint for affective computing. A sourcebook. Oxford, New York: Oxford University Press.

Scherer, Klaus R./Schorr, Angela/Johnstone, Tom (2001): Appraisal Processes in Emotion: Theory, Methods, Research. Oxford: Oxford University Press.

Scherer, Klaus R./Wallbott, Harald G. (1979): Nonverbale Kommunikation. Ausgewählte Forschungsberichte zum Interaktionsverhalten. Weinheim: Beltz.

Scheutz, Matthias (2011): Evolution of Affect and Communication, in: Synthetic Emotions and Sociable Robotics. New Applications in Affective Computing and Artificial Intelligence, hg. von Jordi Vallverdu und David Casacuberta. Hershey PA: IGI Global, S. 75–93.

Scheve, Christian von (2000): Emotionale Agenten. Eine explorative Annäherung aus soziologischer Perspektive. Diploma thesis. Universität Hamburg, Institut für Soziologie, Informatik. http://www.in for matik.unihamburg.de/TGI/forschung/projekte/emo tion/vonScheve-Diplomarbeit.pdf, zuletzt geprüft am 02.06.2014.

Scheve, Christian von (2009): Emotionen und soziale Strukturen. Die affektiven Grundlagen sozialer Ordnung. Frankfurt/New York: Campus.

Schiewer, Gesine Lenore (1996): Cognitio symbolica. Lamberts semiotische Wissenschaft und ihre Rezeption bei Herder, Jean Paul und Novalis. Tübingen: Niemeyer.

Schiewer, Gesine Lenore (2004): Poetische Gestaltkonzepte und Automatentheorie. Arno Holz – Robert Musil – Oswald Wiener, Würzburg: Königshausen & Neumann.

Schiewer, Gesine Lenore (2005): Die Bedeutung von ars inveniendi und System-Begriff für die Ausbildung einer historisch-genetischen Sprachbetrachtung im 18. Jahrhundert, in: Deutsche Vierteljahresschrift für Literaturwissenschaft und Geistesgeschichte, 1/2005, S. 29–63.

Schiewer, Gesine Lenore (2006): Der „Dialog der Kulturen" als Problem einer interkulturellen Kommunikationskultur. Anmerkungen zur Initiative der Vereinten Nationen, in: Eco-Semiotics – Umwelt- und Entwicklungskommunikation, hg. von Ernest Hess-Lüttich. Tübingen: Narr, S. 371–394.

Schiewer, Gesine Lenore (2007): Sprache und Emotion in der literarischen Kommunikation – ein integratives Forschungsfeld der Textanalyse, in: Mitteilungen des Deutschen Germanistenverbandes. Literatur und Gefühl, hg. von Thomas Anz und Martin Huber. Heft 54 (3), Aisthesis Verlag, S. 346–361.

Schiewer, Gesine Lenore (2007a): Über Gewalt sprechen. Darstellungsperspektiven sexuellen Mißbrauchs in Literatur und Justiz, in: IASL 32. Bd., 1. Heft. Niemeyer, S. 153–168.

Schiewer, Gesine Lenore (2008): Bausteine zu einer Emotionssemiotik. Zur Sprache des Gefühlsausdrucks in Kommunikation und affective computing, in: Kartographie des Verhüllten. Brückenschläge zwischen Natur- und Kulturwissenschaften/Carthography of the Disguised: Bridging Science and Humanities, hg. von Dieter Genske, Ernest W.B. Hess-Lüttich und Monika Huch, Kodikas/Code, Tübingen: Gunter Narr, S. 236–257.

Schiewer, Gesine Lenore (2008a): Der ‚Dialog der Kulturen' in der Diskussion: Grundlagen und Perspektiven internationaler Kommunikation in nicht-idealer Situation, in: Hanenberg, Peter et.al. (Hg.): Rahmenwechsel Kulturwissenschaften. Würzburg: Königshausen & Neumann, S. 75–84.

Schiewer, Gesine Lenore (2008b): Strukturen sprachlicher Gewalt im Drama. Friedrich Hebbels Sprachreflexion im Kontext von Wilhelm von Humboldt und Moritz Lazarus, in: Hebbel. Mensch und Dichter im Werk, Folge 10: „Das Weib im Manne zieht ihn zum Weibe; der Mann im Weibe trotzt dem Mann". Geschlechterkampf oder Geschlechterdialog: Friedrich Hebbel aus der Perspektive der Genderforschung, hg. von Ester Saletta und Christa Agnes Tuczay, Berlin: Weidler, S. 95–118.

Schiewer, Gesine Lenore (2009): Kognitive Emotionstheorien – Emotionale Agenten – Narratologie. Perspektiven aktueller Emotionsforschung für die Literaturwissenschaft, in: Literatur und Kognition. Bestandsaufnahmen und Perspektiven eines Arbeitsfeldes, hg. von Martin Huber und Simone Winko, Paderborn: Mentis, S. 99–114.

Schiewer, Gesine Lenore (2009a): Brücken bauen zu Technologie und Praxis in der interkulturellen Germanistik: Implizites Wissen (tacit knowing and knowledge) und Sprache, in: Wie kann man vom ‚Deutschen' leben? Zur Praxisrelevanz der Interkulturellen Germanistik, hg. von Ernest W.B. Hess-Lüttich gemeinsam mit Peter Colliander und Ewald Reuter, Frankfurt am Main: Lang, S. 81–105.

Schiewer, Gesine Lenore (2009b): Der ‚Dialog der Kulturen' als diskurstheoretisches Problem. Zur Kontroverse von Jürgen Habermas und Joseph Kardinal Ratzinger um Wissenschaft und Religion, in: Wissenstransfer und Diskurs, hg. von Sigurd Wichter und Oliver Stenschke. Frankfurt am Main: Lang, S. 43–58.

Schiewer, Gesine Lenore (2009c): Wissenstypologie im Horizont von Wissenschaftssprache und Texttheorie – Oder: Kant-Theorien vs. F. Schlegel-Theorien, in: Weber, Tilo; Antos, Gerd: Typen von Wissen – begriffliche Unterscheidung und Ausprägungen in der Praxis des Wissenstransfers (= Transferwissenschaften 7. Frankfurt am Main. Lang, S. 50–75.

Schiewer, Gesine Lenore (2009d): Johann Jakob Bodmers Sprachtheorie – Kontroversen um die Standardisierung und pragmatische Fundierung des Deutschen, in: Lütteken, Anett; Mahlmann-Bauer, Barbara (Hg.): Bodmer und Breitinger im Netzwerk der Zürcher Aufklärung. Das achtzehnte Jahrhundert. Supplementa. Göttingen: Wallstein, S. 638–659.

Schiewer, Gesine Lenore (2010): Kooperation und Wettbewerb – ein Widerspruch? Verständigung und Übersetzung im Blickfeld ökonomischer Emotionsforschung, in: Zeitschrift für interkulturelle Germanistik, hg. von Dieter Heimböckel et al., Heft 1, 2010, S. 127–142.

Schiewer, Gesine Lenore (2010a): Interkulturelle Kommunikation als translationstheoretisches Problem. Perspektiven der Translation für asymmetrische Machtverhältnisse und Konfliktaushandlung, in: Alman Dili ve Edebiyati Dergisi. Studien zur deutschen Sprache und Literatur, hg. von der Abteilung für deutsche Sprache und Literatur an der Philosophischen Fakultät der Universität Istanbul, Heft 22, 2009/2, S. 5–33.

Schiewer, Gesine Lenore (2012): Lohnende Kommunikation in komplexen Umfeldern und soziokulturell-mehrsprachigen Metropolen. Grundlagen einer Kulturtheorie des Gewinns, in: Zeitschrift für interkulturelle Germanistik, 3. Jahrgang Heft 2, S. 11–23.

Schiewer, Gesine Lenore (2012a): Emotionales Sprechen im Fokus pragmatischer Sprach- und Kulturgeschichte. J.Fr. Rock – Linguistische Varietät in Alltag, Inspiration, Literatur, in: Pietismus und Neuzeit. Ein Jahrbuch zur Geschichte des neueren Protestantismus, Bd. 38, 86–117.

Schlimbach, Inga (2007): Emotionen und Informationsverarbeitung bei der Medienrezeption. Entwicklung und Überprüfung eines neuen Ansatzes. München: Verlag Reinhard Fischer.

Schmid, Christine/Watermann, Rainer (^{3}2010): Demokratische Bildung, in: Handbuch Bildungsforschung, hg. von Rudolf Tippelt und Bernhard Schmidt. Wiesbaden: VS Verlag, S. 881–897.

Schmidt, Siegfried J. (2005): Medien und Emotionen. Münster: Lit.

Schmidt-Atzert, Lothar/Peper, Martin/Stemmler, Gerhard (^{2}2014): Emotionspsychologie. Ein Lehrbuch. Stuttgart: Kohlhammer.

Schmitt, Annette/Mayring, Philipp (2000): Qualitativ orientierte Methoden, in: Emotionspsychologie. Ein Handbuch, hg. von Jürgen H. Otto et al. Weinheim: Beltz Psychologie Verlags Union, S. 469–477.

Schmitt, Hanspeter (2003): Empathie und Wertkommunikation. Theorie des Einfühlungsvermögens in theologisch-ethischer Perspektive. Freiburg Schweiz: Universitätsverlag.

Schmitz, H. Walter (1978): Tatgeschehen, Zeugen und Polizei. Zur Rekonstruktion und Beschreibung des Tathergangs in polizeilichen Zeugenvernehmungen. Mit Beiträgen von Winfried Lenders und Elfriede Reents. Wiesbaden: Bundeskriminalamt, BKA-Forschungsreihe 9.

Schmitz, H. Walter (1983): Vernehmung als Aushandeln der Wirklichkeit, in: Wissenschaftliche Kriminalistik. Grundlagen und Perspektiven. Teilband 1: Systematik und Bestandsaufnahme, hg. von. Edwin Kube et al. Bundeskriminalamt, BKA-Forschungsreihe. 16/1., Wiesbaden, 1983, S. 353–387.

Schnabel, Annette/Schützeichel, Rainer (Hg.) (2012): Emotionen, Sozialstruktur und Moderne. Wiesbaden: Springer.

Schulz von Thun, Friedemann (1981/1989): Miteinander reden. Hamburg: Rowohlt.

Schützeichel, Rainer (2004): Soziologische Kommunikationstheorien. Konstanz: UVK.

Schützeichel, Rainer (Hg.) (2006): Emotionen und Sozialtheorie. Disziplinäre Ansätze. Frankfurt/New York: Campus.

Schwab, Frank/Schwender, Clemens (2011): The descent of emotions in media: Darwinian perspectives, in: The Routledge handbook of emotions and mass media, hg. von Katrin Döveling, Christian von Scheve und Elly Konijn. London, New York: Routledge, S. 15–36.

Schwarz-Friesel, Monika (2007): Sprache und Emotion. Tübingen/Basel: Francke.

Schwender, Clemens (2001): Medien und Emotionen. Evolutionspsychologische Bausteine einer Medientheorie. Wiesbaden: Deutscher Universitätsverlag.

Searle, John R./Vanderveken, Daniel (1985): Foundations of Illocutionary Logic. Cambridge: Cambridge University Press.

Sell, Friedrich L. (2008): Emotionen in der Ökonomie

und Ökonomik der Emotionen, in: Mensch und Ökonomie. Wie sich Unternehmen das Innovationspotential dieses Wertespagats erschließen, hg. von Sonja A. Sackmann. Wiesbaden: Gabler, S. 58–73.

Sen, Amartya Kumar (^{3}2007): Die Identitätsfalle. Warum es keinen Krieg der Kulturen gibt. München: Beck.

Senge, Konstanze/Schützeichel, Rainer (Hg.) (2013): Hauptwerke der Emotionssoziologie. Wiesbaden: Springer.

Senger, Harro von (^{2}2004): 36 Strategeme für Manager. München, Wien: Hanser.

Senghaas, Dieter (2004): Kultur des Friedens, in: Interkulturelle Orientierung. Grundlegung des Toleranz-Dialogs. Teil I: Methoden und Konzeptionen, hg. von Hamid Reza Yousefi und Klaus Fischer. Nordhausen: Traugott Bautz, S. 295–305.

Shanahan, Daniel (2007): Language, Feeling, and the Brain. The Evocative Vector. New Brunswick/London: Transaction Publishers.

Shaver, Phillip R./Schwartz, D./Kirkson, D./O'Connor, C.: Emotion knowledge: Further exploration of a prototype approach, in: Journal of Peronality and Social Psychology, 52, 1987, S. 1061–1086.

Shaw, Bernard (2000[1913]): Pygmalion. London: Penguin Books.

Siciliano, Bruno/Khatib, Oussama (Hg.) (2008): Springer handbook of robotics. Berlin: Springer.

Sieben, Barbara (2007): Management und Emotionen. Analyse einer ambivalenten Verknüpfung. Frankfurt am Main: Campus.

Siedschlag, Alexander/Opitz, Anja/Troy, Jodok/Kuprian, Anita (2007): Grundelemente der internationalen Politik. Wien u. a.: Böhlau.

Sieveke, Franz G. (Hg.) (^{5}1995): Aristoteles. Rhetorik. München: Fink.

Simon, Herbert A. (o.J.): Otto Selz and Information-Processing Psychology, in: Otto Selz: His Contribution to Psychology, hg. von Nico H. Frijda, Adriaan D. de Groot. Paris/New York: Mouton, S. 147–163.

Singer, Wolf (2002): Der Beobachter im Gehirn. Essays zur Hirnforschung. Frankfurt am Main: Suhrkamp.

Slaby, Jan/Stephan, Achim/Walter, Henrik/Walter, Sven (2011): Affektive Intentionalität. Beiträge zur welterschliessenden Funktion der menschlichen Gefühle. Paderborn: Mentis.

Smith, Adam (2004[1759]): Theorie der ethischen Gefühle. Nach der Auflage letzter Hand übersetzt und mit Einleitung, Anmerkungen und Registern hg. von Walther Eckstein. Hamburg: Meiner.

Sofsky, Wolfgang (1996): Traktat über die Gewalt. Frankfurt am Main/Wien: Büchergilde Gutenberg.

Sommer, Gert/Fuchs, Albert (Hg.) (2004): Krieg und Frieden. Handbuch der Konflikt- und Friedenspsychologie. Weinheim u. a.: Beltz.

Spaemann, Robert (1974): Artikel ‚Glück', in: Historisches Wörterbuch der Philosophie, hg. von Joachim Ritter. Bd. 3: G-H. Basel/Stuttgart: Schwabe, S. 679–707.

Spencer, Herbert (1882–1886): System der synthetischen Philosophie. Die Principien der Psychologie. Autorisirte deutsche Ausgabe. Nach der dritten englischen Auflage übersetzt von B. Vetter. 2 Bde. Stuttgart: Schweizerbart'sche Verlagsbuchhandlung.

Spiegel, Carmen (1995): Streit. Eine linguistische Untersuchung verbaler Interaktionen in alltäglichen Zusammenhängen. Tübingen: Gunter Narr Verlag.

Spinner, Helmut F. (1994): Der ganze Rationalismus einer Welt von Gegensätzen. Fallstudien zur Doppelvernunft. Frankfurt am Main: Suhrkamp.

Spitzmüller, Jürgen/Warnke, Ingo H. (2011): Diskurslinguistik. Eine Einführung in Theorien und Methoden der transtextuellen Sprachanalyse. Berlin/Boston: de Gruyter.

Stadler, Michael/Wildgen, Wolfgang (2003): Semiotik und Gestalttheorie, in: Semiotik/Semiotics. Ein Handbuch zu den zeichentheoretischen Grundlagen von Natur und Kultur, hg. von Roland Posner et al., 3. Teilbd., Berlin/New York: de Gruyter, S. 2473–2483.

Staiger, Janet/Cvetkovich, Ann/Reynolds, Ann (2010): Political Emotions. New Agendas in Communication. New York/London: Routledge.

Stephan, Achim/Walter, Henrik (Hg.) (2003): Natur und Theorie der Emotion. Paderborn: Mentis.

Sternschulte, Klaus-Peter (1976): Artikel ‚Kommunikation', in: Historisches Wörterbuch der Philosophie, hg. von Joachim Ritter. Basel/Stuttgart: Schwabe, S. 893–896.

Stockwell, Peter (2002): Cognitive Poetics. An introduction. London/New York: Routledge.

Stolze, Radegundis (2003): Hermeneutik und Translation. Tübingen: Narr.

Straub, Jürgen (2007): Kompetenz, in: Handbuch interkulturelle Kommunikation und Kompetenz. Grundbegriffe – Theorien – Anwendungsfelder, hg. von Jürgen Straub, Arne Weidemann und Doris Weidemann. Stuttgart/Weimar: Metzler, S. 35–47.

Straub, Jürgen/Weidemann, Arne/Weidemann, Doris (Hg.) (2007): Handbuch interkulturelle Kommunikation und Kompetenz. Grundbegriffe – Theorien – Anwendungsfelder. Stuttgart/Weimar: Metzler.

Stumpf, Carl (1899): Ueber den Begriff der Gemüthsbewegung, in: Zeitschrift für Psychologie und Physiologie der Sinnesorgane 21, S. 47–99.

Swidler, Leonard (2008[1984]): Grundregeln für den interreligiösen und interideologischen Dialog, in: Handbuch Dialog der Religionen. Christliche Quellen zur Religionstheologie und zum interreligiösen Dialog, hg. von Ulrich Dehn. Frankfurt a. M.: Otto Lembeck. S. 231–236.

Sykora, Katharina (2010): Empathie und Schock: Effekte von Totenfotografien, in: Emotionen. ZfK – Zeitschrift für Kulturwissenschaften 2/2010, hg. von Daniela Hammer-Tugendhat und Christina Hutter. Bielefeld: transcript, S. 41–50.

Szymenderski, Peggy (2012): Polizistinnen und Polizisten als Gefühlarbeiter(innen). Zur Relevanz von

Emotionen für Polizeibedienstete und Polizei, in: Emotionen, Sozialstruktur und Moderne, hg. von Annette Schnabel und Rainer Schützeichel, Wiesbaden: Springer, S. 445–471.

Tallon, Andrew (2008): Christianity, in: The Oxford Handbook of Religion and Emotion, hg. von John Corrian. Oxford: University Press, S. 111–124.

Teasdale, John D./lBarnard, Philip J. (1993): Affect, Cognition, and Change: Re-Modelling Depressive Thought. Hove (UK): Lawrence Erlbaum Associates.

Teasdale, John/Proctor, Linda/Lloyd, Charlotte/Baddeley, Alan (1993): Working memory and stimulus-independent thought: Effects of memory load and presentation rate: Taylor & Francis Group.

Thiele, Albert (2004): Argumentieren unter Stress. Wie man unfaire Angriffe erfolgreich abwendet. Frankfurt am Main: F.A.Z.-Institut.

Timm, Caja (1988): Dominanz und Sprache. Strategisches Handeln im Alltag. Wiesbaden: DUV.

Tippelt, Rudolf/Schmidt, Bernhard (Hg.) (^{3}2010): Handbuch Bildungsforschung. Wiesbaden: VS Verlag.

Tischer, Bernd (1993): Die vokale Kommunikation von Gefühlen. Weinheim: Beltz.

Tonelli, Giorgio et al. (1971): Artikel ‚Ausdruck', in: Historisches Wörterbuch der Philosophie, Bd. 1: A-C. Basel/Stuttgart: Schwabe & Co, S. 653–662.

Tritt, Karin (1992): Emotionen und ihre soziale Konstruktion. Frankfurt am Main: Lang.

Trommsdroff, Volker (^{7}2009): Konsumentenverhalten. Stuttgart: Kohlhammer.

Trötschel, Roman/Gollwitzer, Peter (2004): Verhandlungsführung – psychologische Grundlagen, in: Krieg und Frieden. Handbuch der Konflikt- und Friedenspsychologie, hg. von Gert Sommer und Albert Fuchs, Weinheim: Beltz, S. 116–128.

Tsur, Reuven (2006): Aspects of Cognitive Poetics. http://www2.bc.edu/~richarad/lcb/fea/tsur/cog poetics.html, zuletzt geprüft am 02.06.2014.

Tsur, Reuven (Tsur 22008[1992]): Toward a Theory of Cognitive Poetics. Eastbourne: Sussex Academic Press.

Tyrell, Hartmann (1998): Religion als Kommunikation. Würzburg: Ergon.

Tyrell, Hartmann (2002): Religiöse Kommunikation. Auge, Ohr und Medienvielfalt, in: Frömmigkeit im Mittelalter, hg. von Klaus Schreiner und M. Münz. München: Ergon, S. 43–93.

Ullmann, Stephen (1962): Semantik. Eine Einführung in die Bedeutungslehre. Frankfurt am Main: Fischer.

Undeutsch, Udo (1998): Valide und invalide Methoden zur Beurteilung des Wahrheitsgehaltes von Kinderaussagen über sexuellen Missbrauch, in: Rechtspsychologie kontrovers, hg. von Thomas Fabian et al. Bonn: Deutscher Psychologen Verlag, S. 67–79.

Ungeheuer, Gerold (1987): Kommunikationstheoretische Schriften. Aachen: Rader.

Ungeheuer, Gerold (1987): Zeugen- und Sachverständigenaussagen als Kommunikationsproblem, in: Ders., Kommunikationstheoretische Schriften I: Sprechen, Mitteilen, Verstehen, hg. von Johannes G. Juchem. Aachen: Rader, S. 129–143.

Ungeheuer, Gerold (1990[1984]): Bühler und Wundt, in: Ders., Kommunikationstheoretische Schriften II: Symbolische Erkenntnis und Kommunikation, hg. und eingel. von H. Walter Schmitz. Aachen: Alano, S. 387–444.

Ungeheuer, Gerold (^{2}1972): Die kybernetische Grundlage der Sprachtheorie von Karl Bühler, in: Ders., Sprache und Kommunikation. Hamburg: Buske, S. 171–190.

Ungeheuer, Gerold (^{3}2010): Einführung in die Kommunikationstheorie. Unter Mitarbeit und mit einem Nachtrag von Johann G. Juchem. 3., völlig neu eingerichtete Auflage, hg. und eingel. von Karin Kolb, Jens Loenhoff und H. Walter Schmitz. Münster: Nodus Publikationen.

Vallverdu, Jordi/Casacuberta, David (Hg.) (2009): Synthetic Emotions and Sociable Robotics. New Applications in Affective Computing and Artificial Intelligence. Hershey PA: IGI Global.

Vanderveken, Daniel (Hg.) (1990): Meaning and Speech Acts: v. 1: Principles of Language Use. Cambridge: University Press.

Vester, Heinz-Günter (1991): Emotion, Gesellschaft und Kultur. Grundzüge einer soziologischen Theorie der Emotionen. Opladen: Westdeutscher Verlag.

Vietta, Silvio (2005): Europäische Kulturgeschichte. Eine Einführung. München: Fink Verlag.

Vinciarelli, Alessandro/Mohammadi, Gelareh (2011): Towards a Technology of Nonverbal Communication: Vocal Behavior in Social and Affective Phenomena, in: Synthetic Emotions and Sociable Robotics. New Applications in Affective Computing and Artificial Intelligence, hg. von Jordi Vallverdu und David Casacuberta. Hershey PA: IGI Global, S. 133–156.

Volek, Bronislava (1987): Emotive Signs in Language and Semantic Funtioning of Derived Nouns in Russian. Amsterdam/Philadelphia: John Benjamins.

Völker, Ludwig (Hg.) (1984): „Komm, heilige Melancholie". Eine Anthologie deutscher Melancholie-Gedichte. Stuttgart: Reclam.

Vonk, Frank (1992): Gestaltprinzip und abstraktive Relevanz. Eine wissenschaftshistorische Untersuchung zur Sprachaxiomatik Karl Bühlers. Münster: Nodus.

Voss, Christiane (2004): Narrative Emotionen. Eine Untersuchung über Möglichkeiten und Grenzen philosophischer Emotionstheorien. Berlin: Walter de Guyter.

Wagner, Karl (2001): Pragmatik der deutschen Sprache: Lang, Peter Frankfurt.

Walther, Lutz (Hg.) (1999): Melancholie. Leipzig: Reclam.

Wassmann, Claudia (2002): Die Macht der Emotionen. Wie Gefühle unser Denken und Handeln beeinflussen. Darmstadt: Primus.

Weber, Hannelore (2000): Sozial-konstruktivistische

Ansätze, in: Emotionspsychologie. Ein Handbuch, hg. von Jürgen H. Otto et al., Weinheim: Psychologie Verlags Union, S. 139–150.

Weber, Max (1976[1921/22]): Wirtschaft und Gesellschaft. Grundriß der verstehenden Soziologie. Tübingen: Mohr-Siebeck.

Weigand, Edda (Hg.) (2004): Emotion in Dialogic Interaction. Advances in the Complex. Amsterdam/Philadelphia: John Benjamins.

Weiner, Bernard (2006): Motivation, Justice, and the Moral Emotions. An Attributional Approach. Mahwah, New Jersey: Lawrence Erlbaum Ass.

Weizman, Elda: Interpreting Emotions in Literary Dialogue, in: Emotion in Dialogic Interaction. Advances in the Complex, hg. von Edda Weigand. Amsterdam/Philadelphia: John Benjamins, 2004, S. 241–254.

Welch, Karla Conn/Lahiri, Uttama/Sarkar, Nilanjan/Warren, Zachary/Stone, Wendy/Liu, Changchun (2011): Affect-Sensitive Computing and Autism, in: Synthetic Emotions and Sociable Robotics. New Applications in Affective Computing and Artificial Intelligence, hg. von Jordi Vallverdu und David Casacuberta. Hershey PA: IGI Global, S. 325–343.

Wierzbicka, Anna (²2003): Cross-Cultural Pragmatics. The Semantics of Human Interaction. Berlin, New York: Mouton de Gruyter.

Wilce, James M. (2009): Language and Emotion. Cambridge: University Press.

Wilk, Nicole A. (2004): Verstehen und Gefühle. Entwurf einer leiborientierten Kommunikationstheorie. Frankfurt/New York: Campus.

Wilk, Nicole A. (2005): Semiotik der Gefühle. Versuch einer Integration der Affekte in eine linguistisch-semiotische Theorie des Verstehens, in: Zeitschrift für Literaturwissenschaft und Linguistik LiLi, Jg. 35, Heft 138, S. 129–141.

Williams, Glyn (1992): A Sociological Critique. London/New York: Routledge.

Winko, Simone (2003): Kodierte Gefühle. Zu einer Poetik der Emotionen in lyrischen und poetologischen Texten um 1900. Berlin: Erich Schmidt.

Wundt, Wilhelm (1900): Völkerpsychologie. Bd. I. Leipzig: Engelmann.

Wundt, Wilhelm (1905[1896]): Grundriß der Psychologie. Leipzig: Engelmann.

Wuthenow, Ralph-Rainer (2000): Die gebändigte Flamme. Zur Wiederentdeckung der Leidenschaften im Zeitalter der Vernunft. Heidelberg: Winter.

Zentner, Marcel/Scherer, Klaus (2000): Partikuläre und integrative Ansätze, in: Emotionspsychologie. Ein Handbuch, hg. von Jürgen H. Otto et al., Weinheim: Psychologie Verlags Union, S. 151–164.

Zerfaß, Ansgar (²2006): Unternehmensführung und Öffentlichkeitsarbeit. Grundlegung einer Theorie der Unternehmenskommunikation und Public Relations. Wiesbaden: VS Verlag für Sozialwissenschaften.

Zerweck, Bruno (2002): Der cognitive turn in der Erzähltheorie: Kognitive und ‚Natürliche' Narratologie, in: Neue Ansätze in der Erzähltheorie, hg. von Ansgar Nünning. Trier: Wissenschaftlicher Verlag, S. 219–242.

Zhuge, Hai (2011): Semantic linking through spaces for cyber-physical-socio intelligence: A methodology, in: Artificial Intelligence 175, S. 988–1019.

Zhuge, Hai (²2012): The Knowledge Grid. Singapore: World Scientific Publishing.

Stichwortregister

Affective computing 31, 57, 97, 137, 140, 143, 147
Affective dialogue systems 57, 137, 145, 147
Affective indexing in speech 101
Affective sciences 12, 13, 29, 34, 90, 169
Affective stylistics 85
Affekt 13, 15, 42, 44, 51, 52, 70, 72, 86, 100, 106, 109, 119, 120, 127, 135, 155, 164, 165, 168, 169, 188
Affektive Intentionalität, emotionale Intentionalität 29
Affektive Politik 183
Affektive Reaktion 53, 85
Affektive Sprachinhaltsanalyse 105 f.
Affektkontrolle 76, 178
Affektpoetik 119, 120, 127
Agent, emotionaler Agent 31, 34, 38, 137, 139, 142–144, 146
Aggression 22, 95, 98, 128, 144, 175
Aktivbürgerliches Handeln 178
Altruismus 10, 148, 149, 152
Android 9, 18, 57, 141, 146
Angepasste Reaktionen 34
Angstzustände 66
Anpassung 39, 68, 94, 109, 112, 139, 143, 147, 155, 183
Ansätze
– anthropologische 22–24, 160,
– ausdruckstheoretische 14, 15, 19, 43, 53, 93
– dimensionale 15, 19, 20, 45, 46, 48, 53–55, 57, 58
– einzelemotionsorientierte 21
– entwicklungspsychologische 20, 21
– ethologische 14, 15
– evolutionstheoretische 14, 93
– kognitionswissenschaftliche 28, 29, 36, 56, 72, 120, 121, 127, 128, 136, 189
– kulturwissenschaftliche 7, 60, 119
– linguistische 44, 126
– literaturwissenschaftliche 138, 181

– neurowissenschaftliche 30, 57, 60, 140, 142
– philosophische 22–42
– psychoanalytische 21, 99, 107, 108
– religionswissenschaftliche 72
– semiotische 41–43
– soziologische 69–72
Anthropologie 12, 25, 26, 30, 60, 80, 107, 121, 164, 180
Appraisal theory 38
Ärger 17, 21, 22, 30, 47, 57, 66, 82, 94, 95, 98, 110 136
Ästhetik 12, 15, 23, 28, 105, 121, 127, 129, 130
Ästhetische Emotionen 121
Ausdruck 8, 9, 14, 15–20, 22, 25–27, 30, 40, 42, 44–46, 48, 50–55, 57–59, 63, 66, 71, 79–81, 83, 86, 91–102, 106, 108, 110, 112, 114, 119, 123–126, 134, 138, 139, 141, 146, 147, 150, 155, 161, 167, 168, 170, 172, 174, 186, 190
Ausdruckstheorie 14, 15, 19, 43, 53

Basisemotionen 15, 17, 18, 20–22, 46, 47, 93, 94, 125
Beraterliteratur 10, 186
Beruhigung 19, 46, 54, 55, 57
Bescheidenheit 10, 149, 152
Bewertung 26, 30, 32, 38, 55–58, 62, 63, 66, 67, 70, 143, 158, 160, 178, 179, 182
Beziehungsthemen 186, 187
Bildung 59, 155, 171, 175–178
Blickverhalten 18, 82, 91, 123
Body posture 18

Change communication 161
Charisma 160
Choices 84
Circumflex model of affect 49
Cognitive disorganization 34
Cognitive poetics 61, 120, 127
Cognitive structure of emotions 32
Cold emotions 92, 99, 100 109, 141

Component process model of emotion 38, 40, 63
Computermodelle von Emotionen 143
Computertechnik 137–140
Conditio humana 113
Coolness 70
Coping 33, 39, 40, 62, 64
Corporate language 161, 186
Cues to emotion 82
Cyber-physical-systems 10, 147

Dank 100, 133
Denotation 86, 102
Dialog der Kulturen 111–117
Didaktik 188
Diplomatie 10, 136, 171–176, 178, 180, 182, 184, 188
Diskurs 74, 75, 77, 89, 100, 108, 112, 116, 134, 151, 155, 159, 160, 168, 171, 172, 178, 181–183
Display 18, 57, 146
Display rules 17, 18, 52, 94
Dolmetschen 171, 183–185, 188
Dominanz 46, 47, 57, 87, 88, 116, 178
Drohung 90, 91, 96, 97, 115
Duldung 73
Dynamische Affekte 42

Egoismus 10, 148, 149, 152
Ehe 73, 104
Eifersucht 21, 29, 43, 152, 186
Einfache Gefühle 20
Einschätzungstheorie 31, 38, 137, 143
Ekel 25, 46, 62, 94, 122
Elizitation 16, 30, 34, 38, 57, 64, 97
Emotion and politics 179
Emotion and the law 164, 165
Emotion culture 174
Emotion work 154
Emotional investment 108
Emotional relevante Medieninhalte 135, 136
Emotional turn 60
Emotionale Ansteckung 79, 80, 92, 98, 100, 101

Stichwortregister

Emotionale Beeinflussung 96, 123, 134, 186, 188
Emotionale Gestaltbildung 63
Emotionale Intelligenz 29, 56, 97, 121, 140–143, 157, 159
Emotionale Kreativität 120, 125
Emotionale Lenkung 135
Emotionale modi 144
Emotionale Ontologie 156
Emotionale Reaktion 64, 66, 108, 124, 179
Emotionaler Gehalt 105, 189
Emotionaler Kapitalismus 155
Emotionales Lernen 30
Emotionalisierung 19, 79, 80, 92, 93, 95, 100–103, 124, 129, 135, 178
Emotionalität 9, 21, 25, 30, 36, 45, 52, 65, 73, 76, 78, 79, 81, 83, 85, 86, 93, 103, 106, 123, 125, 129, 130, 148, 151, 158, 161, 164, 170–172, 177, 182, 188, 189, 191
Emotions view 18
Emotionsanalyse 62, 63, 140
Emotionsausdruck 8, 15–17, 19, 20, 44–46, 53, 54, 57–59, 71, 80, 83, 91, 92, 95, 96, 99, 100, 102, 110, 125, 126, 139, 141, 168, 186
Emotionsbegriffe 8, 12, 13, 15–17, 19, 21, 23, 25, 27, 29, 31, 90, 169, 172
Emotionscodierung 41, 90, 91, 104, 121, 122, 141
Emotionsdeutung 71
Emotionsforschung 7–9, 10–18, 20–22, 24–26, 28–30, 32, 42–44, 46, 48, 50, 52–54, 57, 58, 60, 61, 69, 70–72, 74, 78, 80, 81, 90, 107, 108, 110, 119, 125, 134, 140, 142, 155, 160, 167, 169, 179, 186–188
Emotionskommunikation 8, 44, 80–83, 172
Emotionsmanifestation 52, 90–93, 95, 99, 100, 122, 123
Emotionsmetaphorik 110, 182
Emotionsontogenese 108, 188
Emotionspotential 102–104, 120, 127, 186, 187
Emotionspsychologie 30, 32, 186, 189
Emotionsregeln 22, 52
Emotionssemantik 85–89
Emotionssemiotik 41–44, 80
Emotionssozialisation 108
Emotionssoziologie 70, 171

Emotionssteuerung 67, 123
Emotionssynthese 140–142
Emotionsthematisierender Sprechakt 94–97
Emotionstheorien 8, 30, 32, 34, 35, 41, 42, 56, 61, 62, 64–69, 72, 73, 90, 93, 99, 101, 115, 120, 136, 137, 143, 154, 167, 179, 182, 189
Emotionswort, Emotionswörter 48, 49, 108
Emotionswortschatz 85–88
Emotive communication 85
Emotive Kommunikation 52, 53, 85
Emotive Sprachfunktion 43
Emotivity 86
Empathie 10, 27, 125, 133, 135, 149–152, 176, 189
Empfindsamkeit 23, 86
Erleben 22, 29, 50, 54, 62, 92, 94–96, 128, 142, 144, 162, 169
Erotik 73
Erregung 16, 19, 46, 51, 52, 54, 55, 57, 122, 123, 168, 175
Ethologie 7, 14–16, 60, 80, 87, 90, 93
Evaluation process 38
Evolutionstheorie 14, 15
Excitable speech 89
Expressive Sprachfunktion 43
Expressive Sprechhandlung 95
Expressivität 25–27, 43, 84, 121
Expressivité linguistique 43
Exzentrische Positionalität 27

Feeling rules 154
Feindschaft 73, 111, 177
Freies Sprechen 161
Fremdsprachenlernen 188, 189
Fremdsprachenunterricht 188, 189
Freude 8, 15–17, 20, 22, 25, 46–48, 57, 69, 80, 94, 160, 175, 190
Friedens- und Konfliktforschung 117, 171, 174, 180
Fühlen 60, 72, 120, 144, 159
Furcht 16, 17, 22, 28, 164, 190

Gefühlsarbeit 154, 167
Gefühlsnormen 154, 173
Gefühlsqualia 30, 92
Gefühlsreichtum 59
Gefühlswahrnehmung 62
Gefühlszustände 18, 22
Geiz 43, 152

Gemischte Emotionen 20
Gemüt 14, 153
Gender 73, 85, 87, 88, 109, 186
Gesichtsausdruck 16–18, 71, 93–95
Gesprächsführung 188–190
Gestenforschung 82
Gestik 17, 18, 48, 53, 71, 83, 91, 139, 145, 146
Gewalt 10, 30, 86–89, 112, 115, 134, 167, 168–171, 178, 180, 182, 183
Gier 10, 149, 152, 177
Glaubwürdigkeit 57, 167–169
Glück 118, 156, 157, 162, 181
Gratulation 94, 96, 100

Hass 10, 70, 149, 152, 172
Hate speech 10, 88, 89
Hirnforschung 30, 35, 36, 57, 144
Hoffnung 67, 73, 76, 90, 103, 111, 133, 175
Hören 9, 127, 128
Hot emotions 83, 92, 93, 95, 96, 98–100, 123, 124
Human computing 138–140
Human relations 160
Human robot 9
Humor 104, 105
Humoristisches 104

Identität 70, 89, 90, 109, 114, 115, 124
Implizites Wissen 59, 68, 137, 138, 161, 183
Induzierte Vergemeinschaftung 133 f.
Informationsethik 138
Informationstechnik 7, 78, 138, 142
Instinctive computing 137
Integratives Modell 58
Intellectualwelt 25
Intercultural Humanities 76
InterGrammar 84, 85
Interkulturelle Kommunikation 80, 107–116, 171
Interkulturelle Verständigung 189
Internationale Kommunikation 113
Interreligiöser Dialog 76–77
Interview 10, 118
Intuition 95, 121, 151

Kapitalismus 155
Kindliche Emotionsentwicklung 20

Kindlicher Emotionsausdruck 20, 95
Kognition 28, 31, 32, 40, 62, 69, 72, 99, 144, 160, 188
Kognitionswissenschaft 7, 9, 12, 13, 28–30, 36, 56, 60, 61, 72, 80, 120, 121, 127, 128, 136, 140
Kognitive Emotionstheorie 30, 32, 61, 64, 67–69, 120
Kollektive Emotionen 133, 178
Komisches 104
Kommerzialisierung der Gefühle 153
Kommunikation 8–10, 18, 19, 23, 37, 41, 42, 44, 52, 53, 54, 57, 59, 60, 64, 71, 74–76, 78–100, 102, 104–117, 122–126, 129–134, 137, 139, 144, 145, 147, 148, 151, 156, 157, 159, 161, 168, 171, 172, 176, 178, 180, 181, 184, 186, 190
Kommunikationstheorie 19, 46, 52, 54, 78, 79, 112, 171
Komplexe Emotionen 29, 67
Komplimente 100
Konflikt 10, 132, 150, 173, 178, 180, 181, 183, 185
Konflikttheorie 180
Konkurrenz 116
Konnotation 86, 102, 181
Konsumentenkultur 10, 162
Kooperation 10, 98, 116, 139, 148, 149, 151, 153, 161
Körperhaltung 18, 71, 74, 84, 91, 95, 139
Körperlichkeit 23, 25, 73
Körpersprache 19, 82
Körperwelt 25
Krieg 35, 102, 171, 173, 185
Kunst 15, 36, 37, 60, 76, 80, 118, 120, 121–129, 176, 177, 183
Kunst- und Literaturmarkt 129
Künstliche Emotionen 97, 140–143
Künstliche Intelligenz 7, 57, 138–140
Kunstwerke 118, 120, 121, 127

Lächeln 15, 17
Langage affective ou expressif 43
Languages of emotion 60, 108, 128
Languages of emotions 70, 108
Leib und Seele 23, 26
Leib-Seele-Problem 23
Leidenschaft 16, 43, 44, 70, 119

Leidenschaft des Wissenschaftlers 70
Lernstrategien 189
Lesen 9, 127, 128, 150
Liebe 21, 22, 43, 73, 75, 76, 77, 86, 102, 104, 118, 148, 189
Linguistik 16, 42–46, 59, 60, 66, 75, 80, 81, 84, 87, 88, 90, 91, 99, 107, 110, 112, 117, 137, 145, 171, 181, 182, 190
List 10, 116, 171, 181
Literatur 19, 60, 61, 75, 80, 97, 98, 104, 118, 121, 126–129, 138, 177
Lösung 19, 46, 54, 55, 116, 142, 149, 175
Love of country 177
Lust 19, 22, 46, 54, 56, 57, 128, 166, 178

Macht 39, 71, 75, 77, 86–90, 115, 118, 125, 129, 133, 135, 136, 159, 160, 176
Machttrieb 149, 152
Management 10, 128, 138, 155–161, 167
Markt 129 148, 149, 151, 153–157, 163
Massenpsychologie 178
Materie und Geist 23
Mediation 10, 100, 112, 167
Medien, alte und neue 130
Medienkommunikation 9, 130–133
Mediennutzung 9, 135
Medizin 4, 82, 188, 189
Mehrsprachigkeitsforschung 107, 117, 189
Melancholie 73, 118
Menschenrechte 10, 171
Metapher, Metaphorik 74, 102, 110, 161, 182
Methoden 13, 46, 60, 103, 105, 130, 163, 173
Mimik 15–18, 24, 48, 53, 71, 82, 91, 93, 95, 139, 141, 145, 146
Mimikforschung 16, 18
Missfallen 94
Mitleid 10, 135, 149, 152
Moral 10, 27, 135, 143, 148, 149, 158, 164, 166, 177, 179
Moral sentiment 148
Multilingualität 60, 80, 107–116
Musik 15, 60, 80, 118, 127–129, 186

National Center of Competence in Research NCCR 13, 34

Neue Diplomatie 173
Nonverbal 9, 18, 19, 42, 71, 74, 82, 83, 93, 98, 123, 138, 141

Ökonomie 7, 10, 11, 70, 79, 116, 127, 148, 150–152, 157–162

Pädagogik 79, 171, 175, 188
Panik 22
Panikattacken 66
Paraverbal 15, 16, 42, 91
Pathos 13, 164
Patriotic emotion 177
Persönlichkeitsmerkmale 20, 128
Poetik 12, 15, 32, 80, 101, 119, 120, 127
Politik 10, 11, 70, 75, 78, 79, 114, 117, 127, 129, 132, 136, 171–173, 178, 179, 182–184
Politikwissenschaft 7, 79, 171–173, 175, 176
Politische Bildung 171, 175
Politischer Diskurs 181, 182
Politische Sprache 181
Produktion 118, 121–123, 130–134, 154, 159, 184
Psycho-physischer Parallelismus 19, 54, 93
Psychoanalyse 21, 107, 108
Psychologie 7, 10, 12, 13, 15, 19, 21, 29–32, 35, 36, 46, 59, 60, 72, 78, 80, 81, 91, 103, 107, 125, 131, 132, 144, 149, 163, 167, 171, 178, 186, 189
Public diplomacy 173
Public emotions 132, 177
Publikumseffekt 101

Qualitative Inhaltsanalyse 105

Rational choice 173
Rationalismus 23
Recht 10, 11, 70, 164–173, 176, 177
Rechtsfindung 164, 167
Rechtstradition 164
Rechtswissenschaft 7, 10, 103, 164, 166, 173, 176
Relativistisch, Relativismus, relativ 8, 15, 19, 25, 55, 62, 70, 98, 110, 112, 162, 188
Religiöse Gefühle 72, 73
Rezeption 9, 19, 27, 64, 90, 118, 121, 122, 126, 129, 130, 132, 134, 136
Rhetorical emotional communication 83

Rhetorik 10, 12, 15, 18, 23, 46, 53, 75, 76, 78, 80, 83–85, 101, 103, 119, 124, 159, 164, 171, 186
Robotik 9, 18, 31, 34, 56, 94, 137–146

Sachlichkeit 76
Sachtexte 81, 103
Scham 21, 25, 94, 164, 178
Schuld 21, 67, 74, 105, 124, 125, 133, 134, 148
Seelenzustände 19, 71
Sehen 9, 127, 128, 134
Selbstmanipulation 154
Semantic web 10, 147
Semiotics of emotion 43
Semiotik der Gefühle 44
Semiotik, semiotisch 8, 23, 25, 41–44, 79–82, 91, 92, 96, 97, 112, 119, 127, 136, 139, 181
Sémiotique des passions 43
Sensibilien 24
Sensualismus 25
Sentimental citizen 179
Sexualität 73, 180
Shared emotions 132, 133, 180
Sicherheit 47, 106, 139, 161, 162
Sinnesempfindung 24, 25
Sinneswahrnehmung 25
Sinnlichkeit 24, 25, 31, 34, 161
Smile industry 155
Solidaritätsgefühl 111, 174, 176, 178
Sozialkonstruktivismus 70, 110
Soziologie 7, 12, 69, 70, 74, 75, 78, 112, 136, 155, 162, 171, 179, 183, 184
Spannung 19, 46, 54, 55, 57
Spaß 178
Sprache 8, 20, 23–25, 27, 31, 37, 43, 44, 46, 52, 53, 59, 61, 63, 68, 71, 74–77, 79, 81, 82, 84–87, 89, 90, 92, 95, 97, 99, 100, 102, 107–109, 114, 120, 125, 126, 131, 134, 136, 145–147, 159, 161, 168, 170, 171, 181, 183, 184, 186, 188, 189

Sprache der Liebe 43
Sprache des Herzens 107
Sprachen der Emotionen 108
Sprachen und Emotionen 44, 53, 57
Sprachpragmatik 84
Sprachwissenschaft 7, 45, 55, 66, 78, 88, 112, 181
Sprechakt 57, 75, 84, 87, 91–97, 100, 115
Sprechen über Gefühle 21, 100, 124
Stärke 133, 134
Stilistik 43, 53, 75, 84, 85
Stimmschulung 10, 58, 161, 186
Stimmung 9, 13, 30, 63, 67, 71, 97, 118, 119, 121, 127, 165
Stimulus evaluation checks 40, 63, 68
Strategie der Emotionen 148
Streit 80, 102, 104, 105, 122, 181
Sucht 22
Sympathie 148
Symptom 19, 92–97, 99, 100, 122, 123, 146

Textsorten 74, 75, 81, 102–104, 118
Thematisierung 91–100, 102, 118, 122, 124, 134, 141, 146, 158, 160
Therapie 22, 97, 104, 189, 190
Toleranz 76, 111, 152, 176
Translationswissenschaft 75, 171, 183
Trauer 8, 25, 66, 70, 80, 118, 121, 186
Trauma 168
Traurigkeit 17, 47, 179
Trieb 21
Trübsal 30

Überraschung 17, 25
Übersetzen 183–185
Übersetzung 14, 28, 79, 100, 118, 120, 127, 148, 150, 153, 171, 175, 183–185, 190

Universalistisch, Universalismus, universell 8, 13, 15, 16, 17, 57, 77, 93, 94, 108, 110, 116, 125, 150, 151, 164, 169
Unlust 19, 46, 54, 56
Unmut 94, 103
Unternehmenskommunikation 10, 156, 157, 159, 161
Unterricht 11, 97, 144, 188, 189
Unterwerfung 10, 88, 89, 149, 152

Vaterlandsliebe 177
Verbal 22, 42, 81–83, 86, 87, 90–93, 95, 97–101, 110
Verbales Verhalten 40, 81, 121, 141
Vergewaltigung 10, 168
Verhandlungstechnik 171, 173–175
Verletzende Worte 85–89
Vertrauen 111, 115, 149, 152, 161, 175, 181
Volkswirtschaftslehre 10, 149, 151, 152
Vorwürfe 84, 91, 96, 103, 105, 123

Werbung 79, 102, 128, 161, 186, 187
Wertung 32, 48, 56, 68, 94, 105, 185
Wettbewerb 116, 139, 140, 149, 151, 153
Wirtschaft 10, 148–156, 161
Wohlbefinden 22, 38, 156
Wohlstand 152, 157, 162
Work-life-balance 186
Wunsch 68
Wut 8, 21, 22, 46–48, 57, 80, 94, 95, 98, 118, 121, 148, 175, 178, 179

Zeugenbefragung 10, 167, 169
Zurschaustellung von Emotionen 18

Namenregister

Alfes, Henrike F. 64, 128
Alkemeyer, Thomas 71
Amin, Ismail 31
Andermann, Kerstin 200
Andersen, Peter A. 22, 81, 98
André, Elisabeth 137, 145
Annan, Kofi 111, 115
Anz, Thomas 60, 122, 123
Aquin, Thomas von 23, 73
Argyle, Michael 19, 82, 162
Aristoteles 22, 23, 53, 73, 119
Arndt, Horst 84, 85, 95
Arnold, Jane 188
Arnold, Magda B. 49, 66, 154
Asimov, Isaac 145
Assmann, Jan 128
Auernheimer, Georg 176
Augustinus 72
Averill, James R. 36, 120, 121, 125

Baddeley, Alan 206
Baker, Mona 185
Bal, Mieke 127
Bally, Charles 43, 53
Balzer, Nicole 109
Bandes, Susan 165, 166
Banziger, Tanja 137
Barnard, Philip J. 92
Barthes, Roland 43
Bartsch, Anne 129, 135
Battacchi, Marco W. 105
Baumgarten, Alexander Gottlieb 23, 24
Bazzanella, Carla 101
Beale, Russell 137
Becker, Christian 57, 58, 146
Becker, Gary S. 152
Ben-Ze'ev, Aaron 28
Benthien, Claudia 60
Bercovitch, Jacob 180
Berger, Peter 88
Berry, Jack W. 189
Besch, Werner 75
Beumer, Ullrich 197
Beyes, Timon 155
Beynon, Meurig 138
Bieler, Andrea 74
Bilal, Dania 137
Birdwhistell, Ray L. 82

Bischof-Köhler, Doris 20
Blackall, Eric A. 86
Blumenthal, Jeremy A. 166
Bodmer, Johann Jakob 23
Bolle, Friedel 149, 157, 158
Börner, Wolfgang 188
Bornstein, Brian H. 164–166
Borutta, Manuel 88, 130, 134, 135
Bösch, Frank 130, 134, 135
Bramer, Max 199
Braud, Philippe 172
Braun, Johann 164
Breazeal, Cynthia L. 141
Breithaupt, Fritz 125
Brentano, Franz von 31
Brosch, Tobias 34, 35, 37, 38, 40, 41
Bruner, Jerome S. 67, 125
Bruno, Giordano 119
Bryant, Jennings 79
Buck, Ross 81
Bühler, Karl 19, 31, 42, 43, 53, 54, 90, 92, 99, 106, 121
Bürger, Hans 162
Burkart, Roland 78, 79
Butler, Judith 88–90, 170, 180

Caffi, Claudia 48, 52–56
Cai, Yang 137
Campe, Rüdiger 23, 119
Canary, Daniel J. 98
Cantor, Joanne 79
Casacuberta, David 144, 145
Cassirer, Ernst 26, 28, 43
Castelfranchi, Cristiano 194
Christaller, Thomas 145
Chrysippus 22, 118
Clair, Jean 118
Clore, Gerald L. 32, 33, 62, 65
Clynes, Manfred 81
Coleman, Peter T. 180
Collins, Allan 32,
Collins, Randall 179, 180
Comte, Auguste 177
Condillac, Étienne Bonnot de 23, 24
Corrigan, John 72–74
Cronin, Michael 183
Cruse, Pierre 14

Cvetkovich, Ann 179
Czöppan, Clarissa 127–129, 163

Dahl, Hartvig 189
Damasio, Antonio R. 29, 30, 121
Daniela-Lutter, Christina 60
Darwin, Charles 14–18, 20, 46, 47, 93, 131
Davidson, Richard J. 14, 29
Davitz, Joel R. 48, 49, 81
de Groot, Adriaan D. 205
Dehn, Ulrich 194
Deigh, John 28, 166
Deleuze, Gilles 127
Deonna, Julien A. 29
Derrida, Jacques 112
Descartes, René 23, 24, 34, 73, 119
Deutsch, Morton 180
Diderot, Denis 119
Dieckmann, Walther 181
Dietz, Simone 181
Dirven, René 81
Donati, Paolo R. 182
Döring, Sabine A. 28, 29, 32
Döveling, Katrin 130, 132–134
Drescher, Martina 194
Duchenne, Guillaume-Benjamin 15
Dux, Günter 201
Dybkjær, Laila 137

Ebenbauer, Peter 202
Eckstein, Walther 148
Eder, Jens 61, 64, 65
Ehlich, Konrad 75, 76, 86
Ehrenfels, Christian von 31
Ekman, Paul 93, 94
Elias, Norbert 71, 86, 134
Empedokles 22
Engelhardt, Dietrich von 169
Erdem, Aysen 142
Erler, Michael 162
Esterbauer, Reinhold 76
Euler, Harald A. 14, 16, 17, 32
Evans, Dylan 14

Fabian, Thomas 206
Fahlenbrach, Kathrin 119, 135
Fairclough, Norman 181

Namenregister

Feldman Barrett, Lisa 14
Fichtner, Bernd 206
Fiedler, Klaus 149
Fiehler, Reinhard 45, 57, 79, 81, 84, 91, 92, 95, 99–101, 190
Fischer Agneta H. 69
Fish, Stanley 85
Fisher, Roger 175
Fishman, Pamela 88
Fix, Ulla 75
Flam, Helena 70, 173
Fleig, Anne 60
Fleming, James E. 166
Fludernik, Monika 64
Foley, William A. 110
Fonagy, Peter 21
Fontanille, Jacques 43, 44
Foucault, Michel 75, 77, 89, 156, 159, 168, 181
Frank, Robert H. 148, 149
Freud, Sigmund 21, 89, 169
Fridlund, Alan J. 18, 101
Friedlmeier, Wolfgang 206
Fries, Norbert 50–52
Frijda, Nico H. 14
Fromm, Eric 22
Fuchs, Albert 180
Fuhrmann, Manfred 196
Fussell, Susan R. 81, 110

Gäbe, Lüder 24
Galliker, Mark 14
Galtung, Johan 180
Gehlen, Arnold 26
Gelbrich, Katja 151, 156, 157
Gerber, Uwe 75
Gergely, György 21
Gerhards, Jürgen 70
Gessner, Wolfgang 57, 62–65, 68, 93
Gieseke, Wiltrud 188
Glasl, Friedrich 180
Gleser, G.C. 105, 106
Goethe, Johann Wolfgang von 68, 69, 86, 119, 121
Gökçay, Didem 57
Goldie, Peter 28
Goldsmith, H. Hill 14
Goleman, Daniel 29, 30, 160
Gollwitzer, Peter 149
Goodwin, Jeff 179
Goozen, Stephanie H.M. van 14
Görz, Günther 143
Gottschalk, Louis A. 105, 106
Grandjean, Didier 34, 35, 38, 40, 41
Grau, Oliver 135
Greco, Monic 60, 70

Green, Nile 75, 77
Greenspan, Patricia 28
Greimas, Algirdas J. 42–44
Greuel, Luise 168
Grimm, Jacob/Grimm, Wilhelm 86
Gröppel-Klein, Andrea 163
Grosch, Harald 167
Groß, Andreas 167
Grundmann, Matthias 196
Guerrero, Laura K. 22, 81, 98
Günthner, Susanne 105

Habermas, Jürgen 76, 77, 86, 100, 111, 112, 115, 176
Hafeneger, Benno 176
Hahn, Walther von 137, 138
Halbfas, Hubertus 74
Hamann, Johann Georg 119
Hammer-Tugendhat, Daniela 60
Hänni, Julia Franziska 167
Harbsmeier, Martin 22
Harkin, Michael E. 60
Harkins, Jean 197
Harré, Rom 174
Hartley, David 31
Hastedt, Heiner 22
Haviland-Jones, Jeannette M. 14
Heimböckel, Dieter 204
Heinse, Johann Jakob Wilhelm 119
Heisterkamp, Paul 192
Hellbrunn, Richard 188
Helm, Bennett 28
Hénault, Anne 42
Henley, Nancy 88
Herder, Johann Gottfried 23–25, 126, 150, 177
Herman, David 197
Hermann, Steffen K. 86, 180
Hermanns, Fritz 150, 151
Herrero, Pilar 137
Heynen, Susanne 169
Hielscher, Martina 64, 97
Hippokrates 22
Hoberg, Rudolf 75
Hochschild, Arlie Russel 153–156, 167, 173
Höfer, Wolfgang 130
Hoff, Michael 127
Hoffmann, E.T.A. 122, 124
Hogan, Robert 203
Hölderlin, Friedrich 119
Hollstein, Betina 196
Holodynski, Manfred 17, 20, 21, 54, 62, 67, 94
Hölzer, Michael 189
Hömberg, Walter 78, 79

Hommen, Tanja 168–170
Honneth, Axel 176
Hoyer, Timo 158
Høystad, Ole Martin 74
Huang, Thomas S. 138
Huber, Martin 204
Hübler, Axel 84, 85, 95, 101
Hülshoff, Thomas 190, 22
Humboldt, Wilhelm von 79
Hume, David 34, 73
Huntington, Samuel P. 111, 173
Husserl, Edmund 31, 42, 73
Hutter, Christina 206

Illouz, Eva 153, 155, 156
Izard, Carrol E. 14

Jäger, Ludwig 86
Jahr, Silke 81, 103
Jakobson, Roman Ossipowitsch 43, 101
Janke, Bettina 20
Janney, Richard Wayne 48, 52–56, 84, 85, 95, 101
Jarzebowski, Claudia 172
Jasper, James M. 179
Jean, Paul 13, 103
Jenkins, Jennifer M. 23
Jewitt, Carey 42, 84, 136
Joas, Hans 176
Johnson-Laird, Philip Nicholas 81, 97, 143, 144
Johnson, Mark 18, 110
Johnston, Robert E. 18
Johnstone, Tom 67
Jones, Karen 28
Jordi Vallverdu 195, 202, 203, 207
Juchem, Johann G. 207
Jung, Bernhard 198
Jurist, Elliot L. 195

Kaempfert, Manfred 75
Kämper, Heidrun 75
Kant, Immanuel 25, 73, 164
Karaismailoglu, Serkan 142
Karpouzis, Kostas 140
Käsermann, Marie-Louise 198
Kasten, Ingrid 100
Kastenholz, Hans 100
Kautenhahn, Kerstin 200
Kehrein, Roland 47, 48, 59
Keil, Andreas 135
Keitel, Evelyne 127, 128
Kellermann, Henry 194
Khatib, Oussama 138
Kim, Tae-Hwan 43, 44
Kirkson, D. 205

Kirsch, Alexander 163
Klein, Ansgar 136, 178, 179
Kluge, Alexander 118
Knie, Karen 82–84
Knobloch, Silvia 128, 129
Koch, Walter A. 43, 44
Kochinka, Alexander 53, 62, 63, 65
Kolb, Karin 207
Konijn, Elly 130
Konstantinidou, Magdalene 42, 43, 45, 81, 97
Kopp, Claire B. 20
Kopp, Stefan 57, 58
Kotthoff, Helga 88, 105, 109
Kövecses, Zoltán 110
Kramarae, Cheris 88
Krämer, Sybille 196
Krause-Wahl, Antje 197
Kraut, Robert E. 18
Krauth-Gruber, Silvia 14
Kremenyuk, Victor 180
Kress, Gunther 136
Kroeber-Riel, Werner 163
Kruse, Otto 21
Kuch, Hannes 86, 87, 180
Kuhlen, Rainer 161
Küng, Hans 111
Kuprian, Anita 171
Kuße, Holger 181, 182
Kwaschik, Anne 172

Labouvie, Eva 119
Lahiri, Uttama 207
Lahno, Bernd 161
Lakoff, George 110
Lakoff, Robin Tolmach 88
Lambert, Johann Heinrich 23–25, 42
Landweer, Hilge 22, 164
Langer, Susanne 129
Latour, Bruno 74, 76
Lazarus, Moritz 154
Ledoux, Joseph 29, 30
Leenen, Wolf Rainer 167
Lehnert, Wendy G. 65
Leibniz, Gottfried Wilhelm 19, 23–25
Lenz, Jakob Michael Reinhold 119
Leßmann, Nadine 198
Leuzinger-Bohleber, Marianne 197
Lewis, Michael 14
Liu, Changchun 207
Lloyd, Charlotte 206
Locke, John 42
Loenhoff, Jens 207
Lorenz, Konrad 104

Luckmann, Thomas 88, 115
Lurija, Alexandr R. 29, 35, 36, 104

Mach, Ernst 31
Maier, Michaela 161
Mainzer, Klaus 139, 140–145, 147
Malatesta, Lori 140
Malt, Barbara C. 136
Mandl, Heinz 14, 32
Mannheim, Karl 113–115, 150
Manstead, Antony S.R. 69
Marcus, George E. 179
Margull, Hans Jochen 77
Maroney, Terry A. 165
Marsh, Stephen 200
Martin, Leonard L. 201
Martschukat, Jürgen 182
Massumi, Brian 183
Matt, Peter von 181
Mauthner, Fritz 200
Mayring, Philipp 105, 106, 189, 190
McCarty, Willard 138
Meckel, Miriam 161
Meech, John F. 200
Meinong, Alexius von 30, 31
Menke, Christoph 167
Meschonnic, Henri 183
Metelmann, Jörg 155
Meuter, Norbert 25–27
Meyer-Sickendiek, Burkhard 120
Meyer, Wulf-Uwe 14, 18, 30, 31, 101
Michaelis-Arntzen, Else 168
Mill, John Stuart 31, 177
Minker, Wolfgang 137
Möckel, Sebastian 22
Mohammadi, Gelareh 207
Moldt, Daniel 143
Moll, Jeanne 188
Mozart, Wolfgang Amadeus 177
Mummert, Uwe 149
Mundorf, Norbert 128, 129
Münz., M. 206
Murray, David J. 200
Musil, Robert 28, 31

Nahl, Diane 137
Nathanson, Amy I. 200
Naucke, Wolfgang 170
Neufeld, Susan J. 20
Neumann, Peter 153
Neuweg, Hans Georg 138
Niedenthal, Paula M. 14
Niemeier, Susanne 81
Nijholt, Anton 138

Norris, Sigrid 136
Nöth, Winfried 21
Nothdurft, Werner 78, 109, 167, 181
Nowell, Lucy 200
Nullmeier, Frank 136, 172, 173, 178
Nunley, Elma P. 120, 121
Nussbaum, Martha C. 28, 171, 176–178

O'Connor, C. 205
Oatley, Keith 23, 81, 97, 101, 125, 143, 144
Oehlschlägel, Heike 198
Oetzel, John G. 180
Ogasa, Nicole 188
Olejniczak Lobsien, Verena 162
Oller, John W. 91
Opitz, Anja 171
Ortony, Andrew 32, 33, 62, 65
Osgood, Charles E. 48
Otto, Jürgen H. 14, 32, 189

Panikkar, Raimon 76, 77
Pantic, Maja 138
Patton, Bruce M. 175
Paul, Ingwer 75
Pavlenko, Aneta 107–110
Peirce, Charles Sanders 42, 93
Pentland, Alex 138
Peper, Martin 14
Peter, Christian 137
Picard, Rosalind W. 137, 140, 143
Pinkal, Manfred 59
Pinker, Steven 30
Planalp, Sally 81–84, 151
Platon 22, 34, 73
Pleines, Jürgen-Eckardt 162
Plessner, Helmuth 26, 27
Plotin 22
Plüss David 74
Plutchik, Robert 20, 154
Polanyi, Michael 161, 183
Poll, Nanne E. van de 14
Polletta, Francesca 179
Popitz, Heinrich 87, 90, 115
Portmann-Tselikas, Paul 76
Posner, Roland 192, 206
Postman, Neil 134
Pries, Ludger 196
Proctor, Linda 206
Prunč, Erich 183–185
Pugmire, David 28
Pürer, Heinz 78

Radermacher, Franz J. 59, 138, 199, 202

Namenregister

Raouzaiou, Amaryllis 140
Ratzinger, Joseph Kardinal 204
Rauner, Felix 200
Reddy, William M. 60
Redlawsk, David P. 179
Reemtsma, Jan Philipp 161, 180
Reinhardt, Katrin 188
Reinmuth, Marcus 161
Reins, Armin 47, 161
Reisenzein, Rainer 14, 18, 30, 31
Reisigl, Martin 86
Rellstab, Daniel Hugo 93
Renn, Ortwin 100
Renna, Margherita 105, 106
Renz, Ursula 22
Retzbach, Andrea 161
Reuter, Lutz R. 175
Reynolds, Ann 179
Ric, François 200
Ricken, Norbert 109
Ricken, Ulrich 24
Ringenbach, Alex 63
Ritter, Joachim 195, 205
Roberts, Robert C. 28
Rodriguez, Olinto J. 137
Rodriguez, Sigerist J. 137
Roesch, Etienne B. 137
Rogers, Carl R. 21, 190
Rolf, Eckard 94
Rollinger, Claus-Rainer 143
Rorty, Amélie 28
Rosa, Hartmut 109
Roseman, Ira J. 66
Rosenbaum, Heidi 169
Rosenstiel, Lutz von 163
Roskos-Ewoldsen, David 79
Rossner, Meredith 167
Rost, Wolfgang 14, 22
Roth, Gerhard 29
Rousseau, Jean-Jacques 119, 177
Rühle, Otto 169
Rusch, Gebhard 127
Russ, Steve 138
Russell, James A. 49, 50
Russell, Wynne Elizabeth 172, 174
Ryan, Marie-Laure 64

Sackmann, Sonja A. 205
Sager, Sven Frederic 87, 93
Salama-Carr, Myriam 185
Salisch, Maria von 17
Samel, Ingrid 88
Sander, David 193, 202
Saner, Raymond 174, 175
Sarkar, Nilanjan 207
Sartre, Jean-Paul 49, 119
Satir, Virginia 97

Savan, David 42
Scheler, Max 26, 27
Scherer, Klaus R. 14, 34, 35, 38, 40, 41, 48, 58, 63–65, 67, 91, 137, 142
Scheutz, Matthias 144
Scheve, Christian von 70, 130
Schiewer, Gesine Lenore 23, 24, 28, 31, 32, 36, 42, 61, 63, 66, 71, 72, 75, 77, 86, 90, 111, 112, 116, 126, 137, 138, 149, 161, 167
Schild, Patrick 202
Schiller, Friedrich 119
Schimank, Uwe 196
Schlimbach, Inga 136
Schmid, Beat F. 161
Schmid, Christine 176
Schmidt-Atzert, Lothar 14
Schmidt, Bernhard 176
Schmidt, Siegfried J. 130
Schmitt, Annette 105, 106, 189, 190
Schmitt, Hanspeter 151
Schmitz, H. Walter 168
Schmitz, Hermann 120
Schnabel, Annette 70
Schneeberger, Josef 143
Schneider, Frank M. 161
Schöne, Albrecht 69
Schorr, Angela 199
Schreiner, Klaus 206
Schulz von Thun, Friedemann 97
Schützeichel, Rainer 70, 71, 78, 79
Schützwohl, Achim 14, 18, 30, 31
Schwab, Frank 132
Schwartz, D. 205
Schwarz-Friesel, Monika 22, 45, 81, 102
Schwender, Clemens 131, 132
Searle-Chatterjee, Mary 94, 95
Searle, John R. 75, 77
Sell, Friedrich L. 149, 151–153
Selz, Otto 31
Semic, Beth A. 98
Sen, Amartya Kumar 114, 115
Seneca 22
Senge, Konstanze 70
Senger, Harro von 112, 116
Senghaas, Dieter 76
Sergeant, Joseph Anthony 14
Shanahan, Daniel 120, 136
Shaver, Phillip R. 98
Shaw, Bernard 45
Siciliano, Bruno 138
Sieben, Barbara 158–160

Siedschlag, Alexander 171, 173, 174
Sieh, Isabelle 175
Sieveke, Franz G. 205
Simon, Herbert A. 31, 32, 137
Singer, Wolf 29, 36, 37
Slaby, Jan 28, 29
Smith, Adam 148
Smith, Craig A. 66, 67
Sofsky, Wolfgang 180
Sokrates 22
Solomon, Robert 28, 154
Sommer, Gert 180
Sousa, Ronald de 28
Spaemann, Robert 162
Spencer, Herbert 15
Spiegel, Carmen 105, 181
Spinner, Helmut F. 116
Spinoza, Baruch de 119
Spitzberg, Brian H. 98
Spitzmüller, Jürgen 181
Stadler, Michael 206
Staiger, Janet 179
Stein, Nancy L. 23
Steinfath, Holmer 28
Stemmler, Gerhard 14
Stenner, Paul 60, 70
Stenschke, Oliver 204
Stephan, Achim 29
Sternschulte, Klaus-Peter 78
Stocker, Michael 29
Stockwell, Peter 120
Stolze, Radegundis 75
Stone, Wendy 207
Storrie, Tom 188
Straub, Jürgen 109
Ströker, Elisabeth 202
Stumpf, Carl 31
Suci, George J. 48
Suslow, Thomas 105, 106
Swidler, Leonard 76
Sykora, Katharina 135
Szymenderski, Peggy 167

Tagore, Rabindranath 177
Tallon, Andrew 73, 74
Tannenbaum, Percy H. 48
Tappolet, Christine 29
Target, Mary 21
Taylor, Gabriele 29
Teasdale, John D. 92
Teroni, Fabrice 29
Thiele, Albert 161
Timm, Caja 87
Ting-Toomey, Stella 180
Tippelt, Rudolf 176
Tischer, Bernd 49
Tonelli, Giorgio 15

Namenregister

Tritt, Karin 49
Trommsdroff, Volker 163
Trötschel, Roman 149
Troy, Jodok 171
Tsur, Reuven 61, 120
Tucholsky, Kurt 104

Ullmann, Stephen 101
Undeutsch, Udo 168
Ungeheuer, Gerold 19, 93, 116, 168, 181
Ury, William 175

Van Leeuwen, Theo 136
Vanderveken, Daniel 92, 94–96
Verheyen, Nina 88
Vester, Heinz-Günter 207
Vietta, Silvio 12, 73
Vinciarelli, Alessandro 141
Vine, Elaine 65
Vogel, Klaus 193
Volek, Bronislava 86
Völker, Ludwig 118
Vonk, Frank 207
Voss, Christiane 29, 63, 66

Wachsmuth, Ipke 57, 58

Wagner, Karl 94–97
Wallbott, Harald G. 48
Walter, Henrik 29
Walter, Sven 29
Walther, Lutz 118
Warnke, Ingo H. 181
Warren, Zachary 207
Wassmann, Claudia 22, 23
Watermann, Rainer 176
Weber, Hannelore 207
Weber, Max 70, 88, 153, 155
Weidemann, Arne 198, 201–203, 206
Weidemann, Doris 198, 201–203, 206
Weigand, Edda 192, 207
Weiner, Bernard 166, 167
Weiß, Anja 196
Weizman, Elda 122, 124
Welch, Karla Conn 141
Wessely, Christian 195, 202
Wichter, Sigurd 204
Wiemer, Serjoscha 192, 197, 198
Wiener, Oswald 32
Wiener, Richard L. 164–166
Wierzbicka, Anna 100
Wiggins, David 29

Wilce, James M. 81
Wildgen, Wolfgang 206
Wilhelm, Urs 202
Wilk, Nicole A. 43, 44
Williams, Glyn 87
Williams, Vernard 29
Wiltshire, Anne 91
Winko, Simone 61, 62, 120
Wolff, Phillip M. 136
Wollheim, Richard 29
Wundt, Wilhelm 15, 19, 20, 31, 46, 47, 53–60, 172
Wuthenow, Ralph-Rainer 119

Yildirim, Gülsen 196
Yousefi, Hamid Reza 205

Zartman, I. William 180
Zentner, Marcel 90, 91
Zerfaß, Ansgar 116
Zerweck, Bruno 64
Zhuge, Hai 147
Zillmann, Dolf 193, 198, 200
Zuber, Frank 74